흙

문 명 이 앗 아 간 지 구 의 살 갗

흙
문명이 앗아간 지구의 살갗

지은이 데이비드 몽고메리
옮긴이 이수영
펴낸이 송병섭
펴낸곳 삼천리
등록 312-2008-121호(2008년 1월 3일)
주소 10578 경기도 고양시 덕양구 오금1로 47 103호
전화 02) 711-1197
전송 02) 6008-0436
전자우편 bssong45@hanmail.net

1판 1쇄 2010년 11월 26일
1판 4쇄 2020년 4월 10일

값 19,000원
ISBN 978-89-901250-0-6 03300
한국어판 © 이수영 2010

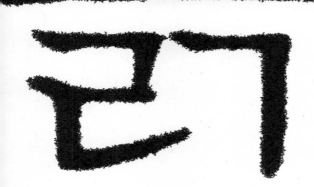

흙

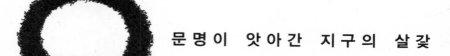

문명이 앗아간 지구의 살갗

Dirt: The Erosion of Civilizations

데이비드 몽고메리 지음 | 이수영 옮김

삼천리

| 차례 |

1

흙이란 무엇인가

우리가 땅에 하는 일은 바로 우리 자신에게 하는 일이다.

– 웬델 베리 –

1990년대 말 8월 어느 맑은 날, 나는 탐사대를 이끌고 필리핀 피나투보 화산을 올랐다. 1991년 대규모 폭발이 일어난 뒤로 여전히 증기가 피어오르는 모래 깔린 강을 조사하기 위해서였다. 타는 듯한 열대의 태양 아래 상류 쪽으로 터벅터벅 걸어가자니 강바닥은 보일 듯 말 듯 움직였다. 아차 하는 순간 갑자기 뜨거운 모래 속에 발목이 빠지더니, 곧 무릎이, 결국은 허리까지 모래에 빠져 버렸다. 내 방수바지에서 김이 피어오르는 동안 대학원생 제자들은 사진기를 꺼내 드는 게 아닌가. 내가 처한 곤경을 사진으로 기록한 뒤 몇 가지 협상을 마치고서야 제자들이 나를 웅덩이에서 끌어냈다.

발밑에서 땅이 꺼질 때처럼 무기력해질 때는 다시없을 것이다. 빠져나오려고 발버둥 칠수록 몸은 더 깊이 가라앉는다. 몸이 가라앉을 때 할 수

있는 일라고는 아무것도 없다. 순식간에 뜨거운 표사(漂砂)에 빠진 뒤로
는 푸석푸석한 강바닥조차 바위처럼 단단하게 느껴졌다.

우리는 우리 두 발과 집, 도시, 논밭을 떠받치고 있는 땅에 대해서 그다
지 깊이 생각하지 않는다. 하지만 그런 걸 당연하게 여기더라도 기름진
땅이 한낱 흙에 지나지만은 않는다는 사실을 알고 있다. 기름지고 싱그러
운 땅을 파 보면 그 안에 깃든 생명력을 느낄 수 있다. 영양분이 많은 흙
을 한 삽 뜨면 가루처럼 흘러내린다. 흙을 들여다보면 새삼 생명이 생명
을 먹는 온전한 세계가 보인다. 그야말로 죽은 것이 새로운 생명으로 되
살아나는 생물학적 잔치이다. 건강한 흙에서는 매혹적이고 싱그러운 향
기가 난다. 그게 바로 생명의 냄새가 아니겠는가.

흙이란 도대체 무엇인가? 우리는 흙을 멀리하고 마음에서도 흙을 밀어
내어 흙과 멀어진다. 흙에 침을 뱉고 업신여기는가 하면 발을 굴러 구두
에 묻은 흙을 떨어낸다. 하지만 결국 더 중요한 것은 무엇인가? 모든 것
은 흙에서 와서 흙으로 돌아가기 마련이다. 이런 말로도 흙을 존중하는
마음이 들지 않는다면, 땅의 비옥함과 침식이 역사의 방향을 바꾸는 데
얼마나 큰 영향을 끼쳤는지 생각해 볼 일이다.

농업 문명이 동트던 시기에는 땅을 일구는 이들 98퍼센트가 식량과 자
원의 분배를 관장하는 소수 지배계급을 먹여 살렸다. 오늘날에는 미국 인
구 가운데 1퍼센트도 안 되는 사람들이 땅을 일구고 있는데, 이들이 나머
지 사람들을 먹여 살리고 있다. 몇 안 되는 이런 현대 농부들에게 우리가
얼마나 크게 기대고 있는지를 모르는 사람은 거의 없다. 그러나 어떻게
흙을 다루느냐가 우리 문명의 장래를 보장하는 일 가운데 가장 중요하다
는 걸 알고 있는 이들 또한 거의 없다.

여러 고대 문명은 간접적으로 흙을 고갈시키면서 성장해 갔다. 농사를

지으면서 흙이 생겨나는 속도보다 훨씬 빠르게 흙이 사라져 간 것이다. 어떤 문명은 땅에 영양을 주어 흙을 보전하는 방법을 알고 있었다. 모든 문명의 운명은 기름진 흙을 제대로 공급할 수 있느냐에 달려 있었다. 흙의 비옥함을 높이는 일이 중요함을 알고 있었더라도 또 한 가지 문제가 남는다. 맨 처음 농업 문명부터 고대 그리스와 로마까지 여러 사회가 멸망하고, 그 뒤로 유럽 식민주의가 떠오르고 미국인들이 북아메리카를 가로질러 서쪽으로 나아간 건 흙이 낭비되었기 때문이다.

이런 문제들은 그저 고대 역사에만 머물지 않는다. 흙을 함부로 다루는 일이 현대사회를 위협한다는 사실은 1930년대 미국 남부 평원의 더스트 볼, 1970년대 아프리카 사헬, 그리고 오늘날 아마존 유역에서 생겨난 환경난민들이 겪은 어려움만으로도 분명히 알 수 있다. 세계 인구가 꾸준히 늘면서 1970년대부터는 생산할 수 있는 농지의 규모가 줄어들기 시작했다. 합성비료를 만드는 데 이용되는 값싼 화석연료는 이번 세기가 가기 전에 바닥날 것이다. 더 많은 재앙에 시달리지 않고서도, 토질 저하와 가속화되는 침식이라는 쌍둥이 문제가 결국 현대 문명의 운명을 결정지을 거라고 공언할 길이 있을 것인가.

인류 역사에서 흙이 감당해 온 중요한 역할을 탐구하면서 알게 되는 핵심적인 교훈은 명쾌한 만큼이나 단순하다. 그것은 바로 지난 문명들의 멸망을 부채질한 오류들을 위험천만하게도 현대사회가 되풀이하고 있다는 사실이다. 후손들의 미래를 담보로 잡고 흙이 생겨나는 것보다 더 빠르게 흙을 소모함으로써 우리는 때때로 가장 느린 변화를 멈추기가 가장 어렵다는 교훈을 깨닫게 된다.

역사시대를 통틀어 흙은 인류 문화에서 늘 가운데 자리를 차지했다. 처음 나온 서적들 가운데 일부는 토질과 농법 지식을 전수하는 농서였다.

아리스토텔레스가 생각한 기본 원소인 흙, 공기, 불, 물 가운데 첫 번째로 꼽힌 흙은 우리 존재의 뿌리로서 지구의 생명체에게 없어서는 안 되는 물질이다. 우리는 흙을 값싼 공산품처럼 대하면서도 대부분 석유는 전략물자로 여긴다. 그러나 더 오랜 시간을 놓고 보자면 흙은 석유만큼 중요하다. 그렇지만 과연 흙을 전략물자로 여기는 이가 있을까? 속도가 점점 빨라지는 현대의 삶에서도 기름진 땅은 변함없이 우리 행성에 밀집해 사는 사람들을 먹여 살리는 바탕이라는 사실을 잊기란 쉽다.

지리학은 흙이 침식되는 원인과 침식에서 비롯되는 문제를 다룬다. 어떤 지역에서는 흙의 보존에 관심을 쏟지 않은 채 농사를 지음으로써 토질이 심각하게 나빠졌다. 하지만 쟁기질을 기다리는 살아 있는 흙이 매우 많은 곳도 있다. 지질학적 시간은 둘째 치고 인류의 시간 동안이라도 산업적 농업을 지탱할 수 있을 만큼 빠르게 흙을 만들어 내는 곳은 거의 없다. 지구적으로 생각할 때, 우리는 천천히 흙을 소모하고 있는 것이다.

우리 스스로 우리 행성의 껍질을 벗겨 내고 있다고 한다면 처음 듣는 이야기처럼 충격을 받을지도 모르겠다. 그런 증거는 어디에나 널려 있다. 건설 현장에서 흙탕물을 토해 내고, 강에는 벌목된 숲에서 흘러나오는 침전물이 그득한 강물이 흐른다. 농부의 트랙터가 에둘러 가야 하는 협곡, 산악자전거가 솟구쳤다가 착지하며 흙길에 내는 깊은 바퀴자국, 폭신폭신한 오솔길을 포장하고 신도시와 스트립몰이 들어선 곳에서 우리는 그 증거를 본다. 이 문제는 상식이다. 흙은 제몫을 인정받지 못하고 하찮게 여겨지지만 없어서는 안 될 천연자원이다.

나는 얼마나 다양한 불행이 사회를 무너뜨릴 수 있는지 하나하나 따져 보는 일보다 문명을 지탱하는 데 무엇이 필요한지 묻는 일에 관심이 더 많다. 하지만 지질학자로서 나는 지속 가능한 사회를 만들 수 있는지 알아보기 위해서 앞서간 사회가 그 시대의 흙에 새겨 놓은 기록을 살펴보면 좋겠다고 생각한다.

역사학자들은 한때 한껏 꽃을 피운 문명들이 멸망한 원인으로 여러 가지 얘기를 한다. 이를테면 질병, 벌목, 기후 변화 같은 게 있다. 이런 요소들이 서로 다른 상황에서 다양한 역할을 하고 때로는 결정적인 계기가 되기 때문에, 역사학자와 고고학자들은 문명의 붕괴에 대해서 '유일한 총알 이론'(single-bullet theory, 케네디가 암살당할 때 단 하나의 총알이 케네디를 사망에 이르게 하고 코널리 주지사에게 여러 군데 부상을 입혔다는 주장에서 나온 표현 — 옮긴이)을 받아들이지 않는 편이다. 오늘날의 해석은 특정 지역과 역사적 시점에 나타나는 경제·환경·문화적 힘들의 상호작용에 바탕을 두고 이루어진다. 하지만 어떤 사회와 땅의 관계(사람들이 발밑의 흙을 다루는 방법)가 말 그대로 근본적인 것이다. 땅이 사람들을 먹여 살리지 못하게 되면서 사회 갈등과 정치 갈등이 일어나 사회를 뒤흔드는 일이 거듭되었다. '흙의 역사'는 바로 사람들이 흙을 다루는 방식에 따라 문명의 수명이 결정된다는 사실을 알려 준다.

얼마나 오랫동안 무엇을 기를 수 있는지는 흙의 상태에 따라 달라진다. 이 점을 생각하면 미래 세대 부의 토대를 보존하기 위해 땅을 돌보는 일이 세대에서 세대로 이어져야 한다. 그러나 거의 모든 문명이 땅의 힘을 높이는 방법을 찾아냈지만, 여태까지 흙 보존에 바탕을 둔 문화를 생산해 온 인간 사회는 거의 없었다. 문명은 너도나도 높은 기술 수준에 걸맞은 속도로 땅을 고갈시켰다. 오늘날 우리 사회는 과거의 어떤 문명들보다 속도가 빠르다. 하지만 우리는 그런 본보기를 되풀이하지 않을 방법 또한 알고 있다.

흙의 보존하는 데 상당한 진보를 이루어 왔지만, 미국 농무부는 미시시피 강 유역의 농지에서 해마다 수백만 톤이나 되는 겉흙이 유실되고 있다고 추산한다. 북아메리카에서 가장 큰 이 강은 1초에 덤프트럭 한 대 분량의 겉흙을 카리브 해로 실어 간다. 미국의 경작지에서는 해마다 미국의 모든 가정에 픽업트럭 한 대 분량의 흙을 나눠 줄 수 있을 만큼 많은 흙을 잃어버리고 있다. 정말 놀라운 양이 아닌가. 그렇다고 미국이 이 중요한 자원을 가장 많이 낭비하는 나라는 아니다. 해마다 전 세계에서 사라지는 흙은 240억 톤을 헤아린다. 지구에 살고 있는 한 사람당 몇 톤이나 되는 양이다. 그렇게 많은 흙이 사라지고 있는데도 흙이 침식되는 속도는 사람이 한평생 사는 동안 거의 알아채지 못할 만큼 느리다.

인류가 토질 고갈에 치르는 비용은 오래 전에 생태학적으로 자살한 지역의 역사를 살펴보면 뚜렷하게 드러난다. 먼 과거의 토질 저하가 남긴 유산은 심각한 가난으로 바뀌어 오늘날까지 그 지역 전체에 들러붙어 있다. 텔레비전에 나오는 이라크 모래폭풍 지역의 이미지는 그곳을 문명의 요람이라고 여기는 우리의 상식과 어울리지 않는다. 먹을거리를 구하거나 식량을 기를 수 있는 땅을 찾기 위해 고향을 떠난 환경난민들 이야기가 수십 년 동안 주요 뉴스로 보도되어 왔다. 고갈된 땅을 소리 없이 증언하는 장면을 보면서도 사람들은 흙을 보존해야 할 절박감을 느끼지 못한다. 그러나 문화를, 더 나아가 문명 자체를 말해 주는 행동 양식이 새겨지는 얇은 켜가 위험에 빠지면 사람들의 먹을거리가 줄어들 수밖에 없다.

형편이 좋은 곳에 사는 우리는 식품점을 한 바퀴 돌고 나면 곧 닥쳐올 위기에 대한 두려움이 잦아든다. 유전학과 화학비료라는 두 가지 기술혁신을 통해서 밀, 쌀, 옥수수, 보리가 지구의 대표적인 곡물이 되었다. 이 네 가지 곡물은 오늘날 5억 헥타르가 넘는 거대한 단일 경작지에서 재배된다. 이 면적은 알래스카를 포함한 미국 전체 삼림 면적의 곱절이나 된다. 그렇다면 현대 산업적 농업의 기반은 과연 얼마나 안전할까?

농부, 정치인, 환경역사학자들은 여러 가지 상황을 설명하는 데 토질 고갈이라는 용어를 써 왔다. 기술적으로 이 개념은 작물 수확이 꾸준하게 줄어든 끝에 더는 수확을 할 수 없는 상태를 뜻한다. 경작지에서 알맞은 수확량이 나오지 않는 것이다. 알맞은 수확량을 정하는 조건은, 자급할 수 있는 수확량이 더는 땅에서 나오지 않는 한 극단에서부터 오래된 경작지를 버리고 새로 땅을 개간하는 것이 더 이익인 경우까지 다양하다. 따라서 토질 고갈은 사회적 요인들과 경제, 그리고 새 땅의 이용 가능성이라는 맥락에서 생각해야 한다.

다양한 사회·문화·경제적 요인에 따라 어떤 사회의 구성원들이 땅을 다루는 방식과, 사람들이 그 땅에서 먹고 살며 사회에 영향을 끼치는 방식이 달라진다. 흙을 올바르게 보존하지 않고서 해마다 농사를 짓는 일은 마치 유지보수에 전혀 투자하지 않은 채 공장을 쉴 새 없이 가동하는 것과 같은 셈이다. 올바르게 관리해야 농토가 개선된다는 사실은 소홀한 관리가 흙을 망친다는 이치만큼이나 분명하다. 흙은 세대를 뛰어넘는 자원이지만, 조심스레 이용되기도 하고 마구 파헤쳐질 수도 있는 천연자원이다. 번영과 멸망 사이에는 고작 60센티미터 깊이의 흙이 놓여 있고, 그 흙을 쟁기질하는 문명들은 나타났다 사라진다.

지형학자로서 나는 지질연대를 통해 지형이 어떻게 바뀌어 가고 자연경관이 어떻게 달라지는가를 연구한다. 연구와 경험을 통해서 나는 기후, 식생, 지질, 지형의 상호작용이 흙의 생성과 증가에 어떤 영향을 주고 땅의 생산성이 어떻게 달라지는지 알게 되었다. 인간의 행위가 땅에 어떤 방식으로 영향을 끼치는지를 이해해야 농경 체계를 떠받칠 수 있다. 또 환경과 전체 육상 생태계의 생물학적 생산성에 어떤 영향을 끼치는지도 이해해야 한다. 전 세계 곳곳을 돌아다니며 지형과 그 변화를 연구하면서, 나는 흙을 존중하는 것이 인류의 미래를 만드는 데 어떤 노릇을 할 수 있을지 깨닫게 되었다.

넓게 보자면 문명은 나타났다가 사라진다. 그것도 잠깐 동안 번성하다가 쇠락하고 시간이 지나면 또 다른 문명이 나타난다. 전쟁, 정치, 벌목, 기후 변화 따위가 물론 인류 역사에 마침표를 찍는 사회활동의 붕괴에 이바지한다. 그런데 그리스, 로마, 마야처럼 서로 관련이 없는 그 많은 문명은 모두 어째서 천 년을 이어갈 수 있었던 걸까?

어느 문명 할 것 없이 발전과 쇠퇴 뒤에 숨은 이유는 분명 복잡하게 얽혀 있다. 환경 악화만이 이들 문명이 붕괴하게 된 도화선이 된 것은 아니지만, 흙의 역사는 경제와 기상이변, 전쟁 따위가 문명의 운명에 영향을 끼치는 데 밑바탕을 이룬다. 로마는 한순간에 무너진 게 아니라 침식이 땅의 생산성을 떨어뜨림에 따라 시들어 간 것이다.

넓게 보면 모든 문명의 역사는 공통된 줄거리를 따른다. 먼저 기름진 평야에서 농경이 시작되고 인구가 나날이 늘면서 구릉에서도 농사를 짓게 되었다. 삼림이 개간되어 농지로 변한 땅의 맨흙이 빗물과 흐르는 물에 노출되면서 비탈진 경작지는 빠르게 깎여 나갔다. 그 뒤로 몇 세기 동안 집약 농업 탓에 양분이 감소하고 흙이 유실되어 사람들을 괴롭혔다. 소출은 줄어들고 새 땅을 구하기 어려워졌기 때문이다. 마침내 토질 저하는 늘어나는 인구를 먹여 살릴 수 없을 만큼 농업 생산성이 떨어졌다는 말이 되고, 문명 전체를 몰락으로 이끈다. 작고 고립된 섬 사회와 여러 지역에 걸친 거대 제국에 비슷한 줄거리가 적용되는 걸 보면 근본적으로 중요한 현상이 있음을 짐작할 수 있다. 만들어지는 것보다 빠르게 흙이 침식되면 문명의 수명은 짧아진다는 사실이다. 말하자면 문명의 기초인 흙을 지키지 못한 것이다.

현대사회는 어떠한 문제를 두고도 과학기술이 해결책을 제시할 거라는 관념을 낳게 한다. 그러나 삶을 개선하는 과학기술의 능력을 얼마나 열렬히 신봉하든, 우리가 자원을 생산하는 속도보다 빠르게 소비하는 문제를 과학기술이 해결할 수는 없다. 자원은 언젠가 바닥나기 마련이다. 날이 갈수록 세계경제가 서로 가까워지고 인구가 늘어 감에 따라 흙을 지키는 일이 역사상 어느 때보다도 중요해지고 있다. 경제적인 것이든 정치적인 것이든 군사적인 것이든 그 본질이 무엇이든 간에, 우리 후손들은 가장 기본적인 자원을 둘러싼 갈등과 맞닥뜨릴 것이다. 그러지 않으려면 더 슬기롭게 흙을 다루어야 한다.

하나의 인간 사회를 유지하는 데 얼마나 많은 흙이 필요한지는 인구 규모와 흙의 생산성, 작물을 기르는 방법이나 기술에 따라 달라진다. 현대 농업은 헤아릴 수 없이 많은 사람들을 먹여 살릴 수 있지만, 반드시 기름진 땅이 어느 정도 확보되어야만 모든 사람을 먹여 살릴 수 있다. 흙을 보존하는 일이 모든 문명의 수명을 결정하는 데 그만큼 중요하다는 말이다.

사람들이 살아갈 수 있게 하는 땅의 능력에는 토질과 기후, 식생 같은 환경의 물리적 특성과 농경 기술이나 방법이 포함된다. 특별하게 결합된 그 인간-환경 시스템의 한계에 가까워지는 사회는 침략이나 기후 변화 같은 변동에 취약해진다. 안타깝게도 그 생태학적 한계점에 다가가는 사회는 또한 사람들을 먹여 살리기 위해 당장의 수확량을 최대화하라는 압력을 견디지 못하고 흙의 보존을 외면해야 하곤 했다.

토양은 먼 옛날부터 오늘날 디지털 사회로 넘어오기까지 기름지고 오래된 흙의 중요성을 비춰 주는 지질학적 백미러와도 같다. 토양의 역사를 살펴보면 산업 문명을 지탱하는 일이 과학기술의 혁신만큼이나 흙의 보존과 관리에 기대고 있음이 뚜렷해진다. 계획 없이 지구를 리모델링하면서, 사람들은 생물학이나 지질학적인 변천보다도 심하게 지구 표면을 덮고 있는 흙을 옮기고 있다.

상식에 비추어 조금만 더 생각해 보면서 지난날의 경험을 돌아보면 도움이 될 것이다. 문명은 하루아침에 사라지지 않는다. 문명은 몰락을 선택하는 법이 없다. 다만 세대가 바뀜에 따라 흙이 점점 사라지면 문명은 주춤하다가 쇠퇴하게 된다. 역사가들은 문명 종말의 원인을 기후 변화와 전쟁, 또는 자연재해 같은 개별 사건 탓으로 돌리곤 하지만, 흙의 침식이 고대사회에 끼친 영향은 생각보다 심각했다. 자 이제 들어가 보자, 흙 속에 담긴 이야기 속으로.

2

벗겨지는 지구의 살갗

우리는 발밑에 있는 땅보다 천체의 움직임에 관해 더 많이 알고 있다.

– 레오나르도 다빈치 –

찰스 다윈이 쓴 마지막 책은 거의 알려지지 않았고 별로 화제가 되지도 않았다. 1882년 사망하기 한 해 앞서 출간된 그 책은 지렁이가 오물과 썩은 낙엽을 어떻게 흙으로 바꿔 놓는지를 다루었다. 이 마지막 저술에서 다윈은 하찮게 보일 수도 있는 생물의 한평생을 기록했다. 어쩌면 자신의 남은 생애를 바쳐서 후세에 전해 주어야만 한다고 느낄 만큼 우리 세상에 관한 근본적인 그 무엇을 발견한 것인가? 늙어 가는 지성의 유별난 저작쯤으로 폄하하는 비평가들도 있었지만, 다윈의 책은 우리 발밑에 있는 땅이 지렁이의 몸을 통해 어떻게 순환되고 있고 지렁이가 잉글랜드의 시골을 어떻게 일구었는지 탐구한다.

지렁이가 지질학적 의미를 어떻게 획득하는지 다윈이 처음 통찰하게 된 곳은 바로 자신의 밭이었다. 온 세계를 항해하고 잉글랜드의 집으로 돌아오자마자 이 유명한 농장주는 지렁이들이 주기적으로 지표로 실어 올리는 흙과 몇 해 전 풀밭에 뿌린 재 한 켜가 묻힌 고운 흙이 비슷하다는 사실을 발견했다. 재를 뿌린 뒤로 다윈이 풀밭에 한 일이라고는 아무것도 없었다. 거기서 가축을 기르지도 않았고 작물을 기르지도 않았던 것이다. 그런데 예전에 땅에 뿌린 재가 바로 그의 눈앞에서 땅속으로 들어가 있는 게 아닌가.

그럴 듯해 보이는 유일한 설명도 납득하기 힘든 것이었다. 한 해 한 해, 지렁이가 자기 똥을 지표로 옮겨 놓았다니. 지렁이가 정말로 밭을 간 것일까? 흥미를 느낀 다윈은 진짜로 지렁이가 천천히 흙을 한 켜 새로 만들어 놓았는지 연구하기 시작했다. 노인네가 미쳤다고 여긴 이들도 있었다. 지렁이가 무슨 일을 이룰 수 있다는 생각에 사로잡힌 멍청이라면서.

다윈은 아랑곳하지 않고 지렁이들이 잉글랜드 시골에서 얼마나 많은 흙을 옮겨 놓는지 알아보기 위해 지렁이 똥을 모아 연구했다. 고대의 폐허가 버려진 땅이 된 뒤로 얼마나 빠르게 땅속으로 파고드는지를 그의 아들들이 함께 조사했다. 다윈의 친구들이 가장 흥미를 보였던 건 다윈이 거실에 단지들을 갖다 놓고 그 안에 지렁이를 키우며 습성을 관찰한 것이었다. 다윈은 지렁이의 식성을 실험하면서 지렁이가 낙엽과 오물을 얼마나 빠르게 흙으로 바꾸어 놓는지 측정했다. 마침내 그는 "시골의 모든 옥토는 지렁이의 창자를 여러 번 거쳐 온 것이며 앞으로도 다시 여러 번 거쳐 갈 것이다."(Darwin 1881, 4쪽)라고 결론지었다. '지렁이가 과연 자신의 밭을 간 것일까?' 하는 의심에서 "지렁이가 잉글랜드의 흙 전체를 규칙적으로 섭취하고 있다"는 생각으로 크게 도약한 것이다. 다윈이 어떻게 이런 독창적인 추론을 하게 된 것일까?

다윈의 관찰 가운데 특히 눈에 띄는 사례가 하나 있다. 밭 한 뙈기를

1841년에 마지막으로 쟁기질할 때였다. 다윈의 어린 아들들이 비탈길을 달려 내려가니 지표에 한 켜 덮여 있던 돌들은 서로 부딪히며 소리를 냈다. 하지만 1871년에 서른 해 동안 묵은 그 땅을 말이 전속력으로 달릴 때는 돌멩이 하나 밟히지 않았다. 부딪히며 소리를 내던 그 돌들은 도대체 어디로 간 걸까?

호기심을 느낀 다윈은 밭을 가로질러 도랑을 팠다. 한때 땅을 덮고 있던 것으로 보이는 돌 한 켜가 6센티미터 정도 깊이의 고운 흙 밑에 묻혀 있었다. 이것은 바로 몇 십 년 전에 풀밭의 재에 일어났던 일과 똑같았다. 세월이 흐르는 동안 다윈의 짐작으로는 셀 수도 없이 많은 지렁이들의 노력 덕분에 겉흙이 새로(100년마다 몇 센티미터씩) 생겨났다.

자신의 밭에서만 이런 일이 일어나는지 궁금했던 다윈은 아득한 옛날에 버려진 건축물의 바닥과 기초가 새 흙 속으로 얼마나 빠르게 묻혀 갔는지를 조사했다. 비탈길을 뛰어 놀던 아들들이 자라 이번에는 아버지와 함께했다. 인부들이 서리 주(런던 남서쪽에 있는 지역 — 옮긴이)에서 로마 시대 호화 저택에 전형적인 조그만 빨간 기왓장들이 땅 아래 75센티미터 깊이에 묻혀 있는 걸 발견했다고 알려 왔다. 2~4세기에 쓰인 동전들이 출토됨으로써 저택이 천 년 넘게 버려져 있었음을 증명했다. 그 유적의 바닥 층을 이루고 있는 흙의 두께는 15~28센티미터가량 되었다. 100년마다 1.5~2.5센티미터 두께의 흙이 만들어졌음을 짐작할 수 있었다. 다윈의 밭이 특별한 게 아니었던 것이다.

고대 유적을 조사함으로써 다윈은 지렁이가 땅을 갈고 있다는 믿음을 굳혀 갔다. 1872년 다윈의 아들 윌리엄은 헨리 8세가 가톨릭교회와 맞서 싸운 전쟁 때 무너진 볼리외 수도원 회중석 바닥이 땅 아래 15~30센티미터 깊이에 묻혀 있는 것을 발견했다. 글로스터셔에서는 사냥터지기가 토끼를 잡으려고 땅을 파다가 몇 세기 동안 고이 묻혀 있던 또 다른 대규모 로마 저택 유적을 숲의 지표 아래 60~90센티미터 깊이에서 발견했다. 고대 도시 유리코니엄의 콘크리트 포장 또한 60센티미터 아래에서 흙에 덮여 있었다. 땅에 묻힌 이 유적은 겉흙 30센티미터가 생겨나는 데 몇 세기가 걸린다는 사실을 증명한다. 과연 지렁이가 정말로 이 일을 한 것일까?

다윈은 곳곳에서 지렁이 똥을 모아 조사하여 지렁이들이 해마다 에이커당 10~20톤의 흙을 위로 옮겨 놓는다는 걸 알아냈다. 땅 위에 평평한 켜로 쌓이는 그 흙은 해마다 0.25~0.6센티미터씩 쌓인 것이다. 이런 사실은 로마 유적이 땅속에 묻힌 이유를 설명하고도 남는 것이며, 다윈의 아들들이 돌밭이라고 부르는 곳에서 다윈이 추정한 흙의 생성 속도에 가까운 것이었다. 자신의 밭을 파서 조사하고 고대 건축물의 바닥을 발굴하고 지렁이 똥을 직접 살펴본 결과를 바탕으로, 다윈은 지렁이들이 겉흙의 생성에 중요한 구실을 한다는 사실을 알아냈다.

그렇다면 지렁이들이 어떻게 그 일을 한 것일까? 다윈은 비좁은 거실에 잔뜩 갖다 놓은 테라리엄 속에서 지렁이들이 흙에 유기물질을 보태는 걸 지켜보았다. 새 애완동물들이 먹을 수 있는 낙엽을 단열재 삼아 굴로 끌고 들어가는 광경을 관찰하며 그 많은 낙엽의 수를 일일이 셌다. 낙엽을 잘게 쪼개고 또 일부는 소화하면서 지렁이들은 이미 섭취한 고운 흙과 유기물질을 섞었다.

지렁이들은 낙엽을 잘게 갈 뿐 아니라 작은 돌까지 부수어서 무기질 흙으로 바꾸었다. 지렁이의 내장을 갈라 보면 언제나 작은 돌과 모래 알갱이들이 나왔다. 다윈은 지렁이 위장에서 나온 산성액이 흙에서 발견되는 훔산(humic acid)과 일치함을 알아냈다. 그는 지렁이의 소화 능력과 세월이 흐르면서 단단한 바위까지 해체하는 식물 뿌리의 능력을 비교했다. 지렁이들은 천천히 흙을 갈고 잘게 부수고 재처리하며 새 돌에서 생겨난 흙을 재생된 유기물질과 섞으면서 흙을 만들어 내는 데 도움을 주는 듯했다.

다윈은 지렁이가 흙을 만들기도 하지만 흙을 옮겨 놓는다는 사실도 확인했다. 비가 퍼부은 뒤에 밭을 돌아다녀 보니 축축한 지렁이 똥이 경사가 완만한 비탈에서도 아래쪽으로 옮겨져 있었다. 지렁이 굴에서 나온 지렁이 똥을 모아서 그 양을 꼼꼼하게 측정한 다윈은 본디 흙보다 곱절이나 아래쪽으로 옮겨졌음을 알아냈다. 지렁이가 땅 위로 밀어 낸 지렁이 똥은 평균 5센티미터 정도 아래쪽에 가 있었다. 굴을 파면서 지렁이들이 흙을 조금씩 아래로 밀어 낸 것이다.

이 조사를 바탕으로, 다윈은 전형적인 잉글랜드의 언덕 비탈면에서 한 해에만 9미터 남짓한 거리마다 흙 450그램 정도가 아래로 옮겨졌다고 추산했다. 다윈은 눈에 띄지 않는 지렁이 군단이 흙을 재처리함에 따라 잉글랜드 전역에서 한 켜의 흙이 풀로 덮인 언덕 아래로 천천히 쓸려 내려갔다고 결론지었다. 또 잉글랜드와 스코틀랜드의 지렁이들은 해마다 5억 톤이나 되는 흙을 옮겨 놓았다. 다윈은 지렁이가 오랜 세월 동안 땅의 모양새를 바꿔 놓는 주요한 지질학적 요인이라고 여겼다.

지렁이 연구는 누가 봐도 획기적인 것이었지만 다윈이 침식에 관해서 모든 걸 알았던 건 아니다. 그는 미시시피 강이 옮겨 놓은 침전물을 측정한 결과 애팔래치아산맥이 깎여 나가서 완만한 평원이 되기까지 50만 년이 걸릴 거라고 계산했다. 단 이 계산은 융기를 고려하지 않은 결과이다. 오늘날 우리는 애팔래치아산맥이 백만 년이 넘도록 그대로 서 있음을 알고 있다. 지질학적으로 사망했고 솟아오르지도 않은 애팔래치아산맥은 공룡시대 이후로 꾸준히 침식되어 왔다. 그러니 다윈은 산이 닳아 없어지는 데 필요한 시간을 턱없이 적게 어림한 것이다. 어째서 측정이 그토록 크게 빗나간 것일까?

다윈이 살던 시대에 사람들은 지각평형에 대해서 잘 몰랐다. 지각평형 이란 침식이 지구 내부의 깊은 곳에서 암석이 융기하도록 유발하는 과정 을 말한다. 지각평형설이 지질학에 주류로 들어온 건 다윈이 숨을 거두고 나서 몇 십 년이 흐른 뒤의 일이다. 오늘날 널리 받아들여지는 지각평형 설은 침식이 땅을 없애기도 하지만 없어진 높이의 상당 부분을 상쇄하기 위해 지표를 향해 암석을 끌어올리기도 한다고 설명한다.

침식이 세상을 마모시키는 것이라는 상식적인 이해와 충돌하는 것이지 만, 지각평형설은 더 깊은 수준에서 합리적이다. 대륙은 지구에서 밀도가 더 높은 맨틀에 '떠 있는' 비교적 가벼운 암석으로 이루어져 있다. 바다의 빙산이나 물 컵의 얼음덩어리처럼 대륙의 대부분은 해수면 아래로 가라 앉아 있다. 떠 있는 얼음의 꼭대기가 녹아도 나머지 부분이 위로 솟아서 계속 떠 있게 된다. 이처럼 대륙의 뿌리는 지구 속으로 80킬로미터가 넘 게 뻗어 나가다가 밀도가 더 높은 암석인 맨틀에 이른다. 땅에서 흙이 쓸 려 나가면, 침식으로 사라진 부분을 상쇄하기 위해 새 암석이 융기한다. 바위 30센티미터가 사라진다면 땅 표면은 실제로 5센티미터쯤 낮아진다. 땅에서 바위 30센티미터가 사라진다면 그것을 상쇄하기 위해 새 암석이 25센티미터 융기하기 때문이다. 지각평형은 새 암석을 공급하여 흙을 계 속 만들어 내게 한다.

다윈은 흙의 침식과 기반암의 풍화 사이에 유지되는 균형 덕분에 겉흙 이 꾸준하게 유지되는 것이라 보았다. 또 겉흙이 쉼 없이 변화하는 것이 면서도 늘 같은 것이라 여겼다. 지렁이를 관찰하면서 지구의 얇은 담요인 흙의 역동성을 깨닫게 되었다. 그는 삶의 마지막 장에서 지구의 살갗, 흙을 바라보는 현대적 관점의 문을 열어젖히는 데 이바지했다.

다윈은 흙을 만들어 내는 지렁이를 '자연의 정원사'라고 생각했다.

 풀로 뒤덮인 벌판을 보면서, 우리는 그 아름다움의 원천인 평탄함이 대
부분 지렁이들이 울퉁불퉁한 땅을 고르게 펴 놓은 덕택이라는 걸 기억해
야 한다. 어떤 벌판이든 지표의 흙 전체가 몇 해 단위로 거듭 지렁이 몸통
을 거쳐 왔고 앞으로도 거쳐 갈 거라고 생각하면 놀랍기만 하다. 쟁기는
사람의 발명품 가운데 가장 오래된 소중한 것에 속한다. 하지만 사실 사람
이 지구에 살기 훨씬 오래 전부터 지렁이들이 땅을 규칙적으로 쟁기질해
왔고 지금도 변함없이 땅을 갈고 있다. 세계사에서 이 하등동물들에 버금
갈 만큼 중요한 일을 한 동물들이 있기나 한지 의문이다.(Darwin 1881,
313쪽)

 최근에 스코틀랜드 남동쪽과 셰틀랜드제도의 미세한 흙 입자를 연구한
결과는 다윈의 짐작과 일치한다. 몇 세기 동안 누가 돌보지 않은 벌판의
겉흙은 거의 대부분 돌 부스러기가 섞인 지렁이 똥이다. 다윈의 추측처
럼, 지렁이가 땅을 완전히 가는 데는 몇 백 년이 걸린다.

 흙이 암석과 생명 사이에 있는 역동적인 인터페이스라는 다윈의 인식
은, 만들어지는 흙의 깊이가 환경 조건을 어떻게 반영하는지에 대한 탐구
로 확장되었다. 그는 흙이 깊을수록 지렁이들로부터 기반암이 더 잘 보호
된다고 설명했다. 지렁이는 깊이 1~2미터밖에 내려가지 못하기 때문이
다. 또 다윈은 지렁이들이 흙에 쏟아 놓은 흙산이 땅속 아주 깊은 곳까지
천천히 스며든다고 했다. 두터운 흙은 암석에 큰 영향을 주는 아주 심한
기온 변동과 한파, 동결을 막아 준다. 흙의 깊이는 점점 두터워지다가, 새

암석에서 새 흙이 만들어지는 흙의 생성 속도와 흙의 침식이 균형을 이루게 된다.

이번에는 다윈이 옳았다. 흙은 환경의 변화에 따라 반응하는 역동적 시스템이다. 침식되는 것보다 만들어지는 흙이 더 많다면 흙의 깊이는 두터워진다. 다윈이 추론했듯이, 흙이 두터워지면 결국 새 흙이 만들어지는 속도가 줄어든다. 새 암석이 묻히면서 흙이 만들어지는 조건을 벗어나기 때문이다. 거꾸로, 지표면에서 흙이 사라지면 풍화가 민둥바위에 직접 영향을 미친다. 식물들이 지역의 암석을 얼마나 빽빽이 뒤덮고 있느냐에 따라서 흙의 생성이 더 빨라지기도 하고 사실상 멈추기도 한다.

충분한 시간이 주어지면, 흙은 풍화작용이 새 흙을 만들어 내는 속도와 침식 사이의 균형을 향해 간다. 따라서 어떤 곳의 특수한 환경조건에 따라서 그에 맞는 깊이의 흙이 만들어진다. 많은 흙이 침식되고 새 암석의 풍화작용이 침식된 흙을 상쇄하더라도 흙, 땅, 식물군 전체는 함께 진화하는 것이다. 이 세 가지의 상호 의존성이 흙의 침식과 생성 사이에 이루어지는 균형에 기대고 있기 때문이다.

땅의 모양만 놓고 보더라도 그 상호관계가 뚜렷하게 드러난다. 건조지역에 많이 나타나는 흙비탈의 가파른 언덕은 여름철 강한 비바람에 씻겨 내려가는 흙이 언제나 생성되는 흙보다 많다. 흙이 만들어지는 속도가 흙의 침식 속도를 상쇄하는 습한 지역에서는 언덕의 생김새가 완만하다. 이는 기반암이 침식되어 흙이 만들어졌음을 말해 준다. 그래서 흙이 만들어지는 속도가 느린 건조지역에는 가파른 언덕이 많고, 습한 열대지역에는 완만하고 부드러운 언덕이 많다.

흙은 땅의 모양을 빚을 뿐 아니라 식물이 자라나는 데 꼭 필요한 영양소의 공급원이자 산소와 물을 공급하고 보존하는 경로이다. 기름진 흙은

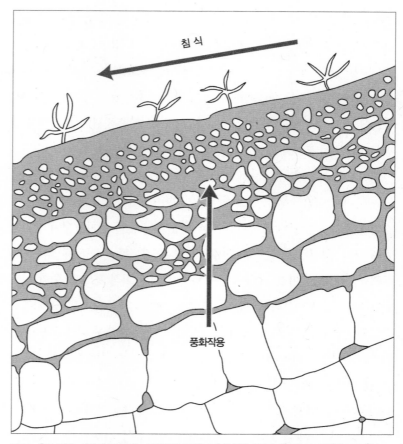

침식

풍화작용

그림 1 흙의 깊이는 흙을 만들어 내는 암석의 풍화작용과 흙의 침식 사이에 이루어지는 균형을 보여 준다.

식물이 햇빛을 받아들이고 태양에너지와 이산화탄소를 탄수화물로 바꾸는 과정에서 촉매 노릇을 한다. 탄수화물은 육상동물의 먹이사슬이 시작되는 동력이다.

식물은 질소, 칼륨, 인을 비롯한 여러 원소를 필요로 한다. 칼슘이나 나트륨 같은 몇몇 원소는 너무 흔하기 때문에 그게 부족해서 식물 성장을 가로막는 일은 거의 없다. 코발트 같은 원소는 매우 드물지만 꼭 필요한 것이다. 흙을 만들어 내는 과정 또한 생태계를 통해 영양소를 순환시킨다. 이 과정에서 간접적으로 식물뿐 아니라 동물이 살기에도 좋은 땅으로 만든다. 결국 흙의 양분이 얼마나 풍부한가에 따라서 육상 생태계의 생산성이 달라진다. 육상 생명체의 전체 생물학적 활동을 좌우하는 건 흙이 만들어 내고 보존하고 있는 양분이다. 이 양분은 흙에서 식물과 동물로 전달되고 다시 흙으로 돌아오며 생태계 전체를 순환한다.

생명의 역사는 흙의 역사와 떼 놓고 생각할 수 없다. 지구 역사 초기에는 민둥바위가 땅을 덮고 있었다. 헐벗은 땅속으로 빗물이 스며들면서 지표의 원소들을 천천히 용해시켰고 바위에 들어 있던 무기질들이 점토로 변해 갔다. 흙 속으로 천천히 스며든 물이 새 점토를 만들어 내면서 원시 무기질 흙이 만들어졌다. 세계에서 가장 오래된 화석 토양은 30억 년도 넘은 것으로 가장 오래된 퇴적암 그리고 아마도 가장 오래된 땅 자체일 것이다. 점토의 형성이 초기 흙의 생성에서 가장 중요한 것으로 보인다. 최초의 화석 토양에는 점토의 칼륨을 흡수할 식물이 전혀 없었기 때문에 유난히 칼륨이 풍부하다.

점토광물들이 생명의 진화에 중요한 역할을 했다고 주장하는 과학자들도 있다. 민감하게 반응하는 표면이 유기 분자들이 모여 살아 있는 유기체로 발전하는 토대로 작용했다는 것이다. 해양 퇴적물 속에 남은 생명의 화석 기록은 가장 오래된 흙과 같은 시대까지 거슬러 올라간다. 구아닌과 시토신(DNA의 네 가지 기본 염기 가운데 둘)이 점토질 용액에서 형성되는 것이 우연의 일치는 아니다. 암석이 풍화되어 쌓인 점토가 생명체의 시작에 도움이 되었든 안 되었든, 흙이 만들어짐에 따라 비로소 지구는 더욱 정교한 생명체가 서식할 수 있는 곳이 될 수 있었다.

40억 년 전에 지구 표면의 온도는 끓어오르는 상태에 가까웠다. 최초의 박테리아는 오늘날 미국 옐로스톤 국립공원 온천들을 뒤덮고 있는 박테리아와 가까운 친척이었다. 다행히도 열기를 좋아하는 이 박테리아가 자라나고 증식하면서 풍화작용의 속도가 빨라졌고, 그 덕택에 원시의 흙이 생겨나 암석을 덮으면서 밑에 있는 박테리아 층을 보호했다. 박테리아가 공기 중의 이산화탄소를 소비하면서 지구 온도가 30°C 떨어져 45°C가 되었다. 온실효과와 반대 현상이 나타난 것이다. 흙을 만드는 박테리아가 아니었다면 지구는 사실상 생물이 서식할 수 없는 곳으로 남았을 것이다.

흙이 생겨나자 식물이 땅을 지배하게 되었다. 3억5천만 년 전쯤, 강물이 헐벗은 고지대에서 싣고 내려온 침적토를 부려 놓은 삼각주와 강 유역에 원시 식물이 퍼졌다. 식물이 구릉 중턱에 이르고 뿌리가 암석 조각과 흙을 단단히 얽어매자, 원시의 땅은 암석의 풍화를 진전시켜서 더 많은 흙을 만들어 냈다. 식물 뿌리와 흙에 사는 생물군의 호흡 덕분에 이산화탄소 수준이 대기보다 열 곱절에서 백 곱절까지 높아지고 토양 수분은 약탄산으로 변했다. 이에 따라 식물군으로 뒤덮인 흙 밑에 묻힌 암석이 지표면에 노출된 민둥바위보다 훨씬 빠르게 풍화되었다. 식물이 진화함에 따라 흙의 생성 속도가 빨라지고, 흙은 더 많은 식물을 기르기에 적합해졌다.

유기물질이 흙을 기름지게 하고 더 많은 식물의 생장을 돕기 시작하자, 스스로 발전하는 과정을 통해서 흙은 더욱 비옥해지고 더 많은 식물을 길러 내게 되었다. 그 뒤로 기름진 유기질 겉흙은 유기물질을 흙에 되돌려 주는 식물군을 길러 냄으로써 스스로를 보존해 왔다. 더 크고 더 많은 식물들이 썩은 유기물질을 흙에 보태면서 동물들의 수도 늘었다. 동물들 또한 죽어서 흙에 양분을 돌려주었다. 가끔 크나큰 멸종이 일어나기도 했지만 생명과 흙은 서로 도우며 발달하고 기후 변화와 지각의 이동을 겪으며 다양해졌다.

　유기물질의 분해와 순환, 그리고 식물을 길러 내는 능력의 재생을 통해서 흙은 생명의 순환을 완성한다. 이 과정에서 흙은 썩은 물질을 정화하여 새 생명을 먹이는 양분으로 바꾸는 필터 노릇을 한다. 흙은 우리 행성을 이루고 있는 암석, 그리고 암석에서 용해되어 나온 영양소와 햇빛에 기대어 사는 식물들과 동물들의 인터페이스이다. 식물은 공기에서 직접 탄소를 섭취하고 흙에서 물을 빨아들이지만, 공장과 마찬가지로 필수 요소가 부족하면 흙의 생산성이 떨어진다. 세 가지 요소(질소, 칼륨, 인)가 일반적으로 식물의 성장을 제한하며 전체 생태계의 생산성에 영향을 끼친다. 그러나 큰 그림에서 볼 때 흙은 지구 내부로부터 둘레의 대기로 원소들을 이전시킨다. 생명체에게는 한꺼번에 사라져 버릴 만큼 빠르지 않아야 하고 흙을 늘 건강하게 유지할 수 있을 만큼의 침식이 필요하다.

　가장 기본적인 수준에서 육상 생물은 흙이 필요하다. 그리고 생명체와 오물이 흙을 만들어 낸다. 다윈은 기름진 영국의 땅 1에이커마다 180킬로그램가량의 지렁이들이 산다고 추정했다. 기름진 겉흙은 그야말로 미생물들의 세상이기도 하다. 미생물은 식물이 유기물질과 무기질 흙에서 양분을 얻도록 돕는다. 겉흙 한 줌 속에 사는 미생물의 수가 몇 십억 마리에 이르기도 한다. 500그램도 안 되는 기름진 흙 속 미생물들이 지구 전체에 사는 사람 수보다 많다. 미어터지는 도쿄의 지하철에 타고 있거나, 캘커타 또는 뉴욕의 길거리에서 인파를 헤치고 지나가면서 미생물의 세상을 상상하기는 어렵다. 그러나 우리 현실은 눈에 보이지 않는 미생물의 세계 위에 건설되어 있으며 여러 면에서 거기에 기대고 있다. 미생물의 세계는 양분을 배출하고 유기물질을 썩혀 땅을 식물이 살기에 알맞은 곳으로 만든다. 그런 땅은 곧 사람들이 살 만한 곳이다.

눈에 보이지 않지만 흙에 사는 유기체는 육상 생태계 생물 다양성의 많은 부분을 책임지고 있다. 낙엽이나 죽은 식물과 동물이 부패하여 생기는 유기물질을 통해 식물은 땅속 생물군에 에너지를 공급한다. 그리고 땅속 유기체는 암석의 풍화작용과 유기물질의 분해를 가속화함으로써 식물에 양분을 공급한다. 땅속 유기체들의 독특한 공생 집단은 특정 식물군락 아래에서 형성된다. 따라서 식물군락이 바뀌면 땅속 생물군도 바뀌는데, 이는 흙의 비옥함과 더 나아가 식물의 성장에 영향을 끼칠 수 있는 것이다.

'다윈의 지렁이'와 함께, 쉼 없이 이어지는 물리적이고 화학적인 과정들이 흙을 만드는 데 도움을 준다. 뒤쥐, 흰개미, 개미처럼 굴에 사는 동물들은 부서진 암석을 흙에 섞는다. 식물의 뿌리는 암석을 파고들어 쪼갠다. 쓰러진 나무는 암석 조각을 움직여 흙과 섞이게 한다. 땅 깊은 곳의 높은 압력 받아 만들어진 암석들은 지표에 가까워지면 팽창하며 갈라진다. 큰 암석은 우기와 건기, 동결과 해빙, 들불의 열기에 시달리면서 작은 바위로 쪼개지고 또 쪼개지다가 결국 그 구성 요소인 무기질 알갱이로 분해된다. 암석을 이루고 있는 무기질 가운데 석영 같은 것은 화학적 부식에 잘 견딘다. 그런 무기질은 아무리 잘게 쪼개져도 똑같은 무기질일 뿐이다. 특히 장석과 운모를 비롯한 다른 무기질들은 쉽게 풍화되어 점토가 된다.

너무 작아서 낱개로는 볼 수 없는 점토 입자는 수십 개를 합쳐야 이 문장 끝에 찍은 마침표만 한 크기가 된다. 그런 미세한 입자들이 꼭꼭 뭉쳐서 땅 표면을 덮으면 빗물이 좀처럼 땅에 스미지 못하고 흐른다. 새 점토 광물에는 식물 영양소가 풍부하지만 일단 물을 흡수한 점토는 물을 단단히 가두고 있다. 점토질 흙은 물이 천천히 빠져나가고 마르면서 두껍고 딱딱한 껍질이 생긴다. 이보다 훨씬 더 큰 모래 입자는 아주 작은 알갱이라 해도 맨눈으로 볼 수 있다. 모래땅은 물이 빨리 빠지기 때문에 식물이 자라기 어렵다. 모래와 점토의 중간 크기인 침적토가 농작물 재배에 딱 알맞다. 침적토는 식물을 기르기에 충분한 물을 머금고 있으면서도 물에 잠기지 않을 만큼 적당히 물이 빠진다. 특히 점토와 침적토, 모래가 섞인 흙을 양토라고 하는데, 농사짓기에 이보다 좋은 흙이 없다. 공기가 자유롭게 드나들고 물 빠짐이 좋을 뿐 아니라 식물 영양소가 잘 흡수되기 때문이다.

점토광물의 특징은 표면적이 몹시 넓다는 점이다. 점토 200그램 정도에 들어 있는 광물질의 표면적은 200에이커가 넘는다. 얇은 종이들이 카드 한 벌을 이루듯이, 점토는 칼륨, 칼슘, 마그네슘 같은 양이온들이 규산염 층 사이에 끼어 있는 광물질의 층으로 이루어진다. 점토 구조로 천천히 스며든 물은 양이온을 용해시켜 식물에 꼭 필요한 영양소가 풍부한 토양용액을 만든다.

따라서 분리되기 쉬운 수많은 양이온들이 광물 표면에 붙어 있는 새 점토는 흙을 기름지게 한다. 하지만 풍화작용이 이어지면서 양분이 흙에서 많이 빠져나가고 규산염 사이에 끼인 원소들은 점점 사라지게 된다. 마침내 식물이 흡수할 만한 양분은 거의 남지 않는다. 점토가 흙의 유기물질을 붙잡아둘 수 있다고 해도, 인이나 황 같은 필수영양소를 보충하는 건 새 암석에서 새 영양소를 배출하는 풍화작용에 달려 있다.

이와 반대로 질소는 대부분 대기 질소의 생물학적 고정(미생물이 공기 중의 질소를 흡수하여 식물이 이용할 수 있는 형태로 변형하는 과정 ― 옮긴이)을 통해 흙에 들어온다. 질소고정 식물 같은 것은 없지만, (하나만 예를 들자면) 토끼풀 같은 숙주식물이나 비활성 대기 질소는 세균과 공생하는 덕분에 길이가 2~3밀리미터 되는 뿌리혹에서 생물학적 활성 암모니아로 변형된다. 흙의 유기물질 속에 들어온 질소는 썩은 물질에서 식물로 순환한다. 흙의 미소식물군이 효소를 분비하여 커다란 유기고분자를, 이를테면 아미노산 같은 수용성 물질로 변형시키 때문이다. 식물들은 이 수용성 물질을 흡수하고 재사용한다.

흙이 얼마나 빠르게 만들어지느냐는 환경조건에 따라 다르다. 1941년에 UC 버클리의 한스 제니 교수는 흙의 특성에는 지형, 기후, 그리고 흙의 원료가 되는 지질에 덧씌워진 생물군이 반영된다고 발표했다. 제니는 흙의 생성을 결정하는 다섯 가지 중요한 요소로 모질물(母質物, 암석), 기후, 유기체, 지형, 시간을 꼽았다.

지역마다 지질에 따라서 암석이 풍화될 때 만들어지는 흙의 종류가 결정된다. 암석이 땅위로 노출되면 결국 분해되기 때문이다. 화강암이 풍화되면 모래흙이 되고 현무암이 풍화되면 점토질 흙이 된다. 석회암은 녹아서 사라지면서 얇은 흙층과 동굴이 있는 암석 지대를 남긴다. 빠른 속도로 풍화되어 두터운 흙층으로 변하는 암석이 있는가 하면, 침식을 견뎌내어 오랜 세월에 걸쳐 얇은 흙층을 만드는 암석도 있다. 식물이 흡수할 수 있는 양분은 흙의 모질물이 지닌 화학적 구성 요소에 따라 달라지므로, 흙의 생성을 이해하려면 먼저 흙의 원천인 암석을 이해해야 한다.

지형 또한 흙에 영향을 끼친다. 지질학적 활동으로 산이 융기하여 비탈진 지역에서는 새 무기질이 섞인 얇은 흙층이 가파른 비탈면을 덮고 있다. 지질학적으로 잠잠한 지역의 완만한 비탈면에는 더 두텁고 심하게 풍화된 흙이 많다.

기후는 흙의 생성에 큰 영향을 준다. 높은 강우강도(降雨强度)와 높은 기온은 화학적 풍화작용을 촉진하고 암석을 구성하고 있는 무기질이 점토로 전환되도록 작용한다. 추운 기후는 얼고 녹기를 거듭하는 동안 암석이 팽창하고 수축함으로써 물리적으로 파괴되도록 자극한다. 또 추운 기후는 화학적 풍화작용을 더디게 한다. 따라서 높은 산과 극지방의 흙은 새 양분을 배출할 수 있는 신선한 무기질 표층이 많지만, 열대지방의 흙은 심하게 풍화되어 양분이 빠져나간 점토로 이루어져 있어서 농사짓는 땅으로는 알맞지 않다.

서로 다른 생태계를 구성하는 식물군락에 무엇보다 큰 영향을 미치는 것은 기온과 강수량이다. 고위도 지방의 영구동토에서 자랄 수 있는 식물은 극지 툰드라의 떨기나무(관목)뿐이다. 온대지역의 알맞은 기온과 강수량은 숲을 울창하게 하고, 숲은 낙엽을 떨어뜨려 썩게 함으로써 유기질이 풍부한 흙을 만들어 낸다. 건조한 초원의 흙에서는 미생물의 활동이 활발한 덕택에 죽은 나무뿌리나 낙엽의 재순환, 풀을 뜯는 동물들의 똥거름에서 유기물질을 얻는다. 바위가 많고 흙층이 얇으며 식생이 드문 것이 건조한 환경의 특징이다. 적도 근처의 높은 기온과 많은 강수량은 풍화작용에서 배출되고 썩은 식물로부터 순환되는 영양소를 재활용함으로써 양분이 빠져나간 흙에서 열대우림이 우거지게 한다. 이와 같이 지구의 기후대는 흙과 식물군락이 진화하는 템플릿이다.

지질과 기후의 차이 탓에 서로 다른 지역의 땅에서 그 나름의 농업이 이루어진다. 특히 강수량이 많고 풍화도가 높은 열대지역의 완만한 언덕들은 일정한 시간이 지나면 땅에 스며든 빗물이 흙과 흙 밑의 풍화된 암석에서 거의 모든 양분을 씻어 낸다. 그러면 우거진 숲은 오래전에 풍화된 암석에서 배출된 양분을 유지하고 재순환시키면서 스스로 양분을 공급해야 한다. 열대지방에서는 양분이 대부분 흙이 아니라 식물 자체에 들어 있기 때문에 토착 식생이 사라지면 흙의 생산력도 사라진다. 수십 년 동안 삼림을 개간하고 나면 농작물이나 가축을 키울 만한 양분이 거의 남지 않는다. 양분이 모자란 열대지방의 흙은 생명이 과거 생명체의 재순환에 기대고 있다는 일반 법칙을 보여 준다.

인류는 오늘날까지도 천연의 흙에 사는 모든 종을 밝혀 내지 못했다. 흙과 흙에 사는 생물군은 깨끗한 식수를 제공하고, 죽은 물질을 새 생명으로 재순환시키며, 양분이 식물에 전달되도록 하고, 탄소를 저장하며, 쓰레기와 오염 물질을 재생하고, 더 나아가 우리가 먹는 음식 거의 모두를 만들어 낸다.

눈에서 멀어져서 마음에서도 멀어진, 흙에 사는 유기체는 농경 방식에 크게 영향을 받기도 한다. 땅을 갈면 흙에 사는 큰 유기체가 죽고 지렁이 수가 줄어들게 된다. 살충제는 미생물과 미소동물군을 박멸할지도 모른다. 전통적인 단벌기(短伐期) 재배, 단작 농사는 흙에 사는 이로운 동물군의 다양성과 풍부함과 활동을 줄이고, 흙이 매개하는 바이러스, 병원균과 농작물을 먹는 해충의 확산을 간접적으로 자극한다. 대개는 이른바 대안적 농법이 흙에 사는 유기체를 더 잘 보존하는 경향이 있는데, 이 유기체들은 흙을 더욱 기름지게 만든다.

흙의 생성과 마찬가지로 침식 속도는 모질물(암석)에서 물려받은 흙의 성분, 지역의 기후, 유기체, 지형에 따라 달라진다. 서로 다른 성분들의 결합이 침식을 견디는 능력을 결정한다. 이를테면 침적토와 모래, 또는 점토가 일정 비율로 섞이고 이 혼합물에 흙의 유기물질이 보태어져서 흙의 침식이 달라지는 것이다. 유기물질이 흙 입자들을 엉기게 함으로써 침식에 견디는 힘이 생겨 침식이 억제된다. 지역의 기후는 침식 속도에 영향을 끼친다. 강수량이 얼마나 많은가, 내린 비가 강물이나 빙하가 되어서 땅에서 빠져 나가는가에 따라 침식 속도가 달라지는 것이다. 지형도 중요하다. 다른 조건이 모두 똑같다면, 가파른 비탈이 완만한 비탈보다 더 빨리 침식된다. 강수량이 많을수록 땅위를 흐르는 빗물이 많아지고 따라서 침식이 더 많이 일어나지만, 식물의 성장을 촉진하여 흙이 침식되는 걸 막아 주기도 한다. 이런 기본적인 균형은 강수량만으로 흙의 침식 속도가 결정되지 않음을 일러 준다. 건조한 환경, 또는 농지처럼 흙이 드러난 땅에서는 바람이 침식 과정에 결정적인 영향을 끼칠 수 있다. 다윈의 지렁이든 인간의 쟁기질이든 생물학적 공정도 마찬가지로 흙을 조금씩 아래쪽으로 옮긴다.

여러 지역에서 중요한 영향을 미치는 침식의 형태는 서로 다르지만, 대표적인 몇 가지 유형이 있다. 비가 내리면 빗물은 흙 속으로 스미거나 땅위를 흐른다. 흐르는 빗물이 많을수록 침식이 더 심해진다. 빗물이 많이 흐르는 곳에서는, 땅을 뒤덮고 흐르는 물이 흙을 실어 나르며 열구(裂溝)라 불리는 작은 물길을 판다. 이 물길들이 점점 더 침식되면 더 큰 협곡이 된다. 협곡은 쟁기질을 할 수 없을 만큼 V 모양으로 크게 벌어진 골짜기를 일컫는다. 가파른 비탈에서는 집중호우나 오래 계속된 강수로 땅이 흠뻑 젖어서 산사태가 일어나기도 한다. 바람은 초목이 거의 자라지 않는 건조한 흙을 쓸어 간다. 한 지역에서만도 이런 많은 종류의 침식 과정이 벌어지지만 대표적인 침식 유형은 지형과 기후에 따라 다양하다.

1950년대에 침식 연구자들은 흙의 유실을 설명해 줄 보편적인 등식을 연구하기 시작했다. 흙 연구 기지로부터 데이터를 취합한 결과, 연구자들은 흙의 침식이 생성과 마찬가지로 흙의 성질과 지역의 기후, 지형, 그리고 식생의 본성과 조건에 영향을 받는다고 결론지었다. 특히 흙의 침식 속도는 땅의 기울기와 농경 방식에도 크게 영향을 받는다. 일반적으로 비탈이 가파르고 강수량이 많고 식생이 드물수록 침식은 훨씬 더 심해진다.

식물과 죽은 식물은 흐르는 물의 침식 작용이나 하늘에서 떨어지는 빗방울의 직접적인 충격으로부터 땅을 보호한다. 맨땅이 빗물에 노출되면 빗방울이 떨어져 충격을 줄 때마다 흙이 아래쪽으로 밀린다. 순식간에 겉흙을 침식하는 집중호우는 더 깊은 곳의 더 조밀한 흙을 노출시킨다. 이 흙은 물을 빨리 흡수하지 못하기 때문에 빗물이 땅 위를 더 많이 흐르게 된다. 따라서 지표면을 흘러가는 빗물의 침식 능력이 더 커진다. 노출된 맨땅에서 빠른 속도로 겉흙을 유실시키는 이런 인과관계의 순환에 몹시 민감한 흙들이 있다.

땅 아래에 복잡하게 얽혀 있는 뿌리들은 초목을 결합시키고 겉흙을 안정시킨다. 우듬지끼리 얽혀 지붕처럼 드리운 숲에서 나무뿌리들은 살아 있는 직물처럼 서로 엉킨 채 흙을 비탈에 붙잡아 둔다. 바꾸어 말하면, 땅을 덮고 있는 숲이 사라지면 가파른 비탈은 급속도로 깎여 나간다.

흙을 연구하는 과학자들은 '흙의 ABC'라는, 말 그대로 단순한 방식으로 흙층을 설명한다. 어느 정도 분해된 유기물질이 발견되는 땅 표면을 O층이라 한다. 이 유기물 표층의 두께는 식생과 기후에 따라 다르지만 주로 낙엽, 잔가지, 그 밖에 식물성 물질들이 무기질 흙에 얹혀 있다. 초목이 거의 자라지 않는 건조한 지역에서는 이 유기물 표층 자체가 없을 수도 있다. 하지만 무성한 열대 밀림에서 O층은 많은 양분을 함유하고 있다.

유기물 표층 밑에 A층이 있다. A층은 분해된 유기물질이 무기질 흙과 섞여 있어 양분이 풍부하다. 지표 또는 지표 밑, 검은색 유기질인 A층이 바로 우리가 흔히 흙이라고 생각하는 것이다. 성근 O층과 A층에서 만들어진 겉흙은 비가 오거나 물이 흐르고 세찬 바람에 노출되면 쉽게 쓸려 나가게 된다.

그 아래층이 B층이다. 대개 겉흙보다 깊이가 더 깊지만 유기물질 함유량이 적어서 A층보다 덜 기름지다. 밑흙이라고도 하는 B층은 흙 속으로

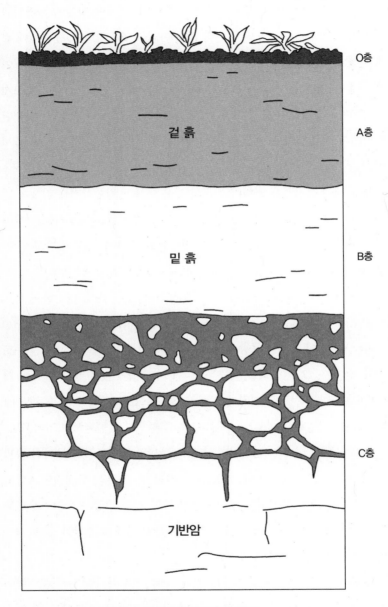

겉 흙

밑 흙

기반암

그림 2 시간이 흐르면서 겉흙과 밑흙이 풍화된 암석 위에 형성된다.

스며드는 점토와 양이온들을 축적해 간다. B층 밑의 풍화된 암석을 C층이라고 한다.

응축된 유기물질과 양분이 흙을 만든다. 잘 형성된 A층이 가장 기름지다. 겉흙에서 수분, 온도, 기체의 균형이 잘 맞으면 식물이 빨리 자란다. 거꾸로, 전형적인 밑흙은 점토를 꽤 많이 축적하고 있다. 점토는 식물 뿌리가 파고들기 힘들고 수소이온농도(pH)가 낮아서 작물의 성장을 억제하고 철과 알루미늄, 칼슘이 풍부해서 시멘트처럼 딱딱하다. 겉흙이 사라진 땅은 대개 생산력이 낮다. B층의 비옥함이 겉흙(A층)에 훨씬 못 미치기 때문이다.

흙층의 배열과 두께, 구성물의 종류는 저마다 다른 조건에서 서로 다른 기간 동안 생성된 흙마다 다르다. 미국에서 분류된 토양형은 약 2만 가지나 된다. 종류는 이토록 다양하지만 대부분 토양단면은 두께가 30~90센티미터쯤 된다.

흙은 참으로 지구의 살갗으로서 지질학과 생물학의 경계 지점에 있는 미개척 영역이다. 1미터도 안 되는 흙의 두께는 지구 반지름(6,380킬로미터)의 천만분의 1이 조금 넘을 뿐이다. 이에 비해 두께가 2밀리미터도 안 되는 사람의 살갗은 보통 사람 키의 천분의 1에 조금 못 미치는 정도이다. 비율로 따지면 지구의 살갗이 사람의 살갗보다 훨씬 얇고 더 연약한 층이다. 사람의 살갗은 보호하고 회복하는 기능이 크지만, 흙은 암석을 분해하는 덮개로서 파괴 기능이 두드러진다. 먼 옛날 선사시대부터 진행된 흙의 생성과 침식 사이의 균형 덕택에 지구의 생명은 풍화된 암석의 얇은 껍질에 얹혀살아 왔다.

지구 차원에서 흙이 지리적으로 서로 달리 자리 잡으면서 집약적인 농업을 유지하기에 특히 알맞은 중심지 몇 군데가 등장한다. 지구를 덮고 있는 흙의 대부분은 농사짓기가 어렵고 개간하더라도 빠르게 침식되기 쉽다. 전 세계적으로 온대 초원의 흙이 농사짓기에 가장 알맞다. 이 지역의 땅은 유기질이 풍부한 A층이 두터워서 믿기 힘들 만큼 기름지기 때문이다. 두터우면서도 갈기 쉬운 이런 흙이 있는 땅은 세계적인 곡창지대가 되었다.

그 어떤 문명도 사람들을 먹여 살리기에 충분한 생산적인 땅을 유지하는 만큼만 존속할 수 있다. 어떤 지역의 흙 예산은 한 집안의 예산처럼 수입, 지출, 저축으로 이루어진다. 저축된 돈에 기대어 살아 봤자 돈이 다 떨어지면 끝이다. 한 사회는 자연이라는 저축 계좌에서 이자를 빼 먹으면서, 다시 말해 흙이 만들어지는 속도로 흙을 없애 가면서 지탱할 수는 있다. 하지만 침식이 흙의 생성을 앞지르게 된다면 흙이 사라지는 만큼 결국 원금을 소비하는 셈이 된다. 침식 속도에 따라서 흙이 사라지기까지 수백 년이 걸리기도 하지만, 얇은 흙층은 그보다 훨씬 빠르게 사라지기도 한다.

대부분의 토착 식물군락은 일반적으로 한 해 내내 땅을 뒤덮고 있다. 하지만 농작물이 한 해의 일정 기간만 농지를 보호하고 있다면, 맨땅이 바람과 빗물에 노출됨으로써 토착 식생의 보호를 받을 때보다 심한 침식을 입는다. 흙이 드러난 비탈은 유실되는 흙이 더 많아져서, 식물군락이 뒤덮고 있는 비탈보다 침식이 백 곱절에서 천 곱절까지 더 심해진다. 여러 가지 전통적인 작물 재배 방식도 풀밭이나 숲이었을 때보다는 몇 곱절 더 심한 침식을 낳는다.

또한 경작이 이어지면 흙 속 유기물질은 공기에 노출되어 산화되면서 점점 사라진다. 썩어 가는 유기물질은 침식에 견디는 힘을 곱절까지 높여 주기 때문에 일반적으로 경작이 오래 이어질수록 땅은 침식되기 더 쉽다.

전통 농업은 자연 상태의 침식보다 훨씬 빠르게 흙을 침식하기 때문에 심각한 문제를 낳는다. 미국 농무부는 겉흙 2.5센티미터가 생겨나는 데 500년이 걸리는 것으로 추정한다. 다윈은 잉글랜드의 지렁이들이 이보다 일을 더 잘해서 100~200년에 겉흙 2.5센티미터를 만든다고 생각했다. 흙이 만들어지는 속도는 지역마다 다르지만, 흙의 침식이 빨라지면 몇 세기에 걸쳐서 축적된 흙이 10년도 안 되어 사라질 수도 있는 것이다. 지구의 얇은 토양맨틀(soil mantle)은 이 행성에 살아가는 생명체의 건강에 없어서는 안 되는 것인데도 우리는 그것을 꾸준히 파헤치고 있다. 말 그대로 지구의 살갗을 벗겨 내고 있는 것이다.

하지만 어떤 농법으로 농사를 짓느냐에 따라 침식 속도를 늦출 수도 있다. 가파른 비탈을 계단처럼 돋우어서 비교적 평평한 지면이 이어지게 하는 계단식 경작은 흙의 침식을 80~90퍼센트까지 줄인다. 무경운(無耕耘) 농법은 흙을 직접적으로 훼손하는 것을 최소화한다. 땅을 갈아엎지 않고 농작물 찌꺼기를 땅위에 내버려 두면 뿌리 덮개 노릇을 하면서 수분을 유지하고 침식을 늦춘다. 사이짓기를 하면 땅을 더 온전하게 보호할 수 있고 침식 속도도 줄어든다. 이런 대안적 농경 방식들이 결코 오늘날 새롭게 창안된 것은 아니다. 하지만 그 방식을 받아들이는 것은 새로운 사고방식이다.

오랜 세월 연구를 통해서 농업경제학자들은 여러 환경조건에서, 그리고 표준이 될 만한 토지를 기준으로 저마다 다른 농경 방식에서 흙의 유실을 측정하는 방법을 개발해 왔다. 반세기 동안 최고의 연구자들이 연구를 거듭했으나 흙의 침식 속도를 예측하기란 여전히 어렵다. 해마다 지역마다 다 다르기 때문이다. 몇 십 년에 걸쳐서 힘들게 측정치를 모아야 가끔 찾아오는 태풍과 여느 강우의 영향을 아우르는 대푯값을 얻을 수 있다. 비교적 대규모로 벌어지는 현대의 침식에 관해서 정확한 결론을 내리지 못했기 때문에, 흙의 유실이 심각한 문제냐 아니냐를 두고 지난 몇 십년 동안 논쟁이 이어졌다. 심각한 문제이냐 아니냐는 흙이 생성되는 양에 견주어 얼마나 침식되느냐에 달려 있다. 그런데 우리가 흙의 생성 속도에 관해 알고 있는 것은 침식 속도에 관해 알고 있는 것보다 적다.

회의론자들은 침식 속도를 둘러싼 우려를 무시하곤 한다. 침식 속도는 작은 지역이나 실험 대상 토지에서 측정하고 그 수치를 나머지 지역까지 적용하여 추정한 것이다. 그들은 흙의 침식 속도에 관한 실제 데이터는 구하기 어렵고, 지역에 따라 편차가 크며, 오랜 세월에 걸쳐서 일관된 측정이 필요하다는 뻔한 주장을 펼친다. 그들이 보기에 우리는 그저 답을 추측할 수 있을 뿐이다. 게다가 흙의 생성 속도에 관한 얼마 되지 않는 데이터가 비로소 얻어진 것은 최근 몇 십 년 안에 이루어진 일이라고 한다. 그러나 그 자료는 전통 농경 방식이 흙의 생성 속도보다 훨씬 빠르게 침식을 가속화하고 있음을 드러낸다. 문제는 침식 속도가 얼마나 빠르냐일 뿐이다. 따라서 이 문제는 지구온난화와 다르지 않은 처지에 놓여 있다. 학계에서는 세부적인 내용까지 논쟁을 벌이고 있지만, 기득권 세력은 불확실성이라는 연막 뒤에 숨는 전략을 고수하고 있다.

그러나 아주 높은 기술력을 갖춘 우리에게도 먹을거리를 길러 내고 식물을 키울 생산적인 흙이 필요하다. 우리는 그 생산성 있는 흙에 기대고 있고 우리 후손 또한 그러할 것이다. 현대 농업의 많은 부분을 책임지고 있는 구릉지에서 흙의 보존은 힘든 싸움이다. 그런가 하면 물과 지질이 장기간의 농업을 받쳐 주는 곳들이 있다. 그런 기름진 강 유역을 따라서 인류의 초기 문명들이 발원했다.

3

고대 문명과 생명의 강

이집트는 나일 강이 준 선물이다.

– 헤로도토스 –

　서양의 종교 경전들은 인류와 흙 사이의 근원적인 관계를 알려 준다. 첫 번째 인간의 이름인 아담은 히브리어로 땅 또는 흙을 뜻하는 '아다마' (adama)라는 낱말에서 비롯된 것이다. 이브는 히브리어로 생활을 뜻하는 '하바'(hava)의 번역어이다. 말하자면 흙과 삶의 결합이 성경에 나오는 천지창조 이야기의 뼈대이다. 하느님은 땅(아담)을 창조했고 삶(이브)은 흙(아담의 갈비뼈)에서 솟아났다.

　코란에도 인류와 흙의 관계를 나타내는 이야기가 나온다. "그들은 세상을 돌아다니면서 앞서 살았던 이들이 어떻게 되었는지 깨닫지 못했는가? …… 사람들은 땅을 일구었고 수많은 이들이 모여 살다가 …… 스스로 파국을 맞이했다."(수라 30:9) 서양 언어의 뿌리에서도 인류가 땅에 기대고 있음이 드러난다. 사람을 뜻하는 라틴어 '호모'(homo)는 살아 있는 흙을 뜻하는 라틴어 '후무스'(humus)에서 온 말이다.

나무와 풀이 우거진 에덴동산의 이미지에서 오늘날 중동을 떠올리기 어렵다. 하지만 빙하시대 중동지역에 살던 이들의 삶은 북쪽 대빙원에 사는 이들의 삶보다는 덜 힘들었다. 마지막 빙하기가 절정에 이른 뒤 얼음이 녹기 시작하면서 사냥감이 풍부해지고 야생 밀과 보리를 얻게 되면서 사냥으로 모자란 식량을 보충했다. 그 기후와 환경에 대한 희미한 문화적 기억이, 문명이 발생하기 전에 인류를 추방한 에덴동산 이야기에 기록된 것일까?

우리가 그 문제를 어떻게 바라보든, 최근 200만 년 동안 변화해 온 기후는 지구의 생태계를 여러 번 바꾸어 놓았다. 빙하시대는 단일 사건이 아니었다. 스무 번도 넘는 주요 빙하기가 북아메리카와 유럽을 얼음으로 거듭 뒤덮었다. 이 시기를 지질학자들은 지질연대의 네 번째 시기라는 뜻에서 제4기라 부른다.

2만 년 전 무렵, 가장 늦게 찾아온 빙하기가 절정에 이르렀을 때, 빙하는 지구 표면의 거의 3분의 1을 뒤덮었다. 열대지역이 아닌 곳에서는 빙하에 덮이지 않은 지역이라 해도 극심한 환경 변화를 겪었다. 사람들은 적응하거나 죽거나, 아니면 사냥 지역이나 채집 지역의 전 세계적인 변화를 따라서 이동해야 했다.

유럽이 빙하에 덮일 때마다 북아프리카는 건조해져서 사람이 살 수 없는 모래 바다가 되었다. 자연히 사람들이 떠나갔다. 아프리카 남쪽으로 돌아가기도 했고, 일부는 과감하게 아시아를 향해 동쪽으로 가거나 남부 유럽으로 갔다. 주기적인 기후 변동이 나타남에 따라 인류는 대규모로 이동하며 세계 곳곳을 돌아다녔다.

화석 증거로 보아 호모에렉투스는 걸어서 아프리카를 벗어나 아시아를 거쳐 동쪽으로 갔다. 이런 이동은 빙하기가 시작된 직후인 200만 년 전 무렵에 일어난 일이다. 그들은 열대와 온대 지역을 벗어나지 않았다. 화석과 DNA 증거로 보아 네안데르탈인이 유전적으로 현생인류의 조상에서 처음 분리된 때는 적어도 30만 년 전이다. 네안데르탈인이 유럽과 아시아 서쪽에 도착했을 무렵이다. 유라시아 북서부의 빙하 기후에 성공적으로 적응한 뒤에 네안데르탈인은 사라졌다. 유전적인 현생인류가 4만5천 년 전 무렵에 아프리카에서 서아시아를 거쳐 유럽을 지나 몰려올 때였다. 북반구의 대빙원이 다시금 남쪽으로 이동해서 유럽, 북아프리카, 서아시아의 환경을 바꾸어 놓자 사람들은 끊임없이 전 세계 곳곳으로 이동했다.

최근에 나타난 빙하기에 순록, 매머드, 털코뿔소, 큰뿔사슴들이 어마어마하게 떼를 지어 유럽의 얼어붙은 평원을 돌아다녔다. 얼음이 스칸디나비아, 발트 해안, 영국 북부와 아일랜드 대부분을 뒤덮었다. 나무가 자라지 않는 툰드라가 프랑스에서부터 독일을 거쳐 폴란드와 러시아까지 펼쳐졌다. 유럽에서 숲은 기껏해야 지중해 언저리를 좁게 둘러싸고 있었을 뿐이다. 먼 옛날 유럽 사람들은 큰 동물 무리를 뒤쫓아 사냥하며 이 결빙의 시기를 견뎌 냈다. 이런 동물들 가운데 특히 털코뿔소와 큰뿔사슴은 후빙기 기후로 이행하는 과정에서 멸종했다.

극심한 환경 변화는 한 지역의 거주민들을 고립시켜 우리가 오늘날 인종이라고 알고 있는 특징적인 외모를 갖도록 분화시켰다. 살갗은 우리 몸과 주요 기관을 자외선으로부터 보호한다. 하지만 살갗은 충분한 햇빛을 쬐어야만 튼튼한 뼈를 만드는 데 필요한 비타민 D를 만들어 낼 수 있다. 우리 선조들이 전 세계를 이동할 때 서로 다른 지역 사람들의 살갗은 서로 다른 이유로 저마다 다른 색이 입혀졌다. 자외선 차단이 무엇보다 필요한 열대지방 사람들의 살갗은 까매졌다. 비타민 D를 만들어 내야 하는 북쪽 위도 지역에서는 피부색이 밝아졌다.

기술 진보는 사람들이 새로운 환경으로 이주하고 적응하는 데 중요한 구실을 했다. 마지막 빙하기 직전인 3만 년 전 무렵, 얇고 예리한 석기의 발달은 주요한 기술혁명을 예고했다. 그 뒤 마지막 최대빙하기 직전인 2만3천 년 무렵, 활과 화살이 창을 대체하기 시작하면서 사냥 기술이 급격하게 바뀌었다. 바늘귀가 달린 바늘이 발달한 덕택에 짐승 털가죽으로 두건과 장갑을 만들 수 있게 되었다. 마침내 또 다른 빙하기의 긴긴 겨울을 견딜 수 있도록 채비를 갖춘 중앙아시아 사냥꾼들은 큰 짐승들을 뒤쫓아서 풀이 무성한 초원 지대를 지나 서쪽으로는 유럽으로, 동쪽으로는 시베리아를 거쳐서 북아메리카까지 건너갔다.

빙하에 덮이지 않은 지역들도 되풀이되는 빙하기와 간빙기 동안 기온이 오르락내리락하면서 식생이 급격하게 바뀐다. 마지막 빙하기가 시작되기 한참 전에, 세계 곳곳에 살아가던 사람들은 사냥감을 찾아다니고 먹을 수 있는 식물이 자라기 쉽도록 군데군데 숲을 불태웠다. 필요에 따라 세상을 개조하게 되면서, 사냥과 채집을 하던 우리 선조들은 더 이상 수동적인 거주자가 아니었다. 인구가 적고 옮겨 다니면서 살았기 때문에 이런 적극적인 개입도 자연 생태계에 이렇다 할 충격을 주지 않았다.

지난 200만 년 동안 빙하기와 간빙기가 여러 차례 거듭되었다. 가장 최근에 나타난 빙하기 동안 사람들은 한자리에 머물러 바뀐 생태계에 적응하기보다 환경에 따라 이동했다. 인류는 100만 년이 넘도록 옮겨 다니면서 산 뒤에야 비로소 정착하여 농부가 되기 시작했다. 이 마지막 시기에 빙하가 녹았을 때 과연 무엇이 그토록 달라졌기에 인류가 새로운 삶의 방식을 받아들이게 된 것일까?

이 급격한 변화는 몇 가지로 설명되어 왔다. 춥고 습한 빙하 기후에서 덜 친숙한 환경조건으로 변화한 것이 서아시아의 초기 거주자들에게 환경적 압박으로 작용했다고 설명하기도 한다. 이런 관점은, 기후가 따뜻해지고 야생 사냥감들이 줄어들자 사냥꾼들이 살아남기 위해 작물을 기르기 시작했다고 본다. 그런가 하면, 특별한 환경적 제약이 있었던 것이 아니라 필연적인 문화 진보의 과정에서 농업이 발전했다는 주장도 있다. 정확한 원인이 무엇이든, 메소포타미아, 중국 북부, 그리고 중앙아메리카에서 저마다 농업이 발달했다.

20세기 상당 기간 동안, 농업의 기원을 두고 오아시스 가설과 문화진화론이 대립했다. 서아시아의 후빙기 건기 때 먹을 수 있는 식물과 사람과 동물들이 물이 풍부한 범람원 지역에 밀집했다는 것이 오아시스 가설이다. 한 곳에 오래 모여 살다 보니 환경에 익숙해져서 사육과 재배로 이어졌다는 설명이다. 그런가 하면 문화진화론은 필연적인 사회 발달 과정에서 농업이 차츰 자리 잡은 것일 뿐 지역 환경의 변화는 중요하지 않다고 본다. 안타깝게도 두 가설 모두 농업이 어째서 '그때 그곳에서' 발생한 것이냐는 의문에 만족스러운 대답은 내놓지 못한다.

오아시스 이론의 근본적인 문제점은, 오늘날 우리가 먹는 곡물의 야생 시조가 마지막 빙하기 끝 무렵에 북부 아프리카에서 서아시아로 건너왔다고 주장하는 대목에 있다. 농업이 발생할 당시에 서아시아 사람들이 이용할 수 있는 식량 자원의 다양성이 확대되고 있었다는 말이 되는데, 이런 주장은 오아시스 이론과 모순된다. 따라서 한 지역이 건조해지자 사람과 동식물들이 줄어드는 오아시스에 밀집했다는 생각처럼 이야기는 단순하지 않다. 그리고 서아시아에 살던 사람들 가운데 일부만이 농업을 받아들였기 때문에 문화적 적응 가설도 충분한 설명은 되지 않는다. 사냥과 채집 단계에서 더 진보된 사회로 나아가는 길에 농업이 필연적인 단계였던 것만은 아니다.

농업 사회로 이행하는 과정은 뚜렷하고도 이해하기 복잡한 행동 양식이었다. 마지막 빙하기의 절정을 거치면서 시리아와 이스라엘에서 사람들은 가젤영양을 길렀다. 가젤영양에 기대어 사는 건 작물을 심고 김을 매고 돌보는 것보다 힘이 덜 들었다. 중앙아메리카에서는 몇 시간 동안 야생 옥수수를 따는 것으로 한 주치 먹을거리를 마련할 수 있었다. 농업이 사냥과 채집보다 훨씬 어렵고도 시간이 많이 드는 일이라면, 사람들이 굳이 왜 농업을 받아들인 것일까?

높아지는 인구밀도가 농업의 기원과 확산을 흥미롭게 설명해 준다. 사냥과 채집으로 살아가던 무리가 나날이 커져서 그 지역에서 생기는 것만으로 먹고살기 힘들어지자 무리의 일부가 갈라져 나와 새 땅을 개척한다. 차지할 수 있는 생산적인 지역이 남지 않게 되자, 나날이 늘어나는 사람들이 그 환경에서 먹고살 수 있는 더욱 집약적인 (그리고 시간이 많이 드는) 방법을 찾아냈다. 스스로 식량을 생산할 수 있는 무리들은 그런 인구 압력을 받으며 땅에서 더 많은 것을 거두어들였다. 이렇게 보면, 농업은 늘어나는 인구에 대한 자연스런 행동 반응이었다고 볼 수 있다.

오늘날의 연구는 야생 밀과 보리가 단순한 방법으로 쉽게 재배될 수 있음을 드러낸다. 경작이 쉬웠다면 농업이 곳곳에서 다발적으로 시작되었을 것으로 짐작할 수 있겠지만, 유전적 분석 결과를 보면 오늘날의 밀, 콩, 렌즈콩 따위는 모두 몇 안 되는 야생 품종에서 비롯되었다. 오늘날 우리가 먹는 주요 작물이 재배되기 시작한 건 몇몇 지역뿐이었다. 또 사람들은 비로소 그때까지 부차적 자원이던 것을 더 집약적으로 이용하기 시작했다.

맨 처음이라고 알려진 준농경민들은 기원전 11000~9000년(1만3천년~1만1천 년 전) 무렵에 이라크와 이란 사이에 있는 자그로스산맥 기슭에 살았다. 가젤영양, 양, 염소를 사냥하고 야생 곡물과 콩을 채집하면서 작은 마을을 이루어 살았지만, 철따라 사냥 캠프와 동굴도 자주 이용했다. 기원전 7500년 무렵 사냥과 채집을 대신하여 목축과 경작이 주요 식량 공급원이 되었고, 많게는 25가구에 이르기도 하는 정착촌들은 양과 염소를 치고 밀, 보리, 콩 따위를 길렀다. 그 무렵 식량 가운데 사냥이 차지하는 비중은 5퍼센트밖에 안 되었다. 어째서 이렇게 큰 변화가 일어났으며, 하필이면 왜 그때 거기에서 그런 일이 일어난 것일까?

곡물의 체계적인 경작을 둘러싼 가장 오래된 증거는 오늘날 시리아의 유프라테스 강 원류 지역인 아부후레이라에서 발견된다. 이 지역의 고고학 발굴 기록을 살펴보면, 수천 년에 걸쳐서 기후가 나아졌다가 빙하기의 건조한 환경으로 갑자기 되돌아간 시기에 경작이 시작되었음을 알 수 있다. 아부후레이라는 마지막 빙하기의 사냥채집 생활에서 곡물에 바탕을 둔 농업으로 이행하는 독특한 기록을 간직하고 있다. 더 나아가 사람들이 노동 집약적인 일인 농업을 선택한 까닭을 이해하는 데 도움을 준다. 말하자면 그들은 농업을 선택할 수밖에 없었다.

빙하기가 끝나고 레반트(Levant, 동쪽으로는 메소포타미아 상류 지역, 서쪽으로는 지중해, 남쪽으로는 아라비아사막, 북쪽으로는 토로스산맥을 경계로 한 서아시아의 넓은 지역 — 옮긴이)는 점점 따뜻해지고 강수량이 더 많아졌다. 기원전 13000~11000년 무렵 너른 참나무 숲이 점점 빙하기 초원 지대의 풀밭을 차지하기 시작했다. 이스라엘 북동쪽 훌라 호수 바닥에서 캐낸 코어(core, 지름 몇 십 센티미터의 긴 원기둥 모양으로 파내는 시료 — 옮긴이)는 이 기간 동안 날린 모든 꽃가루 가운데에서 나무 꽃가루가 차지하는 비중이 5분의 1에서 4분의 3으로 늘었음을 드러낸다. 풍부한 사냥감과 야생 곡물(특히 호밀과 밀)이 인구는 적고 자원은 넘치는 에덴동산과도 같은 환경을 만들어 주었다. 사냥과 채집으로 살아가는 정주사회는 자원이 특히 풍부한 지역에 뿌리를 내리기 시작했다.

그 뒤 기원전 10000에서 9000년까지 천 년 동안 세계의 기후는 거의 완전한 빙하기로 되돌아갔다. 어린 드리아스기(Younger Dryas Age)라고 일컫는 시기를 말한다. 나무 꽃가루는 전체 꽃가루의 4분의 1에도 못 미치는 수준으로 떨어졌다. 강수량이 급격히 줄어들고 빙하기 기후의 초원지대와 같은 환경으로 돌아갔음을 알 수 있다. 숲은 지구상에 나타난 첫 정착 사회로부터 멀어져 북쪽으로 물러났다.

아부후레이라는 유프라테스 강 유역을 굽어보는 낮은 고원에 자리 잡고 있었다. 다마스쿠스에서 북동쪽으로 290킬로미터쯤 떨어진 곳이다. 아부후레이라에서 발굴된 식물의 잔해는 온갖 야생식물을 찾아다니던 생활에서 몇 가지 작물을 경작하는 생활로 이행한 시기가 어린 드리아스기가 끝날 무렵이었음을 기록하고 있다. 아부후레이라 정착 사회와 관련된 최초의 식물 유물에는 유프라테스 강가의 습지와 숲에서 자라난 백 가지가 넘는 종자의 씨앗과 과일이 포함된다. 짐승들의 뼈도 많이 나온 것으로 보아서 특히 가젤영양의 사냥에 크게 기대어 살았음을 알 수 있다. 게다가 아부후레이라는 한 해 내내 정주생활이 이어진 곳이었다. 그곳 사람들은 떠돌아다니는 사냥꾼이나 채집자들이 아니라 마을 주변의 한정된 지역에서 살았다. 200명이 살던 아부후레이라는 어린 드리아스기가 시작되어 천 년 동안 춥고 건조한 날씨로 변하면서 식물과 동물 자원이 급격하게 바뀌었다. 가뭄을 견디지 못한 식물의 열매와 씨앗이 식단에서 사라졌다. 가까운 삼림지대에서 채집하던 야생 렌즈콩과 갖가지 콩 종류도 사라졌다. '에덴동산'은 시들어 갔고 먹을거리는 희귀해졌다.

그런데도 그들은 왜 다른 곳으로 떠나지 않았을까? 아마도 아부후레이라가 서아시아에서는 이미 가장 살기 좋은 곳 가운데 하나였기 때문이리라. 주변 지역들도 비슷한 변화를 겪었지만 조건은 훨씬 나빴다. 게다가 그 다음으로 좋은 땅은 벌써 다른 이들이 차지하고 있었다. 졸지에 식량 부족을 겪게 된 이들은 대개 새로운 이웃을 달가워하지 않는다. 아부후레이라 사람들은 달리 갈 곳이 없었던 셈이다.

선택의 여지가 없어지자, 그들은 더 춥고 훨씬 건조한 기후로 이행하는 동안에도 살아남은 야생종 호밀과 밀을 경작하기 시작했다. 살아남은 종류 가운데 한 해 내내 저장해 두고 음식을 만들 수 있는 작물은 곡물뿐이었다. 기후는 더 건조해졌지만 농경지에서 흔히 볼 수 있는, 가뭄에 약한 잡초 씨앗들도 어린 드리아스기에 눈에 띄게 늘어났다. 처음에 야생 곡물들은 빗물에 기대어 구릉 중턱에서 재배되었다. 몇 세기 안에 밭에 호밀 재배 종자가 나타났고 렌즈콩 같은 콩 종류도 재배 종자가 길러졌다.

경작 생활로 이행하면서 같은 칼로리를 지닌 식량을 생산하는 데 더 많은 시간과 힘이 들었다. 그것이 그냥 지나쳐도 좋을 문제는 아니다. 아부후레이라의 초기 주민들은 정주생활을 하면서 사냥과 채집을 했기 때문에 기후가 바뀌면서 먹을거리가 점점 줄어드는 상황에 민감했다. 야생 식량 자원이 완전히 바닥난 뒤로 기후가 점점 건조해짐에 따라 사람들은 주기적으로 식량 부족을 겪었다. 절망감에서 비롯되었을 농업은 어린 드리아스기가 끝난 뒤 기후가 나아지면서 보리와 완두콩 같은 여러 작물의 재배로 확대되었다. 날씨가 따뜻해지면서 아부후레이라 주변에도 정착하는 사람들이 빠르게 늘어 갔다. 소출이 늘자 2천 년 안에 마을 인구가 4천~6천 명 정도로 팽창했다.

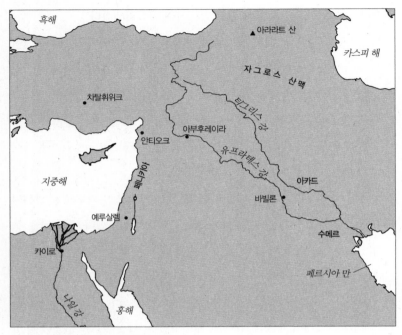

그림 3 농경이 시작될 무렵의 서아시아

어린 드리아스기의 기후 변화만이 농업을 받아들이는 데 영향을 끼친 건 아니었다. 그보다 앞선 수천 년 동안 인구가 늘면서 사냥꾼과 채집자들의 정주사회가 나타났고 이 기후 변화가 인류 사회에 영향을 끼치도록 하는 데 기여했다. 그러나 아부후레이라의 굶주린 이들은 점점 건조해지는 세상에 적응하려 했던 자신들의 노력이 세상을 바꾸어 놓으리라고는 결코 상상하지 못했을 것이다.

그런 노력은 아부후레이라 주변에서도 일어났을 것이다. 우연의 일치였을까, 어린 드리아스기가 끝날 무렵 서아시아의 여러 지역에서 경작과 정착 양식에 변화가 나타났다. 어린 드리아스기가 끝나고 나타난 신석기 시대 정착촌은 땅이 기름지고 물이 넉넉해서 농업에 딱 맞는 곳에 자리 잡았다. 1만 년 전에 심은 것으로 생각되는 재배종 밀의 탄화된 유물이 다마스쿠스 부근 유적지와 요르단 북서부, 유프라테스 강 중류 지역에서 발견된다. 그리고 재배 작물들은 남쪽으로는 요르단 골짜기의 예리코와 북서쪽으로는 터키 남부까지 퍼져 나간다.

아시아와 아메리카 대륙보다 훨씬 전에 서아시아에서 먼저 농업이 일어났다고 보는 것이 보통이지만, 최근의 연구는 남아메리카, 멕시코, 중국에서 서아시아보다 훨씬 전에 작물을 재배했을 수도 있음을 보여 준다. 중국 양쯔 강 유역에 있는 댜오퉁후안(吊桶环)이라는 동굴의 퇴적물은 아부후레이라와 비슷한 이야기를 들려준다. 양쯔 강 유역에서도 어린 드리아스기 무렵 야생 쌀이 재배되었던 것이다. 아마도 그때 나타난 갑작스런 기후 변화 탓에 자원 기반의 쇠퇴를 겪게 된 준정착민들이 어쩔 수 없이 농경에 눈을 돌리게 되었을 것이다.

기후가 나아지자 곡물 재배에 익숙해진 집단들에게는 상황이 더 유리해졌다. 작물을 길러 먹고사는 방식이 자리를 잡으며 여러 지역으로 퍼져 나갔다. 현대 이스라엘, 레바논, 시리아 지역의 지중해를 따라서 기원전 9000~7500년 무렵 번성한 나투프 문명(Natufian culture, 레반트의 중석기시대 문명으로 농경 이전에 정주 또는 준정착 생활이 이루어졌다 — 옮긴이)의 토대는 야생 곡물의 수확, 그리고 염소와 가젤영양의 목축이었다. 나투프 문명이 시작되었을 때 식물과 동물 어떤 것도 온전하게 재배되거나 사육되지 않았지만, 그 시대가 저물 무렵에 사냥은 식량 공급의 일부만을 책임졌다.

밀과 콩을 재배함에 따라 식량 생산량이 늘어 지역의 인구도 눈에 띄게 늘기 시작했다. 기원전 7000년 무렵에는 작은 농촌들이 곳곳에 드문드문 들어섰다. 지역사회가 나날이 정착 사회로 변화함에 따라서 좁은 지역을 집중적으로 이용하게 되었고, 이에 따라 더 넓은 범위에 흩어져 있는 사냥 캠프들을 오가던 연간 이동 양상도 줄어들었다. 기원전 6500년 무렵에는 주민 수가 수천 명에 이르는 읍락도 많아졌다. 해마다 자원을 따라 주기적으로 이동하는 생활방식이 서아시아에서 끝을 맺었다.

환경에서 먹을거리를 더 많이 구할 수 있는 이들은 가뭄이나 혹한 같은 어려운 시기에도 더 잘 살아남았다. 역경은 어김없이 찾아왔고 역경의 시대가 되면 밭을 가꾸는 무리들이 유리했다. 그들은 어려움을 더 잘 견뎌냈고 시절이 좋을 때는 번영했다. 농업이 성공함에 따라 나눠 가질 몫도 커졌다. 더욱 집약적이고 효율적인 생활방식이 발전한 덕에 인구는 점점 늘어 사냥과 채집이 먹여 살리던 수준을 넘어섰다. 마침내 사회는 성장은 둘째 치고 같은 상태를 유지하기 위해서라도 자연 생태계의 생산성을 높여야 했다. 이동하면서는 작물을 돌보고 거둘 수 없으므로 초기 경작자들이 한 곳에 정착하게 되었다. 인류는 농업의 길로 접어든 뒤로 돌아갈 길이 없었다.

농부들은 한 곳에 정착한 뒤로 더 좁은 땅에서 더 많은 사람들을 부양하는 법을 배웠고, 그 덕택에 언제나 더 많은 사람 수를 유지하여 영역을 둘러싼 경쟁에서 약탈자를 몰아낼 수 있었다. 인구가 늘어남에 따라서 농부들은 자신들의 영토에서 무너뜨릴 수 없을 만큼 막강해졌다. 농토는 조금씩 넓어진 끝에 오늘날의 농업 기술이 투입될 수 있을 만큼 확장되었다.

농사에 이용되는 대부분의 가축이 사육되기 시작한 것은 기원전 10000~6000년의 일이었다. 내가 가장 좋아하는 동물인 개는 그보다 2만 년이나 더 빨리 인간 사회로 들어왔다. 쉽게 상상할 수 있는 시나리오는, 어린 늑대나 어미를 잃은 새끼들이 사람에게 훈련을 받고 사냥꾼 무리에 들어갔으리라는 것이다. 시애틀의 애견 공원에서 개들이 자유로이 뛰어다니는 모습을 지켜보면서, 사냥꾼들이 사냥할 때 개를 어떻게 파트너로 이용했는지 짐작할 수 있었다. 개들은 특히 먹이를 물면 습관적으로 무리로 돌아오곤 한다. 어떤 경우든 사람들이 길러 잡아먹기 위해 개를 가축화한 것이 아니었다. 먼 옛날 사람들이 친구가 된 첫 짐승을 잡아먹었다는 증거는 없다. 그보다 개들은 사람의 사냥 능률을 높이고 초기 사냥 캠프에서 파수꾼 노릇을 했을 것이다. 고양이는 비교적 늦게 인간 사회에 들어왔다. 고양이는 대략 4천 년 전에 농경 마을에 들어왔는데, 그때는 사람들의 거주지가 처음으로 고양이의 영역과 겹치던 때였다. 자기들의 서식지에 사람들이 거주하기 시작하자 고양이들이 선택할 수 있는 건 별로 없었다. 굶어 죽거나, 다른 곳을 찾아가거나, 사람들의 거주지에서 먹이를 구하는 것이다. 당연하게도 초기 농부들이 고양이의 진가를 알아본 것은 사교성이 아니라 저장된 곡물을 훔쳐 먹는 작은 포유동물을 잡아먹는 능력이었다.

양들은 기원전 8000년 무렵에 식용과 경제적 목적 때문에 사육되기 시작했다. 밀과 보리가 재배되기 몇 백 년 전의 일이다. 염소도 비슷한 시기에 이란 서쪽 자그로스산맥에서 사육되었다. 이 작물들 가운데 가장 빠른 시기에 거둔 알곡들은 가축에게 먹이로 주었을 수도 있다.

소는 기원전 6000년 무렵에 그리스 또는 발칸반도에서 가장 먼저 사육되었다. 소는 서아시아와 유럽 내륙지방으로 빠르게 퍼졌다. 농사와 축산업의 혁명적인 합병이 시작된 것은 메소포타미아에서 성장하고 있던 농업 문명과 소가 만났을 때였다. 쟁기의 발달과 함께 소는 밭을 갈고 땅을 기름지게 했다. 동물 노동력을 징발하면서부터 농업 생산성이 높아지고 사람 수가 급격하게 늘었다. 가축이 노동력을 제공함으로써 농부 가운데 어떤 이들은 농사에서 해방되기도 했다.

작물 경작과 축산업이 함께 성장하면서 서로를 더욱 발전시켰고 더 많은 먹을거리가 생산되었다. 양과 소는 사람이 먹을 수 없는 식물 부위를 젖과 고기로 바꾼다. 사육되는 가축들은 노동력을 보태 수확량을 증가시켰을 뿐 아니라 작물이 양분을 소비한 흙에 똥거름으로 양분을 보탰다. 남는 작물을 많은 가축이 먹자 더 많은 똥거름이 생겼다. 그 덕분에 다시금 수확이 늘어나 더 많은 사람들이 먹을 수 있었다. 황소를 이용하니 농부 한 사람이 식구를 다 먹이고도 남을 만큼 농사를 지을 수 있었다. 쟁기의 발명은 인류 문명에 혁명을 일으키고 지구 표면을 바꾸어 놓았다.

유럽 빙하가 녹았을 때 지구의 인구는 400만 명쯤 되었다. 다음 5천 년 동안 세계 인구는 100만 명이 더 늘었다. 농경 사회가 발달한 뒤로 인구는 천 년마다 곱절로 불어나서, 기원전에서 기원후로 넘어올 즈음에는 2억 명에 이르렀다. 2천 년 뒤에는 몇 백만 제곱킬로미터의 경작지가 거의 65억 명을 먹여 살리게 된다. 이 수는 여태까지 지구에 살았던 모든 사람의 5~10퍼센트 정도에 해당하고, 마지막 빙하기가 끝났을 무렵 인구의 천 곱절이 넘는다.

밀과 보리 경작과 목양이라는 새로운 생활방식이 중앙아시아와 나일 강 유역까지 퍼졌고 곧 유럽까지 확산되었다. 고고학의 기록은 기원전 6300년부터 4800년까지 서쪽으로는 터키를 지나 그리스로, 그리고 위쪽으로는 발칸반도까지, 한 해 평균 800미터 정도의 속도로 농업이 꾸준히 퍼져 나갔음을 보여 준다. 소 말고도 유럽 농업의 기반을 마련한 작물과 가축들이 동아시아에서 도입되었다.

최초의 농부들은 빗물에 기대어 높은 지대에서 작물을 길렀다. 이 농사는 성공을 거두어 기원전 5000년 무렵에는 건조지역 농사가 알맞은 서아시아 전체에 실제로 사람들이 거주하게 되었다. 식량 생산이 증가함에 따라 인구가 늘었기 때문에 더 많은 식량을 생산해야 하는 압력도 커졌다. 따라서 같은 땅에서 더 많은 식량을 거두라는 압력도 높아졌다. 최초의 사회가 농경 생활에 익숙해진 뒤 오래지 않아서 겉흙이 침식되고 토질이 나빠지면서(집약적 농업과 염소의 방목 탓에) 작물 수확량이 줄어들기 시작했다. 그 직접적인 결과로 기원전 6000년 무렵 요르단 중부의 마을들이 모조리 버려졌다.

자그로스산맥 고지대의 침식과 인구 증가 탓에 농경 사회는 작물을 기르기에는 강수량이 모자란 저지대로 내려가야 했다. 나날이 생산력이 떨어지는 저지대에서 농사를 지어야 하는 절박함 덕분에 농법에 중요한 혁명이 일어났다. 관개농업이 시작된 것이다. 농부들은 티그리스 강과 유프라테스 강 사이에 있는 범람원 북부 지역으로 이주하여 관개농업을 시작했다. 수확량은 훨씬 더 늘어났다. 밭에 물을 대고 물길을 관리하는 마을들이 범람원을 따라 남쪽으로 꾸준히 생겨났다. 범람원은 농사를 지을 수 없는 아라비아사막과 반건조 기후의 산맥 사이에 자리하고 있었다. 인구가 늘면서 작은 마을들이 그 지역에 계속 들어서 드넓은 범람원의 땅을 갈고 농사를 지었다.

유난히 기름진 이 좁고 기다란 땅은 늘 풍작이었다. 하지만 남아돌 만큼 넉넉하게 수확하려면 경작지에 물을 대는 수로 체계를 건설하고 유지하고 운영해야 했다. 수로 체계를 유지하는 데는 전문 기술자와 상당한 조직적 관리가 필요했기 때문에 관료제도와 정부라는, 서로 떼어놓을 수 없는 쌍둥이를 낳았다. 종교 지도자가 식량 생산과 분배를 감독하는, 비교적 공통된 문화를 지닌 사람들이 기원전 5000년 무렵 메소포타미아 대부분의 지역, 그러니까 두 강 사이의 땅에 정착했다.

그림 4 초기 메소포타미아의 쟁기, 도미니크 콜론, 《최초의 인장: 고대 근동지방의 원통인장》(1987), 원통인장
(圓筒印章)을 굴려 찍은 이미지에서.

기원전 4500년 무렵 메소포타미아의 기름지고 좋은 땅은 대부분 경작
되고 있었다. 농토가 강가에 가까워진 뒤로는 더 넓혀 갈 땅이 남지 않았
다. 새 땅이 모자라자 작물 생산량을 늘려 증가하는 인구를 먹여 살리는
일에 노력이 집중되었다. 범람원 전체가 경작지로 변했을 즈음 페르시아
만 부근의 수메르 평원에 쟁기가 등장했다. 쟁기 덕택에 경작되고 있는
같은 땅에서 식량 생산이 증가했다.

읍 단위들이 도시로 통합되기 시작했다. 우루크(에렉)는 둘레 마을을
흡수하여 기원전 3000년 무렵이 되면 인구 5만 명 규모로 커졌다. 거대
한 사원 건축물들은 노동력을 조직하는 종교 지도자들의 능력을 보여 준
다. 도시화의 초기 단계에서, 여덟 군데 주요 도시가 메소포타미아 남쪽
지역인 수메르를 지배했다. 관개시설이 정비된 충적평야에 밀집한 인구
는 당시 전체 인구 가운데 상당 부분을 차지했다. 사냥채집 사회는 일반
적으로 자원을 모두가 함께 소유하고 누구나 이용할 수 있는 것으로 여겼
지만, 새로운 농경시대는 땅과 식량의 불평등한 소유를 용납했다. 농부가
아닌 이가 최초로 등장한 것이다.

먹고살기 위해서 모두가 들에서 일하지 않아도 되는 상황에 이르자 계급 분화가 일어나기 시작했다. 식량과 자원의 분배를 담당하는 종교·정치 계급이 등장하면서 행정제도가 발달했다. 행정제도는 농부들에게서 식량을 거두어 사회의 다른 분야에 재분배했다. 사회계급의 등장에 뒤이어 전문화가 이루어지면서 국가와 정부가 발달했다. 잉여 식량이 생기자 사회는 성직자, 군인, 행정가, 더 나아가서는 화가, 음악가, 학자까지 먹여 살릴 수 있었다. 오늘날에도 농부가 아닌 이들에게 돌아갈 수 있는 잉여 식량의 양은 사회의 다른 영역이 발전할 수 있는 수준을 정한다.

점토판에 눌러 쓴 설형문자 기록이 우루크에서 발견되었다. 기원전 3000년 무렵의 것으로 추정되는 몇 천 장이나 되는 점토판은 농사 문제와 식량 할당 문제를 기록하고 있다. 특히 식량 배급을 다루고 있는 기록이 많다. 농경시대가 시작되고부터 식량 생산 증가에 발맞춰 인구가 늘었기 때문에, 다각화하고 있는 사회가 체계적으로 식량 생산과 배분을 관리하는데 기록이 도움을 주었다.

인구가 늘면서 도시끼리 경쟁 관계가 형성되었다. 민병대 조직은 부가 집중되면서 메소포타미아 사회가 무장해야 했던 현실을 드러낸다. 망루가 솟은 거대한 벽이 도시를 둘러쌌다. 우루크를 에워싼 벽은 길이가 10킬로미터나 되고 두께는 4.5미터가 넘는다. 수메르 도시국가들 사이에 전쟁이 벌어지면서 종교 지도자가 아닌 군사 지도자가 등장하여 스스로를 통치 권력으로 자임했다. 새 통치자들이 사원에서 땅을 징발하고, 거대한 토지가 영향력 있는 가문과 세습 통치자들의 손에 집중되면서 사유재산이라는 개념이 생겨났다.

티그리스 강과 유프라테스 강 사이 몇 백만 에이커에 이르는 땅은 여러 문명을 먹여 살렸고, 그동안 그 기름진 강 유역을 찾아온 유목민 정복자들은 꾸준히 농부로 변했다. 제국들의 주인은 여러 번 바뀌었지만 농사가 시작된 산기슭의 흙과 달리 기름진 충적평야의 흙은 개간되고 작물을 길러도 사라지지 않았다. 메소포타미아의 조직적 발전과 권력이 가장 높은 수준에 이른 기원전 1800년 무렵 수메르 도시들은 바빌로니아제국으로 통합되었다. 도시들의 합병으로 귀족, 성직자, 농부, 노예의 법적 계급을 공식적으로 인정하는 계급사회가 확고해졌다.

하지만 메소포타미아 농경지를 발달시킨 관개시설에는 숨겨진 위험이 있었다. 반건조지역의 지하수에는 대개 소금이 많이 녹아 있다. 강 유역과 삼각주에 위치하여 지하수면이 지표 가까이에 있는 곳에서, 모세관 작용이 지하수를 흙층으로 끌어올려 증발시키기 때문에 소금기는 땅에 남는다. 증발하는 비율이 높으면 관개시설의 이용이 더 많은 소금을 만들어서 작물에 해를 끼칠 수 있다. 관개시설은 농작물 수확량을 크게 증가시키지만, 햇볕에 쩍쩍 갈라진 범람원을 푸르른 농경지로 바꾸면서 단기 수확량에 몰두하다 보니 장기적인 작물 생산이 희생되는 것이다.

반건조지역의 흙에 소금이 축적되는 걸 막으려면 적당한 수준에서 농경지에 물을 대거나 주기적으로 농경지를 묵혀 두어야 한다. 메소포타미아에서 관개시설 덕택에 높은 생산성이 몇 세기 동안 유지되었고, 이 덕분에 인구밀도가 높아지자 더 집중적인 관개시설에 대한 요구가 뜨거워졌다. 마침내 흙에 더 많은 소금이 축적되어 농작물 수확량이 더 이상 늘지 못하고 늘어 가는 인구를 감당하지 못하게 되었다.

수메르 농경이 안고 있는 핵심적인 문제는 강물이 불어나는 시기가 작물의 재배 시기와 맞지 않았다는 점이다. 티그리스와 유프라테스 강물은 봄에 절정을 이룬다. 북쪽의 산맥에서 눈 녹은 물이 강으로 흘러들기 때문이다. 새로 자라난 작물에 물이 가장 필요한 때인 늦여름에서 초가을에 강물의 양이 가장 적다. 집약적인 농업은 기온이 급등하는 여름철이 되면 더 많은 물이 필요하다. 농경지에 댄 어마어마한 물은 금세 증발되고 더 많은 소금이 흙에 스민다.

초기 농경 사회가 맞닥뜨린 문제가 소금의 축적만은 아니었다. 관개수로에 침적토가 쌓이지 않도록 유지하는 것도 중요한 일이었다. 아르메니아 구릉의 농경지에서 침식되는 어마어마한 양의 흙이 티그리스와 유프라테스 강으로 흘러들었다. 이스라엘 사람들 같은 피정복민이 모든 주요 관개수로에서 퇴적물을 제거하는 일을 맡았다. 퇴적물을 제거하고 또 쌓이는 일이 반복되면서, 농경지에 물을 대기가 더 이상 불가능해진 상황이 되자 결국 바빌론은 버려졌다. 몇 천 년이 흐른 오늘날에도 높이 9미터가 넘는 침적토가 여전히 고대 관개수로를 채우고 있다. 강물이 페르시아 만으로 토해 내는 침적토는 수메르 시대 이래 해마다 30미터가 넘는 새 땅을 만들어 왔다. 지난날 번영을 누린 항구이자 아브라함의 고향인 우르의 폐허는 오늘날 놀랍게도 내륙으로 250킬로미터나 들어가 있다.

수메르가 번영할 당시, 식량 수요가 늘면서 농경지를 묵혀 두는 기간은 점점 짧아졌다. 추정치에 따르면, 인구가 2천만 명 정도로 절정을 이루던 시기에 메소포타미아 경작지 5만6천 제곱킬로미터 가운데 거의 3분의 1이 관개시설에 기대고 있었다. 관개시설로 대는 물은 소금기가 많았던 데다가 물 대는 계절에 기온이 치솟고 나날이 집약적 경작이 발전하면서 흙에 축적되는 소금이 많아졌다.

수메르 도시국가 사원들의 기록은 소금이 점점 땅을 못 쓰게 만들면서 농업이 쇠락했음을 무심결에 증언한다. 수메르 주요 작물 가운데 하나인 밀은 소금 농도에 특히 민감하다. 기원전 3000년 무렵 최초의 수확 기록을 보면 수메르에서 밀과 보리의 수확량이 같다. 시간이 흐르면서 밀의 비중이 줄어들고 보리의 비중이 늘었다. 기원전 2500년 무렵 밀은 작물 수확량 가운데 5분의 1에도 미치지 못했다. 다시 500년이 흐른 뒤 밀은 메소포타미아 남부에서는 더 이상 자라지 않았다.

수메르에서 경작할 수 있는 땅이라고는 모조리 개간된 뒤 오래 지나지 않아서 밀 생산은 마침표를 찍었다. 과거 수메르 사람들은 새 땅에 물을 대어 소금기가 도는 경작지에서 줄어드는 수확량을 보충했다. 더는 경작할 새 땅을 찾지 못하게 되자 수메르의 작물 수확량은 급격하게 떨어졌다. 소금이 땅에 끝없이 축적되면서 경작을 할 수 있는 땅이 해마다 줄고 수확량도 크게 줄어들었다. 기원전 2000년 무렵이 되자 수확량은 반으로 줄어들었다. 점토판 기록은 소금 층이 땅 위까지 올라오면서 곳곳에서 땅이 하얗게 변했다고 들려준다.

수메르 문명의 쇠퇴는 농업의 꾸준한 침식을 뒤따라갔다. 수확량이 줄어들자 병사들을 먹이기 힘들어지고 잉여 식량을 분배하던 관료를 유지할 수 없었다. 군사 조직이 약해지자 독립 도시국가들은 메소포타미아 북부의 신생 아카디아왕국에 동화되었다. 그때는 작물 수확량이 처음으로 심각하게 줄어든 기원전 2300년 무렵이었다. 그 뒤 500년 동안 수메르는 잇따른 정복자들의 침입에 시달렸다. 기원전 1800년 무렵 수확량은 초기 수확량의 3분의 1로 줄어들었고, 메소포타미아 남부는 침체에 시달리는 바빌로니아제국으로 넘어갔다. 수메르 도시국가들을 멸망시킨 소금의 축적은 북쪽으로 퍼져 나가 기원전 1300년부터 기원전 900년 사이에 메소포타미아 중부의 농업 붕괴를 촉진했다.

메소포타미아 농업 활동은 지중해 해안을 따라서 서쪽으로 북부 아프리카와 이집트까지 퍼져 나갔다. 문명들이 대개 단 몇 십 세대 동안만 번성하는 데 비해 나일 강 유역은 두드러진 예외이다. 나일 삼각주에 맨 처음 들어선 농촌은 기원전 5000년까지 거슬러 올라간다. 강물이 실어 온 침적토가 넓은 삼각주를 만들기 시작하면서 농경과 목축이 점차 사냥과 채집을 대신했다. 후빙기에 해수면 상승 속도가 느려지면서 침적토가 한 곳에 쌓이기 시작하자 삼각주는 주기적으로 강물이 범람하는 비옥한 땅으로 바뀌었다. 처음에 이집트 농부들은 강이 최대로 범람한 뒤 물이 빠지면 단순히 진흙에 씨앗만 뿌리고도 파종한 곡물의 곱절을 거두어들였다. 강물이 너무 빨리 빠져서 농사가 안 되면 몇 천 명이 목숨을 잃었다. 그래서 농부들은 물을 둑에 가두고 기름진 땅에 스며들게 했다. 인구가 늘면서 운하와 물레방아를 비롯한 기술이 발전했고, 그 덕택에 고지대와 강에서 먼 곳까지 물을 대어 더 많은 사람이 먹고살 수 있었다.

나일 강 범람원은 지속적으로 농업을 이어가기에 딱 알맞은 땅이었다. 수메르 농업은 소금 축적 문제를 안고 있었지만, 이집트 농업은 고대 파라오 때부터 로마제국을 거쳐 이슬람 시대까지 7천 년 동안 여러 문명의 젖줄이었다. 차이가 있다면, 생명의 원천인 나일 강의 물은 소금기가 거의 없고 해마다 강가의 농경지에 새로운 침적토를 많이 실어다 주었다는 점이다.

큰 지류 두 개를 지닌 나일 강의 지리적 구조는 작물을 재배하는 데 더 없이 알맞은 공식을 형성했다. 해마다 블루나일 강은 아비시니아고원에서 침식된 흙을 실어 와서 1밀리미터 정도 두께로 침적토를 부려 놓았다. 화이트나일 강은 습지가 많은 중앙아프리카 밀림에서 부식토를 실어 왔다. 새로운 침적토는 이전의 농작물이 써 버린 무기질 양분을 보충해 주었고, 부식토는 사막의 태양 아래 급속도로 빠져 나가는 흙의 유기물질을 보충했다. 게다가 남쪽의 고원에서 6월에 내리는 폭우는 큰물을 일으켰다. 불어난 물은 9월에 나일 강 하류에 이르고 11월에 가라앉았기 때문에

그림 5 고대 이집트의 쟁기 (Whitney, 1925)

작물의 재배와 시간이 딱 맞았다. 이런 조건들 덕택에 이 지역은 해마다 풍성한 수확을 얻을 수 있었다.

이집트의 물 대기는 범람하는 물길이 강 유역을 가로질러 흐르는 자연 현상을 이용했다. 정교한 수로 없이도 경작지에 물을 댈 수 있었다. 강의 천연 둑을 무너뜨려 충적평야의 특정 지역으로 물이 흐르도록 한 것이다. 최대 범람이 지나면 지하수면이 곡상(谷床) 밑으로 3미터가 넘게 가라앉아 소금 축적의 위협이 사라진다. 메소포타미아 농부들의 경험과 달리 이집트의 밀 수확량은 시간이 흐를수록 늘어났다. 이집트 농업이 오래 이어질 수 있었던 까닭은 최소한의 손길을 보태면서 자연 범람을 이용했기 때문이다.

예측할 수 있는 최대 범람이 새 흙을 실어 오는 덕분에 비옥한 땅을 손상시키지 않고도 경작지에서 꾸준히 작물을 기를 수 있었다. 하지만 사람들은 여전히 변덕스런 날씨에 시달렸다. 몇 해 동안 거친 날씨가 이어지거나 딱 한 해만이라도 악천후가 찾아오면 재앙을 일으킬 수 있었다. 심한 가뭄이 이어지면 농작물 수확량이 줄어들었다. 기원전 2250~1950년에 일어난 농민반란이 고왕국을 무너뜨렸다. 그러나 나일 강은 매우 성공적인 농업 활동을 떠받칠 만큼 두루 믿음직스러웠다.

메소포타미아와 달리, 범람하는 강물의 양을 조절하는 일은 지역의 책임이었다. 중앙집권화된 권력이 발달해야 할 까닭이 거의 없었기 때문이다. 이집트에서 계급 분화와 노동 분업은 상품작물을 기르기 위해 영구적인 관개시설을 도입한 탓에 전통적인 마을 공동체가 무너진 직후에 발달하기 시작했다. 메소포타미아 전제정치의 상부구조가 관개 문명에 뒤따르는 필연적인 결과는 아니었다.

그러나 결국 잉여 농산물은 행정 전문가와 정치 지도자의 성장에 원동력이 되었다. 이집트는 기원전 3000년 무렵 단일 국가로 통합되어 메소포타미아와 겨루는 고대 초강대국으로 발전했다. 상업적 농업이 성장하면서 인구가 늘었을 뿐 아니라 사람들이 직업을 가져야 했다. 그래서 거대한 피라미드가 실업 문제를 해결하려는 '공공근로 프로젝트'였다고 주장하는 학자들도 있다.

이집트 농업은 몇 천 년 동안 생산성이 매우 높았다. 뒷날 사람들은 강의 자연스런 리듬과 조화를 이루는 삶에서 벗어나 갑자기 새로운 방식을 받아들였다. 19세기 초, 유럽으로 수출할 목화를 기르겠다는 야심으로 한 해 내내 쉬지 않는 공격적인 관개농업이 나일 강에 도입되었다. 몇 천 년 앞서서 메소포타미아에서 펼쳐진 바 있는 시나리오가 그랬듯이, 지나치게 물을 대는 농경지 밑으로 지하수면이 솟아오르자 흙에 소금이 축적되기 시작했다. 1880년 무렵 영국의 농업 전문가 매켄지 월리스는 관개 농경지들을 "흰 소금이 땅을 덮어 아무도 밟지 않은 눈밭처럼 햇빛을 받아 반짝거린다"(Wallace 1883, 15쪽)고 묘사했다. 인위적인 물 대기가 가져온 이 참혹한 결과는 믿기 힘들 만큼 놀라운 것이다. 그런데 이런 역효과는 뒷날 나일 강을 댐으로 가로막은 사건이 불러온 재앙에 견주면 아무엇도 아니다.

지난 반세기 동안 문명은 거의 파괴할 수 없는 땅까지도 불구로 만드는 엔지니어링 능력을 마침내 획득했다. 네 해에 걸쳐 공사를 마친 1964년, 이집트 대통령 가말 압델 나세르와 소비에트 총리 니키타 흐루시초프는 아스완하이댐을 건설하려고 소비에트 엔지니어들이 나일 강의 물길을 바꾸는 광경을 지켜보았다. 너비 4킬로미터에 대피라미드보다 열일곱 배나 더 거대한 댐은 길이 약 480킬로미터, 너비 56킬로미터의 호수를 가둔다. 나일 강이 한 해에 범람하는 양의 곱절을 가둘 수 있는 용적이다.

나세르를 권좌에 앉힌 1952년 쿠데타가 일어나기까지 이집트의 강을 관리한 영국의 수문학자들은 댐 건설을 반대했다. 거대한 새 호수에서 상당한 양의 물이 하늘로 증발할 거라는 이유였다. 우려할 만한 충분한 근거가 있었다. 사막의 태양 아래에서는 해마다 호수 수면에서 증발하여 사라지는 물이 깊이로 따지면 1.8미터나 된다. 강물로 흘러들던 물이 14세제곱킬로미터가 넘게 사라지는 셈이다. 하지만 더 큰 문제는 나일 강이 에티오피아에서 실어 오던 흙 1억 3천만 톤이 나세르 호 바닥에 쌓이게 되었다는 사실이다.

해수면이 안정된 뒤로 수천 년에 걸쳐서 발달해 온 나일 삼각주는 오늘날 침적토의 공급이 끊긴 채 쓸려 나가고 있다. 댐 덕택에 농부들은 인공 관개를 이용하여 한 해에만 이모작, 삼모작을 하고 있지만, 강물은 이제 침적토가 아니라 소금을 실어 나르고 있다. 소금의 축적으로 열 해 전에 이미 나일 삼각주 농경지 가운데 10분의 1에서 수확량이 줄어들었다. 나일 강 길들이기는 지구에서 가장 안정적인 농업 환경을 교란시킨 사건이다.

예부터 이름 난 나일 강 유역의 비옥도가 떨어지자 수확량을 유지하기 위해 화학비료가 이용되었다. 소작농들은 수확량을 유지하기 힘들었다. 오늘날 나일 강의 농부들은 전 세계에서 화학비료를 가장 많이 쓰는 축에 들어간다. 나세르 댐이 생산한 전력을 가장 많이 쓰는 새 공장들은 절묘하게도 화학비료를 생산하고 있다. 인류의 가장 건강한 텃밭의 본거지 이집트는 이제 7천 년 만에 처음으로 식량의 대부분을 수입한다. 그럼에도 이집트 문명의 유구함은 고대 문명의 일반적인 수명에 견주어 아주 특별한 사례이다.

중국 농업의 역사는 또 다른 보기이다. 메소포타미아에서 그랬듯이 중국 고지대 건조지역의 농부들은 인구가 급증하자 저지대 범람원으로 내려왔다. 흙이라면 다 똑같은 것이라고 여긴 수메르 사람들과 달리, 요임금(기원전 2357~2261년)은 흙의 종류를 조사한 뒤 토질을 아홉 가지로 분류하고 그것을 기초로 세금을 매겼다. 뒷날 기원전 500년에 이르러 흙의 빛깔, 질감, 수분, 비옥도를 바탕으로 이전의 토질 분류 방법을 체계적으로 정리했다.

오늘날 중국 사람들은 티베트고원에서 발원하는 큰 강들이 침적토를 부려 놓는 충적평야에 크게 기대어 산다. 황허 강 유역에서는 오랜 세월 동안 홍수가 큰 문젯거리였다. '황허'는 산림이 개간된 상류에서 쓸려 내려온 누런 흙이 강물에 흘러들어서 생긴 이름이다. 기원전 340년에 첫 제방이 건설되기 전까지 황허는 넓은 범람원을 마구 흘러 다녔다. 기원전 2세기 때 강의 이름이 중국말로 큰 강(大河)을 뜻하던 표현에서 누런 강(黃河)을 뜻하는 말로 바뀌었다. 농부들이 침식되기 아주 쉬운 침적토(황토)를 파헤친 탓에 흙이 강 본류로 흘러들어서 퇴적물이 열 곱절로 늘었던 것이다.

황허 유역에 생겨난 최초의 마을들은 지류들을 따라 계단식으로 땅을 돋우고 들어섰다. 더 나중에 인구가 밀집되자 사람들은 범람원에서도 살게 되었다. 강가의 농지와 마을을 보호하는 긴 둑이 홍수를 막아 주었고, 범람하는 강물이 실어 오는 퇴적물은 둑과 둑 사이에 쌓였다. 강물이 범람원에 맞닿는 곳에서 약해진 물살은 퇴적물을 충적평야에 부리지 못하고 둑 사이에 내려놓았다. 범람하는 물을 가두기 위해 둑을 계속 높이 올리자 백 년에 30센티미터씩 강바닥이 충적평야 위로 솟았다.

1920년 무렵 강의 수면은 수위가 높은 철에 충적평야보다 9미터나 더 높아졌다. 강물이 둑을 넘어오기라도 하면 그 결과는 파괴적일 수밖에 없었다. 둑 사이에 갇혔던 물이 충적평야로 터져 나와 들과 마을을 덮치고, 가끔은 도시 전체가 물에 잠겨 버렸다. 1852년 강물은 둑을 타고 넘어 북쪽으로 흘러갔다. 도시와 마을이 물에 잠겼고 강물은 몇 백만 명의 목숨을 빼앗으며 북쪽으로 몇 백 킬로미터나 흘러갔다. 1887~1889년에 일어난 홍수 때는 강물이 남쪽 제방을 허물고 나와 허난 성을 휩쓸어 200만 명 넘는 사람들이 물에 빠져 죽거나 목숨을 잃었다. 강물의 수위가 범람원보다 높을 때 둑이 무너진다는 건 곧 재앙을 뜻한다.

1920~1921년에 지독한 가뭄이 들어 50만 명이 사망하자 전 세계는 중국 북부에서 일어나는 흙의 침식에 관심을 기울였다. 2천만 명이나 되는 사람들이 말 그대로 땅에서 자라난 것은 무엇이든 먹어야 하는 지경에 이르렀다. 일부 지역에서는 굶주린 사람들이 눈에 보이는 걸 닥치는 대로 먹는 바람에 땅이 완전히 헐벗었다. 침식이 이어지고 경작지가 사라지자 수많은 이들이 고향을 떠났다. 하지만 이것은 특별한 사건이 아니었다. 1920년대의 한 기아 원조 연구는 과거 2천 년 동안 해마다 중국 어디에선가는 늘 기근을 겪었다고 보고했다.

1922년에 임학자이자 로즈 장학생(Rhodes scholar, 로즈 장학재단에서 우수한 대학원생을 뽑아 옥스퍼드대학에서 연구할 기회를 준다 — 옮긴이)인 월터 로더밀크는 난징대학에서 중국의 기근 예방을 연구하는 자리를 얻었다. 중국을 돌아보면서 로더밀크는 흙의 남용이 중국 사회에 끼친 영향을 추론했다. 중국에서 겪은 경험을 통해 그는 흙의 침식이 문명의 기초를 뒤흔들 수 있다고 생각하게 되었다. 흙의 침식을 연구하기 위해 몇 해 동안 아시아, 서아시아, 유럽을 두루 여행한 뒤, 로더밀크는 자신의 직업이 "농부와 국가, 문명이 땅에 써 놓은 기록을"(Helms 1984, 133쪽) 읽는 일이라고 설명했다.

1852년에 황허 강이 제방을 무너뜨린 곳에 가까워지면서, 로더밀크는 꼭대기가 평평한 거대한 언덕이 충적평야보다 15미터 이상 높이 솟아 수평선을 채우고 있다고 묘사했다. 강의 바깥쪽 제방 안쪽으로 높이 솟아오른 이 고원을 오를 때, 로더밀크 일행은 지그재그로 11킬로미터를 가서야 안쪽 둑길에 이르고 강에 닿았다. 오랜 세월 동안 셀 수도 없이 많은 농부들이 광주리에 흙을 가득 담아다가 둑을 올렸다. 둑은 점점 높아져서 무려 640여 킬로미터에 이르는 강이 충적평야와 삼각주 위로 솟았다. 누르스름한 흙탕물을 본 로더밀크는 강의 기울기가 1.6킬로미터당 30센티미터 미만으로 완만해지는 시점에서, 고지대에서 침식된 어마어마한 양의 침적토가 쌓이기 시작했음을 파악했다. 침적토가 강바닥에 쌓여 가자 농부들은 더 빠르게 둑을 올렸다. 이 게임은 승부가 나지 않았다.

강을 메운 흙의 원천을 알아보기로 결심한 로더밀크는 강을 거슬러 중국 문명의 요람인 산시(陝西) 성으로 갔다. 중국 북서부에서 그는 협곡들이 깊게 파인 곳을 찾아냈다. 가파르고 쉽게 침식될 수 있는 비탈면에서 숲을 벌목한 뒤 집약적인 농업이 이루어진 그곳에서부터 흙이 하류로 떠내려 간 것이었다. 로더밀크는 산림 개간만으로 그렇게 어마어마한 침식이 일어나리라고 믿지 않았다. 떨기나무들과 나무들이 곧 자라나기 때문이다. 문제는 가파른 비탈에서 경작하는 농부들이 여름철 집중호우 때 침식에 취약한 상태로 땅을 내버려 둔 것이었다. "이전에 넓은 숲을 개간한 건 침식과 간접적인 관계가 있을 뿐이다. 식량 생산을 위해 비탈에 경작을 한 것이 침식의 직접적인 원인이다."

지역의 운명을 결정한 것이 도끼보다는 쟁기였다고 로더밀크는 판단한다. "사람은 지형을 좌우할 수 없고, 땅에 떨어지는 강우 유형에 대해서도 할 수 있는 일이 없다. 그러나 사람은 흙층을 관리할 수 있고 산악지역에서 흙층의 운명을 분명히 결정할 수 있다."(Lowdermilk 1926, 127, 129쪽) 로더밀크는 산시 성의 초기 거주자들이 경작하기 쉬운 강 유역에서 숲을 개간했을 거라고 짐작했다. 인구가 늘어나자 밭은 비탈면을 따라 올라갔다. 그 지역의 가파른 비탈면에서 경작한 결과를 관찰하면서, 그는 개간되어 경작되는 사면에서 여름비가 기름진 흙을 벗겨 내는 시간은 일이십 년이면 충분했을 거라고 결론지었다. 산시 성 전역의 비탈면에 버려진 경작지에서 풍부한 증거를 찾아낸 그는 지역 전체가 지난날 일정 기간 동안만 경작되었음을 파악했다. 낮은 인구밀도와 버려진 대규모 관개시설의 대비는 지나간 호시절을 증언했다.

로더밀크가 중국 북부 땅에 사람들이 끼친 영향을 처음으로 깨달은 곳은 펀허(汾河) 강 상류지역의 사실상 버려진 어느 도시였다. 주변의 땅을 조사한 그는 최초의 거주자들이 기름진 흙이 뒤덮인 숲 지대에 정착했음을 알아냈다. 인구가 늘고 마을이 커져 도시가 되면서 숲이 개간되고 경작지는 기름진 강 유역에서 가파른 골짜기의 성벽까지 확장되었다. 산허리를 타고 올라가 새로이 개간된 밭에서 겉흙이 흘러내렸다. 또 버려진 밭에서 풀을 뜯은 염소들과 양들이 비탈에 남아 있던 흙을 벗겨 냈다. 흙의 침식으로 농업 생산성이 크게 낮아지자 사람들은 굶어 죽거나 이주했고 도시는 버려졌다.

로더밀크는 중국 북부 몇 억 에이커의 땅에서 겉흙 30센티미터가 넘게 사라졌을 것으로 추정했다. 숲을 개간해서 경작하지 않은 불교 사원들은 예외였다. 절의 흙은 몹시 기름진 숲의 흙으로 깊고 까맸으며 부식토가 풍부했다. 로더밀크의 말에 따르면 농부들은 이 기름진 흙에서 경작하기 위해 보호받을 길 없이 남아 있는 숲을 개간했다. 그들은 곡괭이로 비탈의 흙을 부수어 나무뿌리를 훼손하면서 땅을 갈았다. 처음에는 쟁기질이 새 열구와 협곡을 다듬어 주었지만, 몇 해가 흐르고 나면 농부들은 새 땅을 찾아서 숲으로 더 깊이 들어갔다. 경작지는 버려지자마자 풀과 딸기나무들이 곧 땅을 덮었다. 따라서 로더밀크의 판단으로는 흙이 사라진 건 집약적인 농경에 뒤이어 지나치게 방목이 이루어진 탓이었다. 그 지역이 불모지가 된 건 거주자들의 책임이라고 결론지었다. 그 속도가 너무 느려서 그들이 알아채지 못했을 뿐이다.

그 뒤 세 해에 걸쳐서 로더밀크는 건강한 작은 숲과 경작지, 그리고 침식 탓에 버려진 밭의 침식 속도를 측정했다. 경작지에서 일어나는 흙의 유실과 침식이 천연의 숲에서보다 몇 곱절 더 높았다. 황허 강 상류지역의 농부들이 강의 자연적인 퇴적물 양을 점점 더 증가시키고 하류에 사는 사람들이 겪어야 할 홍수 문제를 악화시킨 것이다.

중국 문명의 요람은 메소포타미아와 자그로스산맥처럼 오늘날 기름진 겉흙이 모자란 가난한 지역이 되었다. 이 고대 문명들은 흙이 사라진 비탈의 경작지에서 시작되었고, 하류 쪽으로 내려가면서 풍부한 먹을거리를 생산할 수 있는 범람원으로 농업이 확산되었을 때 꽃을 피웠다.

농경 사회에서 나타나는 또 다른 공통점은 대다수 사람들이 홍작에 대한 대비책이 거의 또는 전혀 없는 채로 그때그때 수확해서 먹고살았다는 점이다. 역사를 통틀어서, 농산물이 늘면 그만큼 인구도 늘었다. 풍작이 사람 수를 결정했고 흉년이 이어지면 반드시 인구가 줄어들었다. 농경시대에서 비교적 최근까지, 풍작과 흉작이 거듭되는 동안 사회 전체는 늘 굶주림을 마주쳤다.

지난 200만 년 가운데 99퍼센트가 넘는 기간 동안 우리 선조는 작은 무리를 지어 이동하면서 땅에 얹혀살았다. 가끔 어떤 먹을거리가 부족해지곤 했지만 사실상 늘 다른 먹을거리가 있었다. 일반적으로 사냥채집 사회는 음식을 모든 이의 것으로 보았고, 사람들이 갖고 있는 것은 언제든 나눠 먹는 것으로 여겼다. 그들은 음식을 저장하거나 쌓아 놓지 않았다. 이런 평등주의 행동 양식은 먹을거리가 부족한 때가 드물었음을 드러낸다. 음식이 더 필요하면 더 찾으면 되었다. 먹을거리를 구하러 다닐 시간은 많았다. 대부분의 사냥채집 사회는 남아도는 시간이 비교적 많았다는 데에 인류학자들은 대개 의견을 같이한다. 오늘날 우리 현실과는 무척 다르다.

범람원 안에서 농업이 이루어지면서 초기 농업 문명에 한 해의 리듬이 생겨났다. 흉작은 많은 이들의 죽음과 거의 모든 이들의 굶주림을 뜻했다. 오늘날 선진국에 사는 이들 대부분은 좋은 날씨에 직접적으로 영향을 받지 않는다. 그러나 우리는 흙이 천천히 침식되면서 끼치는 영향으로부터 여전히 자유롭지 않다. 흙이 침식되면 한때 번성했던 사회도 쇠락한다. 범람원의 생산 능력을 넘어서 인구가 증가하면 농업은 주변의 비탈면으로 확산된다. 이 흙의 침식 사이클에 따라서 한 문명이 나타나고는 다른 문명에게 자리를 내어 준다.

4
찬란한 제국들의 무덤

강을 지키려거든 산을 지켜라.

- 우왕(禹王) -

　1840년대 초에 뉴욕의 변호사이자 모험가이자 아마추어 고고학자인 존 로이드 스티븐스는 무성한 중앙아메리카 밀림에서 마흔 군데가 넘는 고대 도시 유적을 발견했다. 과테말라 코판 유적지를 발굴한 뒤 북쪽으로 멕시코의 폐허 도시 팔렝케로 갔다가 유카탄으로 돌아온 스티븐스는 사라진 문명이 밀림 속에 숨어 있음을 깨달았다. 그의 발견은 미국 사람들에게 충격으로 다가갔다. 서아시아 문명과 겨루던 토착 아메리카 문명은 원시적인 대륙에 문명을 선사했다는 미국적 시각에 들어맞지 않았다.

　스티븐스의 발견 뒤로 한 세기 반이 지나서, 나는 티칼의 대피라미드 꼭대기에 서서 주변 언덕들이 고대 건축물이라는 그의 인식을 되새겼다. 지형 자체가 사라진 도시의 윤곽을 나타냈다. 큰 나무들이 들어서고, 그 뿌리는 상형문자가 새겨진 돌덩어리들을 감쌌다. 숲의 우듬지 위로 섭처럼 솟은 사원 꼭대기들은 열대 고대 제국의 증거였다.

등장인물들과 배경이 달라지면서, 티칼의 이야기는 세계, 다시 말해 서아시아, 유럽, 아시아에서 여러 번 되풀이되었다. 지나간 많은 문명의 수도는 관광산업에 기대어 산다. 토질 저하가 이 초기 문명들을 멸망시킨 것일까? 그것이 직접적인 이유는 아니다. 하지만 적대적인 이웃, 내부의 사회정치적 혼란, 무자비한 겨울이나 가뭄에 날이 갈수록 사회가 흔들리고 또 흔들린 이유는 토질 저하에서 비롯되었다.

사람들은 오랜 옛날 고대 메소포타미아 사회부터 환경에 해를 끼쳐 왔지만, 흙을 돌본다는 잃어버린 윤리를 되찾으려는 꿈은 여전히 오늘날 환경보호 미사여구의 바탕이다. 고대 사람들이 환경과 조화를 이루며 살았다는 생각은 물론 서구 문명의 신화에 깊이 뿌리박고 있으며, 성경의 에덴동산 이미지와 고대 그리스의 황금기라는 인식에 잘 보존되어 있다. 그러나 경작지가 늘어 가고 마을들이 점점 확대되어 도시로 통합되는 과정에서 계획에 의해서였든 예로부터 전해져 내려오는 대로 관습적으로 땅을 다루는 것이었든 흙을 보존한 사회는 거의 없다. 지리적 역사적 조건이 서로 다르긴 하지만, 대개 문명의 이야기는 천천히, 그리고 꾸준히 인구가 늘다가 비교적 갑작스레 사회가 쇠퇴해 가는 패턴을 따른다.

고대 그리스는 잃어버린 유토피아 이야기를 지나치게 믿는 고전적인 사례이다. 호메로스와 동시대를 산 헤시오도스는 기원전 8세기 무렵의 그리스 농업에 관한 현존하는 최초의 기록을 남겼다. 그리스 최대의 사유지에서도 주인과 노예, 그리고 그들의 식구들을 먹이는 데 필요한 이상을 생산하지 않았다. 오디세우스의 아버지 라이르테스처럼 고대 그리스의 초기 지도자들은 자기 땅에서 일했다.

그 뒤 기원전 4세기에 크세노폰은 그리스 농업에 대해 더욱 자세한 기록을 남겼다. 그 즈음 부유한 토지 소유주들은 일꾼들을 감독하는 감독관을 두었다. 그러나 크세노폰은 소유주들에게 땅이 무엇을 길러 낼 수 있는지 관찰하라고 충고했다. "경작을 시작하기 전에 우리는 어떤 작물이 땅에서 가장 잘 자라는지 알아야 한다. 땅에 자라는 잡초를 보고도 그 땅이 가장 잘 키우는 게 무언지 배울 수 있다." (Xenophon, *Oeconomicus* 16.3) 크세노폰은 똥거름을 주고 그루터기만 남은 밭에 불을 놓은 뒤 그 밭을 다시 갈아서 흙을 기름지게 하라고 농부들에게 충고했다.

고대 그리스 사람들은 똥거름과 두엄 같은 땅을 기름지게 하는 재료를 알고 있었다. 하지만 그런 방식이 얼마나 폭넓게 이용되었는지는 분명치 않다. 그렇기는 해도 유럽 르네상스가 고전적 이상을 부활시킨 뒤 오랜 세월에 걸쳐서, 역사학자들은 고대 그리스가 땅을 세심하게 돌보았다고 칭송했다. 하지만 오늘날 그리스의 흙은 전혀 다른 이야기를 들려준다. 흙의 침식이라는 파멸의 에피소드를.

돌이 섞인 흙이 고지대의 상당 부분을 얇게 덮고 있는 그리스는 땅의 4분의 1 정도만 농사를 지을 수 있다. 흙의 침식이 사회에 미치는 악영향이 알려진 때는 고전기였다. 그리스 사람들은 흙의 양분을 보충했고 구릉지를 계단식으로 경작하여 침식을 지연시켰다. 하지만 아테네 주변의 구릉지는 기원전 590년 즈음 완전히 헐벗어서 도시를 어떻게 먹일 것인가 걱정이 커졌다. 흙의 유실이 몹시 심각해지자, 유명한 법률 개혁가인 솔론은 가파른 비탈면 경작의 금지를 제안했다. 펠로폰네소스전쟁(기원전 431~404년)이 벌어질 무렵 이집트와 시칠리아는 그리스 도시들의 식량 가운데 3분의 1에서 4분의 3을 재배했다.

플라톤(기원전 427~347년)은 고향 아티카의 바위 비탈이 헬레니즘 이전 산림 개간에 뒤이은 흙 침식의 결과라고 보았다. 그는 또한 아테네 사회를 형성하는 데 흙이 한 중요한 역할에 대해서도 지적했다. 그는 이전 시대의 흙이 훨씬 더 기름졌다고 보았다. 플라톤은 아테네 주변의 흙이 과거 아테네의 그림자라면서, 헐벗은 비탈에 한때 숲이 우거져 있었다는 증거를 들었다. "부드럽고 기름진 흙은 모두 사라지고 땅은 껍질과 뼈만 남았다. 그러나 이런 일이 아직 일어나지 않았을 지난날 언덕에는 풀이 무성하고 펠레우스의 바위 평원은 기름진 흙으로 덮여 있었으며 산에는 숲이 펼쳐졌다. 오늘날에도 그 자취를 찾아볼 수 있다."(Plato, *Critias* 3.III) 주변 땅에서 나는 풍부한 생산물을 거둬들인 덕분에 아테네가 지역의 패권자로 떠올랐다고 하면서, 플라톤은 아테네의 부가 흙에 뿌리내리고 있다고 보았다.

아리스토텔레스(기원전 384~322년)는 청동기시대의 토지 이용 방식이 흙의 생산성을 떨어뜨렸다는 플라톤의 믿음을 지지했다. 그의 제자 테오프라스토스(기원전 371~286년)는 여섯 가지 유형으로 흙을 구분했다. 흙은 여러 층으로 이루어져 있는데, 이를테면 밑흙 위에 부식토가 풍부한 층이 있어 식물에 양분을 공급한다는 것이다. 테오프라스토스는 기름진 겉흙과 그 밑의 흙층을 구분해야 한다고 강조했다.

플라톤과 아리스토텔레스 모두 청동기시대의 토지 이용 방식이 아테네의 토질을 저하시켰다고 보았다. 몇 천 해 뒤, 그리고 여러 문명이 나타났다 사라진 뒤, 고고학자, 지질학자, 고생태학자들은 아리스토텔레스의 시기 추정에 동의했다. 기원전 5000년 무렵 농부들이 정착하고 기원전 3000년 무렵에는 아테네 곳곳에 농경 생활을 하는 정착지가 몇 십 군데나 생겼다는 것이다. 경작이 증가한 건 아리스토텔레스가 흙의 침식이 끼치는 가장 심각한 영향을 지적한 시기였다. 하지만 그런 지식도 고전기 그리스가 그 양상을 되풀이하지 못하도록 막지 못했다.

지난 몇 십 년 동안 펠로폰네소스의 아르고스 평원과 아르고리드 남부부터 테살리아와 마케도니아 동부까지, 그리스 전역에서 흙에 대한 연구가 이어져 왔다. 연구 결과는 마지막 빙하기 끝 무렵의 급격한 기후 변화 때에도 침식이 증가하지 않았음을 드러낸다. 그런데 기후가 따뜻해질 때 그리스 곳곳에서 참나무 숲이 초원을 뒤덮으면서 숲의 흙이 두터워졌다. 몇 천 해가 흐르면서 지역 조건에 따라 흙의 깊이는 15센티미터에서 1미터 안팎까지 형성되었다. 흙의 침식은 쟁기가 도입된 뒤에야 흙의 생성을 앞서기 시작했다.

그리스 최초의 정착촌들은 물이 안정적으로 공급되고 가까이에 기름진 땅이 있는 강 유역에 자리 잡았다. 인구가 늘면서 농부들은 더 가파르고 생산성이 떨어지는 비탈면까지 경작지를 확장했다. 넓은 지역을 개간하고 가축을 기르면서 구릉지에서 흙이 벗겨지고, 벗겨진 흙은 강 유역에 두껍게 쌓였다. 풀과 나무가 무성하게 자랄 만큼 흙이 충분하지 않은 지역의 바위 비탈에서 오늘날에도 고대 농업 유물들이 발견된다.

강 유역에 쌓인 퇴적물들, 비탈면에 국지적으로 남아 있는 흙들은 그리스 전역에서 일어난 흙의 침식과 생성의 사이클을 기록하고 있다. 강 유역을 메운 퇴적물의 가장 깊은 층은 지난 25만 년 동안 빙하기에서 간빙기로 기후가 변화한 시기의 것이다. 그 위로 쌓인 층들은 비교적 최근의 것들로 구릉지 침식의 에피소드와, 흙이 만들어지는 과정에서 방해가 있었던 기간들을 알려 준다. 개간된 구릉지 흙이 후빙기 때 최초로 강 유역에 퇴적된 건 일반적으로 청동기시대 농업이 발생했을 때 나타난 일이다. 강 유역에서 구릉지로 농업이 확산되던 고대 그리스에서 벌어진 침식의 에피소드들은, 얼개는 비슷하지만 자세한 이야기는 다 다르다.

예를 들어 아르고리드 남부의 흙은 집약적인 토지 이용 시기 동안 네 차례의 후빙기 침식 기간이 있었음을 기록하고 있다. 기원전 4500~3500년 무렵에 첫 번째 침식이 일어났다. 초기 농부들이 흙이 두터운 숲 지대에 널리 정착했을 때였다. 기원전 2300~1600년 무렵에 쟁기가 도입되고 더 가파른 비탈면으로 농사가 확대되면서 침식도 확산되었다. 그리스 고전 문명이 등장하기 전 암흑기에 흙은 천천히 다시 만들어졌다. 그리고 후기 로마 시대에 다시 인구가 밀집했고 기원후 7세기에 다시 인구가 줄었다. 청동기시대에 농업이 시작된 뒤로 아르고리드 고지에서 40센티미터 깊이에 가까운 흙이 사라졌을 것으로 추정된다. 일부 저지대 비탈에서는 90센티미터 깊이에 이르는 흙이 벗겨졌다.

펠로폰네소스 북동쪽 아르고스 평원 곡상의 퇴적물 또한 지난 5천 년 동안 대규모로 흙이 침식된 시기가 네 차례 있었음을 증언한다. 오늘날 붉은 흙과 갈색 흙이 두껍게 쌓인 곳은 시냇물이 닿지 못하는 분지들과 비탈의 아래쪽뿐이다. 비탈면에 남아 있는 흙과 고고학적 증거는 청동기시대 이후로 높은 인구밀도와 집약 농업, 가속화되는 흙의 침식이 몇 세기 동안 집중되다가, 천 년 동안 낮은 인구밀도가 유지되고 흙이 생성되는 기간이 되풀이되었음을 보여 준다.

알렉산드로스 대왕의 고향인 그리스 동쪽 마케도니아도 이와 비슷한 흙의 침식 과정을 겪었다. 흙이 침식되어 시냇물이 메워지고 뒤이어 흙층이 안정되었다. 흙의 침식 속도는 후기 청동기시대에 곱절로 빨라졌고, 기원전 3세기부터 기원후 7세기까지 다시 곱절로 빨라졌다. 이런 현상은 15세기 이후에 다시 나타났는데, 그리스 여러 지역에서처럼 대략 천 년 주기의 사이클을 보인다.

지역에 따른 기후 변화는 고대 그리스의 인구밀도가 증가하고 감소하는 양상을 설명하지 못한다. 정착과 흙의 침식 시기가 지역마다 다르기

마 케 도 니 아

에피루스

올림푸스 산 ▲

테 살 리 아

에게 해

파르나소스 산 ▲
델포이 •
보이오티아
아티카
파르네스 산
코린트 •
아테네
미케네 •
펠로폰네소스
이오니아 해
스파르타 •

0   150km

그림 6 고대 그리스 지도.

때문이다. 그 대신 오늘날 고고지리학 연구는 흙의 침식 탓에 그때그때 지역의 경작이 실패하고 마을이 딴 곳으로 옮겨가야 했으며 농경 방식이 바뀌고 전 지역이 주기적으로 비워졌음을 드러낸다.

고대 지정학적 사례 하나는 사람들이 그리스의 흙을 파괴했다는 증거를 더 뚜렷하게 드러낸다. 파르네스 산의 북쪽 비탈은 보이오티아와 아티카의 경계선이다. 이상하게도 그곳은 아티카 땅이면서도 보이오티아 쪽에서만 갈 수 있다. 그곳은 아테네 사람들이 갈 수 없는 데다 보이오티아 사람들이 이용할 수 없기 때문에 숲이 우거져 있었다. 두 도시국가의 중심 경작지들은 심각하게 침식되었지만 국경선의 무인 지대에는 숲이 우거진 깊은 흙이 남아 있다.

청동기시대에 대규모로 흙이 침식된 건 농경 방식이 변화하여 사람 수가 눈에 띄게 늘어난 시기와도 일치한다. 막대기를 사용하고 샘물을 이용했던 매우 국지적인 농업은 지역 전체를 개간하여 쟁기질한 뒤 빗물을 이용하는 농업으로 변화했다. 이런 농업의 이행은 마을의 확장을 부채질했다. 초기에 몹시 느렸던 구릉지 침식 속도는 농업이 확산됨에 따라 조금씩 빨라져서 청동기시대에 열 곱절에 이르게 되었다. 그 뒤로 침식 속도는 자연적인 속도에 가깝게 늦춰졌고 고전기와 로마 시대에 다시 한 번 열 곱절로 빨라졌다.

고전기에는 거의 모든 땅이 경작되었다. 강 유역에 어마어마하게 퇴적된 흙은 초기 농업이 정착할 때 산 중턱 숲의 흙이 대규모로 침식되었음을 기록하고 있다. 그 뒤로 여러 곳에서 나타난 그 어떤 침식도 그만큼 처참하지 않았다. 농경과 방목이 이어지면서 깊은 흙을 다시 만들어 낼 수가 없었기 때문이다. 그 시기에도 나타나는 산비탈의 계단식 경작이나, 협곡의 확장 속도를 늦추기 위한 사방(砂防) 댐 같은 고대의 침식 예방법은 흙을 지키려는 투쟁을 그대로 보여 주는 증거이다.

그리스 신석기 유적지에서 출토되는 다양한 농작물들은 청동기 이전 시대의 농업이 매우 다채로웠음을 알려 준다. 다양한 농작물을 집약적으로 경작하는 소규모 농장에서 양, 염소, 소, 돼지를 길렀다. 소가 간 밭에서 쟁기를 써서 농사를 지었다는 증거는 다각적인 소규모 영농에서 대규모 플랜테이션으로 한걸음 더 내디뎠음을 드러낸다. 후기 청동기시대에 왕궁이 관리하는 대토지는 오로지 곡물만 재배했다. 올리브와 포도가 나날이 중요해지면서 소규모 농장들은 흙이 쉽게 침식되는 불모지로 점점 퍼져 나갔다. 우연의 일치가 아닌 것이, 올리브와 포도는 흙층이 얇고 돌이 섞인 땅에서 잘 자라기 때문이다.

헤시오도스와 호메로스, 크세노폰은 모두 번갈아가며 몇 해씩 땅을 묵히는 이포제(二圃制)를 설명했다. 묵히는 밭과 경작하는 밭을 한 해에 세 번씩, 그러니까 봄에 한 번, 여름에 한 번, 그리고 씨뿌리기 직전인 가을에 다시 한 번 가는 것이 일반적이었다. 이렇게 밭을 갈 때마다 흙은 조금씩 아래로 쓸려 내려갔고 밭은 헐벗어 침식에 취약해졌다. 헤시오도스는 땅의 위치에 상관없이 직선으로 밭을 갈 수 있는 숙련된 농사꾼을 부리라고 권장했지만, 이후 고전기에는 흙을 지키고 보존하며 산비탈 밭의 생산성을 높이기 위해서 계단식으로 밭을 만들었다.

오늘날의 사례들은 그리스 땅이 얼마나 빠르게 침식될 수 있는지 드러낸다. 지나치게 방목이 이루어진 일부 비탈에서, 50센티미터 깊이에도 못 미치는 흙을 지지대 삼아 서 있는 수령 50년 된 참나무 숲은 연간 1센티미터에 가까운 오늘날의 침식 속도를 증언하는 것이다. 뿌리가 현재 지표면 위로 80센티미터 가까이 노출되어 있는 살아 있는 나무들은 몇 십 년 동안 연간 1센티미터 넘게 침식되어 왔음을 알려 준다. 강우의 직접적인 영향을 받으면 땅은 아무 생각 없이 바라본 관찰자의 눈에도 뚜렷하게 드러날 만큼 빠른 속도로 침식될 수 있다.

기원전 776년 첫 번째 올림픽이 열린 뒤로 600년 정도 지나서 로마인들이 코린트를 점령하여 멸망시켰다. 그리스는 기원전 146년에 로마제국으로 통합되었다. 그 무렵 흙이 대규모로 침식되는 두 번째 사이클을 겪은 뒤인 그리스는 이미 패권을 잃은 터였다. 일부 주목할 만한 지리학 연구 작업은 로마인들 또한 고대 그리스 사람들처럼 흙의 침식을 가속화하여 그들 사회에 충격을 주었음을 밝혀냈다.

1960년대 중반에 케임브리지대학 대학원생 클라우디오 비타핀지는 리비아의 한 간헐천 둑에서 로마의 질그릇 조각들을 집어 들었다. 빙하기에 형성되었을 것으로 짐작하고 있던 퇴적지였다. 빙하기보다 훨씬 최근에 시냇물이 부려 놓은 어마어마한 양의 퇴적물에 어리둥절해진 그는 고대의 댐, 저수지, 그리고 폐허가 된 도시를 돌아다니면서 역사적으로 중요한 침식과 범람원의 퇴적에 관한 증거를 찾아보았다. 호기심이 생긴 그는 역사시대에 일어난 이런 지질학적 변화들이 기후 변화 탓인지 흙을 함부로 다룬 탓인지 알아보기 시작했다.

모로코에서 북쪽으로 에스파냐까지 갔다가 다시 동쪽으로 북아프리카를 지나서 요르단까지 간 비타핀지는 지중해 지역의 강 유역에서 언덕의 비탈면이 대규모로 침식되고 골짜기 밑에 퇴적이 일어난 시기가 두 차례 있었음을 드러내는 증거를 찾아냈다. 그가 1차 퇴적이라 부른 퇴적은 빙하시대 후기에 일어난 침식의 증거였다. 비타핀지는 처음에 리비아에서만 보이는 진기한 사례라고 여겼던 것을 더 보편적인 양상의 일부라고 믿게되었다. 그는 로마 시대 후기가 시작될 무렵 날씨가 점점 건조해지자 시냇물의 양이 줄어들면서 2차 퇴적이 일어났다고 보았다.

새로운 이론들에서 자주 나타나는 일이지만, 단순한 뼈대에 새로운 관찰 결과들을 끼워 맞추려는 이들은 이야기를 더 복잡하게 만든다. 흙의 침식과 골짜기의 퇴적 시기는 지역마다 서로 달랐다. 비타핀지가 제시한 지역적 건조기후 현상이 일부 지역에서 침식의 에피소드가 되풀이되는데 영향을 미쳤다는 건 둘째치고라도, 이웃한 지역들에 어떻게 서로 다른 시기에 영향을 미칠 수 있었다는 말인가? 그리스에서 보듯이, 증거가 말해 주는 것은 로마 중심부뿐 아니라 북아프리카와 서아시아의 로마 속주에서도 사람들이 흙의 침식을 가속화했다는 사실이다. 그렇지만 그 원인을 단순하게 기후 아니면 사람으로 지목하는 것은 잘못이다. 농경 방식 탓에 땅이 헐벗고 취약해진 곳에서 가뭄과 집중호우는 주기적으로 침식을 가속화했다.

남부 유럽의 다른 구석기 사냥 문화에서처럼, 중부 이탈리아에서는 큰 동물들을 사냥하는 데 크게 의존하던 시기가 지나고 사냥·어로·채집이 혼합된 시기가 나타났다. 빙하가 후퇴한 뒤 숲이 되살아났을 때였다. 몇 천 해 뒤, 기원전 5000~4000년 어느 시기에 동쪽에서 온 이주자들이 이탈리아반도에 농업을 들여왔다. 밀, 보리 씨앗, 맷돌과 함께 발견된 양, 염소, 돼지 뼈는 이 최초의 농부들이 다양한 곡물 경작과 축산에 기대어 살았음을 드러낸다. 쉽게 갈 수 있고 물이 잘 빠지는 흙으로 덮인 산등성이에 자리 잡은 이 농부들은 곡물 경작과 방목을 통합한 방식에 기대어 살았다. 이는 몇 천 해 뒤에 로마의 농업경제학자들이 설명하는 전통적 농경 방식과 비슷하다. 기원전 3000~1000년에 농촌 마을은 이탈리아 전역으로 퍼졌다.

신석기 초기부터 청동기시대가 끝날 무렵까지, 이탈리아 농업은 중심 지역의 우량한 농지에서 날이 갈수록 불모지로 확대되었다. 축산과 다양한 곡물 재배를 함께 하는 기본적인 소규모 영농 방식은 이 농업 확산 시기에 눈에 띄게 자리 잡아 갔다. 청동기시대 농부들은 여전히 신석기시대 선조들의 영농 방식을 따랐던 것이다. 기원전 4000~1000년에 농업은 최초의 농부들이 이용했던 우량한 농지에서부터 더 가파른 비탈로, 그리고 경작하기 힘든 골짜기 밑의 점토층으로 확산되었다.

철이 널리 사용된 건 기원전 500년 무렵이었다. 그 전에는 부유층과 군인들만 금속 연장을 쓸 수 있었다. 청동보다 훨씬 구하기 쉽고 비용이 덜

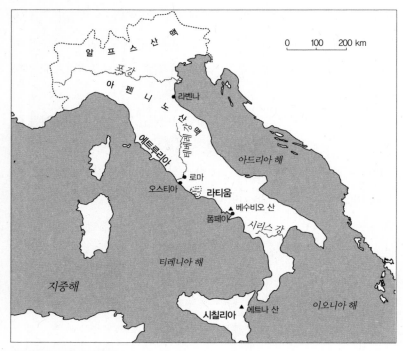

그림 7 로마 시대의 이탈리아

드는 철은 단단하고 내구성이 있으며 목재에 맞게 모양을 만들기 쉬웠다. 농부들은 쇠로 만든 쟁기와 가래로 겉흙을 뚫고 더 조밀한 밑흙까지 파헤쳤다. 기원전 300년 무렵에 이탈리아 대부분은 숲이 우거져 있었지만, 새로운 금속 연장 탓에 그 뒤 몇 세기에 걸쳐 대규모로 산림이 개간되었다.

기원전 750년 로물루스가 로마를 세웠을 때, 그는 새 국가의 땅을 2에이커 단위로 나누었다. 그의 추종자들이 스스로 경작할 수 있는 면적이었다. 기원전 508년에 로마 공화정이 수립되었을 때 이탈리아 중부의 땅은 생산성이 매우 높았다. 여느 농장의 면적은 1~5에이커(0.5~2헥타르)였고, 이는 한 집안을 먹일 수 있는 크기였다. 로마 명문가의 이름은 그 선조들이 뛰어나게 잘 길러 냈던 채소 이름에서 비롯된 경우가 많다. 어떤 사람을 훌륭한 농사꾼이라고 일컫는 건 공화정 시대에 큰 칭찬이었다. 킨키나투스는 농사를 짓다가 기원전 458년에 독재관으로 선출되었다.

초기 로마의 농장들은 노동 집약적인 방식으로 운영되었다. 다양한 작물을 심은 밭에서 괭이를 써서 일하고 손으로 잡초를 뽑고 똥거름을 주었다. 로마 최초의 농부들은 키가 다른 올리브, 포도, 곡물들, 사료작물들을 함께 재배하는 섞어짓기(cultrura promiscua)를 했다. 키 큰 작물과 키 작은 작물을 섞어짓는 방식은 잡초를 억제하고 노동력을 절약하며 한 해 내내 땅을 덮어 침식을 예방했다. 모든 작물의 뿌리는 내려 뻗는 깊이가 달라서 서로 방해하지 않았다. 섞어짓기는 흙의 온도를 높이고 생육 기간을 연장시켰다. 공화정 초기에 로마의 가정은 구획된 작은 땅에서 손으로 농사를 지어 스스로 먹고 살 수 있었다. 이런 노동 집약적 농업은 소규모일 때 가장 효율적이다. 소와 쟁기를 이용하면 노동력은 절약되나 한 집안이 먹고 살려면 곱절의 땅이 필요했다. 쟁기질이 보편화되면서 땅에 대한 수요가 인구보다 더 빨리 증가했다.

침식도 마찬가지였다. 대규모 벌목과 캄파냐(이탈리아 중부의 저지대 평원 ─ 옮긴이)의 개간으로 구릉지의 침식이 증가하여 구릉 중턱의 밭을 보호하기 위해 침식 방지 수로를 건설하기에 이르렀다. 하지만 이런 노력이 무색하게도 퇴적물이 많아진 강물 탓에 강 유역은 물이 고인 습지로 바뀌었다. 따라서 농경지는 주변의 더 높은 비탈면으로 꾸준히 확대되었다. 기원전 200년 무렵 말라리아가 심각한 문제로 등장했다. 고지대 경작지에서 침식된 침적토가 테베레 강의 흐름을 방해하고, 그보다 몇 세기 전에 열 군데가 훨씬 넘는 마을들을 먹여 살렸던 농경지가 악명 높은 폰티네 습지로 변했을 때였다. 드넓은 구릉이 황폐해지고 강 유역이 습지로 변했다는 건 경작지였던 땅들이 방목지 말고는 거의 쓸모가 없는 풀밭으로 변했다는 뜻이다. 목초지가 지난날의 경작지에 비해 농부들을 먹이지 못하게 되자, 활기찼던 마을들에서 사람들의 자취가 사라졌다.

로마 사람들은 자신들의 부가 땅에서 비롯된 것이라고 인식했다. 그래서 그들이 '어머니 대지'(mater terra)라고 일컫지 않았던가. 앞선 그리스 사람들이 그랬던 것처럼, 로마 철학자들은 흙의 침식과 토질 저하가 중요한 문제임을 알고 있었다. 하지만 과거 침식의 증거를 지적하는 데 그쳤던 아리스토텔레스나 플라톤과는 달리, 로마 철학자들은 인간의 노력으로 어떤 문제든 해결할 수 있다는 믿음을 나타냈다. 키케로는 로마 농업의 목표가 "자연계 안에 두 번째 세계"를 창조하는 것이라고 산뜻하게 표현했다. 그러나 로마 농부들이 더 깊이 밭을 갈고 헐벗은 비탈에 그들이 선택한 농작물을 심을 당시, 로마 중심부의 흙을 보존하는 문제는 점점 중요해졌다. 로마가 성장하면서 로마 농업도 꾸준히 성장하여 새 땅으로 퍼져 나갔다.

이탈리아 중부에는 네 가지 주요한 유형의 흙이 있다. 경작되면 침식되기 쉬운 점토질 흙, 고대에 몹시 풍화된 테라로사를 비롯한 석회질 흙, 기름지고 물이 잘 빠지는 화산흙, 골짜기 밑의 충적토가 그것이다. 경작은 고지대 지역을 덮고 있는 점토질 흙과 석회질 흙을 심각하게 침식했다. 원시 숲의 흙은 여러 곳에서 심하게 침식되어 오늘날 농부들은 거의 풍화되지 않은 암석에서 경작한다. 많은 고지대 지역에서 석회질 흙은 꾸준히 줄어들어서 국지적으로 적은 양이 남아 있을 뿐이다. 이탈리아 중부의 상당 부분에서 오랫동안 이어져 온 농업과 방목이 남긴 유산은 헐벗은 비탈면을 덮은 얇은 흙층이다.

로마 농부들은 질감(모래냐 점토질이냐), 구조(입자들이 부슬부슬한지 덩

어려져 있는지), 그리고 흡습성을 바탕으로 흙을 구분했다. 또 흙에서 자라나는 천연 식생이나 빛깔, 맛, 향기에 따라서 흙의 품질을 평가했다. 흙은 종류에 따라서 기름지거나 헐벗고, 성글거나 조밀하고, 축축하거나 건조했다. 가장 좋은 흙은 기름지고 거무스름하며 물을 잘 빨아들이고 마르면 푸석푸석한 것이었다. 좋은 흙은 갈고 나서 쟁기에 녹이 슬지 않았고 갈아 놓은 밭에 까마귀들이 모여들었다. 그 땅을 묵히면 싱싱한 풀로 금세 뒤덮였다. 크세노폰처럼 로마 농학자들도 흙의 종류에 따라 잘 자라는 작물의 종류가 다르다는 것을 알았다. 포도 덩굴은 모래땅을 좋아하고 올리브 나무는 돌이 많은 땅에서 잘 자랐다.

마르쿠스 포르키우스 카토(기원전 234~기원전 149년)는 현존하는 로마 농서로는 가장 오래된 책인 《농업에 대해서》(De agri cultura)를 썼다. 카토는 포도, 올리브, 과일 재배와, 경작할 수 있는 아홉 가지 유형의 흙에 초점을 맞추었다. 나아가 거기서 가장 잘 자라는 식물을 토대로 아홉 가지 흙을 스물한 가지 등급으로 세분했다. 그는 농부들을 이상적인 시민이라고 일컫고, 로마의 이익에 직접적으로 위협이 되는 북아프리카의 경쟁자인 카르타고의 농업 역량을 살폈다. 카르타고는 농업 강대국으로 군사적으로도 경쟁자 될 수 있었다. 카르타고에서 재배한 싱싱한 무화과를 원로원에서 내보인 것은 최초의 정치 쇼로 여겨진다. 카토는 무화과를 보이며 "카르타고를 멸망시켜야 한다"는 자신의 신념을 강조했다. 주제가 무엇이었든 앞의 말로 연설을 끝마쳤을 때, 카토의 선동은 3차 포에니전쟁(기원전 149~기원전 146)을 촉발시키기에 충분했다. 이 전쟁에서 카르타고는 불구덩이로 변하고 주민들은 살육 당했으며 그 땅은 로마의 식량 공급처가 되었다.

농업에 대한 카토의 사업적인 접근은 로마의 신흥계급인 대농장 소유주들이 최소한의 비용으로 포도주와 올리브기름을 최대로 수확할 수 있도록 돕기 위한 것으로 보인다. 그가 설명한 농업 경영은 식민지 시대와 현대 플랜테이션 농업의 낮은 단계로서 고도의 자본 투자가 필요한 전문적인 경영 방식이다. 노예와 곡물 값이 떨어지자 소작농들이 설 땅이 없어지고, 대규모 농장에서 노예 노동력을 이용하여 상품작물을 기르기 시작했다.

현존하는 로마 농서 가운데 두 번째로 오래된 것은 한 세기 정도 뒤에 나왔다. 이탈리아 농촌 한복판에서 태어난 마르쿠스 테렌티우스 바로(기원전 116~기원전 27년)가 《소박한 삶에 대하여》(De re rustica)를 쓸 때는 대규모 농장이 로마 중심부를 차지했던 시기였다. 바로는 베수비오 산비탈에 땅을 갖고 있었다. 거의 100가지에 가까운 흙을 구분할 줄 알았던 그는 영농 방식과 농기구를 땅에 맞게 써야 한다고 했다. "흙의 종류에 따라서 어떤 작물의 씨를 뿌려야 하고 어떻게 경작해야 하는지를 밝히는 것 또한 과학이다. 그래야 땅이 언제나 최고의 작물을 길러 낼 수 있다." (Varro, *De re rustica* 1.3) 대부분의 로마 농업 저술가들처럼 바로는 집약적인 농업을 통해 되도록 최고의 결과물을 거두라고 강조했다.

곡물들이 가장 잘 자라는 곳은 충적평야였지만, 바로가 살던 시대에 이탈리아 저지대의 숲은 이미 개간되어 경작되고 있었다. 인구 증가 탓에 곡물 경작은 고지대까지 확산되어 갔다. 바로는 로마 농부들이 골짜기, 평원, 구릉, 산지를 가리지 않고 이탈리아 전역에서 곡물을 기르고 있다고 했다. "독자들도 많은 곳을 돌아다녔을 것이다. 이탈리아보다 더 많은 땅이 경작되고 있는 나라를 본 적이 있는가?" (Varro, *De re rustica* 1.2.6) 바로는 경작지가 점점 초지로 바뀌면서 식량 수입의 필요성이 커졌다고 지적했다.

기원후 1세기에 루키우스 유니우스 모데라투스 콜루멜라는 최소한의 노동으로 최대의 생산물을 내는 곳이 가장 좋은 땅이라고 썼다. 그가 보기에 곡물과 잘 어울리는 기름진 겉흙은 깊이가 적어도 60센티미터는 되어야 한다. 하지만 포도나 올리브는 비탈면의 얇은 흙층에서 잘 자란다. 수월하게 갈 수 있는 기름진 땅 덕분에 이탈리아 강 유역에서 곡물은 주요 상품작물이었다. 앞선 연구자들처럼 최대 수확을 중요하게 여긴 콜루멜라는 오랜 기간 땅을 묵혀 두는 대규모 토지 소유주들을 비난했다.

　　콜루멜라는 두 가지 간단한 토질 평가 방법을 설명했다. 가장 쉬운 방법은 흙을 조금 퍼낸 뒤 물을 살짝 뿌리고 굴려 보는 것이다. 좋은 흙이라면 굴릴 때 손에 끈적하게 달라붙고 땅에 던져도 부서지지 않는다. 조금 더 수고스러운 방법은 땅에서 흙을 파내 보는 것이다. 다시 흘러내리지 않는 흙은 침적토와 점토가 풍부하여 곡물 재배에 알맞은 것이다. 파 낸 웅덩이를 다시 메우지 않는 모래흙은 포도밭이나 초지에 더 알맞다. 콜루멜라에 대해서는 알려진 바가 거의 없지만, 나는 UC 버클리 대학원에서 그의 첫 번째 평가 방법과 비슷한 방법을 배웠다.

　　로마 농학자들은 돌려짓기의 중요성을 이해했다. 아무리 좋은 땅이라 하더라도 영원히 똑같은 작물을 길러 낼 수는 없다는 것이다. 농부들은 주기적으로 땅의 일부를 묵혀 두거나, 콩류를 기르거나, 지역의 흙에 잘 맞는 피복작물을 심었다. 일반적으로 그들은 곡물을 경작하면서 한 해 걸러 한 번씩 경작지를 묵혀 두었다. 식물 영양소에 관해서 로마 사람들은 농작물이 흙의 양분을 흡수한다는 걸 이해했고, 흙에서 최대의 수확을 내고 토질 고갈을 막아 주는 똥거름의 가치를 인식했다. '큰 똥 더미'가 있어야 한다는 카토의 충고처럼, 로마 농부들은 소, 말, 양, 염소, 돼지, 심지어 비둘기의 똥까지 모아 두었다가 밭에 뿌렸다. 또 이회토(석회석을 부순 것)와 재를 밭에 주었다. 바로는 소똥을 무더기로 밭에 주라고 권장했지만 새똥은 뿌리는 것이 좋겠다고 생각했다. 카토는 똥거름이 없다면 사람 똥을 사용하라고 조언했다. 콜루멜라는 비탈의 밭에는 똥거름을 더 많이 주어야 한다고 했다. 헐벗은 경작지에 빗물이 흐르면서 흙을 아래쪽으로 쓸어내려 가기 때문이다. 그는 또한 똥거름이 햇볕에 마르지 않도록 땅속에 묻으라고 충고했다.

특히 로마의 농업경제학자들은 쟁기질의 중요성을 강조했다. 해마다 여러 번 땅을 갈아엎으면 땅속에 공기가 잘 통하고 잡초가 자라지 않았다. 바로는 쟁기질 세 번을, 콜루멜라는 네 번을 추천했다. 굳은 땅은 여러 번 갈아엎은 뒤에 작물을 심는다. 제국의 전성기에 로마 농부들은 쉽게 갈 수 있는 얇은 흙층은 가벼운 나무쟁기로 갈고, 조밀한 땅은 무거운 철제 쟁기로 갈았다. 대부분이 여전히 직선으로 땅을 갈면서 같은 크기의 고랑을 냈다. 그리스에서 그랬던 것처럼 쟁기질을 할 때마다 흙은 천천히 아래로 밀려 내려갔고 침식이 심해졌다. 비가 내릴 때마다 흐르는 빗물도 흙을 벗겨 냈다. 농부 한 사람이 평생 무시해도 좋을 만큼 느린 속도였지만 오랜 세월을 놓고 볼 때는 만만치 않은 속도였다.

로마 농부들은 층층이부채꽃밭과 콩밭을 갈아엎어서 부식토를 되살리고 흙의 질감을 유지했다. 콜루멜라는 곡물을 재배한 뒤 똥거름을 넉넉하게 주고 콩을 심는 돌려짓기를 하면 땅에서 꾸준히 작물을 거둘 수 있다고 썼다. 그는 특히 노예노동이 땅에 미치는 악영향을 경고했다. "모든 종류의 땅은 노예 감독관보다는 자유농민이 돌보는 것이 훨씬 낫다. 곡물 경작지는 특히 그렇다. 소작농은 땅에 결코 큰 손해를 끼치지 않는다. …… 하지만 노예는 땅에 어마어마한 피해를 입힌다." (Columella, *De re rustica* 1.7.6) 콜루멜라는 대규모 라티푼디움에서 이루어지는 해로운 영농 방식이 로마 농업의 기초를 뒤흔든다고 여겼다.

대 플리니우스라고 더 많이 알려져 있는 가이우스 플리니우스 세쿤두스(기원후 23~79년)는 도시에 사는 지주들이 대규모 토지를 노예 노동력을 부리는 감독관들에게 맡겨 놓았기 때문에 로마 농업이 쇠퇴했다고 보았다. 플리니우스는 적정한 살림살이를 외면하고 높은 수익만 좇아서 상품작물을 재배하는 일반적인 영농 방식도 비난했다. 그런 영농 방식이 제국을 몰락시킬 것이라고 경고했다.

오늘날의 일부 연구는 로마 사람들이 실제적인 영농 지식이 풍부했는데도 로마의 토지 이용 방식이 침식을 매우 가속화했다는 견해를 뒷받침한다. 플리니우스는 산비탈 숲을 개간한 결과 빗물이 더 이상 땅에 스며들지 않고 급류처럼 무시무시하게 흘러내렸다고 묘사했다. 그 뒤 2세기에 파우사니아스는 그리스의 강 유역 두 곳을 비교했다. 활발하게 영농이 이루어진 땅인 마에안데르와, 로마 사람들에게 내몰려 빈 땅이 된 아켈루스가 그것이다. 사람들이 살면서 활발하게 경작이 이루어진 강 유역은 퇴적물이 더욱 많이 쌓였다. 빠른 속도로 형성된 삼각주 탓에 섬들이 반도로 바뀌었다. 그러나 로마의 농업은 로마 시대 이탈리아의 침식 속도를 얼마나 많이 증가시킨 것일까?

1960년대에 프린스턴대학 지질학자인 셸던 저드슨은 로마 주변 지역의 고대 침식을 연구했다. 그는 기원후 150년 무렵 어느 로마 저택이 쓸물을 저장하기 위해 만든 저수조의 기초가 겉으로 드러나 있는 것을 확인했다. 저수조가 만들어진 뒤로 흙이 50~130센티미터나 침식된 탓이었다. 100년에 평균 2.5센티미터가 넘는 속도로 침식된 것이다. 그는 로마에서 서쪽으로 뻗어 있는 주요 도로인 비아 프레네스티나에서도 비슷한 침식 속도를 확인했다. 이 도로는 원래 산마루의 지표면과 같은 높이에 건설되었던 것이다. 그런데 1960년대에는 도로 포장에 쓰인 현무암 돌들이 그 주변의 비탈면 경작지의 쉽게 침식되는 화산흙 위로 1미터 안팎까지 솟아 있었다. 로마 주변의 다른 곳들은 도시가 건설된 뒤로 100년에 평균 2센티미터에서 10센티미터의 침식을 기록했다.

로마 주변의 화구호(火口湖)에 충적된 퇴적물은 대규모 침식의 이야기를 확증한다. 몬테로시 호수는 로마 북쪽으로 40킬로미터 거리에 있는 작은 호수이다. 여기에서 채취한 코어들은 기원전 2세기에 그 지역을 관통하는 비아 카시아 도로가 건설되기 전까지는 천 년에 2.5센티미터씩 흙이 침식되어 호수에 퇴적되었음을 기록하고 있다. 도로가 건설된 뒤로 침식은 100년에 거의 2.5센티미터에 가까울 만큼 심해졌다. 밭과 대규모 농장에서 땅을 갈고 상품작물을 재배하기 시작했기 때문이다. 바카노 분지는 비아 카시아를 따라서 로마 북쪽으로 30킬로미터 정도 떨어져 있다. 이곳의 호수 또한 로마가 기원전 2세기에 호수의 물을 빼기 전 5천 년이 넘는 시간 동안 주변의 땅이 천 년에 평균 2.5센티미터 정도의 속도로 침식되어 왔음을 알려 준다. 구릉지에서 쓸려 내려온 어마어마한 퇴적물과 로마 북쪽으로 시냇물을 따라서 밑바닥에 쌓인 침전물은 제국의 마지막 무렵에 대규모의 침식이 있었음을 뒷받침한다.

이 거듭된 증거들과 비타편지의 발견이 가리키는 것은 로마의 농업 탓에 흙의 침식이 심해졌다는 사실이다. 한 해를 단위로 생각한다면 침식의 증가분은 얼마 되지 않는다. 한 해에 1밀리미터도 되지 않아 알아채기도 힘들다. 겉흙이 원래 15~30센티미터 깊이라면, 로마 중심부의 겉흙이 사라지는 데는 적어도 몇 세기에서 천 년 정도가 걸렸을 것이다. 지주들이 더 이상 자신의 밭에서 일하지 않게 된 뒤로 그 몇 안되는 사람들이 자신의 땅에서 일어나고 있는 일을 알아챘을지 의심스럽다.

흙이 침식된 증거를 보려면 주요 강을 따라 내려가는 것이 더 쉽다. 구릉지에서 쓸려 내려온 흙의 퇴적물이 땅을 바다 쪽으로 넓혀 가면서 지난날 나루였던 곳이 내륙의 도시가 되어 있다. 테베레 강이 싣고 온 퇴적물이 쌓인 로마의 고대 항구 오스티아는 오늘날 해안에서 몇 킬로미터 떨어진 곳에 있다. 라벤나 같은 다른 도시들은 바다에서 멀어지면서 그 영향력이 줄어들었다. 이탈리아 남쪽 끝에 있는 도시 시바리스는 크라티 강이 부려 놓은 흙 밑으로 사라졌다.

역사학자들은 로마제국의 붕괴 원인을 놓고 여전히 논쟁을 벌인다. 제국의 정치, 외부 압력, 환경 악화에 서로 다른 무게를 두기 때문이다. 그러나 로마는 붕괴했다기보다 스스로를 소모한 것이다. 로마의 쇠락을 흙의 침식 탓으로만 돌리는 건 너무 단순하다고 하겠지만, 악화되는 땅에서 늘어나는 인구를 먹여야 한다는 압박이 제국의 쇠퇴를 부채질한 건 분명한 사실이다. 더 나아가 이는 서로 영향을 미쳤다. 흙의 침식이 로마 사회에 영향을 끼치자, 그 다음에는 로마인들의 흙 다루는 방식이 정치·경제적 요인들에 의해 결정되었다.

한니발이 2차 포에니전쟁(기원전 218~201년)에서 이탈리아 지역을 섬멸하자, 밭과 집을 잃은 수많은 로마 농부들이 도시들로 몰려들었다. 한니발이 패배한 뒤에는 주인 없는 농지가 돈 가진 이들에게 매력적인 투자처로 바뀌었다. 로마 정부 또한 부유한 시민들에게 빌린 전시공채를 전쟁 중에 버려진 땅으로 되갚았다. 25만 명으로 추정되는 노예들이 이탈리아로 끌려가서 언제든 쓸 수 있는 노동력이 되었다. 전쟁 뒤에 농업 생산의 3요소인 땅, 노동력, 자본은 값이 싸고 구하기도 쉬웠다.

상품작물에 바탕을 둔 대농장(라티푼디움)은 와인과 올리브기름의 생산을 최대로 늘리기 위해 이 3요소를 이용하면서 성장했다. 기원전 2세기 중반 즈음에는 노예노동으로 이루어지는 초대형 라티푼디움이 로마 농업을 지배했다. 땅을 소유한 시민 농부는 시대에 뒤진 이상이었으면서도 기원전 131년 그라쿠스 형제의 대중운동에서 편리한 상징이 되었다. 그라쿠스 형제는 개인 농부들에게 국가가 소유한 몇 에이커의 땅을 나눠 주자는 법안을 내놓았다. 하지만 그라쿠스 법안 덕택에 땅을 받은 이들 가운데 많은 이들이 생계를 이어가지 못해서 더 큰 지주들에게 그 땅을 팔고는 다시 로마의 빈민이 되었다. 그라쿠스 형제가 비참하게 죽은 뒤 두 세기도 안 되어서 대농장은 로마에서부터 이틀거리에 있는 거의 모든 경작지를 차지했다. 상업에 직접 종사하는 것이 금지되어 있던 많은 부유층 원로원 의원들은 대농장을 상업 농장으로 운영함으로써 법망을 교묘히 빠져나갔다. 로마 전체의 경작지가 꾸준히 확대되어 가면서 자급농에서 대농장으로의 이행은 이탈리아 시골의 모양을 바꾸어 놓았다.

이런 대농장 경영 체제에서 땅의 건강은 악화되었다. 기원후 첫 번째 10년 동안 역사가 티투스 리비우스는 이탈리아 중부의 경작지가 몇 세기 전에 로마의 확장에 맞서 싸운 거대한 군대를 어떻게 먹였던 건지 의문을 품었다. 당시 땅의 상태로 보면, 로마의 옛 적군이 남긴 기록은 믿기 힘든 것이었다. 두 세기 뒤에 페르티낙스는 이탈리아 중부의 버려진 농지를 두 해 동안 거기서 농사를 짓겠다는 이에게 주었다. 하지만 그의 제안을 받아들인 이는 거의 없었다. 한 세기 뒤에 디오클레티아누스는 자유농민과 노예들이 경작지를 이탈하지 못하도록 했다. 한 세대 뒤에 콘스탄티누스 대제(272~337년)는 농부의 아들이 어렸을 때 자라난 농장을 떠나는 걸 불법으로 못 박았다. 그 무렵 이탈리아 중부의 농부들은 도시 주민을 먹이기는커녕 거의 자급도 하지 못했다. 기원후 395년 즈음 캄파냐의 버려진 땅은 초기 공화정 때 7만5천 곳이 넘던 농장의 땅을 다 합치고도 남을 만한 크기였다.

　로마 주변의 시골은 기원전 3세기 후반까지 점점 커지는 거대도시를 먹여 살렸다. 기원전에서 기원후로 넘어올 즈음 주변에서 생산되는 곡물은 도시 인구를 먹이기에 모자랐다. 한 해 20만 톤의 곡물이 이집트와 북아프리카에서 수입되어 로마의 100만 시민을 먹였다. 티베리우스 황제는 원로원에서 "로마 시민들의 생존 자체가 날마다 알 수 없는 파도와 비바람에 흔들리는 꼴이다"(Tacitus, *Annals* 3.54) 라고 불평했다. 로마는 속주에서 수입하는 식량에 기대어 수도의 통제하기 힘든 하층민의 배를 채웠다. 곡물은 로마에서 가장 가까운 항구인 오스티아를 통해 들어왔다. 수송을 지연시키거나 혼란시키는 자는 즉결로 처형당했다.

　북아프리카 속주들은 되도록 많은 곡물을 생산하라는 압력에 시달렸다. 정치적 고려에 따라서 제국은 로마 시민들에게 무상으로 곡물을 제공해야 했기 때문이다. 리비아 해안은 생산물은 풍부했으나 흙의 침식으로 토질이 매우 낮아져서 남쪽에서부터 사막이 확산되기 시작했다. 기원전 146년에 로마가 카르타고를 멸망시키고 카르타고의 부활을 막기 위해 그 땅에 소금을 뿌린 사실은 매우 유명하다. 나날이 높아져 가는 로마의 곡물 수요가 북아프리카의 경작을 다시 증대시킴으로써 토질 저하가 장기적으로 끼친 영향은 잘 인식되지 못한다.

　로마 원로원은 폐허가 된 도시에서 건져 낸, 마고의 카르타고 농서 스물여덟 권의 번역료를 지불했다. 소금기가 사라지자, 땅이 모자란 로마 사람들은 북아프리카 해안지역을 올리브 나무를 빽빽이 심은 농장으로 바꾸어 놓았다. 하지만 그건 잠시뿐이었다. 주요 농장들이 기원후 1세기에 개발된 대형 올리브 압착소들 둘레에 들어섰다. 로마에 보낼 식량 생산을 책임지는 식민지 총독들은 20만 명이나 되는 병사들에게 약탈을 일

삼는 유목민들로부터 생산물을 지키라고 명령했다. 오랜 세월 약탈자들을 방비했지만 그보다 훨씬 막아 내기 어려운 위협은 흙의 침식이었다. 팍스로마나의 정치적 안정은 연간 수확량 최대화를 목표로 쉼 없는 경작을 독려했다. 반달족이 에스파냐를 지나 아프리카로 건너와 기원후 439년에 카르타고를 점령했을 무렵, 로마의 힘은 너무도 약해져서 1만5천 명도 안 되는 반달족 병력이 북아프리카 전체를 정복했다. 로마가 항복한 뒤, 유목민들이 양 떼를 지나치게 방목함에 따라 흙이 새로 만들어지지 못했다.

오늘날 우리는 북아프리카를 고대 세계의 곡창지대라고 좀처럼 생각하지 않는다. 하지만 북아프리카 곡물이 기원전 330년에 그리스의 기근을 구제했고, 로마가 카르타고를 정복한 것도 어느 만큼은 그 경작지를 확보하기 위해서였다. 로마 원로원은 카르타고와 이집트 사이에 있는 북아프리카 키레나이카를 기원전 75년에 합병했다. 에스파냐에서 일어난 전쟁과 갈리아의 흉작으로 로마는커녕 북부 속주들이 자급도 하지 못한 해였다. 로마에서 굶주린 이들이 폭도로 변하자 원로원은 곡물 생산성이 높은 키레나이카를 합병했을 것이다.

고대 로마에서 흙이 대규모로 침식되었음을 드러내는 증거는 기후 변화 때문에 후기 로마가 북아프리카 관개농업을 포기했다는 의견에 이의를 제기한다. 로마가 지배한 북아프리카의 많은 부분이 농업적 불모지였지만, 1980년대 중반 유네스코 연구 보고서들에 실린 고고학 증거는 초기 로마의 식민화가 자급자족하는 개인 농부들에 의해 이루어졌음을 확인해 준다. 그 뒤 몇 세기에 걸쳐서, 농장들이 수출을 위한 곡물과 올리브 재배에 집중하는 대농장으로 통합되면서 관개농업이 점점 확대되었다.

라틴어로 저술한 최초의 신학자인 퀸투스 셉티미우스 플로렌스 테르툴리아누스(오늘날에는 간단하게 테르툴리아누스라고 일컬음)는 기원후 200년 즈음 카르타고에서 살았다. 북아프리카 로마 식민지의 종말을 묘사하면서 그는 환경에 대한 과부하를 경고했다. "오늘날 모든 곳에 길이 뚫려 있고 안 알려진 곳이 없으며 모든 곳이 상업에 이용되고 있다. 싱그러운 밭이 끔찍한 황폐함의 모든 자취를 숨겨 놓았다. …… 우리는 너무 오밀조밀 모여서 산다. 자연이 우리를 지탱할 수 없을 만큼. 우리가 바라는 것은 늘어만 가고 욕망은 강렬해지지만 자연은 더 이상 우리를 버텨 낼 수 없다." (Tertullian, *De anima* 30)

유네스코 고고학 연구는 테르툴리아누스의 불만을 설명해 줄 수 있는 증거를 제시했다. 인구밀도가 증가한 탓에 강과 시내의 작은 충적평야를 넘어서 비탈면까지 침식이 확산되었다는 것이다. 물이 얼마 없고 흙이 사라져 가는 식민지를 지켜야 한다는 압력 때문에 리비아의 로마 농촌 마을들은 골짜기 아래의 농지 100미터 정도마다 울타리를 두른 거대한 요새처럼 변했다. 암르 이븐 알 아스가 7세기에 비잔틴 식민 권력의 잔재를 괴멸시켰을 당시 그곳은 더 이상 번영하는 농업 중심지가 아니었다.

1916년 컬럼비아대학 교수인 블라디미르 심코비치는 흙의 부족이 로마제국 쇠퇴의 원인이라고 주장했다. 토질이 고갈되고 흙이 침식되자 제국 후기에는 로마 주변의 인구가 줄었다. 그는 로마 농부 한 사람이 먹고 사는 데 필요한 땅이, 로마가 세워질 당시에는 분배 받은 작은 땅뙈기면 되었지만 율리우스 카이사르 시대에는 그 열 곱절로 늘어났다고 지적했다. 심코비치는 철학자 루크레티우스가 서사시 《사물의 본성에 관하여》(De rerum natura)에서, 어머니 대지의 생산성이 떨어지고 있음을 말한 당대의 다른 저술들과 한목소리를 내고 있다고 설명했다.

로마 중심부에서 전반적으로 흙의 비옥도가 낮아지고 있다는 인식은 현실을 정확하게 드러낸 것이었을까? 그것은 대답하기 어렵다. 기원후 60년 즈음 저술한 콜루멜라는 《소박한 삶에 대하여》서문에서 그 문제를 제기한다. "나는 우리 나라에서 가장 유명한 사람들이 호소하는 걸 자주 듣는다. 토질 저하와 험악한 날씨 탓에 오랜 세대에 걸쳐서 땅의 생산성이 사라져 왔다고 한다. 그 불평에 합리적인 근거를 대는 이들도 있다. 지난 세월 동안 땅이 그 많은 작물을 길러 내느라 힘이 빠지고 생기를 잃었다는 것이다."(Simkhovitch 1916, 209쪽)

콜루멜라는 더 나아가 이전의 농업 저술가들이 한 목소리로 토질 고갈을 한탄했다고 썼는데, 그 저술의 대부분은 오늘날 전해지지 않는다. 하지만 흙이 반드시 노화되고 오랜 경작 탓에 소모되는 것만은 아니다. 콜루멜라는 신들이 흙에 영구적인 생산 능력을 주셨으므로 흙이 고갈될 수 있다고 믿는 것이 불경스러운 것이라고 주장한다. 그러나 그는 올바르게 보살피고 자주 거름을 주어야만 흙의 비옥함이 무한히 유지될 거라고 고쳐 말한다.

농부들을 대상으로 한 실용 안내서가 왜 이런 이야기로 시작하는 것일까? 자신의 주장 속에서 콜루멜라는 로마 농업 문제가 보편적인 쇠락이라는 자연스런 과정이 아니라 로마 농부들이 땅을 다루는 방식을 반영하는 것임을 지적했다. 그들의 문제는 그들 스스로 만든 것이다. 기원전 2세기에 바로는 라티움(이탈리아 중부의 옛 왕국ㅡ옮긴이)의 버려진 경작지 얘기를 했다. 그는 그것이 심각하게 고갈된 땅의 본보기라고 했다. 몇 세기 전에 여러 인구를 먹였던 그 땅에서 잎사귀도 얼마 없는 마른 포도 덩굴 정도만 간신히 살아 있다고. 그리고 몇 세기 뒤에 이 문제에 관해서, 콜루멜라는 수도 로마를 먹이기 위해 수입한 식량을 분배받지 못했으면 라티움 사람들은 굶어 죽었을 것이라고 했다.

일부 역사학자들은 로마 농부들의 늘어 가는 빚이 제국의 내부 혼란에 이바지했을 것으로 본다. 농가 부채는 농장 운영에 필요한 연장을 사느라 빌린 것일 수도 있고 농가 소득으로 한 집안의 생계비가 감당이 안 되어서 생겨난 것일 수도 있다. 로마 농업의 낮은 자본 준비율은 공화정의 전통적인 작은 농장에서 일하는 농부들이 고생스럽게 자급했음을 짐작하게 한다. 대농장 소유주들은 형편이 어려운 이웃들을 이용해서 거대한 면적의 땅을 사들였다. 로마 주변에서 인구가 감소한 것이 내전과 전쟁 탓이라는 통념과는 반대로, 전례 없는 태평성대에 소규모 농장들이 사라져 갔다. 농업 노예가 경작지에서 떠나지 못하도록 한 법률이 통과된 것은 로마 주변 지역이 버려지고 있던 추세에 대한 반응이었다. 문제가 매우 심각해지자 자유 소작농까지도 그들이 경작하고 있는 땅에서 이탈하지 못하도록 법으로 정해졌고, 그 결과 그들은 지주들에게 속박되었다. 이들 법률이 정해 놓은 농노와 지주 귀족들 간의 사회관계는 제국이 무너지고 한참 뒤까지 이어졌다. 많은 역사학자들은 이런 상황이 중세 농노제도의 기틀을 마련했다고 본다.

하지만 로마 사람들이 축산, 돌려짓기, 거름에 대해서 알고 있는데도 이탈리아에서 어떻게 흙이 침식될 수 있었을까? 농사를 지으려면 수입 가운데 어느 만큼을 흙의 비옥도를 높이는 데 써야 하지만, 수확량을 곧장 최대화하려면 흙의 양분을 다 써 버려야 한다. 게다가 빚이나 굶주림에 허덕이는 농부들은 당연히 토질이 저하된 땅에서라도 얻어 낼 수 있는 모든 걸 얻으려 한다.

땅을 손에 넣어야 한다는 로마의 절박함은 늘어 가는 인구를 먹일 식량을 확보해야 할 필요성에서 어느 만큼 비롯되었다. 이런 맥락에서 본다면, 이탈리아 중부 경작지에서 수확량이 줄어들자 새로 정복한 속주에서 집약적인 농업이 촉발되었을 것이다. 흙이 침식되면서 로마 중심부의 토질은 점점 낮아졌고 이런 현상은 속주까지 퍼져 나갔다. 이집트만은 예외였는데, 이집트는 기원전 30년에 클레오파트라가 숨을 거두자 로마를 먹여살리기 위한 식민지가 되었다.

이집트가 침식에 면역이 있었던 까닭은 생명을 주는 나일 강의 범람 덕분이었다. 나일 강이 로마제국에 얼마나 중요했는지는 이집트가 황제의 사유지였다는 데에서 뚜렷이 드러난다. 기원후 1세기에 황제 아우구스투스는 원로원 의원들이나 로마 귀족들에게 이집트 땅을 밟으려면 자신의 허락을 받도록 했다. "스스로 알렉산드리아의 지배자가 된 이는 누구든 …… 조금만 권세를 휘둘러도 …… 이탈리아 전체를 굶주림에 빠뜨렸을 것이다."(Tacitus, *Annals* 2.59) 제국의 마지막에는 나일 강의 흙이 로마를 먹었다. 흙의 침식만으로 로마가 멸망한 것은 아니었지만, 오늘날 이탈리아와 지난날 로마 식민지의 흙은 많은 이야기를 들려준다.

로마가 몰락하고 천 년도 더 지나서, 두루 여행을 다니던 뉴잉글랜드 변호사 한 사람이 고대사회에 흙의 침식이 끼친 영향을 탐구했다. 1801년 버몬트 주의 개척지 우드스탁에서 태어난 조지 퍼킨스 마시는 유럽을 널리 여행하고 1861년에 《인간과 자연》(Man and Nature)을 펴냈다. 이 책은 환경보호주의의 밑바탕을 마련한 저작이다. 마시는 지칠 줄 모르는 독서광이었고, 법조인을 그만두고 1843년에 하원의원이 되었으며, 다섯 해 뒤에는 터키 주재 미국 공사로 임명되었다. 임무는 적고 시간은 많은 여행길이었다. 그는 귀국하기 전 1851년에 이집트와 팔레스타인을 두루 탐사하면서 식물과 동물을 채집하여 스미소니언협회로 보냈다. 열 해 뒤에 에이브러햄 링컨 대통령은 마시를 이탈리아 대사로 임명했다. 알프스 산맥까지 여행한 마시는 버몬트의 숲이 밀밭과 초지로 바뀌었을 때 자신이 두 눈으로 보았듯이 흙을 방치한 최종 결과가 바로 유럽의 토질 저하라고 인식했다.

> 지난 오랜 세월 동안, 유럽 전체보다 넓고, 오늘날 기독교 세계 전체 인구와 맞먹는 인구를 먹여 살렸을 만큼 풍요로운 땅이 이제 완전히 버려지거나 기껏해야 사람이 드문드문 사는 곳이 되었다. …… 소아시아, 북아프리카, 그리스, 그리고 유럽의 알프스 지역은 사람의 행위에서 비롯된 원인들이 작용함으로써 지표면이 달 표면만큼이나 황폐해졌다. 우리가 '역사시대'라 일컫는 짧은 시간 안에서 울창한 숲과 푸르른 풀밭, 기름진 목장이 펼쳐졌던 곳이었는데도.(Marsh 1864, 9, 42쪽)

마시는 두 가지를 깨닫게 해준다. 혹사된 땅이 반드시 회복되는 건 아니라는 것, 그리고 사람들이 눈앞의 목표만 좇다가 자기도 모르게 자연의 균형을 깨뜨렸다는 것을. 사람들이 의식하지 못한 행위의 결과 탓에 사회를 뒷받침하는 땅의 능력이 달라진다는 걸 깨달은 그는, 미국이 구세계의 잘못을 되풀이하지 않을 수 있을 거라고 확신했다.

마시는 늘어 가는 세계 인구를 농업 기술이 따라잡을 수 있을 거라고 믿었다. 단 경작할 수 있는 땅이 남아 있기만 하다면. 그러나 그는 손상되고 있는 땅의 생산력이 기술의 발달과 함께 높아진다고 생각했다. 산림 개간과 흙의 침식이 서아시아의 여러 문명을 멸망시켰다는 인식을 퍼뜨리면서, 마시는 자원이 결코 닳아 없어지지 않을 거라는 미국적인 믿음을 뒤흔들었다. 그의 책은 곧 고전이 되었고, 말 그대로 숨을 거두는 순간까지 꾸준히 손을 보아 두 차례 더 개정증보판을 냈다.

반세기 뒤 제2차 세계대전 직전에 미국 농무부는 서아시아, 북아프리카, 유럽에서 토지 이용의 결과가 침식에 미친 영향을 조사하기 위해 이름난 흙 전문가 월터 로더밀크를 보냈다. 히틀러가 폴란드를 침공하자 로더밀크는 중부 유럽과 발칸반도에서 연구를 이어갈 수 없었다. 하지만 앞서 마시처럼 그는 이미 구세계의 땅이 제국들의 무덤이라고 생각할 만큼 유럽과 아시아를 충분히 돌아보았다.

아프리카 북부 해안 튀니지와 알제리의 옛 로마 농업 식민지를 둘러본 로더밀크는 저 옛날 카토가 눈치 채지 못했을 큰 문제를 발견했다. "고대 로마의 곡창지대 상당 부분에서 우리는 지나친 방목의 결과로 흙이 사라져서 기반암이 드러나고 크게 협곡이 파인 언덕을 발견했다. 골짜기 아래는 지금도 대부분 경작지이지만 비바람이 불 때 헐벗은 비탈에서 더욱 빠르게 흘러 내려오는 빗물 때문에 땅이 점점 더 크게 갈라지고 있다."(Lowdermilk 1953, 16쪽) 쿠이쿨에 있는 큰 도시의 폐허는 1미터 정도 깊이의 흙 아래 묻혀 있었다. 그 흙은 지난날 올리브 대농장이 자리 잡았던 바위 비탈면에서 쓸려 내려온 것이다. 흙이 30~60센티미터 정도 깊이로 기반암 비탈을 덮고 있는 몇 군데만 작은 올리브 숲이 간신히 남아 있었다.

고대 도시 팀가드는 로더밀크에게 더 깊은 인상을 심어 주었다. 기원후 1세기에 로마의 패권이 최고조에 이르렀을 때 트라야누스가 세운 이 도시에는 큰 공공도서관, 2천500명을 수용하는 극장, 목욕탕 열두 군데, 대리석 수세식 변기가 있는 공중화장실이 있었다. 로더밀크가 거기 갔을 때는 고대 유적지에서 발굴된 석조 건물들에 주민 몇 백 명만 살고 있었다. 천 년이 넘게 버려져 있던 거대한 올리브 압착소 유적이 나무 한 그루 없는 맨땅의 비탈에 서서 지난날의 이야기를 들려주었다.

튀니지에서 로더밀크는 6만 석 규모의 원형극장 유적을 곰곰이 생각해

그림 8 고대 로마의 도시 팀가드 유적(Lowdermilk 1953, 17쪽)

보았다. 당시에는 로마 콜로세움 다음으로 큰 규모였다. 그런데 현대에 와서 그 주변 지역의 인구는 모두 합쳐도 원형극장 수용인원의 10분의 1 에도 미치지 못했다. 기후가 건조해진 탓에 밭이 사막이 되도록 사람들이 내버려 둔 것일까? 로더밀크는 전통적인 농경 방식을 의심했다. 팀가드 유적 발굴 단장은 유적이 발굴되지 않은 골짜기 땅에서 로마의 방식대로 작은 올리브 밭을 경작하고 있었다. 그 땅은 매우 건강해서 기후 변화가 그 지역 농업의 쇠퇴를 설명해 주지 못한다는 사실을 증명했다.

수스에서 로더밀크는 수령 1천500년으로 짐작되는 살아 있는 올리브 나무들을 발견했다. 이는 건조해지는 기후가 북아프리카 농업 붕괴의 원인이 아님을 말해 주는 것이다. 비탈의 이 고대 올리브 밭에는 흙이 남아 있었다. 고대의 계단식 밭과, 비탈면에서 경작지로 빗물이 흘러들도록 흙으로 둑을 쌓은 물길 덕택에 흙이 보존된 것이다. 방목이 이루어지지 않은 언덕도 흙에 덮여서 풀이 자라나고 드문드문 나무가 서 있었다. 다른 곳에서 흙이 비탈에서부터 쓸려내려간 것이라고 결론을 내렸던 로더밀크는, 여기서 사람들을 먹이지 못할 만큼 땅의 능력을 파괴한 걷잡을 수 없는 침식의 원인은 지나친 방목이라고 지적했다.

동쪽으로 여행한 로더밀크 일행은 모세가 이스라엘 사람들을 이끌고 사막을 지나 요르단 골짜기로 들어갔다는 지역에 이르렀다. 예리코에 도착하니, 고지대의 반도 넘는 곳에서 붉은 흙이 벗겨져 내려와 있었다. 깊은 협곡이 골짜기 저지대를 갈라놓았고 일부 땅에서는 여전히 경작이 이루어졌다. 가파른 비탈에 위치한 고대 마을의 4분의 3이 넘게 버려졌고, 골짜기 아래에서는 열 집 가운데 아홉 집에 사람이 살았다. 흙이 벗겨진 곳에 있던 마을들이 버려진 것이다. 비탈에서 흙을 돋우어 돌로 막은 계단식 밭에는 흙이 두텁게 남아 있었다.

페트라는 기원전 200년 무렵 아라비아사막 끝자락의 기반암을 침식시킨 나바테아 문명의 수도이다. 로더밀크는 거기서 더욱 헐벗은 바위 비탈을 보았다. 비탈면의 계단식 밭은 무너져 있었다. 그는 지난날 계단식 밭이 가두어 두었던 흙이 어디로 갔을까 곰곰이 생각했다. 도시는 주변 비탈에서 자라난 식량을 먹고 살았는데 유목민의 침입으로 흙을 보존하는 수단들이 파괴되었다는 게 그가 내린 결론이었다. 몇 천 명을 수용할 수 있었던 대극장을 찾는 이들은 오늘날 얼마 안 되는 관광객뿐이다.

시리아로 가는 길에 로더밀크는 폐허가 된 로마 도시 제라시를 찾아갔다. 성서 시대에 25만 명이 살았던 이 고대 도시는 주변의 언덕에서 쓸려 내려온 흙 밑으로 3미터가 넘는 깊이에 묻혀 있다. 당시 고고학자들에게 인기를 끌던 이론과는 달리, 로더밀크는 물 공급이 부족했다는 어떤 증거도 찾지 못했다. 페트라와 예리코에서처럼, 돌로 막은 계단식 밭은 지난날 비탈의 흙을 가두었을 것이지만 로더밀크가 갔을 때에는 기반암까지 드러난 상태였다. 흙이 그대로 남아 있는 곳은 골짜기 아래였다. 1930년대에 거주 인구가 몇 천 명에 지나지 않던 그 지역은 지난날 호화저택이 줄지어 서고 한가득 곡물을 실은 배들이 로마로 가던 곳이다.

북쪽으로 더 가서 로더밀크는 안티오크에 이르렀다. 안티오크는 바울이 상당수의 잠재적인 개종자들에게 복음을 전하기 시작한 곳이다. 로마가 점령했을 당시에는 100군데가 넘는 마을들이 고대 시리아에서 가장 크고 부유했던 그 도시를 둘러싸고 있었다. 1970년대에 사람이 사는 마을은 일곱 군데뿐이었다. 서른 곳에 가까운 마을은 습지의 늪 밑에 묻혀 있었다. 공격적인 로마 농업 탓에 산비탈에서 쓸려 내려온 흙이 퇴적되어 생긴 늪이었다. 고고학자들이 9미터 가까이 파내고서야 도시 유적의 일부가 드러났다.

학자들은 그 흙이 어디서 나온 것인지 실마리를 찾아냈다. 안티오크 북쪽 고지대에서는 원래 겉으로 드러나지 말아야 할 건물 기초의 일부가 어긋나고 미완성인 모습으로 드러난 채 그 많은 이야기를 증언했다. 또 계단도 없는 문턱이 암석을 드러낸 땅 위로 90에서 180센티미터 높이에 떠 있었다. 오래 전에 흙이 사라진 그 지역은 지난날 곡물과 올리브기름 수출로 이름난 곳이었으나 오늘날에는 얼마 안 되는 유목민들이 살고 있다. 로더밀크는 그 주민들이 뜻하지 않게 만들어 놓은 사막의 헐벗은 바위 비탈 위로 석조 뼈대만이 황량하게 높이 솟아 있는 곳이라고 그 유적지를 묘사했다. 그 유산은 사라지지 않는 황폐함뿐이다. 그곳에서 다른 일이 벌어졌을 수도 있지만 어쨌거나 시리아 고지의 흙은 사라져 버렸다.

레바논의 흙도 비슷한 운명을 맞았다. 4천500년 전쯤 페니키아 사람들이 사막에서부터 서쪽으로 이동하여 지중해 동쪽 연안으로 갔다. 해안 평원의 좁고 긴 땅을 갈기 시작한 그들은 경작할 수 있는 평지라고는 거의 없이 개잎갈나무 숲인 새 땅에 메소포타미아 농경 방식을 받아들였다. 좁다란 해안 평원의 땅을 간 뒤, 페니키아 사람들은 비탈면을 경작지로 개간하고 목재는 숲이 없는 메소포타미아와 이집트의 이웃들에게 팔았다. 드넓은 개잎갈나무 숲이 베어진 이유가 목재 때문이었든 농지 때문이었든, 비탈면으로 농지가 확대될 때 두 가지가 다 나타났다.

억수같이 퍼붓는 겨울비에 침식된 흙은 언덕의 경작지에서 빠른 속도로 사라졌다. 새로운 문제에 맞닥뜨린 페니키아 사람들은 농경 방식을 바꿔 흙을 지키기 위해서 계단식으로 밭을 일구었다. 그 지역 곳곳에서 고대 계단식 밭의 돌담 유물이 발견된다고 로더밀크는 설명했다. 계단식 밭만큼 노동 집약적인 농경 방식은 거의 없다. 더구나 가파른 비탈에서라면. 계단식 밭은 잘 관리하면 침식을 늦추는 데 효과적이지만 내팽개치면 눈 깜짝할 새에 효율성이 사라진다.

그러나 레바논의 매우 가파른 땅에서 계단식으로 경작된 곳은 지극히 일부였다. 비바람에 꾸준히 노출되면서 대부분의 비탈에서 흙이 쓸려 내려갔다. 기원전 9세기 무렵 페니키아 이민자들은 북아프리카와 지중해 서부를 식민화하고 먼 식민지까지 생산품을 보내 식량과 바꿔 왔다. 식민지들과 멀리 떨어져 있는 데다가 본토의 겉흙 대부분이 사라지자 페니키아 문명은 다시 회복되지 못했다.

고대 페니키아 땅을 2천 평방마일이나 뒤덮었던 드넓은 개잎갈나무 숲 가운데, 로더밀크가 갔을 당시 남아 있던 곳은 작은 숲 네 군데뿐이었다. 남아 있는 숲들은 염소가 갈 수 없는 골짜기 아래쪽 땅이었다. 이로써 로더밀크는 숲이 사라진 게 기후 변화 탓이 아님을 굳게 믿게 되었다. 흙이 사라져서 큰 나무들이 다시 예전처럼 자라나지 못했고, 지나친 방목은 흙의 생성을 가로막았던 것이다.

1979년 여름, 갈릴리 해(킨네레트 호) 퇴적물 코어의 방사성 탄소 연대 측정 결과, 주변 땅의 침식 속도가 기원전 1000년 무렵에 곱절이 넘게 빨라졌음을 알 수 있었다. 이 시기는 이스라엘 사람들이 정착한 뒤로 산악 지역까지 마을과 농업이 퍼져 나갔던 때이다. 호수 퇴적물의 서로 다른 층에 남아 있는 꽃가루는 이스라엘왕국 건국부터 1천300년 뒤인 로마 점령 마지막 무렵까지 토착 참나무 숲이 올리브와 포도밭으로 바뀌었음을 알려 준다.

모세가 이스라엘 사람들을 이끌고 사막을 벗어나 가나안으로 들어갈 때, 그들은 풍요로운 낙원에 도착한 듯했다. "네 하나님 여호와께서 너를 아름다운 땅에 이르게 하시나니 그곳은 골짜기에서든지 산지에서든지 시내와 분천과 샘이 흐르고, 밀과 보리의 소산지요 포도와 무화과와 석류와 감람나무와 꿀의 소산지라."(신명기 8:7-8) 그러나 안타깝게도 가장 좋은 골짜기 아래쪽 땅은 이미 다른 이들이 차지하고 있었다.

모세 일행이 도착했을 때, 가나안은 이집트의 우월한 군사력에 복종하는 도시국가들의 집합체였다. 빈틈없는 요새 같은 가나안 도시들은 저지대 농지를 관리했다. 새로 온 이들은 이에 굴하지 않고 텅 빈 고지대를 경작했다. "그 산지도 네 것이 되리니. 비록 삼림이라도 네가 개척하라. 그러면 끝까지 네 것이 되리라."(여호수아 17:18) 작은 마을을 이루고 살면서 그들은 숲을 벌목하고 산비탈에서 계단식으로 경작했다. 약속의 땅에서 발판을 마련하기 위해서였다.

이스라엘 사람들은 언덕의 새 경작지에서 전통적인 가나안 방식으로 농사를 지었다. 그들은 이웃들이 재배하는 것을 길렀다. 돌려짓기와 밭

묵히기도 했고, 빗물을 모아서 계단식 밭에 대는 관수체계도 설계했다. 새 철제 농기구의 발달로 수확이 늘어나자 읍 단위가 먹고살 만큼 잉여 농산물이 생겼다. 일곱 해마다 의무적으로 경작지를 묵히고, 짐승 똥과 짚을 섞어서 두엄을 만들었다.(경작지에 관해서는, 출애굽기 23:10-11; 두엄에 관해서는, 이사야 25:10) 땅은 이스라엘 사람들에게 맡겨진 여호와의 재산으로 여겨졌다. 고대의 유대 고원에서, 로더밀크는 몇 천 년 동안 경작이 이어져 왔는데도 돌을 둘러 잘 관리한 계단식 밭이 여전히 흙을 가두고 있는 모습을 보았다.

로마 지배 말기에는 농업이 매우 널리 확산되어서, 기원후 1세기 무렵 제국의 서아시아 속주들의 숲은 거의 개간되었다. 일반적으로 몹시 가팔라서 농사를 지을 수 없는 땅에서는 숲을 베고 방목이 이루어졌다. 모든 곳에서 염소와 양 떼가 식물을 먹어 치워서 그루터기만 남을 정도였다. 천 년에 걸쳐서 만들어진 숲의 흙이 사라졌다. 흙이 사라지자 숲도 사라졌다.

1939년 6월 예루살렘의 라디오 강연에서, 월터 로더밀크는 이 약속의 땅이 어떻게 될지 모세가 예견했다면 아마도 다음과 같은 열한 번째 계율을 덧붙였을 거라고 말했다. "너는 진실한 청지기로서 거룩한 땅을 물려받아 대대손손 그 자원과 생산성을 보존할지니. 너의 밭이 침식되지 않게 지킬 것이며 …… 너의 가축들이 언덕의 풀을 모조리 뜯어먹지 못하게 막으면 네 후손들이 영원히 풍요를 누리리라. 누구든 이렇게 땅을 지키지 못한다면 …… 네 후손들은 점점 줄어들고 가난하게 살거나 머지않아 땅에서 사라지고 말리라."(Lowdermilk 1953, 38쪽)

앞서 마시처럼, 로더밀크는 미국의 먼 장래를 내다보며 자신이 서아시아에서 본 것들이 주는 의미를 걱정했다. 두 사람은 신세계에 주는 가르침에 비추어 구세계를 바라보았다. 두 사람은 자신들이 걱정하고 있는 시나리오가 이미 미국에서 벌어지고 있다는 사실을 깨닫지 못했다. 아메리카 대륙에서 토질 저하가 한 사회의 붕괴에 이바지한 사례로서 가장 많이 연구된 사례가 바로 마야문명이다. 하지만 유일한 사례는 아니다. 마야 최초의 정착촌은 유카탄반도 저지대 밀림에서부터 시작하여 점점 복잡해지고 커져 갔다. 기원전 2세기 무렵, 티칼 같은 제의와 상업 중심지들이 통합되어 고도의 계급사회인 도시국가를 이루었다. 도시국가들은 공통의 언어와 문화, 건축을 지녔다. 마야 도시들은 규모가 수메르 도시국가들과 맞먹었다. 전성기 때 티칼은 3만에서 5만 명의 인구가 살았다.

메소아메리카 최초의 정착 사회는 기원전 2000년 무렵 옥수수를 재배하면서부터 지역의 패권을 잡아갔다. 그 뒤 천 년 동안 작은 마을들은 옥수수를 재배하면서 사냥과 채집을 보완했다. 사냥과 채집은 마을들 사이의 황무지에서 이루어졌다. 소규모로 숲을 벌목하여 만드는 농지는 날이 갈수록 넓어졌고 옥수수가 메소아메리카 식단에서 점차 중요한 요소가 되었다. 메소포타미아에서 그랬던 것처럼, 드문드문 흩어져 있던 정착촌들이 통합되어 제의 중심지이자 읍 단위로 변했다. 그리고 성직자, 장인, 잉여 식량의 재분배를 감독하는 행정가가 생겨났다.

초기에는 재배 종자가 된 옥수수의 생산성이 쉽게 채집할 수 있는 야생종과 비슷했다. 처음에는 사람 엄지만 한 작은 옥수수자루를 그냥 씹어 먹었다. 그러다가 다수확 품종들 덕분에 영구 정착촌이 발달하면서 사람들은 옥수수를 빻아서 가루를 내기 시작했다. 이 지역에서 사람들은 드문드문 흩어져 살다가 기원전 350년에서 기원후 250년 사이에 읍 단위들이 들어섰다. 그 무렵 마야 일부 지역은 이미 심각하게 침식되었지만 여러 지역에 걸쳐 가장 크게 침식이 일어난 것은 (그리고 흙을 보존하려는 노력의 증거가 나타나는 것은) 기원후 600~900년이다. 그 뒤로 유물이 눈에 띄게 줄어든 것은 마야 사회가 무너지고 밀림이 티칼과 다른 도시국가들을 점령하면서 인구가 급격하게 감소 또는 분산되었음을 드러내는 것으로 이해된다.

마야 인구는 기원전 600년에 20만 명이 못 되었으나 기원후 300년에는 100만 명이 넘었다. 500년 뒤 마야문명이 절정에 이르렀을 때 인구는 적어도 300만에서 어쩌면 600만까지 헤아릴 수 있었다. 그 뒤 200년 동안 인구가 줄어서 50만에도 미치지 못했다. 고고학자 존 스티븐스가 마야 도시 유적을 다시 발견했을 때는 밀림 변두리 지역만 빼고는 사람이 살았던 곳으로 보이지 않았다. 오늘날 인구밀도가 빠르게 늘고 있는 곳도 고대의 인구밀도보다 낮다. 도대체 무슨 일이 일어난 것일까?

마야 농업의 시작은 화전 농업 방식이었다. 밀림 일부분을 돌도끼로 쳐낸 뒤 불을 놓았다. 그리고 비가 내린 뒤에 옥수수와 콩을 심었다. 벌목한 숲이 불에 타서 생긴 재가 흙을 기름지게 함으로써 몇 해 동안 풍작이 이어졌다. 그 뒤 양분이 사라진 열대의 땅은 급속도로 비옥도가 떨어졌다. 개간한 땅에서 오랫동안 농사를 지으려면 땅을 묵혀서 밀림이 회복되어야 땅도 되살아났다. 경작지로 계속 이용하려면 우거진 밀림이 필요했던 것이다. 고대 그리스와 로마에서처럼, 우연의 일치인지는 몰라도 흙이 대규모로 침식된 첫 번째 증거는 선구적 농업과 함께 나타났다.

화전 농업이 이어지는 동안 인구밀도는 낮았고, 농부들이 몇 해마다 경작지를 옮겨갈 수 있을 만큼 땅이 넉넉했다. 큰 마야 도시들이 밀림에 들어섰을 때에도 사람들은 선조들이 했던 것처럼 여전히 숲을 개간했다. 하지만 경작지를 바꾸는 일에는 제동이 걸렸다. 유카탄반도의 열대 흙은 깊이가 얕고 쉽게 침식되었다. 경작이 이어지자, 벌목하고 불을 지른 직후에 나타나는 높은 생산성이 빠르게 사라졌다. 가축이 모자라서 흙을 되살릴 똥거름이 없었기 때문에 이 문제는 더 악화되었다. 그리스와 로마에서처럼, 식량 수요는 늘어 가고 생산성은 낮아지면서 경작이 불모지까지 파고들었다.

기원전 300년 이후로 지역의 인구는 꾸준히 늘어서 사람들은 물이 잘 빠지지 않는 골짜기 아래쪽과 침식되기 쉬운 얇은 흙층으로 덮인 석회암 비탈에서 경작을 시작했다. 습지에 흙을 쌓아 밭을 높이 만들고 배수로를 팠다. 배수로를 팔 때 나오는 흙을 배수로 사이에 쌓아서 작물을 심을 이랑을 돋우면, 이랑이 지하수면보다 위에 놓인다. 기원후 250년 무렵 일부 지역에서 대규모 계단식 경작이 시작되었고, 그 뒤 여섯 세기 반 동안 꾸준히 인구가 늘면서 계단식 경작이 지역 전체에 퍼져 나갔다. 많은 농부들이 언덕 중턱을 계단식으로 다듬어서 땅을 평평하게 만들고 작물을 심었다. 이 덕택에 땅 위를 흐르는 물의 속도가 느려지고 물이 밭으로 흘러들었다. 그러나 티칼과 코판 같은 주요 도시에서 흙을 지키기 위해 노력한 증거는 거의 없다. 침식 예방법이 있었더라도, 주변 지역의 비탈면에서 쓸려 내려온 흙은 물웅덩이에서 경작되는 습지 농업을 교란시켰다.

마야 중심부 호수들에서 채취한 침적토 코어는 농업의 발달로 흙의 침식이 증가했음을 알려 준다. 호수 바닥에 퇴적물이 쌓인 속도는 기원전 250년부터 기원후 9세기에 걸쳐서 눈에 띄게 빨라졌다. 흙의 침식이 반드시 마야 사회 붕괴의 원인이라고 할 수는 없겠지만 침식이 절정에 이른 직후인 900년에 마야문명은 무너지기 시작했다. 사회계급을 떠받치고 있던 잉여 식량이 사라진 때였다. 일부 마야 도시들은 반밖에 짓지 못한 건물들을 그대로 남겨둔 채로 버려졌다.

1990년대에 벨리즈 북서쪽 마야 유적지 부근에서, 바호스(bajos)라 불리는 작은 함몰지들을 연구하던 지리학자들은 습지대 경작지들이 주변 비탈의 산림 개간에 의해 침식된 흙으로 메워졌음을 알아냈다. 유카탄 남쪽은 함몰지투성이이다. 이 함몰지들이 마야문명의 전성기 때 대규모로 경작되던 천연 습지를 이루고 있었다. 웅덩이들은 퇴적된 흙이 마야 이전 시간까지 거슬러 올라감을 보여 주었다. 75~180센티미터 깊이의 흙은 주변의 산비탈에서 침식된 것인데, 침식의 에피소드는 두 가지로 나뉜다. 첫 번째 에피소드는 선구적인 농부들이 골짜기에서 주변의 언덕으로 퍼져 나가면서 산림을 개간한 때와 일치했다. 두 번째는 마야문명의 몰락 직전에 농업이 강화되던 시기에 일어났다. 마야문명이 사라지고 나서 경작지와 습지에 숲이 회복되면서 흙도 다시 만들어지기 시작했다.

연구자들은 마야 저지대의 비탈진 땅에서 대규모로 산림이 개간되면서 흙의 침식에 더욱 속도가 붙었다는 증거도 발견했다. 마야의 계단식 밭이 그대로 남아 있는 곳에서는 인근의 비탈면 경작지보다 세 곱절에서 네 곱절이나 많은 흙이 남아 있었던 것이다. 침식 예방법의 발달 덕택에 마야 중심부는 많은 인구를 먹일 수 있었지만, 침식되기 쉬운 비탈면과 퇴적되기 쉬운 습지의 집약적인 경작에 기대어 농업이 확대되었다.

천 년 동안 흙이 만들어진 뒤 오늘날 페텐의 산림 개간으로 그 침식의 사이클이 다시 시작되고 있다. 1980년대 초부터 땅이 없는 소작농들은 그 지역 숲의 많은 부분을 전통적인 마야 밀파(milpas, 소규모 경작지)로 바꾸어 놓았다. 1964년부터 1997년까지 인구가 스무 곱절 늘어나면서 울창한 숲이었던 지역에서 나무가 거의 사라졌다.

이곳 비탈면 대부분의 흙은 유기물 층 아래 얇은 무기질 흙층이 있고, 그 바로 밑이 살짝 풍화된 석회 기반암으로 이루어져 있었다. 한 연구에 따르면, 이곳에 마지막 원시림이 남아 있을 때 언덕의 흙은 깊이가 25~50센티미터였다. 하지만 오늘날의 경작지는 이미 8~18센티미터나 되는 겉흙을 잃었다. 이는 O층과 A층의 대부분에 해당한다. 일부 지역에서는 오늘날 비탈면의 개간과 경작에 뒤이어 빠른 속도로 침식이 일어나고 있고, 이 때문에 흙이 이미 사라져서 기반암이 드러났다. 또 다른 연구는 오늘날 벨리즈 중부에서 벌어지는 벌목이 흙의 침식에 어떤 영향을 끼치는지 조사했다. 이 연구에 따르면, 숲을 개간하여 옥수수와 카사바를 두세 해 기르고 난 뒤 한 해 동안 땅을 묵히는 방식으로 열 해 동안의 한 사이클 만에 겉흙이 3~10센티미터나 사라졌다고 한다. 밀파 사이클 네 번이면 흙이 완전히 사라지는 셈이다. 유카탄 북부에 특히 충격적인 사례가 있다. 아구아다 카톨리나라는 싱크홀(석회암 지방에서 기반암이 지하수에 녹아 움푹 팬 땅─옮긴이)을 둘러싼 고지의 지표면에서 다시 경작이 이루어진 지 열 해 만에 흙이 20센티미터나 사라져서 기반암이 드러난 것이다. 이와 비슷하게 페텐 지역 마야문명의 고대 침식을 조사하는 연구자들은 열 해만에 새로 개간된 비탈면에서 흙이 벗겨져서 기반암이 드러났음을 알아냈다.

마야의 농경 방식으로는, 중앙아메리카 밀림에서 흙이 만들어지는 속도가 침식 속도보다 훨씬 느리다. 이 지역의 석회 기반암이 1.5~13센티미터 정도 풍화되는 데는 천 년이 걸린다. 천 년 전에 버려진 마야 건축물은 평균 8센티미터 정도 깊이에 묻혀 있다. 이는 흙이 만들어지는 속도가 지질학적 침식 속도와 비슷하다는 걸 가리킨다. 두 속도는 모두 비탈면 경작지에서 침식되는 속도보다 백 곱절쯤 느리다.

마야 중심부가 흙이 토착 아메리카 문명에 영향을 준 유일한 곳은 아니다. 멕시코 중부의 흙은 가파른 비탈에서 흙이 심각하게 유실되어 농업을 무너뜨렸다는, 비슷한 얘기를 들려준다.

1940년대 후반에 UC 버클리 교수 셔번 쿡은 차를 타고 멕시코 중부의 고원을 둘러보았다. 그는 에스파냐에 정복되기 전에 가장 많은 인구가 살

왔던 곳의 땅이 상태가 가장 나쁘다고 결론지었다. 토양단면을 비교해 보니, 경작되지 않은 땅은 깊은 흙과 풀로 덮여 있고 비탈에는 풍화된 암석이 드러나 있었다. 그리고 골짜기를 메운, 유물이 많이 출토되는 깊은 흙은 인구밀도가 높은 지역의 특징으로서 이 흙은 지난날 언덕 비탈면의 흙이었다. 쿡은 침식이 일어난 시기가 두 차례였음을 드러내는 증거를 찾아냈다. 고대의 에피소드는 언덕에서 흙을 벗겨 냈고, 더 최근의 에피소드는 골짜기 밑에 깊은 협곡을 파 놓았다. "분명히 전체 지역은 지난날 개간되어 경작되었다가 버려졌고, 어린 숲이 되살아나자 그 일부가 또 다시 개간되었다."(Cook 1949, 42쪽) 쿡의 결론과 상관없이, 1950년대에 방사성탄소 연대 측정법이 개발될 때까지 이 사이클의 주기는 밝혀지지 않았다.

파츠쿠아로 호수는 미초아칸 주 멕시코시티의 동쪽에 있다. 호수에서 채취한 퇴적물 코어를 분석한 결과, 급속도로 흙이 침식된 시기가 세 차례 있었다는 증거가 드러났다. 첫 번째 시기는 옥수수 경작이 시작된 직후인 3천500년 전쯤 대규모로 땅이 개간된 때였다. 두 번째는 2천500~1천200년 전, 고전기 이전 시대의 후반기였다. 세 번째 시기는 에스파냐에게 정복되기 직전으로 침식이 최고조에 이르렀다. 당시 호수 주변에는 10만 명이 살았다. 쟁기가 도입되었는데도 흙의 침식 속도가 줄어들었다. 1521년에 코르테스가 도착한 뒤 질병이 돌아서 많은 지역 주민들이 죽었기 때문이다.

고대 그리스와 지중해 주변에서처럼 멕시코 중부 곳곳에서 흙의 침식 사이클은 저마다 시기가 달랐다. 따라서 그 원인을 기후 변화로 보기 힘들다. 예를 들어 멕시코 중부 고원의 푸에블라 · 틀락스칼라 지역에서 기원전 700년 무렵 비탈의 흙이 급격하게 침식된 것은 마을이 빠른 속도로 확장된 때와 일치한다. 기원후 100년 무렵은 흙이 만들어지고 문화가 침체된 시기였다. 그 뒤 다시금 침식 속도가 빨라지고 마을들이 급격하게 커지다가 에스파냐에 정복당했다. 지리고고학 연구는 고대 그리스가 그랬던 것처럼 위쪽에서 아래쪽으로 흙이 쓸려 내려간 탓에 이 지역 산비탈의 농경지가 버려졌음을 밝혀냈다.

마야 밀림의 바호스처럼 멕시코 중부 레르마 강 상류의 습지는 웅덩이 천지이다. 이곳 또한 기원전 1100년 무렵부터 주변 비탈에서 흙의 침식이 증가했음을 기록하고 있다. 기원후 600년 무렵의 고전기 말기와 고전기 이후 시대 초기에 마을들이 확장되면서 흙의 침식이 심해진 것이다. 먼 훗날 여행길에서, 셔번 쿡은 정복 이전 시대에 인구가 가장 밀집했던 지역의 토질이 가장 많이 고갈되었음을 깨달았다.

멕시코시티에서 남동쪽으로 160킬로미터 떨어져 있는 테우아칸 골짜기, 멕시코 '옥수수의 요람'이라는 곳의 흙 또한 콜럼버스 이전 시대에 대규모로 침식되었음을 증언한다. 1990년대 초에 메트존틀라 마을 주변에서 현장 조사가 이루어졌다. 그 결과 경작지였던 곳과 그렇지 않은 곳의 차이가 두드러졌다. 집약적으로 경작이 이루어진 언덕 중턱은 대규모로 침식되어 풍화된 암석 위로 얇은 흙층이 남아 있었다. 지표면에 노출된 채 남아 있는 밑흙은, 경작지에서 흙이 침식되었으며 오늘날의 흙은 부서진 암석이 얇은 덮개처럼 남아 있는 것일 뿐임을 증언한다. 한편, 지난날 경작의 증거를 거의 찾아볼 수 없는 지역은 풍화된 암석 위로 45센티미터 두께의 잘 만들어진 흙이 덮여 있었다. 오래 경작된 땅에서 경작되지 않은 땅으로 갔을 때 흙의 깊이가 이토록 달라졌다는 것은, 그 45센티미터 두께의 흙이 농지에서 사라진 흙임을 짐작하게 한다.

1천300~1천700년 전쯤에 농업은 늘어 가는 인구를 먹이기 위해 관개 농지에서 주변의 구릉 중턱으로 확대되었다. 이 때문에 흙의 침식이 확대되었고 이곳은 오늘날까지도 불모지로 남아 있다. 오늘날 산비탈 경작에서 거두는 수확은 이 작은 마을이 거두는 옥수수와 콩 가운데 4분의 1밖에 안 된다. 메트존틀라 주민들은 손으로 도자기를 빚거나 다른 마을에서 임금노동자로 일한다. 흙이 서서히 만들어지는 이 준건조지역에서 주민들에게 가장 중요한 환경문제는 집에서 때고 도자기를 구울 땔감을 구하는 일이다. 흙은 몹시 천천히 사라져서 사람들은 흙이 사라지고 있다는 사실조차 알지 못한다.

농업 때문에 흙이 침식되자 중앙아메리카 남쪽 지역은 버려졌다. 파나마 중부 라예구아다의 작은 호수 밑바닥에서 긴 코어를 채취했다. 코어의 꽃가루는 7천~4천 년 전에 열대우림이 베어지고 화전 농업이 이루어졌음을 알려 준다. 이 시기의 고고학 기록은 인구가 상당히 증가하는 시기에 집약적인 농업이 이루어지면서 호수 주변에서 숲이 사라졌음을 드러낸다. 기원전에서 기원후로 넘어갈 무렵 작은 언덕과 고지에서 침식이 가속화되면서 호수 주변의 농업도 쇠락했다. 숲이 되살아나는 데 시간이 오래 걸린 것은 흙이 고갈되었음을 뜻한다. 나중에 농경민들의 정착촌이 집중된 곳은 지난날에는 사람이 살지 않았던 충적평야와 해안의 골짜기였다. 기다란 퇴적물 코어의 가장 위층들은 원시 열대우림이 에스파냐 정복시대의 것임을 증명했다. 그리고 지역의 토착민 수는 다시 급격하게 줄어드는데 그것은 질병 때문이었다.

미국 남서쪽에 볼거리가 풍부한 메사베르데, 차코캐니언, 캐니언더셰이 유적들(모두 백인들이 발견하기 훨씬 전에 버려졌다)은 오래 전부터 고고학자들의 관심을 끌어왔다. 1250~1400년 무렵에 토착 푸에블로 문화가 남서쪽에서 사라졌다. 그 미스터리를 설명하는 데 전쟁, 질병, 가뭄, 산림개간이 용의자들로 지목됐다.

골짜기 아래쪽 퇴적물의 서로 다른 깊이에서 채취한 꽃가루들은 푸에블로 사람들이 나타나기 전까지 몇 천 해가 흐르는 동안 차코캐니언 식물 군락에는 거의 변화가 없었음을 알려 준다. 동굴 바닥에 결정체로 굳어져 있는 숲쥐 오줌 속에 보존된 식물 일부로써 토착 식생이 소나무와 향나무 숲이었음을 알 수 있다. 그리고 그 식생은 푸에블로 정착 시기에 눈에 띄게 변화했다. 차코캐니언 거주자들은 기원후 1000년부터 1200년까지 폰데로사 소나무를 수도 없이 베어서 건물을 지었다. 그보다 더 많은 나무들은 땔감으로 사용되었다. 오늘날 골짜기 아래쪽 평지 대부분의 식생은 사막 떨기나무와 풀이 뒤섞여 있는 정도이다. 하지만 골짜기 가까이 다가가면 지금은 나무가 거의 자라지 않는 곳에 남아 있는 오래된 그루터기를 볼 수 있다.

차코캐니언이 가뭄 때문에 버려졌다고 주장하는 이들이 많다. 가뭄 또한 푸에블로 문화의 쇠퇴에 영향을 주었을 테지만, 천 년 동안 이곳의 기후는 지난 6천 년 동안의 변동 범위를 벗어나지 않는다. 푸에블로 경작지에 소금이 쌓이고 흙이 침식되면서 이곳 농업의 수명이 단축되었을 가능성이 더 커 보인다. 인구가 늘면서 기초 자원을 얻기 위해 이웃 지역에 의존하게 되었기 때문이다. 이런 조건 때문에 가뭄이 닥쳐오자 농업이 파국을 맞았을 것이다.

재배종 옥수수가 차코캐니언에 들어온 것은 기원전 1500년 무렵이었다. 처음에는 간헐천이나 민물 습지에서 기르던 옥수수는 농업이 확대됨에 따라서 날이 갈수록 범람원의 물에 기댔다. 기원후 800~1000년 무렵, 남서쪽 전역에서 빗물을 이용할 수 있는 곳에서는 빗물에 기대어 농사를 지었다. 농촌 마을들은 몇 십 명이 사는 곳부터 주민이 몇 백 명에 이르는 곳까지 규모가 다양했다. 약탈은 식량 확보에서 늘 중요한 요소였다. 특히 가뭄 때는 더 그랬다.

첫 번째 정착지에서 몇 십 년을 살던 사람들은 새 땅으로 이주했다. 하지만 1150년 무렵이 되면 농사가 신통치 않다고 해서 이주해 가거나 농사를 지을 수 있는 새 경작지가 없었다. 몇 세기 앞서 구세계에서 그랬듯이, 마을들은 갈수록 한 곳에 정착했고 농업 기반 구조에 크게 투자한 결과 농부들은 몇 해 걸러 한 번씩 경작지를 묵히기가 힘들었다. 1130년 무렵부터 두 세기 동안 가뭄과 거센 비바람이 되풀이되었다. 경작할 수 있는 모든 땅에서 이미 농사를 짓고 있을 때였다. 불모지에서 소출이 나지 않자 사람들은 더 많이 모여 살게 되었고, 남은 농지는 그들을 먹여 살리지 못했다.

뉴멕시코와 페루의 고대 농경지 흙과 비농경지의 흙을 비교해 보면, 농경 방식이 꼭 사회의 밑바탕을 침식하는 건 아님을 알게 된다. 미국 남서부 선사시대 농경지의 전형인, 길라 국유림에 있는 유적지는 푸에블로 문화의 전성기인 1100년부터 1150년까지 경작되고 버려졌다. 푸에블로 문화 속에서 경작된 유적지의 흙은 빛깔이 밝고, 탄소와 질소, 인의 함유량이 이웃한 비경작지 흙의 3분의 1에서 절반 정도밖에 안 된다. 게다가 경작하는 동안 생긴 깊이 90센티미터가 넘는 골이 경작지에 파여 있었다. 오늘날에도 고대 농경지에는 풀만 자라나 있다. 경작이 멈춘 뒤 800년이 지났지만 토질이 낮아진 땅에서 토착 식생이 되살아날 수는 없다.

이와는 대조적으로, 오늘날 페루 콜카 골짜기의 농부들은 1천500년도 넘게 경작해 온 계단식 밭에서 여전히 농사를 짓는다. 선조들처럼 그들은 콩을 심고, 땅을 묵히고, 똥거름과 재를 주어서 흙을 기름지게 할 뿐 아니라 사이짓기와 돌려짓기로 비옥도를 유지한다. 그들에게는 그들만의 광범위한 토양 분류 체계가 있다. 그들은 작물을 심기 전에 땅을 갈지 않는다. 되도록 땅을 파헤치지 않으려고 끌처럼 생긴 연장으로 씨앗을 땅에 밀어 넣는다. 이렇게 오랫동안 경작되어 온 땅의 A층은, 이웃하고 있는 비경작지의 A층보다 일반적으로 30~120센티미터 정도 더 깊다. 페루의 경작지에는 지렁이들이 우글거리고 탄소와 질소, 인의 함유량이 여느 땅보다 높다. 뉴멕시코의 사례와는 반대로, 전통적인 방법에 따라 관리되어 온 페루의 흙은 1천500년도 넘게 사람들을 먹여 왔다.

푸에블로와 잉카가 흙을 다룬 방식의 차이는 더 넓은 이야기 속에서 한 장을 차지할 뿐이다. 농업이 등장함으로써, 쉼 없이 증가하는 수확량으로 늘어 가는 인구를 먹이는 방법을 알아내기 위한 끝없는 경주가 시작되었다. 여러 문명들은 흙의 생산성을 떨어뜨리지 않고도 살아가는 방법을 알기도 했고 모르기도 했다.

구세계와 신세계 고대 제국들이 주는 공통된 깨우침은, 생산성을 꾸준히 높이는 기름진 흙이 모자라다면 혁신적인 방법조차 어쩔 도리가 없다는 것이다. 사람들이 땅을 보호하는 한, 땅은 사람들을 지켜 준다. 반대로 땅의 기본적인 건강을 무시하면 문명들은 줄지어 점점 더 빠르게 사라진다. 침식과 토질 고갈의 가혹한 결과 때문에 메소포타미아, 그리스, 로마, 그 뒤에 여러 문명이 서구에서 나타났다 사라진 것처럼.

오늘날 세상을 먹여 살리려는 노력에는 문화혁명, 새로운 농업 기술 혁명, 또는 자급농에게 토지를 재분배하려는 정치 혁명에 대한 요구까지 포함된다. 몇 세기에 걸쳐서 농업이 쇠퇴한 뒤에, 기름지고 생기를 되찾은 서유럽 땅에서 산업혁명 이전 시기의 농업혁명이 어떻게 시작되었는지, 그래서 식민 강국을 만들어 내고 오늘날 글로벌 사회를 빚어 내는 사회·문화·정치적 힘들의 발판이 어떻게 마련되었는지에 관해서는 거의 알려진 게 없다.

식민지를 찾아서

새로운 게 아니라 잊고 있었던 거야.

— 마리 앙투아네트 —

과테말라는 세계에서 가장 좋은 커피를 길러 내지만 그곳 사람들은 과테말라에서 그 커피를 사먹을 수 없다. 관광객들도 못 사는 건 마찬가지다. 최근에 과테말라에 갔을 때 나는 멕시코 산 동결건조 네스카페를 마시며 잠을 털어 내야 했다. 하지만 시애틀에 있는 집에서는 두 블록만 가면 갓 볶은 과테말라 커피콩을 듬뿍 살 수 있다.

유럽이 세계 제국을 어떻게 일구어 갔는지는 잘 알려진 사실이다. 그러나 유럽 사람들이 흙을 다룬 방식 때문에 그들이 유럽을 떠나 신세계의 역사를 일구어 가게 되었다는 사실은 잘 알려져 있지 않다. 오늘날 더 잘 사는 해외시장에 지역의 생산물을 내다 파는 세계화된 농업은 과거 유럽 도시들을 먹이기 위해 세워진 식민지 플랜테이션의 유산이다.

많은 고대 농업 사회처럼 유럽 사람들은 흙의 비옥도가 낮아지고 새 땅을 구하기 어려워지자 흙을 되살리기 위해 노력하기 시작했다. 지중해에서는 봄과 여름에 내리는 집중호우가 헐벗은 땅의 침식을 자극했다. 이와 달리 서유럽에서는 온화한 여름비와 겨울과 봄철에 쌓인 눈이, 경작될 때 매우 침식되기 쉬운 황토를 어느 만큼 보호해 주었다. 더 나아가 흙의 관리에 눈뜬 서유럽 사람들은 오랫동안 토질 저하와 침식을 막아 식민 제국을 세웠고 새 땅을 찾아 착취했다.

서아시아에서 그리스, 발칸반도로 농사가 퍼져 나간 건 7천~8천 년 전이었다. 경작하기 쉬운 중부 유럽의 황토에 뿌리내린 뒤, 농업은 북쪽과 서쪽으로 꾸준히 퍼져 나가서 3천 년 전쯤에는 스칸디나비아에 이르렀다. 농업은 퍼져 나가면서 유럽 숲의 흙을 소모했고, 처음에는 신석기와 청동기 문명과 관련해서, 그 뒤로는 철기시대와 로마 문명, 그리고 가장 최근으로는 중세와 근대에 성장과 쇠퇴의 사이클을 기록했다. 근대 식민 제국들은 나날이 늘어 가는 유럽의 도시 인구를 먹이기 위해 흙을 침식하면서 생산물과 잉여를 모두 본국으로 보내기 시작했다. 유럽 도시 인구는 산업혁명으로 나타난 새로운 계급인 땅이 없는 소작농들이었다.

첫 번째 농업 사회가 불가리아 남쪽, 유럽의 문 앞에 나타난 건 기원전 5300년 무렵이었다. 처음에 농부들은 목재 구조물인 건물 몇 채를 둘러싼 작은 밭에서 밀과 보리를 길렀다. 2천 년 동안 농업은 불모지까지 확대되다가 지역의 농업 생산력이 모두 발휘되면서부터 흙을 소모하기 시작했다. 기후 변화의 증거는 보이지 않은 채 지역의 인구는 점점 늘다가 줄어들었는데, 그때는 농경 정착촌이 지역 전체에 자리 잡았을 때였다. 신석기시대 후기에 대규모로 흙이 침식되었다. 침식의 증거는, 농업이 골짜기 아래쪽 평지의 경작할 수 있는 땅뙈기들에서 시작되었고, 매우 침식되기 쉬운 가파른 비탈 숲의 흙까지 잠식해 나갔음을 드러낸다. 나중에 그 지역에는 주민이 몇 백 명에 이르는 작은 마을이 여기저기 들어섰다. 주민들은 마을에서 1.6킬로미터 이내에 있는 지역에서 농사를 지었다.

이 첫 번째 유럽 사회에서, 인구는 천천히 늘다가 급격하게 줄어들면서 500~1,000년 동안 마을에서 사람들이 사라졌다. 그 뒤 청동기시대 문화의 첫 번째 자취가 나타났다. 이런 양상이 바로 농업 발전의 기본 모형이다. 농업이 발전하면서 사람들을 먹이는 땅의 생산력도 커진다. 그 덕택에 인구가 점점 늘어서 쓸 수 있는 모든 땅에서 농사를 짓게 된다. 황폐해진 땅에서 흙이 침식되고 갑자기 인구가 줄어든 뒤에는 낮은 인구밀도가 유지되면서 흙이 되살아난다.

롤러코스터 같은 이 사이클은 여러 문화와 환경에서 나타나는 인구와 식량 생산의 관계를 보여 준다. 땅의 생산 능력은 한결같지 않으며 기술 수준과 흙의 상태가 모두 식량 생산에 영향을 미치기 때문이다. 농경 방식의 발전 덕에 더 적은 수의 농부가 더 많은 사람들을 먹일 수 있다. 하지만 땅이 얼마나 많은 이들을 먹일 수 있느냐는 결국 흙의 건강이 결정한다. 충적평야는 강이 주기적으로 범람할 때마다 꾸준히 양분을 얻는다. 하지만 대부분의 다른 땅에서는 땅을 기름지게 하려는 노력 없이는 꾸준히 많이 수확할 수 없다. 따라서 사회는 고지대 농업에 기대면서 동시에 평지 일부도 함께 경작한다. 경작지는 커지고 땅의 힘이 줄어드는 데 대응하는 새로운 방법들이 꾸준히 발전한다. 그렇지 않으면 토질이 낮아지면서 또는 흙 자체가 점점 사라져 농업이 쇠퇴한다.

농업이 북쪽과 서쪽으로 퍼져 나가면서 사람들은 유럽 고대의 숲을 처음으로 개간하여 만든 작은 경작지에서 한 번에 몇 해씩 농사를 지었다. 불에 타서 재가 된 숲은 새로 일군 밭에 거름이 되었다. 이 덕분에 초기 수확량은 그럭저럭 괜찮았지만 땅의 힘이 줄어들자 이주라는 어려운 결정을 해야 했다. 토질이 고갈된 밭을 버리자 묵은 밭에서는 먼저 풀이 돋아나고 그 뒤에는 딸기나무가 그리고 마침내 숲이 되살아나는 일이 거듭되었다. 몇 해 동안 경작되었다가 몇 십 년 동안 묵힌 땅은 점점 숲으로 변해 가면서 땅의 힘을 되찾았다. 그 덕분에 몇 십 년이 흐른 뒤에는 다시 숲을 개간하여 작물을 기를 수 있었다.

호수의 침전물과 범람원의 퇴적물, 그리고 흙은 후빙기 유럽 땅의 진화를 기록해 놓았다. 기원전 7000년에서 5500년까지는 인간이 개입했다는 증거가 없이 환경조건이 안정되었다. 호수 바닥에 보존된 꽃가루는 신석기 농부들이 울창한 숲을 베어 내면서 농업이 발칸반도에서부터 북쪽으로 퍼져 나갔음을 알려 준다. 기원전 5500년 무렵 중부 유럽의 토양단면과 퇴적물 코어에서 곡물의 꽃가루가 나타난다. 호수 침전물 코어는 중부 유럽의 땅에 사람이 상당한 충격을 주었음을 드러내는 첫 번째 명백한 증거이다. 다량의 숯과 늘어난 퇴적물(흙의 침식이 점점 더 빨라지고 있다는 증거)은 기원전 4300년 무렵 대규모로 숲이 개간되고 곡물이 재배되었음을 알려 주는 꽃가루 증거와 일치하는 것이다. 당시는 유럽에서 후빙기의 기온이 가장 높았을 때였다.

농부들이 정착했지만 유럽은 여전히 야생의 땅이었다. 사자와 하마들이 템스 강과 라인 강을 따라 살고 있었다. 사람들 무리가 저마다 유럽의 호수와 강, 해안을 돌아다니는 동안, 황토가 덮인 비탈을 고정시킨 커다란 참나무, 느릅나무, 너도밤나무 아래에서 기름진 흙이 두터워졌다.

독일 최초의 농부들은 라인 강과 다뉴브 강 사이에 찬바람이 부려 놓은 침적토 위에 생겨난 숲으로 모여들었다. 몇 세기 뒤에 두 번째 농부들이 북유럽을 지나서, 러시아에서부터 프랑스까지 길게 이어진 지역에 정착했다. 농부들은 곧 지역의 기름진 황토에서 밀, 보리, 콩, 렌즈콩을 길렀다. 황토지대를 벗어난 지역에서는 사냥과 채집이 활발하게 이루어졌다.

　신석기 농부들은 가축을 기르고 강가나 시냇가에 있는 밭 근처에 큰 공동주택을 짓고 살았다. 주변의 밭이 꾸준히 경작된 몇 십 년 동안 주택에는 늘 사람들이 거주했다. 개별 공동주택들이 통합되어 작은 마을을 이루기 시작했을 즈음, 경작은 황토지대를 넘어 퍼져 나갔다. 더 많은 땅이 개간되고 더 꾸준히 경작되었다. 기원전 3400년 무렵, 생존을 위한 사냥은 역사 속으로 사라졌다.

　독일의 흙은 구릉지 농업 때문에 흙이 침식된 시기가 있었음을 증언한다. 그 뒤에는 약 500년에서 천 년 동안 흙이 만들어졌다. 독일 남부 슈바르츠발트의 토양단면과 충적토 퇴적물은 인구 증가를 동반하는 급속한 침식 기간이 일곱 차례나 있음을 기록해 놓았다. 토양단면에 남아 있는 신석기시대의 기록은 기원전 4000년 무렵 농업이 도입된 뒤로 기원전 2000년 무렵 처음으로 대규모 침식이 일어나 흙이 상당히 사라졌음을 말해 준다. 천 년 동안 곡물 꽃가루가 줄어들고 흙이 만들어지는 동안 인구밀도는 낮았다. 그리고 기원후 1세기에 로마가 전성기를 맞았을 때 다시 침식이 일어났다. 농업이 쇠퇴하고 흙이 만들어지며 숲이 넓어지는 두 번째 사이클이 뒤이었고, 중세에 인구가 다시 늘면서 세 번째 사이클이 시작되었다.

　독일 남동쪽 신석기 유적지인 프라우엔베르크의 흙은 초기 청동기시대 농업으로 시작되는 토양단면이 거의 전체에서 침식을 기록해 놓았다. 이 유적지는 다뉴브 강의 굽이 안쪽 90미터가 넘는 언덕에 있다. 황토가 있고 주변 지역이 한눈에 보이는 이점 때문에 선사시대 농부들이 이곳에 왔을 것이다. 유적지 발굴 때 발견한 원시 흙은 정착 시기가 세 번 있었음을 증언한다. 청동기시대 농경, 로마의 요새, 그리고 중세 수도원이 그것이다. 흙층에서 채취한 숯의 방사성 탄소 연대 측정 결과, 빙하가 북쪽으로 물러난 뒤 흙이 만들어질 때는 침식이 거의 일어나지 않았다. 그러다가 청동기시대 농경으로 점토질 밑흙이 지표면에 노출되고 황토층 거의 전체가 침식되었다. 오늘날 유적지는 숲이 감싸고 있으며, 그곳의 농업 생산력은 여전히 제한적이다.

독일 곳곳의 유적지에서 흙, 범람원, 호수 침전물이 증언하는 내용은, 마지막 빙하기 이후로 땅에 가장 크게 영향을 미친 요소가 사람이라는 것이다. 침식과 사람의 정착은 함께 일어난 일이었고, 기후에서 비롯된 사건들처럼 국지적인 양상을 보이지 않는다. 고대 그리스와 지중해 주변에서 그랬던 것처럼, 중부 유럽에서 농경을 위한 개간과 침식, 그리고 인구 증가의 사이클 뒤에는 이주, 인구 감소, 흙의 생성이라는 사이클이 뒤따랐다.

라인 강을 따라서 800군데가 넘는 유적지에서 언덕의 침식된 흙을 조사해 보았다. 그 결과 로마 후기 농업이 토착 숲을 베어 낸 언덕에서 흙이 1미터 안팎 깊이까지 침식되었음이 드러났다. 기원후 600년 이후로 침식 속도는 숲이 개간되기 전보다 열 곱절로 빨라졌다. 헐벗은 경작지 위를 흘러가는 빗물이 흙을 벗겨 냈기 때문이다. 룩셈부르크에서도 비슷한 조사를 했다. 그 결과 사라진 흙의 깊이가 평균 60센티미터에 가깝고 90퍼센트가 넘는 땅에서 흙이 급속도로 유실된 것이었다. 중부 유럽의 언덕에 신석기 농경이 널리 자리 잡았지만, 오늘날 중부 유럽의 농경지 대부분은 골짜기 아래의 평지에 있다. 그 흙은 주변 언덕의 경작지에서 침식된 것이다.

프랑스 남부 신석기 정착촌은 거의 석회암 고원에 집중되어 있다. 이 고원은 오늘날 돌이 섞인 흙층이 얇게 깔려 있고 식물군락이 거의 없어

허옇게 맨살을 드러낸 비탈이다. 농부들이 정착했을 때 이 고지대는 두터운 갈색 흙으로 덮여 있었다. 이 흙은 골짜기 아래쪽의 점토질 흙보다 훨씬 경작하기 쉬웠다. 경작이 힘들어지고 배수 문제 따위가 있어 몽펠리에 주변의 석회암 고원은 오늘날 방목에 이용되고 있다. 기원전 600년에 그리스 이주자들이 도시 마르세유를 세우자마자 근처의 항구에 퇴적물이 쌓이기 시작했다. 새 도시 주변의 가파른 언덕이 개간되어 농지로 변한 뒤에 항구의 퇴적물은 서른 곱절로 불어났다.

영국에서는 로마가 침략하기 훨씬 전부터 숲이 개간되어 흙이 대규모로 침식되었다. 인구가 늘면서 숲을 개간하여 비탈에서 농사를 지었다. 로마 시대의 높은 인구밀도 탓에 흙이 더 많이 사라졌다. 쟁기가 발전하면서 더 많은 땅을 더 자주 갈게 된 것도 그 이유였다. 제국이 무너지자 인구가 급감했고 거의 천 년이 걸려서야 똑같은 수준으로 회복되었다.

리플브룩은 영국 저지대에 전형적인 세번 강의 작은 지류이다. 지류 옆 범람원의 퇴적물을 조사한 결과 청동기시대 후기부터 철기시대 초기에 퇴적 속도(결국 언덕의 침식)가 눈에 띄게 빨라졌다. 골짜기 아래쪽에서는 나무 꽃가루가 비교적 많이 채취되었다. 이는 2900~2500년 전까지 빽빽한 숲이었던 땅이 개간되어 집약적으로 경작되었음을 알려 준다. 범람원의 퇴적물이 다섯 곱절로 증가한 것은 언덕의 침식이 그만큼 심각해졌음을 증언한다.

잉글랜드와 웨일스에서 숲이 개간된 뒤 평균 8~15센티미터 깊이의 흙이 완전히 사라졌다. 일부 지역에서는 겉흙이 20센티미터나 없어졌다. 유실된 흙의 많은 부분이 청동기시대나 로마 시대에 사라진 것이지만, 일부 지역에서는 중세 이후에 상당히 많은 침식이 일어났다. 노팅엄셔의 이름난 셔우드 숲이 개간되어 농업에 이용된 뒤 200년 만에 원시 숲의 흙이 침식되어 암석 위에 얇게 덮인 갈색 모래층이 드러났다. 레바논의 고대 개잎갈나무 숲이 그랬듯이, 로빈 후드의 숲에는 이제 겉흙 대부분이 사라졌다.

국경을 넘으면 스코틀랜드이다. 애버딘 서쪽 작은 호수에서 채취한 침전물 코어의 방사성 탄소 연대 측정 결과 지난 1만 년 동안 주변의 언덕이 꾸준히 침식되었음을 알 수 있다. 후빙기에 떨기나무가 자라고 자작나무 숲이 우거졌던 5천 년 동안, 호수의 침전물 퇴적 속도와 그와 관련된 주변 비탈의 침식 속도는 느렸다. 농경이 시작된 뒤로 작물과 잡초의 꽃가루가 나타나고 이 시기에 침전물 퇴적 속도가 세 곱절로 빨라진다. 청동기와 철기시대 뒤로 거의 2천 년 동안 침식은 크게 줄어들고, 버려진 드넓은 땅에서 토착 식물이 다시 자라났다. 그러고는 근대에 와서 침식이 다시 빨라졌다.

스웨덴 남쪽 작은 호수에서도 비슷하게 코어를 채취했다. 그 또한 농경시대 이전에는 침식이 거의 없었지만 쟁기가 사용된 뒤로 침식이 빨라졌음을 드러낸다. 부셰시에 호수에서 채취한 코어는 기원전 7250년에서 기원전 750년까지 주변이 숲으로 뒤덮여 있다가 숲이 개간된 뒤로 침식이 더욱 빨라졌음을 알려 준다. 16세기부터 17세기에 집약적인 농업이 이루어지면서 침식은 더욱 심해졌다. 하브가르숀에서 채취한 코어에는 5천 년에 걸친 식생과 침식의 기록되어 있다. 호수 주변의 고고학 증거에는 청동기나 철기시대 유물이 없다. 호수 바닥의 퇴적물은 기원후 1100년 무렵 농경 정착촌이 들어선 뒤에 네 곱절에서 열 곱절까지 빠르게 쌓여 갔다. 스칸디나비아, 스코틀랜드, 아일랜드에서 빙하에 뒤덮였던 모든 지역에서 농부들이 생계를 이어가려면 시간이 필요했다. 얼음이 녹고 경작을 할 수 있는 흙이 만들어질 만큼 충분한 시간이.

간단히 말해서, 유럽 선사시대에 농경민들이 이주해 오고 흙의 침식이 빨라지고 인구밀도가 낮은 시기가 이어지다가 로마 시대나 근대를 맞이했다. 그리스와 로마에서처럼 중부 유럽과 서유럽의 이야기도 똑같다. 먼저 숲을 개간하고 농사를 시작하면서 큰 침식이 일어난 뒤 인구가 줄어들고 다시 땅이 되살아난다.

로마제국이 무너지고 문명의 중심이 북쪽으로 옮겨갔다. 디오클레티아누스는 수도 로마를 버리고 기원후 300년에 밀라노로 정부를 옮겨갔다. 테오도리크는 이탈리아 로마제국의 폐허에 고트왕국을 세우면서 북쪽의 베로나를 새 수도로 삼았다. 그래서 이탈리아 북부의 많은 경작지가 몇 세기 동안 묵혀졌다. 그리고 11세기에 벌어진 토지개간 운동에 따라 다시 경작지로 바뀌기 시작했다. 몇 세기에 걸친 개간 덕택에 북부 이탈리아에서 경작할 수 있는 대부분의 땅은 다시 농경지가 되었다. 이 농경지들이 번영하는 중세도시들을 뒷받침하여 문학과 예술의 르네상스가 활짝 피어나게 된다.

이탈리아 북부의 인구가 다시 늘어나면서 집약적인 토지 이용으로 강유역의 퇴적물도 늘었다. 레오나르도 다빈치가 여기에 관심을 갖고 로마식 치수와 홍수 조절 방법을 되살렸다. 언덕의 밭에서 이루어지는 집약적 농업이 알프스로 퍼져 나갔고, 로마식 땅 이용이 테베레 강에 가져온 것과 비슷한 결과가 포 강에도 나타났다. 다시 경작이 시작되고 여덟 세기가 지나자 이탈리아 북부의 흙은 힘을 잃었다. 무솔리니 파시스트 정권은 1930년대에 흙의 보존에 5조 달러를 썼다.

로마는 곡물의 대부분을 북아프리카와 이집트, 서아시아에서 수입했기 때문에, 갈리아(프랑스 지역)의 포 강, 영국, 그리고 독일 속주들의 흙에는 훨씬 적게 기댔다. 서유럽 속주들에서 로마의 농업은 주로 강 유역에 한

정되었다. 청동기시대에 경작되었던 언덕 대부분이 중세까지 숲으로 뒤덮여 있었기 때문이다. 몇 세기 뒤에 로마제국의 폐허에 세워진 서유럽 문명을 이 북부 속주들이 길러 낸 건 우연의 일치가 아니다.

제국이 무너진 뒤 알프스 북쪽과 서쪽의 많은 로마 경작지는 다시 숲이나 풀밭으로 바뀌었다. 11세기에 농부들이 경작한 땅은 잉글랜드 땅 가운데 5분의 1도 안 된다. 목초지의 반과 경작지의 반을 한 해 걸러 한 번씩 묵혔기 때문에, 해마다 경작되는 땅도 전체 땅에서 5퍼센트 정도에 지나지 않았다. 중세 들어 독일, 네덜란드, 벨기에에서 경작된 땅은 10퍼센트도 안 된다. 인구가 가장 밀집했던 곳인 프랑스 남쪽에서조차 해마다 경작된 땅은 15퍼센트 정도였다.

중세 초기에 읍 단위는 마을 사람 모두가 공동으로 점유하는 특정 지역의 땅을 관리했다. 집집마다 일정한 몫의 땅을 받아서 계절마다 농사를 지었고, 그 뒤에 밭은 다시 공동으로 사용되었다. 흔히 밀을 심은 뒤에 콩을 심고 그 다음에는 밭을 묵혔다. 수확한 뒤에는 소들이 밭을 차지하여 남은 그루터기를 고기와 젖, 똥거름으로 바꾸었다.

컬럼비아대학 교수 블라디미르 심코비치는 이 중세 마을 공동체 구조가 토질이 저하된 땅에서 짓는 농사에 적응한 형태라고 보았다. 그는 유럽 전역의 옛 마을들이 대개 이와 비슷한 방식으로 땅을 이용하고 소유했다고 말한다. 이 마을들에서는 소작농들이 점유한 땅은 울타리를 둘러친 개인 소유가 아니었다. 헛간, 마구간, 채소밭은 농가 가까이에 있고, 경작지는 부분으로 나뉘어져 저마다 농부들이 점유했다. 농부들은 공동으로 관리하는 세 군데 경작지에서 열 곳이 넘는 땅뙈기를 점유할 수 있었다. 그리고 밀이나 호밀을 거둔 뒤, 귀리, 보리, 콩을 거두고, 마지막으로 묵히면서 풀이 자라게 놔두었다.

심코비치는 농부가 돌려짓기나 자기 밭(밭이 서로 아주 멀리 떨어져 있는 경우도 있다)에서 이용되는 경작 방식에 발언권이 없는 불편한 제도가 대륙 전역에서 받아들여진 데에는 충분한 까닭이 있다고 주장했다. 그는 그런 제도가 그저 로마 지주들로부터 전해진 것이라거나 봉건제도가 강요한 것이라고는 생각하지 않는다. 심코비치는 농부 개인이 자기 경작지의 비옥도를 유지하는 데 필요한 소 떼까지 키우기는 힘들지만 마을 소유의 가축으로 공유지를 공동으로 기름지게 함으로써 토질 저하를 늦출 수 있었다는 가설을 세웠다. 심코비치는 토질이 이미 낮아진 상태의 땅이 협력을 생존 방식으로 만든 것이라고 믿었다. 이는 '공유 자원의 비극'(공동으로 소유하고 있는 자원은 아무도 책임지지 않고 효율적으로 관리되지 못하여 고갈되기 쉽다는 뜻ㅡ옮긴이)과는 반대되는 사고방식이다. 공동 경작이 무엇보다도 토질 저하를 불러왔을 거라고 짐작하기 쉽기 때문이다.

심코비치는 고대사회가 흙을 보존하지 못해서 스스로 무너진 거라고 주장했다. "소아시아, 북아프리카, 또는 다른 어떤 곳이든 영화로웠던 고대 문명의 유적지에 한번 가 보라. 사람이 살지 않는 골짜기를 보고, 땅에 묻힌 죽은 도시들을 보라. …… 그것은 어마어마한 규모로 버려진 농장의 이야기일 뿐이다. 쉼 없는 경작으로 부식토가 사라지자 땅은 더 이상 노동에 보답하지 못하고 삶을 뒷받침하지 못했다. 그러자 사람들은 땅을 버렸다."(Simkhovitch 1913, 400쪽) 자주개자리와 토끼풀이 유럽 농업에 들어오면서 흙이 다시 비옥해졌다고 심코비치는 말했다. 16세기와 17세기 이전에는 건초용 밭이 없었다는 데 주목하여, 그는 공동 경작지를 개인에게 나누어 줌으로써 충분한 땅이 소와 양을 기를 수 있는 풀밭으로 변한 것이라고 보았다. 그리고 소와 양이 땅에 똥거름을 보태어 수확량이 늘어났다는 것이다.

그림 9 16세기 초 중세 영국의 시 〈농사가 잘 되길 빌며〉 필사본의 장식 그림(대영박물관).

　중세 농업의 수확량이 낮았던 이유는, 흙의 비옥도를 유지하려면 밭에 똥거름을 주어야 하는데 그럴 수 있는 초지가 충분하지 않았다고 설명하는 것이 일반적이었다. 역사학자들은 흙의 비옥도를 유지하는 데 발휘하는 똥거름의 값어치를 알지 못한 탓이라고 최근까지도 생각했다. 그러나 중세 농부들은 땅을 초지로 만들면 흙의 비옥도를 되살릴 수 있다는 걸 알고 있었던 것 같다. 그러나 참을성도 모자라고 필요한 만큼의 투자를 한다는 것이 경제 사정 때문에 힘들었을 것이다. 늘 중요한 관심은 그해 수확량을 최대화하는 것이었다.

　후기 로마의 농경 방식 탓에 몇 세기 동안 수확량이 보잘 것 없었다. 그 뒤 중세시대에 좋은 날씨가 이어지면서 수확량이 늘자 인구도 갑자기 늘어났다. 인구가 늘자 남아 있던 유럽 숲의 개간에 다시 불이 붙었다. 무거운 새 쟁기 덕택에 농부들은 뿌리들이 얽혀 있는 저지대와 강 유역의 조밀한 점토를 갈 수 있었다. 11세기부터 13세기까지 경작지는 서유럽 전역에서 곱절이 넘게 늘었다. 농업의 확산으로 빠르게 성장한 읍 단위와 도시는 날이 갈수록 봉건적 사유지와 수도원을 대신하며 서구 문명의 기초가 되었다. 1200년 무렵에 유럽에서 가장 좋은 흙은 이미 숲에서 사라졌다. 13세기 말에 새 마을들은 양분이 적고 가파른 지역의 불모지를 경작하기 시작했다. 경작지 면적이 늘어난 덕분에 인구는 꾸준히 늘어났다. 두 세기 동안 곱절로 늘어난 유럽 인구는 1300년 무렵 8천만 명에 이르렀다.

대부분의 땅이 개간된 곳, 특히 벨기에와 네덜란드의 기름진 저지대와 그 부근에서 강력한 도시국가들이 자라났다. 14세기 중반 무렵 농부들은 서유럽 황토의 대부분을 갈아서 싹트고 있는 사회와 그 새로운 중간계급을 먹여 살렸다. 일찍부터 막강한 이웃나라에 둘러싸인 플랑드르와 네덜란드 농부들은 돌려짓기 방식으로 농사를 지었고 오늘날에도 비슷한 방법으로 경작하고 있다.

1315~1317년에 유럽에서는 재앙에 가까운 기근이 일어났다. 이는 인구가 농업 시스템으로 뒷받침할 수 있는 한계에 가까워졌을 때 악천후가 미치는 영향을 극적으로 보여 주는 본보기이다. 1315년에는 사시사철 비가 내렸다. 물이 고인 경작지는 봄에 뿌린 씨앗을 싹틔우지 못했다. 수확량은 여느 때의 절반까지 떨어졌고, 건초로 쓸 풀은 거의 자라지도 못한 채 젖은 채로 베어져서 헛간에서 썩어 갔다. 이듬해인 1316년 초에는 어딜 가나 먹을 것이 없어 사람들은 그 이듬해에 심을 작물 씨앗까지 먹었다. 여름 내내 비가 내렸고 작물은 또 다시 잘 자라지 못했다. 밀 값이 세 곱절로 뛰었다. 가난한 이들은 먹을거리를 살 수 없었고, 돈이 있는 이들은 물론 왕조차도 사고 싶다고 늘 살 수 있는 게 아니었다. 굶주린 소작농 무리가 도적으로 변했다. 기근이 심한 지역에서는 일부 사람 고기까지 먹었다는 이야기가 있다.

영양실조와 굶주림이 서유럽을 휩쓸기 시작했다. 잉글랜드와 웨일스는 노르만 침략 뒤에 조금씩 그러나 꾸준히 성장하다가 1348년에 흑사병을 맞았다. 때마침 큰 기근들이 희생자 수를 더했다. 1300년대 초반 400만 명이던 잉글랜드와 웨일스의 인구는 1400년대 초에 200만 명 정도로 줄었다. 유럽 인구는 4분의 1이 줄었다.

흑사병 탓에 시골 인구가 줄어든 뒤로 지주들은 소작농을 구하기 위해 경쟁을 벌였다. 소작농이 농사짓는 땅에 대해 종신 또는 세습할 수 있는 권리를 보장하고 받는 임대료도 별로 높지 않았다. 16세기 초반에 인구가 다시 늘자 농업은 다시 고개를 들어 땅을 경작지로 채워 갔다. 임대해 준 땅에서 임대료를 올려 받을 수 있겠다고 판단한 지주들은 앞서 공동으로 방목했던 땅을 1500년대 말부터 울타리로 둘러막기 시작했다. 이미 땅이 바닥난 데다 막강한 이웃나라로 둘러싸여 있던 네덜란드는 해외에서 땅을 차지하려는 야욕을 품고 출정했다.

존 피츠허버트가 1523년에 저술한 《통람》(Book of Surveying)은 영국에서 발간된 최초의 농서이다. 이 책은 경작지와 초지를 공동으로 이용했던 방식에서 벗어나 개인 농가 바로 옆에 단일한 사유지를 두는 방식으로 읍 단위의 가치를 높일 수 있다고 보았다. 공유지를 재편성해서 농부 한 사람마다 3에이커의 땅과 암소 한 마리를 나누어 준다는 이 발상은 그 뒤 몇 세기에 걸쳐 점점 진화하여 영국의 시골을 대농장으로 바꾸어 놓기에 이르렀다. 대농장은 돈벌이를 위해 작게 쪼개어 소작농들에게 임대할 수 있었다. 땅에서 일하는 소작농들만 빼고, 대부분의 사람들은 공유지의 사유화가 아무에게도 해를 끼치지 않고, 농업 생산이 증가하여 모두에게 이로움을 줄 거라고 생각했다.

격동의 16세기와 17세기에 헨리 8세의 가톨릭교회와의 대립, 왕위계승 전쟁들, 청교도혁명을 거치면서 영국의 농지 가운데 주인이 바뀌는 경우가 많았다. 땅의 소유권이 불안해지자 토질을 개선하려는 목적의 투자도 줄어들었다. 17세기 후반에 영국이 플랑드르의 농지 임대 방식을 받아들여야 한다고 주장하는 이들이 나타났다. 지주와 소작농이 저마다 두 사람씩 공평한 이들을 뽑고, 임대계약이 끝났을 때 토질이 개선되었다는데 이 네 사람이 동의하면 지주가 일정 금액을 소작농에게 지불하는 방식이다.

중세의 따뜻한 날씨에서 소빙하기(1430~1850년)로 유럽 기후가 바뀌었다. 추위가 길어지자 생육 기간이 짧아지고 수확량이 줄어들었으며 경작할 수 있는 땅도 적어졌다. 사시사철 벼랑 끝에 내몰린 듯 살아가는 하층민들은 흉작 뒤에 찾아오는 심각한 식량 부족을 견디기 힘들었다. 정부는 빵 값을 주시하면서 사회불안 가능성을 측정했다.

영세농민들이 겪는 불안과 식량 부족이 도화선이 되어 끓어오른 토지개혁에 대한 열망은 종교개혁의 불을 댕겼다. 교회가 소유한 땅은 몇 세기에 걸쳐 점점 불어나 수도사들이 개간할 수 있는 경작지 크기를 훨씬 넘어섰다. 신도들이 증여한 땅을 교회가 거의 양도하지 않았기 때문이다. 주교와 대수도원장들은 가난하고 땅에 굶주린 소작농들에게 '하느님의 땅'을 임대했다. 15세기 무렵 어떤 지역에서는 전체 땅 가운데 5분의 4가 교회 소유였고 교회는 귀족 대신 유럽 최대의 지주가 되었다. 교회의 땅을 손에 넣고자 하는 군주와 그 동맹군들은 소작농들에게 널리 퍼진 불만을 이용했다. 종교개혁이 널리 지지를 받은 바탕에는 종교 자유에 대한 바람만큼이나 땅을 차지하려는 욕망이 놓여 있었다.

수확에 대한 요구가 거세지면서 초지는 점점 줄어들었다. 그러자 겨우내 가축을 먹일 꼴이 모자라고 똥거름이 나오지 않아서 흙의 비옥도를 유지할 수 없었다. 인구가 꾸준히 늘자 집약적으로 경작되는 땅은 생산 능력을 빠른 속도로 잃어버렸고 더욱 황폐한 땅에 작물을 심어야 했다. 경작할 수 있는 빈 땅이 모자라자 돌려짓기, 똥거름과 두엄 주기 같은 로마 농경 방식을 되살릴 필요성이 생겨났다.

자연계에 대한 관심도 되살아나서 갖가지 농업적인 실험이 이루어졌다. 16세기에 프랑스의 도예가 베르나르 팔리시는, 식물은 땅에서 양분을 빨아들이고 그 양분은 새 식물의 성장을 돕는 데 다시 사용될 수 있으므로 식물의 재가 좋은 거름이라고 주장했다. 1600년대 초에 벨기에 철학자 얀 밥티스타 반 헬몬트는 식물이 흙, 공기, 불 또는 물로 만들어진 것이냐 아니냐에 대한 의문을 풀고자 했다. 그는 흙 90킬로그램에 묘목을 한 그루 심고 흙이 더 들어가지 않게 막은 다음 다섯 해 동안 물만 주어 길렀다. 나무가 80킬로그램 무게가 되도록 자랐을 때 줄어든 흙은 60그램 정도로 처음과 거의 차이가 없었다. 반 헬몬트는 나무는 물을 먹고 자란다고 결론지었다. 나무를 기르는 동안 그가 준 것은 물뿐이었기 때문이다. 사라진 흙의 양은 나무의 무게에 견주어 굉장히 적었기 때문에 그는 흙이 나무의 성장에 이바지하는 능력을 알아채지 못했다. 나는 반 헬몬트가 공기를 나무의 성장에 이바지하는 중요한 요소로 진지하게 고찰했다고 생각하지 않는다. 몇 세기가 더 지난 뒤에야 사람들은 이산화탄소를 발견하고 광합성을 이해했다.

땅이 모두 경작지로 바뀌고 17세기가 되면서 영농 '개혁가'들이 나왔다. 네덜란드의 낮은 언덕과 골짜기 아래쪽 대부분은 석영질의 모래땅으로 농업에 알맞지 않다. 그 척박한 땅에서 늘어나는 인구를 감당하기 위해 네덜란드 사람들은 똥거름, 낙엽을 비롯한 유기물 거름을 섞어서 흙에 주기 시작했다. 침식이 크게 문제되지 않는 비교적 평평한 땅을 경작하면서 검은 유기질 흙을 꾸준히 만들어 간 끝에 흙의 깊이가 90센티미터에 이르렀다. 땅이 모자랐기에 흙을 만든 것이다. 네덜란드 사람들이 그랬듯이 덴마크 사람들도 모래흙을 기름지게 만듦으로써 곱절이 넘게 수확을 했다. 그들은 콩류와 똥거름을 이용해서 돌려짓기를 했다. 다시 말해서 로마 농업의 주요 요소를 받아들인 것이다.

토질 개선 방법은 인구가 늘어서 수확량을 증가시킬 혁신적 방법이 필요했던 잉글랜드로 전해졌다. 17세기 농학자들은 사료작물의 범위를 넓히고 더 정교한 방식의 돌려짓기를 개발했다. 콩류를 심어서 흙의 비옥도를 높이는 데 이용하고 땅에 더 많은 똥거름을 주었다. 또한 피복작물이자 겨울철 사료로 토끼풀과 순무를 심는 플랑드르 방식을 받아들여 면적 대비 가축의 비율을 높이자 똥거름을 더 많이 얻을 수 있었다. 개혁가들이 토끼풀을 심어 경작지의 힘을 되살리자 수확량이 다시 늘어났다. 토끼풀은 질소를 고정하는 뿌리혹박테리아가 그 뿌리에서 활동하게 함으로써 흙 속에 질소를 증가시키고 또 소의 먹이가 되어서 똥거름을 만들어 냈다.

추운 겨울과 습한 여름이 이어지고 생육 기간이 더 짧아졌지만, 1550년부터 1700년까지 영국 농업은 에이커당 수확량이 늘어났다. 그것은 이른바 '자영농의 농업혁명' 덕택이었다. 17세기 초에 영국 농지의 3분의 1에서 절반은 독립 자영농(요먼)의 소유였다. 독립 자영농은 작은 땅을 소유한 농민과 장기 임대한 농민을 일컫는다. 1600년대 초에 땅을 기름지게 하는 데 정성을 기울인 농민들은 석회, 똥, 그리고 손에 넣을 수 있는 거의 모든 유기물 거름을 밭에 주었다. 또 곡물 경작지와 목초지를 구별해 놓던 관행에서 벗어나 서너 해 동안 경작한 뒤에는 너덧 해 동안 초지로 두었다가 다시 경작지로 바꾸어 농사를 짓기 시작했다. 이 새로운 '곡초식'(穀草式) 농업 덕택에 수확량이 크게 늘었고 이전에 공동 소유였던 초지를 경작지로 바꾸게 되었다.

새로운 방식으로 토질을 개선하려는 이들은 습지에서 물을 빼고 농사를 짓는 방법도 개발했다. 그들은 쟁기를 이렇게 저렇게 설계해 보고 흙의 비옥도를 개선하는 여러 방법을 실험했다. 상류계급 지주들은 겨우내 소에게 먹이고 똥거름을 충분히 얻을 수 있는 초지의 사유화와 사료작물(특히 순무)의 재배를 지지했다. 농업 개혁가들은 오늘날 '공유 자원의 비극'이라고 알려져 있는 개념, 다시 말해서 땅을 공동으로 이용하면 토질이 저하된다는 전제를 받아들였다. 그리고 공유지를 대농장으로 통합시키는 사유화(enclosing)가 농업 생산물을 증가시키는 데 꼭 필요하다고 주장했다. 지주와 변호사로 이루어진 의회는 몇 세기 동안 공동으로 경작되던 경작지를 사유화하는 법안을 통과시켰다. 인클로저는 수확량을 증가시키고 대지주에게 어마어마한 부를 안겨 주었다. 그러나 울타리 밖으로 쫓겨난 소작농은 빵과 감자를 주식으로 삼아야 했다. 과거에 그 부모들은 자신들이 땀 흘려 기른 고기와 치즈, 채소를 먹었지만.

흙의 관리가 생산적이고 벌이가 되는 농사의 열쇠로 보이기 시작했다. 저버스 마컴은 라틴어가 아니라 영어로 쓴 최초의 농업 저술가 가운데 한 사람이다. 그는 흙이 점토, 모래, 자갈의 다양한 혼합물이라고 설명했다. 그리고 좋은 흙을 만드는 것은 지역의 기후, 흙의 특성과 조건, 지역의 식물(작물)에 달려 있다고 했다. "점토, 모래, 자갈이 그저 섞여 있으면 좋을 수도 있고 수확량 증가에 적합할 수도 있지만, …… 아무것도 기르지 못할 수도 있다." 흙을 알아야 무엇이 가장 잘 자랄 것인지 알 수 있고 농장의 생산성을 유지할 수 있다. "따라서 자연과 땅의 조건을 잘 알아야 …… 잡초를 뽑고 정돈할 뿐 아니라 …… 더 좋은 땅으로 되살릴 수 있다."(Markham 1631, 1, 3쪽)

잉글랜드의 농장을 개선하는 단계를 설명하면서, 마컴은 땅에 알맞은 형태의 쟁기를 사용하라고 권했다. 그는 태우고 부순 석회와 강모래를 섞어 밭에 주고, 생기는 똥거름 가운데 가장 좋은 것을 땅에 보태라고 했다. 황소, 암소, 또는 말의 똥이 좋은 똥거름이라고 권장했다. 못 쓰게 된 땅을 기름지게 하는 과정을 설명하면서, 마컴은 같은 밭에서 두 해 동안 밀이나 호밀을 기르고 한 해 동안은 양이 풀을 뜯게 하면서 똥거름을 주는 방법을 권했다. 양이 풀을 뜯은 뒤에는 몇 해 동안 보리를 기른 뒤 일곱 번째 해에 완두나 콩을 심는다. 그 다음에는 몇 해 더 초지로 묵힌다. 이 사이클이 지나면 땅은 훨씬 힘이 생겨 곡물을 기를 수 있다는 것이다. 흙의 비옥도를 유지하는 열쇠는 같은 땅에서 축산과 경작을 번갈아하는 일이었다.

그보다 관심은 덜 받았지만 흙의 침식 자체를 막는 것도 그만큼 중요했다. 마컴은 물이 고였다가 골을 내면서 흐르지 않도록 세심하게 경작하라고 했다. 좋은 흙은 좋은 농장의 열쇠이고, 잉글랜드의 완만한 언덕에서도 농장의 흙을 보존하려면 특별히 관심을 기울여야 했다.

거의 반세기 뒤인 1675년 4월 29일, 존 이블린은 '자연 지식 향상을 위한 영국왕립학회'에 〈땅과 부식토, 흙에 관하여〉라는 논문을 제출했다. 그는 학회 권위자들에게 어울리지 않는 주제로 여겨질까 걱정스럽다고 말하면서, 학자들에게 천체의 근원을 탐구하는 데에서 내려와 두 발 밑의 땅에 관심을 기울여 달라고 부탁했다. 그리고 흙이 어떻게 만들어지는지, 그리고 나라의 장기적인 번영이 어째서 왕국의 흙을 개선하는 일에 달려 있는지 고민해 달라고 탄원했다.

이블린은 겉흙과 밑흙이라는 서로 구별되는 흙층이 그 아래 암석에서 생겨나는 것이라고 설명했다. "가장 이로운 종류의 부식토나 흙은 지표면에서 볼 수 있는데 …… 천연 상태에 있는 (내가 표현하는 방식대로라면)

풀 밑의 흙이다. 그리고 나머지가 일반적으로 그 밑으로 층층이 또는 켜켜이 형성되어 있고, 더 밑으로 내려가면 더는 뚫고 들어갈 수 없는 불모의 암석에 이르게 된다." 여덟아홉 가지의 기본 종류의 흙 가운데, 가장 좋은 흙은 무기질 흙이 식물군락과 섞여 있는 기름진 겉흙이었다.

첫 번째로 설명하려고 하는 것은 풀을 걷어 냈을 때 일반적으로 가장 먼저 그 모습을 드러내는 것이다. 그것은 한 번도 삽으로 파헤쳐지지 않았고 또는 어떤 바깥의 것과 섞인 적이 없기 때문에 우리가 처녀지라고 부른다. …… 우리 경작지에서 살펴보면 그것은 깊이가 한 30센티미터 되고, 그 밑으로 빛깔이나 질감이 뚜렷하게 다른 층에 이르게 된다. 이 지표면의 부식토가 가장 기름지고 농사에 가장 알맞다. 거기에는 공기, 이슬, 빗물, 하늘이 줄 수 있는 모든 것이 풍부하게 들어 있기 때문이다.

이상적인 겉흙은 "땅에서 자라나는 …… 풀, 식물, 낙엽, 나뭇가지, [그리고] 이끼가 쉼 없이 계속 썩으면서"(Evelyn 1679, 288-89, 295쪽) 생겨난 유기물질과 무기물질이 많이 섞인 것이다.

로마 농학자들의 저술로 청중들의 호기심을 불러일으키면서 존 이블린은 똥거름, 피복작물, 돌려짓기로 흙을 기름지게 하는 방법을 설명했다. 로마 사람들처럼 그는 냄새, 맛(단맛과 쓴맛), 질감(매끄러움과 거칠거칠함), 그리고 육안(빛깔)으로 흙을 평가했다. 그리고 여러 똥거름과 그것이 흙의 비옥도에 미치는 영향, 그리고 토질을 개선하는 데 콩류의 재배가 가져다주는 이점들을 설명했다.

크세노폰처럼 이블린은 흙을 아는 것은 무엇을 심어야 할지 아는 것이라고 말했다. 어떤 땅에서 자연 그대로 자라난 것을 관찰해 보면 무엇이 가장 잘 자랄 것인지 알 수 있다는 말이다. "우리가 아는 식물은 그것을 길러 낸 흙의 성질과 닮은 비슷한 것들을 양분으로 삼고 자란다. 그러므로 땅과 거름의 기본 지식을 배우고 이해하는 것은 매우 중요하다." 위에서 공급되는 유기물질이 아래에서 풍화되는 암석과 섞이면서 흙이 두터워지는 것이기 때문에 많은 수확량을 유지하려면 유기질 겉흙을 유지해서 작물에 이상적인 땅을 만들어야 한다. 무기질 밑흙은 생산성이 낮지만 이블린은 심하게 고갈된 땅도 질산염이 되살릴 수 있다고 믿었다. "나는 질산칼륨이 …… 구하기 쉬워서, 우리가 땅을 되살리는 데 다른 거름은 거의 필요없다고 굳게 믿는다."(Evelyn 1679, 298, 315쪽) 이블린은 농업 생산량을 뒷받침하고 눈에 띄게 증가시키는 화학비료의 가치를 그의 시대보다 훨씬 앞서서 알아보았던 것이다.

18세기 초에는 오로지 사적 소유 제도 아래서 충분한 초지를 사유화하는 것만이 토질을 개선하는 길로 보였다. 초지가 충분해야 경작지에 거름을 줄 수 있는 가축을 키울 수 있기 때문이다. 한 집안의 소가 공유지에 똥거름을 주게 내버려 두는 일은 사라졌다. 똥거름을 쓸 수 있으려면 생산적인 농지가 일정한 규모가 되어야 했다. 너무 작은 농지는 쉼 없이 농사를 지어야 하므로 흙의 비옥도를 떨어뜨리는 지름길이었다. 지나치게 큰 농지는 그 자체로 흙을 침식하는 것이지만 당대에는 뚜렷하게 드러나지 않았다. 그런 면에서 로마의 경험은 이미 오래 전에 잊혀졌다. 개인 농부에게 인클로저는 흙의 비옥도를 높이기 위해 땅에 똥거름을 주어서 투자한 것에 대한 수익을 보장하는 길로 보였다.

농업 저술가들은 수확량을 많이 내는 열쇠가, 필요한 만큼 언제든 쓸 수 있도록 똥거름을 보유하고 있는 것이라고 했다. 다시 말해 농장마다 또는 시대의 변화에 따른다면 대농장마다 초지와 경작지의 비율을 올바르게 유지해야 한다는 것이다. "경작지는 초지에서 모아 오는 똥거름의 양에 비례해야 한다. 알맞은 양의 똥거름은 경작할 수 있는 땅에 큰 이로움을 주기 때문이다."(Mortimer 1708, 12쪽) 농업 생산성을 높이는 열쇠는 축산과 곡물 생산을 비슷한 수준으로 하면서 똥거름을 밭에 주는 것으로 여겨졌다.

그러나 모든 땅이 똑같지는 않았다. 토질 개선 방법은 흙의 본성에 맞아야 했다. 영국의 농지는 범람하는 물이 닿지 못하는 고지대, 강 유역의 저지대와 습지, 그리고 바닷물이 들어오기 쉬운 땅, 이렇게 세 종류로 구분되었다. 이 땅들은 저마다 취약한 면이 달랐다.

언덕에서는 농사를 지으려면 깊이가 30센티미터 정도로 얇은 층의 겉흙이 꼭 필요했다. 그런 땅은 자연히 침식의 영향을 받고 세심하지 못한 농경 방식에 피해를 입기 쉬웠다. 저지대에서는 고지에서 아래로 쓸려 내려와 쌓이는 퇴적물로 흙을 보충했다. "강 근처의 땅을 되살려 주는 것은 넘쳐흐르는 강물이다. 범람하는 강물이 고지대의 흙을 강 유역에 부려 놓기 때문에 달리 손대지 않아도 흙은 꾸준히 생겨난다."(Mortimer 1708, 14쪽)

지나치게 오랫동안 쉼 없이 경작하면 흙의 비옥도가 떨어지게 마련이다. 비탈은 특히 그랬다. "산허리에 놓인 땅은 …… 힘이 떨어지지 않도록 매우 세심하게 돌보아야 한다."(Mortimer 1708, 79쪽) 이런 점을 인식한 대부분의 지주들은 소작농들이 세 해마다 한 번씩 밭을 묵히게 하고 똥거름을 주지 못하는 밭은 한 해 걸러 한 번씩 묵히게 했다. 힘이 다 떨어진 밭을 되살려서 큰 수익을 거두는 경우는 충분한 면적의 토지가 사유화되었을 때였다. 농업 진보라는 깃발 아래, 의회는 공유지를 희생하여 대농지를 창출한 토지 인클로저를 거듭 지지함으로써 토지를 소유한 지배계급을 부유하게 하고 소작농을 극빈층으로 몰락시켰다.

잉글랜드 농부들은 점점 에이커당 곡물 수확량이 늘어서 밭에 뿌린 씨앗의 곱절을 거두었던 중세와 비교가 안 될 만큼 훨씬 많이 거두었다. 중세의 수확량은 초기 이집트 수확량보다 나을 것이 없었다. 역사학자들은 중세와 산업혁명 사이에 수확량이 증가한 것은 18세기부터 19세기 초에 토끼풀과 다른 질소고정 식물들이 돌려짓기에 이용된 덕택이라고 보았다. 18세기 초의 수확량은 중세에 견줘 그다지 많지 않았고, 증가한 수확량은 발전된 영농 방법이 아니라 경작되는 면적이 늘어난 데에서 비롯된 것이었다. 밀 수확량은 에이커당 350~420리터 정도였던 중세보다 50리터 남짓 더 늘었을 뿐이었다. 그러나 1810년 무렵에는 거의 곱절로 불어났다. 1860년 무렵에는 에이커당 875~950리터를 거두었다.

같은 면적에서 작물을 거두는 데 일손이 더 필요하다는 건 시간이 흐를수록 수확량이 늘었다는 뜻이다. 한 사람이 밀 1에이커를 거두는 데 필요한 시간이 1600년 무렵에는 이틀이었던 것이 1700년대 초에 이틀 반으로 늘었고, 1860년에는 사흘이 넘었다. 1200년부터 1800년까지 600년 동안 전체 수확량은 곱절 반으로 늘었다. 수확량이 늘었지만 인구도 열 곱절로 늘었기 때문에 경작지 면적이 확대되었음을 짐작할 수 있다.

같은 기간 동안 잉글랜드의 경작지 가운데 4분의 1 정도가 울타리 없는 공유지에서 울타리를 둘러친 대농장으로 바뀌었다. 18세기 말에는 잉글랜드에서 공유지가 거의 사라졌다. 공유지가 없어졌다는 건 공유지에서 늘 암소 한 마리를 놓고 기르던 시골 농가가 자립농과 빈곤층으로 분화되었음을 뜻했다. 가진 것이 없고 땅도 없어 할 일이 없는 소작농들은 공적 구제에 기대어 끼니를 해결했다. 잉글랜드 시골의 변화가 가져온 경제적 결과를 인식한 농무부 장관 아서 영은 토지 인클로저를 시골의 자급

그림 10 18세기 중반 잉글랜드의 농촌 풍경(디드로, 《백과전서》, 1751~1780).

자족을 뿌리 뽑는 위험한 시책으로 보게 되었다. 그러나 공유 재산의 마지막 자취를 사유화한 인클로저는 편리하게도 새로운 계급인 땅 없는 소작농들이 일자리를 찾게 만들었고, 영국의 공업화 도시들은 마침 노동자들을 필요로 했다.

19세기 초에 잉글랜드의 농장들은 이미 경작지와 초지의 혼합 체제로 발전한 단계였다. 경작과 축산을 거의 똑같이 중요하게 여기면서 흙이 늘 기름지도록 똥거름을 많이 주고 토끼풀과 콩류 같은 피복작물을 심었다.

흑사병 이후부터 산업혁명까지 농업 생산성이 증가하자 이에 따라 잉글랜드 인구도 늘었다. 1750년부터 1850년까지 잉글랜드의 곡물 생산과 인구는 곱절로 불어났다. 인구가 늘면서 농업 생산물에 대한 수요를 끌어올린 것일까? 아니면 늘어난 농업 생산물 덕분에 인구 증가가 빨라진 것일까? 원인을 어떤 것으로 보든 두 가지는 나란히 성장했다.

그렇지만 인구가 늘면서 유럽의 식단은 뒷걸음질 쳤다. 쓸 수 있는 거의 모든 땅에 경작을 하면서 유럽 사람들은 날이 갈수록 채소, 오트밀 죽, 빵을 먹고 연명했다. 남아도는 곡물이 없어 겨우내 가축을 먹이지 못하고 나중에는 공유지가 사라져서 소를 방목할 수 없게 되자 고기를 먹는 일은 상류계급의 특권이 되었다. 1688년 런던에서 발표된, 글쓴이를 알 수 없는 소논문은 대규모 실업이 유럽에 "사람이 너무 많은" 탓이라면서 대대적인 아메리카 이주를 권했다. 19세기 초에 유럽 사람들은 대개 하루에 2천 칼로리 이하를 먹고 살았다. 이는 오늘날 인도 사람들이 먹는 평균치이고 라틴아메리카와 북아프리카 사람들이 먹는 평균치보다 낮다. 밭에서 뼈 빠지게 일하는 유럽 소작농들은 한 주에 딱 사흘 일하는 칼라하리 사막의 부시먼 원주민들보다 못 먹었다.

농업 생산물은 늘었지만 16세기와 17세기 잉글랜드와 프랑스에서 식품 값이 치솟았다. 1690년부터 1710년까지 이어진 기근 탓에 굶는 사람들이 훨씬 많았다. 계몽된 유럽이 아사의 문턱에 놓여 있을 때, 영국은 아일랜드에서 식량을 대규모로 수입함으로써 프랑스혁명의 불을 댕겼던 농민반란에서 벗어났다.

뱃속의 굶주림과, 그에 못지않은 제국 또는 종교의 자유에 대한 굶주림으로 유럽은 신세계를 향해 나아가게 되었다. 에스파냐를 필두로 해서 서유럽에서 가장 인구밀도가 높고 쉼 없이 경작해 온 나라들이 가장 공격적으로 신세계를 식민지로 삼았다. 로마 시대 이전에 페니키아와 그리스 사람들은 에스파냐 동쪽 해안에 정착해 살았다. 그러나 이베리아반도의 농업은 저돌적인 로마식 농경이 들어오기 전까지 원시적인 상태였다. 로마가 무너지고 나서 몇 세기 뒤에 무어인들이 집약적인 관개 방식을 에스파냐에 들여왔다. 무어식 농업이 500년 넘게 이어진 끝에 에스파냐의 흙은 힘을 잃었다. 15세기 무렵 침식되고 황폐해진 에스파냐 땅에서 농사를 짓는 이들의 눈에는 신세계의 기름진 땅이 좋아 보였다. 몇 세대 안에 에스파냐와 포르투갈 농부들은 황금을 찾는 콩키스타도르(conquistador, '정복자'를 뜻하는 에스파냐 말로, 16세기 아메리카 대륙 정복사업을 주도했던 이들을 가리킨다 — 옮긴이)가 되어 앞서 중앙아메리카와 남아메리카로 간 이주자들의 뒤를 이었다.

이에 반해 북유럽 농부들은 한 세기도 더 지나서 콜럼버스에 뒤이어 종교와 정치의 자유를 찾아, 경작할 수 있는 땅을 찾아 서쪽으로 가기 시작했다. 잉글랜드와 프랑스의 소작농들은 그때까지도 자기 나라에서 땅을 개간하고 기름지게 하고 있었다. 독일 소작농들은 새로 얻은 교회 땅에서 농사를 짓는 데 몰두했다. 독일 사람들이 해외 식민지를 개척하기 시작한 것은 1850년대였다. 북유럽이 아메리카를 향해 전속력으로 몰려간 것은 19세기 후반이었다. 여전히 기름진 땅이 있었던 북서 유럽 사람들 가운데에는 아메리카로 간 이들이 별로 없는 편이었다.

농장이 유럽 땅을 채워 나가면서 소작농들이 언덕을 경작하기 시작하자 위기의 발판이 마련되었다. 침식되는 비탈면은 굶주린 이들의 배를 더는 채워줄 수 없었다. 18세기 농부들이 프랑스 쪽 알프스와 맞닿아 있는 가파른 땅을 개간하기 시작하자 산사태가 심해졌다. 흙이 쏟아져 내려서 골짜기 아래쪽 경작지가 모래와 자갈 속에 묻혀 버렸다. 18세기 후반 무렵, 산비탈의 벌목에서 비롯된 침식의 무시무시한 결과로 알프스 곳곳에 살던 사람들이 떠나갔다. 19세기 지리학자 엘리제 르클뤼는 콜럼버스가 아메리카를 '발견'했을 때부터 프랑스혁명까지 프랑스 알프스의 경작지 가운데 3분의 1에서 반 이상이 침식되었다고 추산했다. 그 무렵 일자리를 구하려고 도시로 몰려든 이들은 농사를 짓지도 못하고 먹을거리를 살 돈도 없었다.

열 해를 꼬박 굶주림에 시달리자 파리의 홈리스가 세 곱절로 늘어나면서 혁명의 토대가 마련되었다. 샤르트르의 주교에 따르면 지방의 상황도 더 나을 게 없었다. "사람들이 양처럼 풀을 뜯어먹고 파리처럼 죽어 가고 있다." 흙이 섞인 쓴 빵을 터무니없는 값에 파는 빵집 앞에 길게 늘어선 줄에서 혁명의 열정이 피어올랐다. 너무 비싸고 형편없는 식품에 대한 분노, 그리고 먹을거리가 시장에 공급되지 않고 있다는 의심이 하층민을 자극한 것이 프랑스혁명의 주요 에피소드였다.

귀족들의 대농지가 해체되자 소작농들이 속박에서 풀려나 여전히 숲을 이루고 있는 고지대를 손에 넣었다. 가파른 비탈을 개간하자 고지대에서 흙이 급류처럼 쓸려 내려가서 범람원의 경작지가 모래와 자갈 속에 파묻혔다. 고지대 프로방스의 넓은 면적이 사실상 버려졌다. 1842년부터 1852년까지 알프스 저지대 경작지 면적은 산사태와 흙 침식의 피해를 입은 탓에 4분의 1이 줄어들었다.

프랑스의 고속도로 엔지니어 알렉상드르 쉬렐은 1840년대 초에 고지대 알프스(오트잘프)에서 산사태 대비책을 마련하기 시작했다. 그는 산속까지 경작해 들어갔을 때 뒤따르는 참혹한 결과를 목격했다. 헐벗은 비탈에서 흙이 폭포처럼 흘러내려 밭과 마을, 그리고 거기 사는 주민들을 매몰시켰다. 숲이 베어진 모든 곳에서 산사태가 일어났지만 숲이 남아 있는 곳에서는 그런 일이 일어나지 않았다. 진실을 알게 된 쉬렐은 나무들이 가파른 비탈의 흙을 붙잡고 있다고 결론을 내렸다. "흙 속에 뿌리를 내리는 나무는 그 수많은 수염뿌리로 흙을 움켜쥔다. 갑자기 폭풍이 몰아쳐도 나뭇가지들이 마치 텐트인 양 흙을 가려 준다."(Surell 1870, 135쪽)

산림 개간과 무시무시한 산사태의 관계를 깨달은 쉬렐은 지역 주민들의 생계 안정 대책으로서 적극적인 산림녹화 운동을 주창했다. 산비탈에 농사를 짓는 일은 본디부터 단기적인 사업이라는 것이다. "산에 경작지를 만든 처음 몇 해 동안 풍작인 것은 숲에 부식토가 덮여 있기 때문이다. 하지만 이 소중한 거름은 기름진 만큼이나 움직이는 것이어서 산비탈에 오래도록 머물지 못한다. 갑자기 쏟아지는 비가 몇 번만 내려도 흙은 흩어져 버린다. 흙은 곧 황폐해지고 그 다음에는 사라진다."(Surell 1870, 219쪽) 숲과 흙을 보호하는 정책들은 자주 실패했다. 오래도록 농사를 지을 수 없다고 하더라도 산비탈을 개간해서 작물을 심어 기르는 것이 당장에 훨씬 더 이득이었기 때문이다.

쉬렐이 고지의 숲을 되살리는 방법을 찾아내려 애쓰는 동안 조지 퍼킨스 마시는 이탈리아 주재 미국 대사 임기 중에 프랑스를 여행했다. 마시는 가파른 비탈과 골짜기 들판에서 숲을 베어 낸 결과 오랜 세월에 걸쳐 어떤 일이 일어났는지 알게 되었다. 사람이 살기에 알맞지 않은, 헐벗고 침식된 비탈에서 빗물이 스며들지 않고 빠르게 흘러가며 퇴적물을 실어다가 골짜기 들판에 부려 놓았다.

꼼꼼한 관찰자의 눈을 지닌 여행자 마시는 신세계가 구세계의 잘못을 되풀이하고 있는 것이 걱정스러웠다.

알프스, 아펜니노, 피레네, 그리고 중부와 남부 유럽의 다른 산맥의 허리에 사람이 저지른 파괴적인 결과들은 역사의 증거로 뚜렷하게 남았다. 환경 악화가 몹시 빠르게 진전되어서 어떤 지역에서는 이 우울한 파괴가 시작되어 끝날 때까지 한 세대밖에 걸리지 않았다. …… 유럽 땅의 아름답고 기름졌던 지난날을 앗아가 버린 환경 파괴는 이제 미국, 그리고 오늘날 유럽 문명이 세력을 확장하고 있는 다른 신생 국가들의 주요 지역을 넘보고 있다.(Marsh 1864, 201쪽)

마시는 유럽의 상황을 보며 뉴욕 주를 떠올렸다. 농부들이 숲을 개간하여 농사를 짓게 됨에 따라 허드슨 강 상류에 퇴적물이 쌓이고 있었기 때문이다. 그는 사시사철 비가 고르게 오는 지역에서는 완만한 비탈에서 영구적으로 무리 없이 농사를 지을 수 있다고 보았다. 아일랜드와 잉글랜드, 그리고 드넓은 미시시피 강 유역이 이 생각에 들어맞는다. 이에 비해 가파른 지역에서, 특히 폭우가 내리거나 타는 듯한 가뭄이 일어나는 곳에서 오래 농사를 지으면 반드시 심각한 침식이 일어나기 마련이다.

프랑스의 산림 개간은 19세기 초에 절정에 이르렀다. 1860년에 미라보 후작은 지난 백 년 동안 프랑스 숲의 반이 개간되었다고 추정했다. 존스 드 퐁타니에 숲 감독관도 하이 알프스의 전망에 대한 쉬렐의 적나라한 평가에 공감했다. "그 땅을 경작하는 이들은 …… 반드시 …… 조상들이 살아온 땅을 버리게 될 것이다. 이는 그 땅이 힘을 잃은 결과일 뿐이다. 세대에 세대를 이어 먹여 살려 온 흙이 조금씩 사라져서 불모의 암석을 드러내고 있다."(Brown 1876, 10쪽)

프랑스 당국은 1859년에 공유림과 사유림을 보호하고 되살리는 법을 통과시키기 시작했다. 그러나 곧이어 유럽의 숲은 빠르게 벌목되었다. 미국 남북전쟁에 쓰일 총 개머리판의 재료로 호두나무 2만8천 그루가 베어져서 유럽 생산자들에게 공급된 것이다. 그런 전시의 착취를 당하고도 1868년에는 이미 하이 알프스 20만 에이커에 나무가 다시 심어졌거나 풀이 자라나 있었다.

월터 로더밀크가 제2차 세계대전 전에 프랑스 남부를 둘러보니 가파른 비탈과 골짜기 아래 평지에서 집약적인 농업이 이루어지고 있었다. 고대 페니키아 사람들의 계단식 밭과 비슷하게 비탈에 밭을 만들어 농사짓는 농부들도 있었다. 계단식 밭이 드문 프랑스 동부에서 농부들이 흙을 나르는 모습에 로더밀크는 깜짝 놀랐다. 농부들은 경작지 가장 아래쪽 고랑에서 흙을 수레에 퍼 담은 다음 비탈을 올라와서 가장 위쪽의 고랑에 쏟아부었다. 이 방법을 쓰기 시작한 건 몇 세기도 전이었는데, 당시 소작농들은 그렇게 함으로써 흙의 생성과 침식 사이의 균형에 개입했다는 걸 알았다. 그리고 그곳에 사는 후손들이 그 결과를 물려받게 된다는 것도. 그들은 아마도 자신들이 흙의 본성을 이해하는 데에서 유럽의 귀족 과학자들보다 훨씬 앞서 있었다는 건 몰랐을 것이다.

1887년 5월에 에든버러 지질학회 회의에서 부회장인 제임스 멜빈은 스코틀랜드 사람으로 근대 지질학의 창시자인 제임스 허턴의 미발표 원고를 인용했다. 새로 찾아낸 이 저작에는 허턴이 농사를 지으면서 식생과 흙과 기반암 사이의 관계에 대해서 고민하고 관찰하면서 얻은 지질학적 통찰이 담겨 있었다. 멜빈은 한 세기 앞선 허턴의 통찰과 새로 출간된 다윈의 지렁이 책이 쌍벽을 이룬다고 칭송했다.

허턴은 흙이 모든 생명의 근원이라고 보았다. 지렁이는 죽은 짐승과 낙엽과 무기질 흙을 섞어서 땅을 기름지게 한다. 그는 비탈의 흙이 기반암에서 비롯되고 곡상의 흙은 상류 어딘가에서 만들어진 흙이 퇴적되는 것이라고 생각했다. 흙은 아래쪽의 부서진 암석과 위쪽의 유기물질이 섞여서, 그 암석과 식물군락에 따라 독특한 종류가 만들어진 것이다. 숲은 대개 좋은 흙을 만들어 낸다. "다양한 짐승들이 숲에 살다가 죽어서 땅으로 돌아간다. 둘째, 숲은 해마다 낙엽을 수북이 떨어뜨리는데 이 또한 흙을 기름지게 하는 데 도움을 준다. 그리고 마지막으로 이렇게 짐승의 사체와 식물 잔해 덕분에 양분을 되찾은 흙을, 흙 속에 기어 다니는 …… 지렁이가 먹고, 지렁이가 증식하면서 흙은 더욱 비옥해진다."(Melvin 1887, 472쪽) 허턴은 다윈보다 앞서서 지렁이가 흙을 비옥하게 유지하는 일을 한다는 걸 알았다. 그리고 식물군락의 종류에 따라서 흙의 특징이 달라진다는 것도 이해했다. 통찰력이 뛰어난 이 지질학자는 흙이 암석과 생명을 이어 주는 살아 있는 다리이며, 유기물질이 흙으로 되돌아감으로써 유지되는 것이라고 보았다.

18세기 말(없어진 허턴의 원고를 멜빈이 찾아내기 훨씬 전)에 허턴은 지형을 만들어 내는 데 침식이 어떤 역할을 하는가를 둘러싸고 스위스 이주민인 장 앙드레 드뤼크와 논쟁을 벌였다. 드뤼크는 식물군락이 땅을 덮으면 침식이 중단되고 곧이어 자연경관이 변화 없이 안정된다고 주장했다. 지형이 결국 노아의 홍수가 남긴 화석이냐는 문제가 논쟁거리였다. 허턴은 산을 쉼 없이 깎아 내는 침식의 증거로 범람하는 강의 흙탕물을 들면서 드뤼크의 견해를 반박했다. "홍수 때 강물을 보라. 강물이 맑다면 이 철학자(드뤼크)의 추론이 옳고 나는 논쟁에서 진 것이다. 투명하기만 한 시냇물도 홍수 때는 흙탕물로 변한다. 따라서 흐르는 물이 있는 한 산이 닳아지는 큰 원인은 결코 멈추지 않는다. 산의 높이가 낮을수록 산이 닳는 속도는 훨씬 느려질 수 있지만."(Hutton 1795, 205쪽) 다시 말해서 비탈이 가파를수록 더 빠르게 침식되지만 모든 땅은 침식된다는 것이다.

몇 해 뒤 허턴의 제자이고 지질학자이자 수학자인 존 플레이페어는 풍화작용으로 새 흙이 만들어지며 그만큼의 속도로 침식이 흙을 없앤다고 설명했다. 그는 지형이 물과 암석 사이에 벌어지는 끊임없는 전쟁의 산물이라고 보았다. "물은 단단한 고형체한테 가장 공격적인 적으로 보인다. 투명한 증기에서부터 딱딱한 얼음, 가장 작은 시냇물부터 가장 큰 강의 모든 상태에서 물은 해수면 위에 있는 것은 무엇이든 공격하고 가장 깊은 곳으로 끊임없이 데려가려고 한다."(Playfair 1802, 99쪽)

지질학적 시간이라는 허턴의 급진적인 개념을 받아들인 플레이페어는 감히 해수면 위로 솟아오른 땅을 침식의 작용이 꾸준히 해체했다고 보았다. 그러나 이 끝나지 않을 전투를 치르면서도 땅은 흙에 덮여 있었다.

> 그러므로 흙이 늘어나는 데에는 다른 이유가 있다. …… 흙의 증가는 오로지 꾸준하고도 느린 암석의 분해에서 비롯되는 게 분명하다. 따라서 늘 부식토가 덮여 있는 지표면에서 우리는 암석의 쉼 없는 분해를 입증하는 증거를 볼 수 있다. 그리고 이 복잡한 작용에 관여하는 여러 화학적 요인들과 물리적 요인들이 흙의 공급과 소비를 정확히 일치시킬 만큼 조정 능력이 뛰어남을 인정할 수밖에 없다.(Playfair 1802, 106-7쪽)

침식이 쉬지 않고 땅을 바꾸어 가도 흙은 시간이 흐를수록 고른 깊이를 유지했다.

지질학적 시간 동안 흙이 역동적으로 움직여 왔음을 허턴과 플레이페어가 유럽 지식인들에게 설득하고 있을 즈음, 인구 규모와 안전성의 조절에 관해서도 평행선을 달리는 논쟁이 벌어지고 있었다. 유럽 사람들은 인구가 많을수록 더 번영한다는 명제에 의문을 던지기 시작했다. 하루가 다르게 사람으로 북적이는 대륙에서는 인구 증가를 제한하는 게 덜 관념적 정책으로 보이게 되었다.

토머스 맬서스 목사는 1798년 《인구론》(Essay on the Principle of Population)에서 증가와 감소의 사이클이 인구의 특징을 드러낸다고 제안함으로써 악명을 떨쳤다. 헤일리버리대학 정치경제학 교수인 맬서스는 기하급수적으로 증가하는 인구는 식량 공급보다 빠르게 는다고 주장했다. 그는 인구가 증가하여 사람들을 먹이는 땅의 능력을 초과하는 끝없는 사이클에서 인류가 벗어날 수 없다고 보았다. 그때 균형을 회복하는 것이 기근과 질병이다. 영국의 경제학자 데이비드 리카도는 맬서스의 착상을 조금 바꾸어서 인구는 꾸준히 증가하다가 식량 생산과 평형상태를 이루고, 이용할 수 있는 토지의 면적과 시대의 기술이 결정하는 수준에서 안정된다고 주장했다. 콩도르세를 비롯한 다른 이들은 필요가 혁신을 자극하기 때문에 농업은 기술 진보를 통해서 인구 성장을 따라잡을 수 있다고 주장했다.

맬서스의 도발적인 논의는 기술혁신이 수확량을 증가시킬 수 있고 더 많은 식량이 생산되면 더 많은 사람을 먹일 수 있음을 간과했다. 이런 맹점 때문에 많은 사람들이 맬서스를 믿지 않았다. 맬서스가 식량 생산과 식량 수요를 독립적인 요소로 다루었기 때문이다. 또 그는 농업 탓에 침식이 빨라져서 땅에서 겉흙이 사라지거나 집약적인 경작이 흙의 비옥도를 떨어뜨리는 데 드는 시간을 계산에 넣지 않았다. 잉글랜드 인구가 꾸준히 늘면서 그의 견해는 점점 순진해 보였지만, 유럽의 새 노동계급에 대한 착취를 합리화하려는 정치적 이해관계는 맬서스의 견해를 받아들였다.

맬서스의 사상은 자연 일반에 그리고 특히 땅에 미치는 인간의 영향을 둘러싸고 주류 견해에 맞섰다. 맬서스의 책보다 다섯 해 앞서 출간된 《정치적 정의》(Political Justice)에서 윌리엄 고드윈은 자연에 대한 인간의 지배가 필연적인 진보라는 선구적인 관점을 드러냈다. "오늘날 세계의 4분의 3이 경작되지 않는 땅이다. 농사에서 이루어질 진보와, 생산성이라는 면에서 땅이 받아들일 수 있는 증가분을 계산에서 덜어 내야 할 필요가 아직까지는 없다. 앞으로도 오랜 세월에 걸쳐서 인구는 꾸준히 증가할 수 있고, 그 사람들을 먹여 살릴 수 있을 만큼 땅은 아직 충분하다."(Godwin 1793, 2:861) 고드윈이 볼 때 과학적 진보는 영원히 번영하고 쉼 없이 발전하는 물질적 윤택함을 보장했다. 맬서스식 염세주의와 고드윈식 낙관주의라는 기본 관점이 오늘날까지 인구와 농업 기술, 정치제도의 관계를 둘러싸고 벌어지는 논쟁에 기본 틀을 이룬다.

산업혁명 초기에 소개된 맬서스의 사상을 받아들인 이들은, 가난이 토지 인클로저와 산업 발전의 달갑잖은 부작용이 아니라 가난한 이들 스스로의 잘못이라고 설명하려는 이들이었다. 액면 그대로 받아들인다면, 맬서스의 사상은 경제적 사다리의 꼭대기에 있는 이들한테서 맨 아래에 있는 이들에 대한 책임을 면제해 주었다. 물질적 진보를 믿는 고드윈의 사상은 사유재산권을 철폐하려는 운동으로 이어졌다. 부유한 지주들로 이루어진 의회를 사로잡은 것은 당연히 맬서스였다.

생계를 뒷받침하는 땅의 능력을 두고 지식인들이 논쟁을 벌일 때 노동계급은 변함없이 굶주림으로 생사를 넘나들었다. 흉작에 곧바로 영향을 받는 삶이 19세기까지 이어졌다. 하루가 다르게 성장하는 도시를 유럽 농업이 따라잡을 수 없었기 때문이다. 나폴레옹전쟁 동안 곡물 값이 치솟자 영국 전역에서 토지 인클로저가 가속화되었다. 그리고 1815년 인도네시아 탐보라 화산이 폭발한 뒤 기록 사상 가장 추운 여름이 닥치자 농사는 거덜이 났다. 굶주린 노동자들 앞에서 빵 값이 하늘 높은 줄 모르고 치솟자 잉글랜드와 프랑스에서 발생한 식량 폭동이 대륙 전체로 퍼져 나갔다. 빵 한 덩어리의 값은 노동계급 운동의 중심 문제였고, 도시 빈민의 불만이 급진주의자와 혁명가들을 길러 냈다.

1844~1845년에 미국에서 건너온 감자마름병은 식량 생산이 몹시 불안정해졌음을 드러냈다. 1845년 여름에 감자역병이 아일랜드 감자 수확을 초토화하고 이듬해 농사까지 망치자 빈민층(무관심한 영국 정부가 방치한 시장가격으로 먹을거리를 살 수 없는)은 말 그대로 먹을 것이 하나도 없었다. 오로지 감자에만 기대어 사는 아일랜드 인구는 급감했다. 100만 명에 가까운 사람이 굶어 죽거나 굶주림과 관계가 있는 병에 걸려서 죽었다. 기근 동안 100만 명가량이 다른 나라로 이주했다. 그 뒤 쉰 해에 걸쳐서 300만 명이 더 아일랜드를 떠났고 많은 이들이 미국으로 갔다. 1900년 무렵 아일랜드 인구는 1840년대 인구의 반이 조금 넘는 정도였다. 아일랜드는 왜 한 가지 작물, 그것도 한 세기 전에 남아메리카에서 들어온 작물에 기대게 된 것일까?

언뜻 보아 대답은 맬서스의 주장을 뒷받침하는 것처럼 보인다. 1500년부터 1846년까지 아일랜드 인구는 열 곱절로 불어나 850만 명을 헤아렸다. 인구가 늘자 평균 토지 소유도 0.2헥타르(0.5에이커)로 줄어들었다. 감자를 길러야만 한 가정이 먹고 살 수 있는 면적이었다. 1840년 무렵 인구의 절반이 감자 말고 거의 먹는 음식이 없었다. 한 세기가 넘도록 거의 모든 경작지에서 집약적인 감자 농사를 지은 결과 아일랜드 사람들은 몇 해를 내리 아사의 문턱에서 허덕였다. 하지만 이 이야기를 조금 더 자세히 들여다보면 단순히 감자를 기르는 땅의 능력보다 인구가 많아졌다는 줄거리를 넘어서는 사실이 드러난다.

감자가 기본 식량으로서 점점 더 중요해진 이유는 아일랜드 농업이 나날이 다른 모든 작물을 영국과 그 카리브 해 식민지로 수출했기 때문이다. 1649년 올리버 크롬웰이 침략하여 아일랜드 땅을 플랜테이션으로 바꾸어 놓았다. 청교도혁명 때 의회에 자금을 댄 투기꾼들에게 진 빚을 땅으로 갚기 위해서였다. 아일랜드의 새 지주들은 카리브 해의 사탕수수 농장과 담배 농장에 식량을 공급하면서 떼돈을 벌었다. 그 뒤 영국의 공업 도시에서 식량 수요가 늘자 아일랜드의 식량 수출은 더 가까운 시장으로 방향을 돌렸다. 1760년에는 영국에 수출된 아일랜드 소고기가 거의 없었지만 1800년 무렵 아일랜드 시장에 팔린 암소 다섯 마리 가운데 네 마리의 종착지는 영국의 식탁이었다. 영국의 도시 인구가 늘면서 식량 수요가 엄청나게 늘었고 아일랜드 지주들은 기꺼이 식량을 공급했다. 1801년에 아일랜드와 잉글랜드가 공식적으로 통합된 뒤에도 아일랜드는 농업 식민지로 운영되었다.

경작지가 수출품 재배 목적으로 바뀌면서 감자는 점차 아일랜드 시골의 주식이 되었다. 가장 좋은 땅에서 상품 작물을 길러야 하므로 지주들은 소작농들을 불모지로 내몰았고 거기서는 감자 말고 다른 것을 기르기 힘들었다. 애덤 스미스는 《국부론》(The Wealth of Nations)에서 지주들의 이익을 증가시키는 방법으로서 감자 농사를 옹호했다. 소작농들이 감자만 기른다면 더 작은 밭만 가지고도 먹고 살 수 있었기 때문이다. 1805년 무렵 아일랜드 사람들은 고기를 거의 먹지 못했다. 아일랜드의 소고기, 돼지고기, 그리고 농산물 대부분이 영국으로 수출되었기 때문에 감자 농사가 실패하자 가난한 이들에겐 먹을 것이 전혀 없었다.

기근 동안에는 구제 조치도 없었다. 잉글랜드로 수출은 오히려 늘어났다. 1846년 기근이 가장 심각했을 때 지주들은 영국으로 보내는 거의 50

만 마리의 아일랜드 돼지를 영국 육군의 호위 속에 배에 실었다. 이런 편의주의 정책은 특별한 것이 아니었다. 흉작일 때 아무런 구제책이 없는 소작농들은 기근 동안 음식을 구경할 수 없었지만 시중에는 먹을거리가 많았다. 생계 수단을 잃은 농민들은 시장에서 먹을거리를 살 수 없었다. 도시 빈민 계층이 늘어났고, 그들 또한 기근이 높게 올려 놓은 값에 식량을 살 능력이 안 되었다. 대륙에 퍼진 감자마름병과 곡물 흉작의 결과로 1848년에 식량 폭동이 유럽을 휩쓸었다.

농업경제로부터 급진적인 사상이 빚어지기 시작했다. 카를 마르크스를 만나기 전인 1840년대 초에 프리드리히 엥겔스는 맬서스를 반박했다. 그는 노동과 과학이 인구만큼 빠르게 발전하기 때문에 농업 혁신으로 인구 증가를 따라잡을 수 있다고 주장했다. 이에 비해 마르크스는 상업적 농업이 사회와 흙 모두를 침식한다고 보았다. "자본주의적 농업의 모든 진보는 노동자를 착취하고 흙을 착취하는 기술의 진보다."(Marx 1867, 638쪽) 아이러니하게도 1917년 러시아혁명 전 열 해 동안 차르 니콜라스 2세는 토지개혁안을 통과시켜 소작농들에게 땅 소유권을 주기 시작했다. "빵과 평화, 땅"이라는 레닌의 전망에 따라 결집한 도시 빈민층과 달리, 시골의 소작농들은 마르크스의 기대와 달리 혁명을 이끌기는커녕 느리게 받아들였다.

기근이 이어지는 동안 정부들은 곡물을 수출했고 그렇게 20세기로 접어들었다. 소비에트 농부들은 1930년대에 굶주림에 시달렸다. 중앙정부가 농부들이 수확한 것으로 도시를 먹이고 해외시장에 내다 팔아서 번 돈으로 산업화의 비용을 댔기 때문이다. 대부분의 기근에서 심각한 굶주림을 불러일으킨 것은 식량 부족만큼이나 사회제도 또는 식량 분배의 불평등 탓이었다.

근세 유럽은 인구 증가에 대응하기 위해 가장 먼저 불모지를 꾸준히 농경지로 바꾸었다. 수확량은 전통적인 농지보다 적었을 수도 있지만 불모지에서 거두는 식량은 늘어나는 인구를 먹이는 데 도움이 되었다. 18세기부터 유럽 열강들은 세계 곳곳에 개척한 식민지의 농업 생산성을 이용하여 싼 값에 식량을 수입했다. 유럽의 농업 자립이 마침표를 찍은 것은 수입 품목이 설탕, 커피, 차 같은 사치품에서 곡물, 육류, 유제품 같은 기초 식료품으로 바뀌었을 때였다. 19세기 말 무렵에 유럽 나라들은 대개 수입 식품으로 국민들을 먹였다.

서유럽 제국들이 전 세계로 퍼져 나가면서, 식민지 경제는 지역에 뿌리 내린 영농 체제를 뿌리 뽑았다. 가장 두드러지게는 유럽 영농 방식이 식민지에 자리 잡으면서 다양한 작물이 사라지고 수출 품목인 커피, 설탕, 바나나, 담배, 차가 그 자리를 차지했다. 곳곳에서 단일 작물을 꾸준히 재배하자 흙의 비옥도가 눈에 띄게 떨어졌다. 게다가 북유럽 농경 방식은 겨울에는 눈으로 덮이고 여름에는 알맞게 비가 내리는 평지에 어울리는 것이었다. 열대성 집중호우가 내리는 가파른 비탈에서는 심각한 침식을 일으키게 마련이었다.

유럽은 여러 해 동안 이어지는 기아 문제를 식량 수입과 인구 수출로 해결했다. 1820년부터 1930년까지 이주의 큰 물결 속에서 유럽을 떠난 이들이 5천만 명을 헤아린다. 오늘날 유럽 사람들의 후손은 본국에 사는 이들보다 과거 식민지였던 곳에 사는 이들이 더 많다. 플랜테이션 농업에 유리한 식민지 경제와 정책은 새 땅에서 흙의 침식과 만성적인 굶주림을 물밑에서 부추겼다. 역설적이게도 식민지를 건설하려는 요인 그 자체는 유럽 본토의 굶주림에서 비롯된 것이었지만, 그 굶주림은 고지대의 토질 저하와 공유지를 대농장으로 사유화함에 따라 촉발된 것이었다.

유럽 사람들은 그 식민지 제국들이 값싼 식량을 많이 생산한 덕분에 영양실조와 끊이지 않는 아사의 위협이라는 구름 아래에서 벗어났다. 유럽 사람들은 식량 생산을 아웃소싱하면서 산업경제를 일구어 갔다. 1875년부터 1885년까지 잉글랜드의 밀 경작지 100만 에이커가 다른 용도로 바뀌었다. 산업경제가 성장하고 농지 기반이 줄어들면서 영국은 나날이 수입한 식량을 먹었다. 1900년 무렵 영국은 곡물의 5분의 4, 유제품의 4분의 3, 그리고 육류의 거의 절반을 수입했다. 유럽으로 물밀듯이 수입된 식량은 산업경제의 성장을 채찍질하기 위해 먼 대륙의 기름진 땅을 침식하면서 거둔 것이었다.

제2차 세계대전이 끝나면서 유럽의 식민 제국이 해체된 뒤, 유엔 식량농업기구(FAO) 집행위원회 의장인 호수에 데 카스트로는 굶주림이 역사적으로 큰 전염병의 터를 닦았을 뿐 아니라 역사를 통틀어 전쟁의 가장 보편적인 원인 가운데 하나였다고 말했다. 그는 중국혁명이 성공한 데에는 소작농들의 강한 토지개혁 열망이 뒷받침되었다고 보았다. 소작농들은 손바닥만 한 땅뙈기에서 거둔 것의 절반을 대지주들에게 바쳐야 했기 때문이다. 마오쩌둥의 가장 굳건한 동맹군은 기근에 대한 두려움이었고, 가장 뜨거운 동지들은 그가 땅을 약속한 5천만 농민들이었다.

제3세계에서 토지개혁 운동은 식민지 이후 20세기 지정학적 풍경을 물들였다. 특히 신생 독립국의 자급농들은 지난날 수출 작물을 재배했던 대농지를 이용하고 싶어 했다. 그러나 발전된 기술로 수확량을 늘릴 것을 강조하는 유럽 정부들과 이전 식민지가 토지개혁을 가로막았다. 말하자면, 자급자족하는 농업보다 수출 작물의 대량생산을 중시한 것이다. 이 때문에 이따금 정부가 바뀌기도 했다.

1954년 6월, 미국의 지원을 받은 쿠데타가 과테말라 대통령을 축출했다. 1952년 선거에서 63퍼센트의 지지율로 당선된 하코보 아르벤스는 하원 56석 가운데 공산당이 4석을 차지한 연립정부를 구성했다. 이에 자극을 받은 유나이티드프루트는 과테말라 새 정부가 소비에트연방의 조종을 받고 있다는 소문을 퍼뜨리며 선전활동을 펼쳤다. 정부 안에서 몇 안 되는 공산당 의원들이 과연 그들이 우려할 만큼 영향력이 있었을까. 유나이티드프루트는 해안 저지대 상당 부분의 땅을 장기 임대한 상태였다. 그들이 참으로 두려워한 것은 다름 아닌 토지개혁이었다.

19세기 말에 과테말라 정부는 인디언 공유지를 잠식해서 고지대 전역으로 상업적 커피 플랜테이션을 넓혀 갔다. 동시에 미국의 바나나 회사들은 드넓은 저지대를 손에 넣어 생산물을 해안으로 싣고 갈 철도를 건설하기 시작했다. 수출 작물 플랜테이션들이 가장 기름진 땅을 빠른 속도로 차지해 갔고 원주민들은 날이 갈수록 가파른 언덕으로 밀려났다. 1950년대에 유나이티드프루트 같은 대기업들이 경작하는 땅은 그들이 차지한 드넓은 땅 가운데 5분의 1에도 못 미쳤는데 많은 소작농 가구들은 땅을 거의 갖지 못했다.

권력을 잡자마자 아르벤스는 대규모 플랜테이션에서 경작되지 않는 땅을 몰수하고 소작농들에게 땅과 대출금을 제공하여 자급농을 육성하려고 했다. 유나이티드프루트의 선전처럼 아르벤스는 사유재산을 폐지하려 한 것이 아니다. 그는 기업에 임대된 10만 헥타르가 넘는 땅을 농민들에게 분배하고자 한 것이었다. 아르벤스에게는 불행하게도, 미국 국무장관 존 포스터 덜레스는 1936년에 바나나 회사에 유리한 99년 임대계약의 초안을 직접 마련한 사람이었다. 덜레스가 유나이티드프루트 편을 들자, 공산당이 조종하고 있다는 구실만으로도 냉전시대 여명기에 미국 중앙정보국(CIA)이 기획한 쿠데타가 일어나기에 충분했다.

그 결과 외국의 투자금이 유입되어 더 많은 땅이 상품작물과 소 방목을 위해 개간되었다. 개발은행들의 국제 원조나 대출 지원을 받아서 수출시장을 겨냥한 대형 프로젝트가 수립되었다. 1956년부터 1980년까지 대규모 단일경작 프로젝트에 지원된 대출금은 전체 농업 대출금의 5분의 4였다. 목화 재배와 방목에 이용되는 땅은 스무 곱절이 넘게 불어났다. 사탕수수를 심은 땅은 네 곱절로 늘었다. 커피 플랜테이션은 반이 넘게 늘어났다. 가장 기름진 땅에서 쫓겨난 과테말라 농민들은 비탈진 땅으로 올라가거나 밀림 속으로 들어갔다. 1954년 쿠데타 뒤로 마흔 해가 지난 뒤, 지주 100명당 두 명도 안 되는 소수가 과테말라 농지의 3분의 2를 지배했다. 농업 플랜테이션 면적이 늘어날수록 일반 농지 면적은 1헥타르 밑으로 떨어졌는데 그것은 한 가정이 생계를 이어 가기에 모자란 면적이었다.

이는 아일랜드의 이야기가 한 번 더 되풀이된 것이다. 라틴아메리카의 특성이 보태졌다면 과테말라가 산악 지형에 비가 많이 내리는 열대기후라는 점이다. 하지만 아일랜드 육류가 그랬듯이 과테말라 커피는 다른 곳에서 팔린다. 그리고 그 커피가 과테말라를 떠나듯 과테말라의 흙 또한 사라지고 있다. 열대 산악 지형에 유럽 농업 방식이 자리 잡고 물려 준 유산은 대규모 침식이다. 본디 불모지인 곳에서 상품작물의 단일경작과 집약적인 생계형 농업이 이루어진 탓에 과테말라에서는 침식이 눈에 띄게 늘었다. 때로는 침식의 규모가 어마어마해서 별 관심이 없는 사람의 눈에도 금세 들어올 만큼.

1998년 10월 마지막 주에 허리케인 미치가 한 해에 내릴 양의 비를 중앙아메리카에 퍼부었다. 산사태와 홍수로 1만 명이 넘는 사람들이 죽고 300만 명이 피신하거나 집을 잃었다. 중앙아메리카의 농업경제가 입은 피해는 50억 달러가 넘었다. 비도 비였지만 그것이 자연재해인 것만은 아니었다.

중앙아메리카에 폭우를 내린 폭풍이 미치가 처음은 아니었다. 미치는 열대우림이 경작지로 개간된 뒤 가파른 비탈면에 내린 첫 번째 폭우였던 것이다. 제2차 세계대전 뒤로 인구가 세 곱절 불어나는 동안, 개간된 밭을 둘러싸고 있는 숲들도 꾸준히 경작지로 바뀌어 왔다. 오늘날 시골 인구의 5분의 4에 해당하는 대부분의 사람들이 가파른 산비탈의 작은 땅뙈기에서 전통적인 농경 방식대로 소규모 농사를 짓고 있다. 중앙아메리카의 가파른 비탈에서 이루어지는 농사가 침식을 가속화하고 있다는 것은 오래 전부터 문제점으로 인식되어 왔다. 허리케인 미치는 그저 그것이 얼마나 중요한 문제인지를 똑똑히 깨닫게 해 주었을 뿐이다.

폭풍이 지나간 뒤 비교적 피해를 입지 않은 소수 경작지들이 황무지의 바다에 섬처럼 남았다. 개략조사(낮은 비용으로 빠르게 이루어지는 사전 조사―옮긴이)에 따르면 대안 농법을 실천하는 농장들이 전통 방식대로 농사짓는 곳보다 허리케인을 잘 견뎌 냈다고 한다. 이 보고에 따라서 비정부조직 마흔 곳이 연합하여 과테말라, 온두라스, 니카라과의 농장 1,800여 곳을 집중적으로 연구하기 시작했다. 차이점을 비교할 수 있는 농장들, 다시 말해 전통 방식으로 농사를 짓는 곳과 이른바 지속 가능한 농법을 실천하는 곳을 짝지어서 흙의 조건, 침식의 증거, 작물 손실을 농장마다 조사했다. 모든 지역에서 복합경작(polyculture), 계단식 밭, 생물학적 해충 방제를 비롯하여 지속 가능한 방식으로 농사를 짓는 농장들은 화학 비료를 많이 쓰면서 단일작물을 재배하는 전통적 농장보다 흙의 침식과 작물 손실이 절반에서 3분의 1밖에 안 되었다. 전통적인 농장보다 지속 가능한 농장에 고랑이 덜 파이고 쓸려 내려간 토사도 반에서 3분의 1밖에 안 되었다. 지속 가능한 농장들은 경제적으로 피해를 덜 입었다. 이 연구에서 가장 눈에 띄는 결과는 조사된 전통적 농장의 농부들 가운데 열에 아홉은 이웃의 생명력 있는 농법을 따르고 싶다고 밝힌 점이었다.

중앙아메리카는 대규모 수출 중심의 플랜테이션들이 제2차 세계대전 이후에 과거 식민지를 세계시장에 유리하게 농업 식민지로 바꾼 많은 곳 가운데 한 곳일 뿐이었다. 상업적 단일경작은 아시아, 아프리카, 남아메리카에서 자급농을 불모지로 몰아냈다. 새로운 글로벌 경제에서 이전의 정치 식민지들은 더 부유한 나라의 이익에 변함없이 이바지했다. 차이라면 지금은 흙을 팔아서 현금을 받는 것일 뿐. 그러나 이런 일도 완전히 새로운 건 아니다. 독립전쟁 전에 바로 미국이 그랬으니까.

6

신대륙의 플랜테이션

우리 나라가 독립한 이래, 가장 위대한 애국자는
침식을 가장 많이 막아 낸 사람이다.
- 패트릭 헨리 -

몇 해 전 여행길에서 울퉁불퉁한 흙길을 쏜살같이 달리며 벌목된 지 얼마 안 된 아마존 하류 지역을 지났다. 겉흙이 사라진 탓에 지역 경제가 무너지고 사람들이 가난해진 실상이 눈에 들어왔다. 거기에 간 건 1억 년 동안 형성된 동굴들을 연구하기 위해서였다. 흙 밑에 숨은, 철분이 풍부한 암석이 오랜 세월 동안 물에 녹은 모양은 낡아빠진 프라이팬을 닮았다. 철 동굴 속을 걸어가면서 나는 조금씩 떨어지는 물방울이 바위를 조각하는 데 걸렸을 그 오랜 시간을 상상했다. 그것은 이 여행에서 산림 개간 뒤에 어마어마하게 흙이 사라진 증거를 보고 받았던 충격만큼 인상적이었다. 그러나 참으로 놀라웠던 것은 진행 중인 이 인류의 재앙이자 생태학적인 재앙이 사람들의 행동을 바꾸지 못했다는 사실, 그리고 오늘날 아마존 하류의 이야기가 식민지 미국의 역사와 비슷하다는 사실이었다.

카라자스고원에서 나는 남아 있는 고대의 경관과 여전히 새로 태어나고 있는 풍경에 한 다리씩 걸치고 섰다. 주변의 저지대 위로 높이 솟은 고원의 옆구리는, 쓸려 내려오는 토사에 갉아 먹힌 흔적이 남아 있었다. 밀림으로 뒤덮인 이 메사(mesa, 탁자 모양의 산이나 성채 같은 모양의 언덕 —옮긴이)의 모든 옆면에서, 침식은 1억 년은 묵었을 풍화된 암석과 내가 본 것 가운데 가장 깊은 흙을 벗겨 내고 있었다.

공룡시대부터 적도의 밀림을 지나 땅속으로 스며 떨어진 물은 고원 아래쪽까지 100여 미터 아래로 이어져 있는 풍화된 암석을 깊이 파 놓았다. 남아메리카가 아프리카에서 쪼개진 뒤, 거기서 생겨난 급경사면은 고대 고원을 옆에서 베어 먹으면서 내륙으로 들어와 있다. 원시 지표의 작은 잔재인 고원 가장자리 절벽에 서서 나는 대서양 쪽으로 물결치듯 멀어져 가는 새로운 저지대의 완만한 흐름에 입을 다물 수가 없었다.

카라자스고원은 호상철광층(縞狀鐵鑛層, 산화철을 많이 포함하고 있으며 얇은 띠 모양으로 나타나는 화학 침전물층 — 옮긴이)으로 이루어져 있다. 지구에서 대기의 산소량이 지금의 수준에 이르기 훨씬 전에 산소가 모자란 바닷물이 퇴적시킨 거의 순수한 철광석이다. 지각 깊은 곳에 묻혔다가 땅 위에 노출되어 천천히 풍화된, 철분이 풍부한 암석은 떨어지는 물방울에 점점 양분과 혼합물을 잃고서 몹시 풍화된 철 껍질만 남았다.

알루미늄과 철광석은 이 느린 풍화 과정에서 저절로 생겨날 수 있다. 지질학적 시대 동안 열대의 풍부한 강우와 고온 속에서 풍화 과정은 원시 암석의 다른 모든 성분을 걸러내고 알루미늄과 철을 응축시킨다. 거기에 걸린 시간이 1억 년이라고 해도 공장에서 생산하기보다 지질학적 과정이 알루미늄과 철광석을 응축시키는 것이 비용을 생각할 때 훨씬 효과적이다. 시간만 충분하다면 지질학적 과정은 상업적으로 이용할 수 있는 광석을 만들어 낼 수 있다. 단 풍화가 침식보다 속도가 빨라야 한다. 침식이 너무 빨리 일어나면 암석이 풍화되면서 채취할 만한 광석으로 응축되기도 전에 사라져 버린다.

카라자스고원 꼭대기에는 거대한 구덩이가 파여서 창문처럼 땅속을 훤히 볼 수 있다. 100미터가 넘는 저 깊은 곳의 풍화된 붉은 암석까지 보인다. 3층 건물 높이의 커다란 트럭이 계단식으로 다듬은 절벽을 천천히 올라왔다. 밑에서부터 뱀처럼 구불구불한 길을 따라 몇 톤에 이르는 흙을 실어 나르는 것이다. 멀리서 볼 때, 키가 30미터에 이르는 나무들이 구덩이 테두리에 서 있는 모습은 마치 둘레를 장식한 술처럼 보였다. 한낮의 태양 아래 이 기괴한 광경을 보면서, 나는 지구 표면을 감싸고 있는 얇은 막 같은 흙과 식물이 큰 바위를 덮은 지의류를 닮았다고 생각했다.

우리는 빠른 속도로 달려서 젊고 완만한 언덕으로 내려왔다. 오늘날 침식된 모습으로 서 있는 언덕은 고원 밑에 묻혀 있었던 암석으로 만들어진 것이다. 원시 열대우림을 지나갈 때, 숲이 개간된 저지대로 이어지는 비탈길에 도로를 뚫은 탓에 30센티미터에서 1미터 안팎에 이르는 깊이의 흙이 속을 드러내고 있었다. 밀림을 벗어나면서 우리는 헐벗은 비탈을 바라보았다. 그것은 산림 개간 탓에 겉흙이 침식되고 경작지가 버려진 뚜렷한 증거였다. 숲 언저리 마을들에서는 불법 점유자들이 새로 땅을 개간하고 농사를 지었다. 길옆으로 풍화된 암석들이 몸뚱이를 내밀었다. 그 비탈은 얼마 전만 해도 흙으로 덮여 있었던 곳이다. 이야기의 줄거리는 몹시 단순하다. 숲이 베어지자마자 흙이 사라졌고 사람들은 밀림 더 깊은 곳으로 들어가서 새 땅을 개간한 것이다.

숲 언저리에서 몇 킬로미터 들어가니 농가와 작은 마을은 사라지고 소를 키우는 목장이 나왔다. 자급농들이 숲 속으로 깊이 들어가면서 버려진 농장은 목장주들이 차지했다. 너무 척박해서 작물을 기를 수 없는 땅이지만 암소들이 풀을 뜯을 수는 있다. 하지만 암소들을 먹이려면 넓은 땅이 있어야 한다. 수많은 소 떼가 풀을 뜯으면 숲은 되살아나지 못하고 침식이 심해진다. 그러면 마을들은 새 땅을 찾아서 끝도 없이 밀림 속으로 더 깊이 들어간다. 이 악순환은 누가 보아도 금방 알아차릴 수 있다.

아마존 정착민들은 숲을 조금 베어 내고 얼마 동안만 사는 게 아니라 한 번에 드넓은 땅을 개간했다. 그 결과 지나친 방목 탓에 침식이 심각해지고 땅은 생명력을 잃었다. 산림 개간, 농사, 소의 방목이라는 오늘날의 사이클은 겉흙을 벗겨 내고 비옥함을 되살리는 흙의 생명력을 거의 앗아 갔다. 그 땅에서는 사람들이 거의 살 수 없게 되었다. 생산적인 땅이 사라지자 사람들은 딴 곳으로 갔다. 오늘날 아마존이 겪는 일은 우리가 생각하는 것보다 북아메리카의 역사와 무척 많이 닮았다. 그 닮은 점은 분명하고도 중요하다.

콜럼버스가 신세계를 '발견'했을 때 전체 아메리카 대륙에는 4천만 명에서 1억 명의 사람들이 살았다. 북아메리카에 살던 이들은 400만 명에서 1천만 명이었다. 대서양 쪽 해안 지역에 사는 아메리카 원주민들은 땅을 적극적으로 관리했지만 정착해서 농사를 짓지는 않았다. 초기 식민지 개척자들은 원주민들이 초기 유럽 사람들과 아마존 원주민들처럼 숲을 조금 개간하여 농사를 짓다가 몇 해마다 다른 곳으로 옮겨 갔다고 전한다. 토착 농업 탓에 지역의 흙이 상당히 침식되었다는 증거가 드러나고 있지만, 토질 저하와 침식이 북아메리카 동부를 바꾸어 놓기 시작한 것은 식민지 개척자들이 땅을 이용하는 방식을 확립하면서부터였다.

옥수수를 집약적으로 재배하자 양분이 모자란 뉴잉글랜드의 빙적토가 금세 고갈되었다. 몇 십 년 만에 식민지 개척자들은 숲에 불을 놓아서 그

재를 밭에 거름으로 주었다. 땅은 줄어드는데 사람들은 더 많이 모여들자 뉴잉글랜드 사람들은 남부 사람들보다 더 빨리 새 땅이 부족해졌다. 당시 이곳을 여행하던 이들은 농부들이 거름으로 연어를 준 밭에서 나는 악취에 질색했다. 남부에서는 담배 농사가 버지니아와 메릴랜드의 노예 기반 경제를 이끌어 갔다. 토질 고갈은 담배 농장에서 나타나는 뚜렷한 특징이었다. 개별 농장들이 노예기반 담배 플랜테이션으로 통합되면서, 남부는 새 땅을 먹어치우는 탐욕스런 사회경제 체제의 덫에 걸려들었다.

역사학자 에이버리 크레이븐은 토질 저하가 식민지 개척에서 빠지지 않는 사이클의 일부라고 했다. "사람은 잘 몰라서 또는 습관 때문에 땅을 망치지만, 그보다도 사람들이 전혀 통제할 수 없는 경제 또는 사회 조건이 땅을 못 쓰게 만드는 관습을 강요하는 경우가 더 많다."(Craven 1925, 19쪽) 크레이븐은 개척지 정착촌들이 일반적으로 토질을 고갈시키는 이유는 수익이 높은 작물을 재배해야 하는 경제적 필요에서 비롯된다고 보았다. 담배 경제가 식민지 버지니아와 메릴랜드를 장악한 것이 바로 크레이븐이 말한 그대로이다.

1606년 영국 왕 제임스 1세는 북아메리카 영국 정착촌 건설 허가서를 버지니아컴퍼니에 수여했다. 런던 투자자들이 설립한 버지니아컴퍼니는 신세계 자회사가 막대한 수익을 되돌려 주리라 기대했다. 1607년 5월 14일, 존 스미스 선장이 이끄는 첫 번째 식민지 개척자들은 체서피크 만에서 제임스 강을 따라 80여 킬로미터 더 가서 내렸다. 적대적인 원주민과 질병, 기근 탓에 첫 번째 정착민 가운데 3분의 2가 숨을 거두고 스미스도 1609년에 잉글랜드로 돌아갔다.

이익은 고사하고 어떻게든 살아남으려고 발버둥친 제임스타운 개척자들은 비단과 유리 제조, 목재 생산, 사사프라스나무 재배, 더 나아가 맥주

제조에까지 손을 댔다. 그 어떤 것도 수익이 나지 않다가 담배 수출에서 이익을 거두면서 그것이 식민지를 뒷받침하게 된다.

월터 롤리 경이 1586년에 잉글랜드에 담배를 들여왔다는 말도 있다. 진위가 의심스러운 그 업적이 진짜 그의 것이든 아니든, 에스파냐 원정대는 서인도제도에서부터 담뱃잎과 씨앗을 갖고 왔다. 흡연이 널리 퍼지고 잉글랜드 사람들은 카리브 해에서 노예노동으로 재배한 에스파냐 담배 맛에 푹 빠졌다. 런던 상인들에게 비싼 값에 팔린 담배는 제임스타운 개척자들이 식민지를 지탱하기 위해 필요로 하는 것을 주었다.

불행하게도 잉글랜드의 새 흡연자들은 버지니아 담배를 좋아하지 않았다. 런던 시장에서 경쟁할 제품을 찾고 있던 식민지 개척자 존 롤프(아마 포카혼타스의 남편으로 더 잘 알려진)가 카리브 담배를 심어 보았다. 담배 "연기가 부드럽고 향긋하고 진하다"며 만족한 롤프와 그 동료들은 처음 수확한 작물을 잉글랜드로 실어 보냈다. 그것이 런던 시장에서 큰 인기를 끌면서 고급 에스파냐 담배와 겨루었다.

얼마 안 있어 누구나 담배를 심었다. 1617년에는 9천 킬로그램을 영국으로 실어 보냈다. 그 다음에 선적할 때는 그 곱절을 실었다. 스미스 선장은 버지니아의 '생기 있는 흙'을 칭찬했고 금세 담배 수출이 식민지 경제를 주도했다. 1619년 9월 30일, 식민지 개척자 존 포리는 더들리 칼턴 경에게 상황이 바뀌고 있다고 편지를 보냈다. "지금으로서는 돈이 전부 담배에서 나옵니다. 혼자 농사짓는 사람은 영국 돈으로 200파운드 정도를 벌고, 노예 여섯 명을 부리는 사람은 한 번 수확할 때 1천 파운드를 벌지요."(Beer 1908, 243쪽) 열 해 안에 해마다 버지니아 담배 680톤이 잉글랜드 시장으로 들어갔다.

아메리카의 식민지 경제가 가동되고 있었다. 해마다 영국으로 수출되는 금액은 한 세기 안에 천 곱절로 불어나서 2천만 파운드가 넘었다. 담배는 그렇게 식민지 경제를 장악했지만 새로운 흐름도 만들어 냈다. 향기를 피우는 풀은 비틀거리는 식민지를 구해 냈지만 날이 갈수록 땅의 힘을 떨어뜨리고 침식이 심해져서 개척자들을 더 내륙으로 몰아갔다.

식민지 담배는 흙을 완전히 노출시키는 작물이었다. 농부들은 괭이나 말 한 마리가 끄는 가벼운 쟁기로 담배 모종 둘레마다 흙을 돋우었다. 이렇게 두면 여름철 비바람이 불 때 담뱃잎이 나기도 전에 맨흙이 빗물에 침식된다. 땅에 분명히 해를 입히면서도 담배는 딱 하나 장점이 있었다. 다른 어떤 작물과 비교하든 여섯 곱절이 넘는 값을 받을 수 있고 대서양을 건너는 오랜 (그리고 값비싼) 여행을 견딘다는 점이다. 다른 작물들은 거의 운반 과정에서 썩거나 운임비를 뽑을 수 있는 값에 팔 수가 없었다.

담배가 이렇게 큰 수익을 내자 식민지 경제는 다양한 작물을 심을 여유가 없었다. 그래서 버지니아 사람들은 자기 식구들이 먹을 만큼만 농사를 짓고 남는 에너지를 담배 재배에 쏟아 부어서 유럽 시장에 팔았다. 새 땅은 꾸준히 개간되었고 오래 쓴 땅은 버려졌다. 새로 개간한 땅에서 담배를 서너 번 거둘 때까지만 큰 이익이 남았기 때문이다. 담배는 다른 농작물에 비해서 흙 속의 질소를 열 곱절 넘게, 인을 서른 곱절 넘게 빨아들인다. 담배 농사를 다섯 해만 지으면 땅에는 양분이 거의 남지 않아서 다른 작물이 잘 자라지 않았다. 서쪽에는 새 땅이 많았으므로 농부들은 꾸준히 밭을 새로 일구어 갔다. 식물군락이 뿌리 뽑힌 채 버려진 밭은 여름철 집중호우 때 협곡으로 변해 갔다. 버지니아는 겉흙을 담배로 바꾸는 공장이 되었다.

제임스 1세는 담배 사업을 국고를 마련하는 매력적인 방법으로 여겼다. 1619년에 버지니아컴퍼니는 영국으로 실어 가는 담배 1파운드당 1실링씩 왕에게 바치기로 하고 그 대가로 영국에서 에스파냐 담배 수입을 금지하고 영국에서 담배를 재배하지 못하도록 한다는 약속을 받았다. 인기를 얻은 새 약제에 독점을 따낸' 것이다. 두 해 뒤, 식민지에서 수출하는 모든 담배는 잉글랜드로 보내야 한다는 새 규정이 마련되었다. 1677년 버지니아 담배 수입관세에서 얻은 10만 파운드, 메릴랜드 담배에서 얻은 5만 파운드로 왕실 국고는 불룩했다. 버지니아는 다른 어떤 식민지보다도 많은 돈을 국고에 넣어 주었다. 서인도제도에서 들어오는 세수입의 네 곱절이 넘는 돈을 버지니아에서 채워 주었을 만큼.

놀랄 것도 없지만, 식민지 정부들도 담배 덕택에 돈을 불려 갔다. 새로운 현금 수입원을 발견한 식민지 정부들은 담배에 대한 의존을 가로막는 모든 장애물을 빠르게 걷어 냈다. 1662년에 버지니아 사람들이 담배 재배를 일시적으로 금지해 달라고 요청했을 때, 그들은 다시는 그런 요구를 하지 말라는 경고를 똑똑히 들었다. 메릴랜드 식민지 고위 관료들은 식민지 개척자들이 "담배 경작 말고는 결코 다른 것을 생각"(Craven 1925, 41쪽)하지 않음을 확인하려 들었다.

담배 농사를 지으니 땅의 비옥도가 금방 떨어졌고 이에 따라 농업 이주가 빠른 속도로 퍼져 나갔다. 땀 흘린 만큼 보답하지 못하는 밭을 버릴 수밖에 없게 되자 가장 먼저 버지니아 농장주들은 1619년에 해안에서 멀리 떨어져 있는 새 땅을 개간하도록 허락해 달라고 요구했다. 다섯 해 뒤에 파스파이의 농장주들은 새 땅으로 이주하는 걸 허락해 달라고 식민지 법원에 요청했다. 파스파이는 그보다 열다섯 해 전에 곡물 재배에 알맞은 기름진 땅이라고 영주가 공언했던 곳이었다. 스무 해도 지나지 않았지만 찰스 강 유역의 담배 농부들은 자신들의 밭이 "경작 탓에 황폐해졌다"며 처녀지 개척을 허락해 달라고 영주에게 청원했다. 17세기 버지니아 사람들은 비바람이 불 때 꽤 많은 흙이 없어지는 데 불만을 쏟아 냈다. 시골의 땅에 무시무시한 협곡들이 생겨나는 걸 모른 체할 수만은 없었다. 내륙으로 이주하면서 농장주들이 만난 땅은 해안과 주요 강 유역의 땅보다 침식이 훨씬 잘 일어났다. 남쪽으로도 이주한 담배 농부들은 1653년 무렵 노스캐롤라이나의 해안 평원에서 새 땅을 개간하고 있었다. 해안 평원은 새 밭으로 삼을 만한 곳이 넘쳐났다.

해안을 따라서 흙의 비옥도가 떨어지자 농부들은 다시 내륙으로 이주했다. 산맥을 넘어가면 기름진 땅을 찾아낼 수 있을 거라는 믿음이 프랑스-인디언 전쟁 동안 버지니아 사람들을 자극했다. 1763년 평화조약으로 당장 서쪽 땅에 정착할 길이 가로막히자 식민지 농부들은 잉글랜드 본국에 분노했다. 담뱃세 인하 요구와 서부 진출이 가로막힌 현실을 둘러싼 불만이 수그러들지 않으면서 영국 통치에 대한 반발이 폭발했다.

과잉공급과 전량을 잉글랜드로 수출해야 한다는 조건 탓에 가격이 떨어졌지만 식민지 농업은 남부에서 변함없이 담배에 집중했다. 18세기 중반 즈음 정부 관세는 담배 판매 가격의 80퍼센트를 차지했다. 농장주들의 몫은 10퍼센트에도 미치지 못했다. 담배 법규와 판매, 수출 조건이 불평등하다는 인식이 퍼져 분노가 부글부글 끓다가 마침내 독립전쟁이 일어났다.

특히 남부에서 언제든 새 땅에서 농사를 지을 수 있다는 건 농부들이 땅을 되살리기 위해 돌려짓거나 똥거름 주기를 하지 않는다는 뜻이었다. 1727년에 출간된 《버지니아의 현실》(The Present State of Virginia)은 땅에 똥거름을 주지 않았기 때문에 흙의 비옥도가 빠르게 떨어지고 있다고 비판했다. "오늘날 담배가 모든 것을 삼켜 버리고, 다른 것은 깡그리무시되고 있다. …… 그때가 되면 그루터기는 썩어 들고 땅은 힘을 잃어버린다. 새 땅은 충분하므로 …… 사람들은 밭에 똥거름을 주는 데 거의 관심을 두지 않는다."(Hartwell, Blair, and Chilton 1727, 6, 7쪽) 똥거름을 모아 두었다가 밭에 주는 것보다는 새 땅을 찾아 이주하는 게 훨씬 수월했다. 차지할 만한 새 땅이 있는 날까지는.

당시의 다른 관찰자들 또한 담배가 농장주들의 관심을 독차지했다고 전한다. 1729년 찰스 볼티모어 경에게 보내는 편지에서, 베니딕트 레너드 캘버트는 담배가 식민지 농업에 미치는 영향을 간단하게 요약했다. "버지니아와 메릴랜드의 담배는 우리의 주요 산물이자 우리의 모든 것이어서 다른 어떤 것에 눈 돌릴 까닭이 없지요."(Phillips 1909, 1:282쪽) 담배는 두말할 필요가 없는 제왕이 되어 남부 식민지를 다스렸다.

늘 새 땅을 찾아야 하는 필요성 속에서 대농장이 성장했다. 17세기 말에 담배 시장은 공급과잉으로 값이 떨어졌다. 이에 따라 소농들이 담배에서 손을 떼자 대농장이 생겨나기 시작했다. 2천 년 전 로마에서 그리고 거의 3세기 뒤에 아마존에서 그랬듯이 버려진 농가는 끝내 플랜테이션 소유주의 손에 들어갔다.

뉴잉글랜드에서 일부 개척자들은 토질 개선을 실험하기 시작했다. 코네티컷의 목사이자 의사이자 농부였던 제러드 엘리엇은 1748년에 《밭농사에 관하여》(Essay Upon Field Husbandry) 1권을 출간했다. 1권에서 그는 토질 저하를 예방하는 방법이나 땅을 되살리는 방법에 관한 실험 결과들을 설명했다. 말을 타고 교민들과 환자를 만나러 갈 때 엘리엇은 헐벗은 산허리에서 흙탕물이 기름진 흙을 쓸고 흘러 내려오는 걸 보았다. 언덕에서 쓸려 내려간 흙은 계곡 아래쪽에 퇴적되어 평지의 밭을 기름지게 했고 겉흙이 사라진 고지대의 밭은 황폐해졌다. 엘리엇은 똥거름을 주고 토끼풀을 길러서 생기를 잃은 흙을 되살리라고 충고했다. 똥거름만큼이나 좋은 거름으로서 그는 이회토(화석 조개껍질)와 초석(질산칼륨)을 추천했다. 비탈면에 노출된 헐벗은 땅은 특히 빗물에 쓸려 내려가기 십상이었다. 합리적인 충고였지만 식민지 농부들은, 특히 언제든 새 땅을 손에 넣을 수 있는 남부에서는 엘리엇의 충고에 귀를 기울이지 않았다.

벤저민 프랭클린은 엘리엇의 책을 사서 토질 개선 방법을 실험해 보았다. 1749년에 엘리엇에게 쓴 편지에서 프랭클린은 미국 농부들에게 땅을 관리하라고 설득하는 일이 무척 힘들다며 걱정을 털어놓았다. "선생님이 쓴 밭농사 책 두 권대로 해 보았습니다. 그랬더니 사람들이 그 책에서 배울 게 많다는 걸 알겠더군요. 하지만 선생님의 이웃 농부들이 내 이웃 농부들만큼이나 조상들이 닦아 놓은 길에서 벗어나지 않으려 한다면 그 사람들에게 더 나은 방식을 따르라고 설득하기 어려울 겁니다."(Eliot 1934, 223-24쪽) 엘리엇은 똥거름이나 못 쓰게 된 작물을 밭에 되돌려 주지 않는 농부는 계좌도 만들지 않고 은행에서 돈을 찾으려는 사람과 마찬가지라고 했다. 아마 프랭클린도 똑같이 생각했으리라.

18세기 말에는 힘을 잃은 식민지 땅에 대한 논평이 꾸준히 이어졌다. 독립전쟁 기간 동안 저술한 알렉산더 휴위트는 노스캐롤라이나와 사우스캐롤라이나의 농부들이 코앞의 수확량만 생각하고 땅의 여건에는 관심을 쏟지 않는다고 비판했다.

한 곳에서 다른 곳으로 옮겨 다니는 농부들과 마찬가지로 농장주들의 관심사는 지금 당장 많이 거두는 기술이다. 이 목적만 이루어지면 땅이 얼마나 힘을 잃었는지는 모른 체한다. …… 흙의 비옥함과 드넓은 땅은 많은 이들을 속여 왔다. …… 얼마나 오랫동안 이 상태가 이어질 수 있을까. 땅은 머지않아 모자라게 되고, 땅의 본성이 드러나면서 시간과 경험이

…… 가르쳐 주는 대로 …… [사람들의] 부주의한 경작 방식은 바뀔 것이다.(Hewatt 1779, 2: 305, 306쪽)

미국 농업을 냉정하게 평가한 건 휴위트만이 아니었다.

1700년대 후반에 남부 주들을 여행한 많은 유럽 사람들은 흙에 똥거름을 주어서 양분을 보태는 방법을 쓰지 않는 모습에 놀라움을 드러냈다. 추방당한 프랑스 혁명가 브리소 드 와르비유는 새로 독립한 미국을 1788년에 여행했다. 그는 몰락의 길로 가는 농업 방식에 의문을 품었다. "담배가 땅을 그렇게 고갈시키는데도 소유주들은 구태여 땅의 생기를 되살리려 하지 않는다. 그들은 땅이 주는 것을 받기만 하고 땅이 더 내놓지 않으면 땅을 버린다."(Brissot de Warville 1794, 1:378쪽) 기름진 땅을 아무 생각 없이 낭비하는 모습을 보고, 값싼 노동력에 길들여져 있고 기름진 땅이 모자란 데 익숙한 유럽 사람들도 당황했다.

18세기 말에 새로 이주해 온 정착자 존 크레이븐은 버지니아의 앨버말 카운티의 토질이 몹시 낮다는 걸 알아챘다. 잘못된 농경 방식 탓에 주민들은 딴 데로 이주할 것인지 토질을 개선할 것인지 선택해야 했다. 세월이 흐른 뒤 《파머스 리지스터》(Farmer's Register)에 기고한 글에서 크레이븐은 안타까운 그때 상황을 회상했다. "뭐라 설명하기 힘들 만큼 지역의 땅 전체가 황폐함 그 자체였다. 이 밭 저 밭이 모두 생기를 잃었고 흙이 보이지 않은 채 땅이 깊게 갈라져 있었다. 농작물을 기를 만한 땅을 1에이커도 찾기 힘들었다. …… 처녀지 전체가 산등성이에서 쓸려 내려와 골짜기를 메웠다."(Craven 1833, 150쪽) 이듬해인 1800년에 버지니아와 메릴랜드를 방문한 윌리엄 스트릭런드는 주민들이 그런 밭에서 어떻게 생계를 이어가는지 알 수가 없다고 당황스러움을 숨기지 않고 털어 놓았다.

1793년에 유니테리언 목사인 해리 툴민은 랭커셔를 출발하여 미국으로 향했다. 이주할 새 지역이 살 만한 곳인지 둘러보고 신도들에게 알려 주기 위해서였다. 영국에서는 땅이 모자라고 식품 값이 치솟아 미국으로 떠나려는 압력이 높아졌다. 특히 산업경제 체제에서 고정된 수입과 낮은 임금에 기대어 살아야 하는 이들이 떠나려고 했다. 게다가 신생 프랑스 공화국이 영국에 전쟁을 선포하자 많은 유니테리언 신도들과, 미국 독립 혁명과 프랑스혁명의 진보적 이상에 공감하는 이들이 본국을 버리고 신세계로 떠났다.

대서양 해안 지대는 농업 전망이 없다고 생각한 툴민은 제임스 매디슨과 토머스 제퍼슨에게 받은 소개 편지를 존 브레킨리지에게 전했다. 브레킨리지는 버지니아 연방 하원의원을 그만두고 켄터키로 이주한 사람이었다. 툴민의 편지와 일기는 개척자들이 처음 정착했을 당시 켄터키 땅의 상태를 생생하게 전해 준다. 켄터키 북부 메이슨 카운티의 농업 잠재성을 전하면서, 툴민은 그곳의 땅이 완만하게 굴곡이 있고 흙이 기름지다고 설명했다. "흙은 대개 기름진 찰흙이다. 가장 좋은 땅(메이슨 카운티에 몇 백만 에이커가 있는데)의 흙은 검은색이다. 가장 기름지고 검은 부식토의 깊이는 12~15센티미터에 이른다. 그 아래층은 빛깔이 더 밝고 부슬부슬한 부식토로 40센티미터 깊이에 이른다. 이 흙은 습기가 마르면 바람에 날아갈 정도이다."(Toulmin 1948, 71쪽) 툴민의 보고를 비롯한 여러 증언을 들은 사람들은 해안 지역을 떠나 서쪽으로 갔다. 서쪽은 툴민이 상상했던 것보다 훨씬 전망이 밝음이 드러났다.

미국 독립 시대에 초기 지도자들은 나라의 장래에 흙의 침식이 미치는 영향을 걱정하기 시작했다. 조지 워싱턴과 토머스 제퍼슨은 식민지 농업의 파괴적인 본질을 가장 먼저 경고한 지도자들이었다. 정치적으로는 경쟁 관계에 있었지만 이 부유한 버지니아 플랜테이션 소유주들은 미국의 농경 방식이 장기적으로 끼칠 영향에 대해서만큼은 똑같이 걱정했다.

독립을 이룬 뒤 워싱턴은 이웃들의 근시안적인 영농 방식을 대놓고 비꼬았다. "우리 지역에서 따르고 있는 농업 체제(체제라고 표현할 수 있는 것인지 모르겠지만)는 농부들에게 남겨 주는 것이 없고 소유주들에게도 파멸을 가져다줄 뿐이다."(Washington 1803, 6쪽) 워싱턴은 담배를 재배하면서 토질을 고갈시키는 일반적인 방식을 비난했다. 그는 잘못된 농경 방식이 가장 짧은 시간 안에 땅에서 가장 많은 것을 쥐어짜 내려는 욕망을 불러일으킨다고, 또는 그 반대라고 보았다. 1796년에 알렉산더 해밀턴에게 쓴 편지에서, 워싱턴은 토질 고갈 탓에 신생 국가가 내륙으로 들어가게 될 거라고 내다봤다. "이 나라의 농업을 걱정하는 사람이라면 분명히 알고 있지요. …… 우리가 끔찍하게 잘못된 방식으로 〔우리 땅을〕 관리하고 있다는 사실을 말입니다. …… 몇 해 더 토질이 악화된다면 대서양 쪽 주에 사는 주민들은 살아남기 위해 서쪽으로 가게 될 겁니다. 하지만 생산적인 새 땅을 찾아 떠나지 않고 옛 땅의 힘을 되살리는 법을 배운다면, 사람들은 이제 거의 아무것도 길러 내지 않는 이 드넓은 땅을 이로운 땅으로 바꿔 놓겠지요."(Washington 1892, 13: 328-29쪽)

워싱턴이 진보적인 농업에 관심을 돌리기 시작한 것은 미국이 독립하기 훨씬 전이었다. 그는 1760년에 벌써 이회토와 똥거름, 석회를 거름으로 주고 풀, 완두, 메밀을 밭에 묻었다. 외양간을 지어 똥거름을 모으고, 달가워하지 않는 플랜테이션 관리인들에게 축사에서 나온 오물을 밭에 뿌리도록 가르쳤다. 돌려짓기 실험을 거듭한 끝에 곡물 사이사이에 감자와 토끼풀을 비롯한 풀 종류를 심는 방식을 확립했다. 또 흐르는 빗물과 침식 속도를 줄이기 위해 땅을 깊이 가는 방법도 실험했다. 그는 낡은 울타리 기둥, 폐물, 짚단으로 협곡을 메우고 흙과 똥거름으로 덮은 다음 작물을 심었다.

그러나 아마도 워싱턴에게서 가장 급진적이었던 부분은 대농장에서는 토질 개선이 거의 불가능하다는 깨달음일 것이다. 그는 땅을 작은 부분으로 나누어서 감독관들과 소작농들에게 토질 개선 방법을 가르쳤다. 워싱턴은 똥거름을 모아서 쓰고 피복작물을 정해서 돌려짓기를 함으로써 흙의 침식을 막으려고 했다.

독립을 이룬 뒤에 마운트버넌으로 돌아온 워싱턴은 영국 농학자 아서 영에게 편지를 띄워 토질 개선에 관한 조언을 구했다. 영은 워싱턴을 "형제 농부"라 일컬으며 미국 대통령이 바라는 도움을 주겠다고 했다.

1791년에 영은 워싱턴에게 버지니아 북부와 메릴랜드의 농업 환경을 설명해 달라고 부탁했다. 워싱턴의 대답을 보면 흙의 침식과 고갈을 일으키는 옛날 방식이 그대로 남아 있었음을 알 수 있다. 특히 담배 수확량이 꾸준히 떨어지는데도 그 재배 방식을 바꾸지 않았고, 힘이 떨어진 땅에서 길러 낼 수 있는 만큼 많은 옥수수를 뒤이어 재배함으로써 쉬지 않고 흙의 양분을 빼앗았다. 초지와 가축이 얼마 없었기에 똥거름을 주어 흙의 비옥도를 유지하거나 되살리는 농부는 거의 없었다. 워싱턴은 미국 농부들이 흙에 미치는 영향에는 아랑곳하지 않고 일꾼들에게서 최대한 뽑아내려는 욕구가 강하다고 설명했다. 일꾼들에게 들어가는 비용은 일꾼들이 일하는 땅 가치의 네 곱절이었기 때문이다. 또 담배를 포기하고 밀에 눈을 돌리는 농부들이 점점 많아지고 있는데, 밀 수확량은 중세 유럽의 수확량에도 못 미치고 있다고 전했다. 미국 농업은 신세계를 마모시켜 갔다.

토머스 제퍼슨 또한 미국이 땅의 생산 능력을 낭비하고 있다고 걱정했다. 워싱턴은 올바른 영농 방식에 관한 무지를 탓했지만 제퍼슨은 탐욕이 문제라고 했다. "우리들의 [농업에 관한] 무관심은 그저 지식이 모자라서가 아니라 마음껏 낭비해도 될 만큼 드넓은 땅이 있는 데서 비롯된다. 유럽은 노동력이 풍부하기 때문에 땅을 최대한 이용하는 것이 목적이다. 미국에서는 땅이 풍부하기 때문에 노동력을 최대한 이용하는 것이 목적이다."(Jefferson 1894, 3: 190쪽) 아서 영은 밭일을 하는 소들이 얼마 있지도 않은 밭에서 어떻게 밀을 17만5천 리터나 거둘 수 있느냐고 물었다. 제퍼슨은 "미국에서는 똥거름을 주지 않습니다. 여기서는 밭에 똥거름을 주는 것보다 새 땅 1에이커를 사는 게 훨씬 싸니까요."(Washington 1803, 103-4쪽)라고 설명했다. 단기 수확량을 늘리는 비결은 유럽 방식으로 농사를 짓는 게 아니라 흙을 침식하는 것이었다. 제퍼슨이 보기에 땅을 돌보지 않는 것은 미국 농업의 재앙이었다.

18세기 플랜테이션 소유주들과 가난한 이웃들의 관계는 제퍼슨의 견해를 뒷받침한다. 부유한 지주들은 일반적으로 담배를 재배하면서 땅을 고갈시키고 노예를 부려 새 땅을 개간하게 한 뒤 옛 땅은 생계 대책이나 노예가 없는 농부들에게 팔아서 담배 농사를 짓게 했다. 플랜테이션 소유주들은 자기 식구들이 먹을 음식을 이웃 농장에서 사곤 했다. 목화와 담배가 농사의 전부이다 보니 남북전쟁 전에 남부는 곡물과 채소, 가축을 전량 수입했다.

1793년 봄에 제퍼슨의 사위 랜돌프 대령은 비탈면에서 아래쪽으로 이랑을 내지 않고 등고선을 따라서 수평으로 밭을 만들기 시작했다. 처음에는 의심했던 제퍼슨도 랜돌프가 열다섯 해 뒤에 산허리 경작지를 개발하자 마음을 바꾸었다. 그 뒤로 등고선 경작을 공공연하게 옹호한 제퍼슨은 예전에는 비만 오면 밭이 침식이 되었지만 이제는 비가 와도 깊은 협곡이 파이는 일이 없다고 증언했다. 랜돌프는 이 발견으로 1822년에 앨버말 카운티 농업협회에서 주는 상을 받았다. 이름난 장인과 함께 랜돌프는 여러 사람들과 편지를 주고받으며 등고선 경작을 퍼뜨렸다.

그 가운데 하나인 필에게 보내는 1813년 편지에서 제퍼슨은 새로운 농법을 칭찬했다.

> 우리 지역은 언덕이 많은데 이곳 사람들은 위에서 아래쪽으로든, 사선으로든, 아니면 어떤 식으로든 직선으로 이랑을 내어 농사를 지어 왔습니다. 그래서 이 지역의 흙은 모두 어느새 강물로 흘러들었지요. 요새 우리는 언덕과 골짜기의 굴곡을 따라서 완전히 수평으로 밭을 간답니다. 물론 외곽선은 구불구불해지지요. 하지만 그러면 모든 고랑이 물을 담아 두는 저수지 노릇을 합니다. 이렇게 고인 물은 냇물로 흘러들지 않고 작물을 재배하는 데 쓰입니다. 수평으로 깊게 간 밭에서는 흙 한 줌도 쓸려 내려가지 않습니다.(Jefferson 1813, 509쪽)

하지만 새 농법에는 정성이 들어가야 했다. 비탈 아래쪽으로 조금만 기울어도 밭고랑에 물이 고였다가 물길을 내면서 협곡을 만들었다. 등고선 경작의 가치는 인정되었지만, 올바르게 하는 건 둘째 치고 등고선 경작을 하는 데 들어가는 수고를 몹시 귀찮게 생각하는 이들이 많았다. 1830년 대에 랜돌프의 아들은 깊이갈이, 석고를 거름으로 주기, 옥수수를 토끼풀이나 풀과 함께 돌려짓기 같은 '새' 농법들이, 토질이 고갈된 땅을 되살리려 했던 싸움에서 아버지가 남긴 공로를 곧 뛰어넘을 것이라고 했다.

19세기 초에 이르러 미국 사람들은 흙의 비옥함을 지키고 되살려야 할 필요성을 깨닫기 시작했다. 더 깊이 땅을 갈고 동물과 식물 거름을 밭에 주는 농부들이 생겨났다. 특히 농학자 존 테일러는 반드시 흙을 보존하고 개선해야 남부 농업을 이어갈 수 있다고 주장했다. "우리 땅이 생기를 잃어 가고 있다는 건 별 생각 없는 구경꾼의 눈에도 뚜렷이 보인다. …… 마흔 해가 넘도록 많은 농장을 보아 왔지만 …… 그 모든 땅이 심각하게 황폐해졌다." 남부의 미래를 예견하면서 테일러는 토질 개선이 남부 농업의 철학으로 자리 잡지 않는다면 "우리 농업의 진보란 이주의 진보일 뿐이다"(Taylor 1814, 11, 15, 10쪽)라고 말했다. 1820년대에는 토질을 되살리려는 적극적인 노력이 필요하다는 인식이 남부 전체에 널리 퍼졌다.

테일러와 같은 시대를 살던 프랑스 사람 펠릭스 드 보주르는 미국 농부를 쉼 없이 이동하는 유목민이라고 정의했다. 그는 미국 사람들이 일반적으로 거름을 주어서 밭을 기름지게 하지 않는 데 놀랐다. "미국 사람들은 물거름을 어디에서나 만들 수 있다는 걸 모르는 것 같다. 거름과 물만 섞어 주면 땅 전체가 비옥해지는 것을. 그래서 미국의 땅은 얼마 지나지 않아 불모지가 된다. …… 미국 농부들은 여기저기 떠돌아다니고 싶어 하는 목동 같다."(de Beaujour 1814, 85-86쪽) 남부에 관한 19세기 초반의 기록에는 이와 비슷한 서술이 많다.

남부 지역신문들은 퇴임한 대통령 제임스 매디슨이 1818년 5월에 버지니아 앨버말 카운티 농업협회에서 한 연설의 내용을 1면에 실었다. 매디슨은 사람들이 서쪽으로 개척해 나가는 것이 반드시 진보를 뜻하는 건 아니라고 경고했다. 나라에 미래가 있으려면 땅을 보호하고 개선해야 한다고. 거름을 주지 않으면서 쉼 없이 경작하여 땅을 혹사하고 비탈의 위아래 방향으로 이랑을 내면 땅에서 생기가 사라진다고 했다. 매디슨은 농업적 확산은 절제되어야 한다고 힘주어 말했다. 토질을 개선하는 것이 서쪽으로 이주하는 것의 대안일 뿐 아니라 먼 앞날을 바라보는 하나뿐인 해결책이라고.

펜실베이니아의 농부 존 로레인의 철학이 담긴 책 《농업에서 자연과 이성의 조화》(Nature and Reason Harmonized in the Practice of Husbandry)가 1825년에 그가 숨을 거둔 뒤에 출간되었다. 그는 천연의 식생에서는 없어지는 흙만큼 흙이 새로 생겨나기 때문에 침식이 이롭다고 보았다. 골짜기 아래쪽은 비탈에서 침식되는 흙이 퇴적되어 비옥해지고, 산허리에서는 풍화작용으로 새 흙이 만들어져서 침식된 흙을 보충했다. 하지만 농부들이 그 자연의 시스템을 바꾸어 놓은 것이다. 농부들이 땅을 마구 쓰고 헐벗은 땅을 내버려 두어 빗물에 흙이 침식되면서 흙과 거기에서 일하는 농부들 모두가 헐벗게 되었다.

로레인은 가파른 비탈의 밭에서는 풀을 영구 작물로 삼고 밭을 초지로 만들어서 땅이 고갈되지 않게 하라고 제안했다. 풀이 덮은 땅은 빗방울의 충격을 차단하고 흡수하여 침식을 예방하고 땅의 흡수성을 높여서 빗물이 지표면을 흐르지 않고 땅속으로 스미도록 해 준다. 침식을 예방하고 흙의 비옥도를 유지하는 열쇠는 땅에 식물성 거름과 동물성 거름을 되도록 많이 주는 것이었다. 로레인은 가난한 농부들도 실천할 수 있는, 돈이 많이 들지 않는 침식 예방법을 옹호했다. 그는 세심하게 등고선 경작을 실천하고, 물이 고였다가 흘러가며 협곡을 만들지 않도록 방지하면 흙을 보존할 수 있다고 주장했다.

로레인은 또 소작제도가 흙의 보존에 큰 장애물이라고 보았다. 워싱턴이나 제퍼슨처럼 취미로 농사짓는 이들이 새로 개발한 농법들은 비용을 감당할 수 없는 소농들의 의욕을 꺾는 것이었다. 오히려 땅에 아무런 권한이 없는 소작농들은 흙을 낭비하고 이익을 가져다주는 보존 방식을 무시했다. 그가 생각하는 해법은 노예를 해방하고 토질 개선을 모든 임차계약 조건으로 강제하는 것이었다. 로레인은 고갈되지 않는 땅을 어디에선가 찾아낼 수 있다는 농부들의 믿음을 비웃었다. "태평양이 농부들의 이주를 막아서야만 그런 땅이 없다는 걸 믿게 될는지."(Lorain 1825, 240쪽)

토질 고갈 문제를 연구한 동시대의 다른 관찰자들 가운데에는 땅이 빠른 속도로 기운을 잃은 이유가 똥거름을 주지 않은 데 있다고 보는 이들이 많았다. 노예를 부려 가축의 사료를 키우는 것보다 노예노동으로 목화나 담배를 재배하는 편이 훨씬 이익이었다. 거름을 잘 준 밭은 거름을 주지 않은 밭의 두세 곱절을 수확한다고 알려져 있었지만 남부 사람들은 소떼가 숲에서 풀을 뜯게 내버려 두었다. 대부분의 플랜테이션은 분뇨를 모아서 밭에 주는 노력을 사실상 전혀 하지 않았다. 수많은 역사 자료들이 남부의 안타까운 상태를 전해 준다.

1827년 10월 11일자 《조지아 쿠리어》(Georgia Courier)의 기사는 조지아를 지나는 여행자의 편지글을 인용했다. 그 여행자는 사람들이 꾸준히 서쪽으로 이주해 가는 것은 조지아의 고갈된 땅 때문이라고 말했다. "나는 지금 오거스타를 떠나왔습니다. 노스캐롤라이나와 사우스캐롤라이나, 그리고 조지아 출신의 목화 농장주들이 유목민처럼 수많은 흑인들을 데리고 앨라배마, 미시시피, 루이지애나로 이주하는 길을 지나쳐 왔습니다. 그들이 가려 하는 곳은 '목화를 기를 땅이 남아 있는 곳'이지요." (Phillips 1909, 1: 284-85쪽) 남부가 서쪽으로 이동하고 있었다.

1820년대에 동부 해안 지역에서는 노예제도가 경제적으로 이익을 주지 못했다. 존 테일러는 많은 플랜테이션 소유주들이 거의 이익이 남지 않는 담배 재배를 포기하지 않으려 한다고 전했다. 담배 재배를 포기하면 노예들이 겨울에 할 일이 없어지기 때문이었다. 노스캐롤라이나에서는 경작되는 땅만큼 많은 땅이 버려졌다. 서쪽의 생기 넘치는 땅에서 경작하는 농장들과 경쟁이 붙자 담배와 목화 값이 떨어지면서 토질이 고갈된 피드먼트고원과 해안 지대에서는 이익이 별로 남지 않았다. 노예들은 주인들에게 짐이 되기 시작했다. 1827년 3월 24일, 《나일스 리지스터》(Niles Register)는 현실을 개탄했다. "현명한 농장주들 대부분은 메릴랜드에서 담배 농사로는 앞으로 수익을 내지 못한다고 본다. 노예를 처분할 방법만 있다면 그들은 거의 대부분 담배 농사를 포기할 것이다."(Craven 1925, 81쪽)

이주한 농장주들은 서쪽의 새 땅에서도 그 파멸적인 방법을 그대로 이어 갔다. 오랜 관습 탓에 서쪽까지 오게 되었으면서도. 1833년 8월에 《파머스 리지스터》에 기고한 글에서 한 앨라배마 주민은 되풀이되는 악순환에 절망감을 드러냈다. "나는 이곳의 농업이 발전하리라고 크게 기대하지 않는다. 우리 농장주들은 조지아와 캐롤라이나 주, 그리고 버지니아의 선조들이 땅을 못 쓰게 만들었던 바로 그 파괴적인 방식을 아무 생각 없이 따라하는 죄를 짓고 있다. 그 선조들은 숲과 땅을 상대로 회복할 수 없는 전쟁을 벌여서 파괴를 안겨 주고 황폐함을 남겼다."(Letter from Alabama 1833쪽) 19세기 미국에서 남용된 땅과 경제 불황이 연관되어 있다는 데에는 논란의 여지가 없었다. 농부들의 나라는 스스로 징조를 읽을 수 있었다.

《컬티베이터》(Cultivator) 편집자 제시 뷰얼은 서쪽으로 이주하기보다 농업적 개선을 받아들인 보수적인 농부들 가운데 가장 논리적인 대변인이었다. 독립전쟁의 시작을 알리는 총성이 울리고 두 해 뒤에 코네티컷에서 태어난 뷰얼은 인쇄공의 견습생이었다가 1820년대에 농장을 샀다. 열해 뒤에 그는 시골이 번영하는 열쇠를 똥거름에서 보기 시작했고, 합리적으로 관리한 땅은 고갈되지 않는다고 믿었다. 그의 견해에 따르면, 농부는 땅을 자신에게 맡겨진 위탁물로 여기고, 후손에게 고스란히 물려주어야 할 의무가 있었다.

펜실베이니아로 이주해 온 독일과 네덜란드 농부들도 뷰얼의 생각과 같았다. 그들은 전형적인 식민지 농법과 대조되는 진보적인 유럽 영농 방식을 들여왔다. 암소들이 사료작물을 우유와 똥거름으로 바꾸어 놓는 커다란 외양간 둘레에서 적당한 크기의 밭을 경작하는 방식이었다. 대부분의 미국 농부들과 달리 그들은 흙을 금덩이처럼 소중히 여겼다. 그들의 땅에서는 작물이 무럭무럭 자라고 남부에서 찾아온 이들이 깜짝 놀랄 만큼 수확량이 많았다. 1832년에 남부에서 에드먼드 러핀의 《석회질 거름에 대하여》(Essay on Calcareous Manures)가 출간되면서 미국 농업의 혁명이 시작되었다.

일찍이 남부 독립의 선동가로 역사에 더 잘 알려진 러핀은 비료의 힘으로 흙의 비옥함을, 그리고 남부를 되살릴 수 있다고 믿었다. 러핀은 열여섯 살인 1810년에 집안의 황폐한 플랜테이션을 물려받았다. 이미 한 세기 반 동안 경작해 온 밭에서 이익을 내려고 애쓰던 그는 농업 개혁가 존테일러가 지지했던 깊이갈이, 돌려짓기, 방목 금지 방법을 받아들였다. 그 결과에 만족하지 못해서 거의 서쪽으로 이주할 작정을 한 러핀은 시험 삼아 이회토를 땅에 주어 보았다.

그 결과는 놀라웠다. 화석 조개껍데기를 부수어서 밭에 주었더니 옥수수 수확량이 거의 반이 늘었다. 러핀은 다른 땅에도 이회토를 주기 시작했고 밀 수확량이 거의 곱절로 불었다. 버지니아 흙이 지나치게 산성화되어 작물을 기를 수 없는 것이라고 판단한 러핀은 탄산칼슘을 보태어 산성을 중화하고 거름을 주면 흙의 비옥도를 유지할 수 있을 것이라고 추론했다. 그의 책은 널리 읽혔고 대표적인 농업 잡지들은 호의적인 서평을 실었다.

러핀의 본보기를 따르니 버지니아 농부들은 더 많이 거두기 시작했다. 남부 사회에서 하루아침에 유명인사가 된 러핀은 농업 발전을 목표로 하는 월간지 《파머스 리지스터》를 발행했다. 이 잡지는 광고를 전혀 싣지 않고 농부들이 쓴 현장 기사를 실었다. 몇 해 안에 구독자는 1천 명이 넘었다. 서쪽에서 떠오르고 있는 새 목화 왕국과 경쟁하고자 했던 사우스캐롤라이나에서 새로 선출된 주지사 제임스 해먼드는 1842년에 주의 이회토층을 파악하고 지도로 작성하는 일을 러핀에게 맡겼다. 열 해 뒤에 러핀은 새로 설립된 버지니아농업협회 회장을 맡았다.

저명인사로서 존경받았고 대중의 관심을 받으려는 욕망이 컸던 러핀은 1850년대에 남부 독립을 지지하는 데 힘을 기울였다. 독립을 유일한 길로 생각한 그는 고대 그리스와 로마처럼 노예노동이 진보된 문명을 지탱해 왔다고 주장했다. 링컨의 당선 소식을 듣자마자 그는 서둘러 대표자회의에 참석하여 남부 독립선언을 채택하였다. 그는 60대였던 1861년 4월에 섬터 요새에서 첫 번째 총성을 울린 주인공이라고 알려져 있는데, 그 전에 이미 토양화학을 이용하여 농업 생산성을 높일 수 있음을 보여 줌으로써 비료 혁명을 일으키고 있었다.

러핀은 흙이 크게 세 가지 종류로 이루어져 있다고 생각했다. 규질 흙은 물이 막힘없이 지나가는 조암광물로서 물이 잘 빠지는 땅의 열쇠이다. 알루미늄이 들어 있는 흙(점토)은 물을 흡수하여 담아 두는데, 작은 저수지 노릇을 하는 틈과 갈라진 금이 복잡하게 얽혀 있다. 석회질 흙은 산성 흙을 중화시킬 수 있다. 러핀은 이 세 가지 흙이 유기물질과 섞여 있는 가장 위쪽의 얇은 흙층에 흙의 비옥함이 있는 것이라 보았다. 생산력이 높은 농토는 규질, 알루미늄질, 석회질 흙이 잘 섞여 있는 흙이었다.

러핀은 겉흙이 침식되면 흙의 비옥함이 사라진다는 걸 깨달았다. "깊이 10센티미터도 안 되는 흙이 사라지고 영양가 없는 밑흙이 노출되면 …… 뒤이어 모든 식물군락이 사라진다."(Ruffin 1832, 15쪽) 그는 농업의 권위자들과 마찬가지로 똥거름이 남부를 되살릴 수 있다고 보았다. 하지만 똥거름이 얼마나 흙을 기름지게 하느냐는 흙의 타고난 비옥함에 따라 달라진다고 생각했다. 산성화된 땅에서 수확량을 늘리려면 똥거름을 주기 전에 먼저 산성을 중화시켜야 한다. 러핀은 석회질 흙이 식물에 직접 양분을 준다고 믿지 않았다. 숨겨져 있는 비옥함을 똥거름이 되살리고 헐벗은 땅을 기름진 밭으로 바꾸어 놓으려면 석회질 흙을 보충해 주어야 했다.

더 나아가 러핀은 남부가 플랜테이션에서 태어난 노예들을 내다 팔 시장을 확대해야 한다고 생각했다. 늘어나는 인구를 먹일 만큼 농업 생산성이 증가하지 않는다면 남아도는 노예는 수출해야 했다. 농업 개혁과 정치에 관한 그의 견해는 남북전쟁의 현실과 맞지 않았다. 그는 리 장군이 항복한 직후에 자살했다.

토질 고갈 문제는 남부만의 문제가 아니었다. 1840년대에 켄터키와 테네시 농업협회 연설문들은 새 주들이 메릴랜드와 버지니아에 뒤이어 생산적인 땅을 빠른 속도로 고갈시키고 있다고 경고했다. 19세기 중반에 기계화된 농업이 시작되었을 때, 뉴욕의 에이커당 밀 수확량은 영농 기술의 발전이 무색하게도 식민지 시대의 반밖에 안 되었다. 그러나 토질 저하가 북부 주들에 미치는 영향은 더욱 다각화된 북부 경제 덕택에 남부보다 덜 드러났다.

1840년대에 영국 지질학자 찰스 라이엘은 남북전쟁 전에 남부를 여행하다가 앨라배마와 조지아에서 개간된 지 얼마 안 된 밭에 생긴 깊은 협곡을 조사했다. 협곡에 호기심이 인 것은 무엇보다도 흙 밑에 몹시 풍화된 암석이 보였기 때문이다. 라이엘은 암석 위의 흙층이 산림 개간 이후로 빠르게 침식되었음을 알아냈다. 협곡이 생겨나기 전의 에피소드들이 지형에 중요한 변화를 일으켰다는 증거는 남부 어디를 가도 찾을 수 없었다. "산림이 개간되고 숲이 벌목된 뒤부터 흐르는 물은 남부를 매우 빠른 속도로 침식했다. 옛날 옛적 처음으로 바다 위로 솟아올랐을 때부터 이 지역은 늘 울창한 숲으로 덮여 있었음을 짐작할 수 있는 것이다."(C. Lyell 1849, 2: 24쪽) 라이엘은 완만한 언덕을 개간하여 농경지로 만듦으로써 태고의 균형이 깨졌다고 보았다. 땅은 말 그대로 부서지고 있었다.

특히 라이엘의 눈길을 잡아끈 협곡이 있었다. 메이컨으로 가는 길에 밀리지빌 서쪽으로 6킬로미터가 안 되는 거리에 있는 곳이었다. 1820년대에 숲이 개간되어 땅이 악천후의 직접적인 공격에 시달리면서 생긴 협곡이었다. 여름 동안 점토질 흙에 90센티미터 깊이의 끔찍한 골이 생겼다. 이 골에 빗물이 고여 흐르면서 깊은 협곡을 파 놓은 것이다. 협곡은 점점 커져서 1846년에 라이엘이 찾아갔을 즈음에는 깊이가 15미터가 넘고 벌어진 너비가 60미터가 넘으며 길이는 몇 백 미터에 이르렀다. 앨라배마에서도 깊이가 24미터가 넘는 비슷한 협곡들이 개간된 지 얼마 되지 않은 경작지들을 망쳐 놓았다. 라이엘은 협곡들이, 번져 가는 현상이 남부 농업을 심각하게 위협한다고 생각했다. 흙은 만들어지는 속도보다 훨씬 빠르게 사라지고 있었다.

앨라배마 주 몽고메리로 가는 길에 낮고 굴곡이 완만한 구릉지를 지나면서 라이엘은 개간된 지 얼마 안 된 땅에 남아 있는 거대한 전나무 그루터기들을 보고 놀랐다. 그런 숲이 되살아나려면 얼마나 오랜 시간이 걸릴

까 궁금해졌다. 그는 그루터기 지름을 재고 나이테를 세어 보았다. 가장 작은 것의 지름이 76센티미터 정도이고 나이테가 120개였다. 가장 큰 그루터기는 지름이 120센티미터에 나이테가 320개였다. 라이엘은 그렇게 오래된 나무들은 벌목된 땅에서 결코 다시 자라날 수 없다고 믿었다. "그렇게 자라기까지 걸린 시간을 생각해 볼 때, 조경용으로 보호되는 숲이라면 모를까 벌목된 숲에서 우리 후손들은 그런 나무들을 다시 볼 수 없을 것이다."(C. Lyell 1849, 2: 36쪽) 거대한 나무들이 오랜 세월 서 있었던 숲을 베어 내고 담배와 목화, 옥수수가 들어섰다. 맨땅을 드러낸 헐벗은 처녀지는 비바람이 불 때마다 피를 흘리듯 흙을 잃었다.

농장을 버리고 텍사스나 아칸소로 가는 농부들을 만난 일도 라이엘에게는 협곡만큼이나 강렬한 인상을 남겼다. 서쪽으로 이주해 가는 몇 천 명의 행렬을 지나쳐갈 때 사람들은 한결같이 "당신도 이주하는 겁니까?"라고 라이엘에게 물었다고 한다. 어떤 노신사는 이 유명한 지질학자에게 화석을 몇 개 보여 주더니 자기 농장 전체를 사라고 했다. 라이엘은 그 노인에게 손수 개간해서 스무 해 동안 먹고 산 터전을 왜 그렇게 팔아치우려 하느냐고 집요하게 물었다. 그의 대답은 이랬다. "텍사스가 더 고향 같을 것 같아서 그런다네. 오랜 이웃들이 모두 텍사스로 갔거든."(C. Lyell 1849, 2: 72쪽)

카누를 타고 남부 여러 곳을 지나면서 라이엘은 강들을 자세히 관찰했다. 관심을 갖고 살펴보는 이의 눈에는 산림 개간과 경작에 뒤이어 빠르게 침식이 일어난 것이 뚜렷하게 드러났다. 특별히 지질학을 전공하지 않아도 파괴적인 침식의 징후들을 읽을 수 있었다. 조지아 주 알라타마하 강을 지나면서 만난 이들은 상류 지역을 개간하여 경작하기 전까지는 홍수가 나도 맑은 물이 흘렀다고 얘기했다. 1841년이 되어서야 지역 주민들은 비바람이 불 때마다 홍수가 일어나는 원인을 찾아냈다. 산림을 개간한 강의 지류에서는 뻘건 흙탕물이 흘렀고, 숲으로 뒤덮인 지류에서는 아무리 거센 폭풍이 몰아쳐도 수정처럼 맑은 물이 흘렀던 것이다. 라이엘이가 보았을 때는 예전에 맑은 물이 흐르던 지류에도 흙탕물이 흘렀다. 아메리카 원주민이 내몰리고 땅은 이미 개간되어 경작되고 있었던 것이다.

당시 농경 방식이 흙과 사회에 강요한 희생은 비밀이 아니었다. 1849년 특허청 보고서는 지역에 드는 비용을 계산해 보았다.

> 10억 달러라는 큰 비용으로도 부분적으로 토질이 고갈된 북부의 땅 1억 에이커를, 부식토가 풍부하고 비옥하여 영원히 경작할 수 있을 만큼 되살릴 수는 없다. 그것은 원시 상태 그대로일 때나 가능하다. …… 일흔 해 전에 밀을 에이커당 875리터에서 1,225리터까지 수확했던 뉴욕 주의 땅에서 지금은 고작 에이커당 210에서 315리터를 수확한다. 농사를 짓는 모든 오래된 주에서 토질 고갈의 결과는 훨씬 심각하고 파괴적이다.(U.S. Senate 1850, 7-8쪽)

미국 초창기의 주들 전역에서 수확량이 뚜렷하게 감소하자 흙의 비옥함을 유지하는 방법이 중요한 과제로 등장했다. "'공공복지를 향상시키는' 의무를 실현하는 정부는 없는 것 같다. …… 정부는 땅을 경작하는 모든 이들이 처음 농사를 지었을 때보다 나빠진 상태로 땅을 내버려 두지 않는 것이 후손에게 지고 있는 의무임을 깨닫고 그 의무를 다하도록 강제해야 한다."(U.S. Senate 1850, 9쪽) 남북전쟁 시작 전에 미국 전역의 농업 잡지들은 흙의 침식과 토질 고갈이라는 쌍둥이 악을 공격했다. 새 땅이 심각하게 부족해지자 흙의 보존과 개선 방법을 받아들이자는 호소가 점점 퍼져 갔다.

　남북전쟁 전 남부에서 토질 고갈의 직접적인 원인은 숨겨진 것이 아니었다. 가장 첫 번째로 꼽히는 원인은 돌려짓기를 하지 않고 쉼 없이 경작하는 것, 똥거름을 공급하는 가축을 제대로 키우지 않은 것, 그리고 산허리 비탈에서 위아래 방향으로 똑바로 이랑을 내서 헐벗은 흙이 빗물에 쓸려 내려가도록 내버려 두는 것들이었다. 하지만 이런 파괴적인 영농 방식을 자극하는 사회적 원인들이 따로 숨어 있었다.

　단기적 보상을 최대화하려는 욕망이 플랜테이션 농업을 이끌었다는 점에는 의심의 여지가 없다. 땅은 싸고 풍부했다. 몇 해 단위로 먼 내륙으로 이주하면서 농장주들은 언제까지나 처녀지를 경작하는 이로움을 누렸다. 새 땅이 남아 있는 한은. 새 땅을 개간하는 건 정성껏 밭을 갈고 계단식 농사를 짓고 작물을 거둔 밭에 똥거름을 주는 것보다 돈이 적게 들었다. 그러나 처녀지를 구하려면 식구들과 재산, 노예까지 살던 곳을 떠나서 서쪽의 신생 주들로 옮겨가야 했다. 사회적으로나 경제적으로 높은 이사 비용을 생각해 본다면, 그들이 땅을 고갈시키고 있다는 뚜렷한 증거를 앞에 두고도 어떻게 그런 영농 방식을 버리지 못한 것일까?

　먼저 토질 고갈 문제를 인식하고 있었을 가능성이 큰 대농장 소유주들은 직접 일하는 사람들이 아니었다. 2000년 전 고대 로마에서 그랬듯이 부재지주는 흙을 낭비하는 관습을 부채질했다. 수확물에 비례하여 수익을 얻는 감독관과 소작농들은 흙의 비옥도를 유지해서 지주들의 투하자본을 보호하기보다 한 해 농사의 수확량을 극대화하는 데 더 관심이 있었다. 등고선 경작이나 협곡이 파인 곳을 메우는 데, 또는 밭에 똥거름을 주는 데 시간을 들이면 눈앞의 수입이 줄어들었다. 같은 밭을 한 해 넘게 맡지 않는 감독관들은 되도록 빨리 흙의 양분을 뽑아냈다.

농업 개혁을 가로막는 또 다른 중요한 걸림돌은 노예제도가 토질 저하를 줄이는 방법과 어울리지 않았다는 것이다. 어떤 면에서는 남부에서 흙의 침식이 심각해지면서 남북전쟁의 발단이 되었다. 모두 남북전쟁이 노예제도를 둘러싼 갈등이었다고 배웠지만 우리가 배우지 않은 것이 있다. 그것은 남부 경제를 특징지었던 담배와 목화의 단일경작이 이익을 내기 위해서 노예노동을 필요로 했다는 것이다. 문화적 관습을 넘어서 노예제도는 남부의 부를 뒷받침하는 데 꼭 필요했다. 남부가 농업 사회였기 때문만은 아니다. 북부의 많은 부분도 농업 사회였다. 노예제도는 남부 전역에 공통적이었던, 수출 중심의 상품작물 단일경작에 없어서는 안 될 요소였다.

물론 남북전쟁을 총체적으로 설명하려면 양쪽의 적대감이 충돌하기 전의 복잡한 상황과 사건들을 포괄해야 한다. 남북전쟁의 주요 원인들은 관세와 중앙은행 설립, 의회와 북부 전반에 퍼진 노예제 폐지론, 도망노예법의 통과를 둘러싼 갈등이었다. 노예제도를 폐지하려는 노력들은 분명히 남부에 존속하는 노예제도를 둘러싸고 일어난 것이었다. 그러나 남북전쟁 이전 시기에 가장 뜨거운 이슈는 새로운 서부 주들에서 노예의 지위 문제였다.

악명 높은 1857년 '드레드 스콧 판결'이 대법원에서 내려진 이후 긴장이 최고조에 이르렀다. 노예는 시민이 아니므로 자유를 요구할 원고로서의 자격도 없다는 것이 판결 내용이었다. 대법원 판사 아홉 명 가운데 다섯 명이 집에서 노예를 부리는 이들이었다. 남부 주 출신으로 노예제를 찬성하는 대통령들이 임명한 판사가 일곱 명이었다. 이 판결은 연방정부가 새로운 준주(準州)들에서 노예제를 폐지할 권한이 없다는 것을 근거로 1820년의 미주리 타협안이 위헌이라고 선언했다. 남부 사람들은 그들의 주장을 분명히 지지한 판결을 환영했다.

분노한 북부 노예제 폐지론자들은 갑자기 떠오른 공화당을 지지했고 선거운동 끝에 에이브러햄 링컨을 대통령 후보로 지명하는 모험을 감행했다. 공화당의 강령은 노예제도가 더 확산되어서는 안 된다는 것이었다. 민주당은 분열되어 북부 사람들은 스티븐 더글러스를 지지했고 남부 사람들은 당론과 달리 켄터키의 존 브레킨리지 부통령을 후보로 지명했다. 경계 주(남북전쟁 때 노예주였던 델라웨어, 켄터키, 메릴랜드, 미주리, 웨스트버지니아의 5개 주로, 남부와 북부 사이에 있다 — 옮긴이)들 출신의 보수주의 휘그 잔당으로 이루어진 입헌연방당은 테네시의 존 벨을 후보로 지지했다.

반대파의 분열은 바로 링컨에게 필요한 것이었다. 지리적 경계선을 따라서 갈라진 선거에서 남부 주들은 브레킨리지를 지지했다. 경계주인 켄터키, 버지니아, 테네시는 벨에게 투표했다. 더글러스는 미주리와 뉴저지에서 표를 얻었다. 링컨은 국민투표에서 40퍼센트를 얻었지만 선거인단 투표에서 대다수를 얻었다. 북부의 모든 주와 신생 주 캘리포니아와 오리건 표를 차지한 것이다.

링컨이 백악관에 입성하자 전쟁 가능성이 커졌다. 북부에서는 전쟁이 일어나리라고 예상하는 이들이 많았다. 노예제 폐지론자들은 노예제도를 부도덕하다고 여겼다. 많은 북부 사람들은 모든 사람이 평등하게 창조되었다는 가르침의 바탕에 서 있는 나라에서 합법적 노예제도란 상상할 수도 없는 것으로 여겼다. 그러나 북부 사람들이 노예제도의 즉각 폐지를 바랐다고 해도 대부분은 노예제도가 새로운 준주로 확산되는 것을 막는 수준에 실용적으로 동의했다.

전쟁이 다가오는데 남부의 관점은 더 복잡하고 똑같이 실용적이며 덜 유연했다. 대부분의 남부 사람들은 링컨의 당선으로 노예제도가 폐지될 거라고 믿었다. 북부가 남부의 삶의 방식에 개입하고 있고, 남부의 재산 문제에 간섭하고 있다며 분노하는 이들이 많았다. 어떤 이들은 남부의 명예가 더럽혀졌다고 화를 냈다. 하지만 링컨의 당선은 제한적인 의미만 있었고(완전한 노예제도 폐지는 남북전쟁 때까지 공언되지 않았다) 사실 노예를 소유한 이들은 남부 사람들 가운데 4분의 1에도 미치지 못했다. 그렇다면 어째서 이 문제가 나라를 쪼개 놓을 만큼 큰 정치적 갈등을 일으킨 것일까?

흔히 있는 일이지만 돈을 추적해 보면 이유를 알 수 있다. 노예제도 확대의 제한이 경제적으로 중요한 까닭은 플랜테이션 농업과 남부 경제의 형성에 토질 고갈이 중요하게 한 역할에서 찾아야 한다.

십대의 자식을 둔 부모들 대부분은 아이들에게 마음이 내키지 않는 일을 시켰을 때 좋은 결과가 나올 리 없다는 걸 알고 있다. 일반적으로 가장 좋은 노예들조차 자발성이나 관심, 능력을 펼쳐 보이지 않는다. 노예들은 대개 신체 처벌을 면할 만큼만 일하려고 한다. 그들은 해고될 리가 없고 일을 잘해야 할 동기도 없다. 강제 노동이라는 바로 그 본질이 일의 독창성이나 전문성을 가로막는 것이다.

땅의 요구에 알맞게 짜인 농업은 세심하고 탄력적으로 농장을 운영하려면 많은 정성이 들어간다. 부재지주와 고용된 감독관, 강제 노동은 그렇지 않다. 더 나아가 강제에 의해 유지되는 적대적인 노동 시스템은 필연적으로 노동자들을 한 곳에 집중시킨다. 따라서 단일작물 플랜테이션 농업은 규칙과 노예노동의 반복적인 일과에 잘 맞았다. 그와 동시에 노예들은 해가 바뀌어도 똑같은 노동을 반복할 때 큰 수익을 냈다.

1790년대까지 노예노동으로 경작한 플랜테이션은 사실상 담배 말고 아무것도 재배하지 않았다. 18세기 말에 남부 플랜테이션들이 더 다양한 작물을 기르기 시작하고 더 많은 가축을 기르기 시작하자 노예노동의 경제성이 점점 떨어졌다. 남부의 많은 사람들은 노예노동이 경제적으로 잊히고 있지만 목화가 떠오르면서 노예무역에 새 숨을 불어넣을 거라고 생각했다.

노예노동은 사실상 단일작물 경작에 알맞았는데, 단일작물 경작은 한 해의 상당 기간 동안 땅을 헐벗고 침식에 취약하게 내버려 두었다. 그리고 똥거름을 안정적으로 얻을 수 있는 목축과 돌려짓기의 발전을 가로막았다. 담배나 목화 말고 아무것도 기르지 않는다면 가축을 기를 수가 없었다. 가축을 먹이려면 곡물이나 풀이 필요하기 때문이다. 노예제도가 자리 잡으면서 단일경작이 경제적 필연이 되었고, 또는 그 반대의 순서라 해도 좋다. 반세기 뒤 남북전쟁이 일어나기까지 노예노동에 기댄 남부 농업은 흙을 보존하는 일반적인 방법을 외면함으로써 사실상 토질 고갈을 향해 나아갔다.

남부와 달리 뉴잉글랜드 농업은 처음부터 훨씬 다각화되어 있었다. 이익을 목적으로 한 수출 작물을 전혀 키우지 않았기 때문이다. 18세기 후반에 북부 주들에서 노예제도가 지속되지 않았다는 사실은 보편적인 자유와 인간의 존엄성이라는 추상적인 이상보다 담배가 머나먼 북부에서 자랄 수 없다는 단순한 사실과 더 관련이 있을 것이다. 대규모 단일경작이 예전처럼 우세를 보이지 않았다면 북부에서 노예제도가 사라진 뒤 얼마 되지 않아 남부에서도 노예제도가 사라졌을지 모른다.

하지만 이것만으로는 남부가 링컨을 극렬하게 반대한 이유를 설명하지 못한다. 링컨의 제안은 노예제의 확산을 지역적으로 제한하는 것에 지나지 않았기 때문이다. 결국 1860년 선거 때 남부의 노예제도 자체가 직접적인 문제는 아니었다. 1790년에 처음으로 이루어진 전국 인구조사 때 메릴랜드, 버지니아, 그리고 노스캐롤라이나와 사우스캐롤라이나에 남부 노예의 92퍼센트가 살고 있었다. 스무 해 뒤, 노예 추가 수입 금지가 이루어지고 나서 해안 지역의 주들에 남부 노예의 75퍼센트가 있었다. 1830년대와 1840년대에 대서양 주들의 노예 소유주들은 노예의 후손들을 서부 시장에 내다 팔았다. 토질이 고갈된 남부에 남아서 농사를 이어가던 플랜테이션 소유주들에게 노예무역은 경제적 구명보트였던 셈이다. 1836년에 10만 명이 넘는 노예가 버지니아에서 수출되었다. 어떤 자료에 따르면 1850년대에 노예 사육이 조지아 주 수입의 가장 큰 원천이었다. 1860년 인구조사 자료는 땅을 비롯해서 모든 인적 재산 가치의 거의 반을 노예의 가치가 차지했음을 드러낸다. 남북전쟁이 시작될 무렵 남부 노예의 70퍼센트 정도가 조지아 주 서쪽을 일구었다.

미주리, 텍사스, 캘리포니아가 노예주(奴隷州)가 되느냐 안 되느냐의 문제가 플랜테이션 소유주들이 서쪽으로 이주하느냐 마느냐를 결정하게 될 문제였다. 남부의 노동 집약적 플랜테이션 경제는 징발된 노동을 필요로 했다. 이론이야 어찌 되었건 실상은, 노예 기반 농업이 불러온 급속한 흙의 침식과 토질 고갈은 노예제도가 꾸준히 확장되거나 붕괴되도록 운명 지었다. 따라서 서부에서 노예제도가 금지된다면 노예는 그 가치를 잃고 남부에서는 부의 절반이 사라지게 되는 셈이었다. 링컨의 당선으로 노예 소유주들은 경제 파탄의 위기를 맞았다.

플랜테이션 소유주들은 새 주들이 노예와 노예 후손들을 거래하는 새 시장이 될 수 있다고 생각했다. 텍사스에서 노예 소유가 허락되면 노예 가치가 곱절로 올라가리라는 기대가 널리 퍼졌다. 노예제도는 남부 지주 계급에 크나큰 경제적 의미가 있기 때문에 그 지역적 확대 문제가 남북전쟁을 촉발한 것이었다. 도덕적 문제에 대한 논쟁도 뜨거웠지만, 대통령

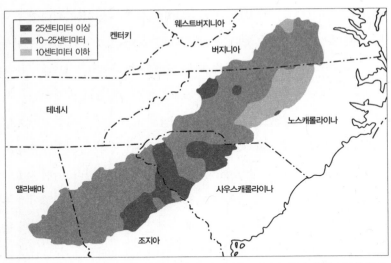

그림 11 미국 남동부 피드먼트고원 일대. 식민지 시대부터 1980년까지 침식된 겉흙의 깊이를 보여 준다(미드 1982, 그림 4에서 재구성).

선거 직후에 점화된 주들의 분열은 노예제도 확대의 제한을 둘러싸고 벌어졌다.

이런 논리를 믿든 안 믿든, 식민지 농업이 동부 해안 지역에서 대규모로 침식을 일으켰다는 건 엄연한 사실이다. 그 증거는 흙에 고스란히 남아 있다. 토양단면과 골짜기 아래쪽 퇴적물은 북아메리카 동부에서 식민지 시대 침식의 강도와 시기, 규모를 드러낸다. 유럽 사람들이 처음 정착했을 때의 겉흙은 깊고 검었지만, 오늘날의 A층은 얕고 진흙 같다. 일부 지역에서는 겉흙이 완전히 사라져 지표면에 밑흙이 드러나 있다. 피드먼트고원에서도 예전에는 경작지였으나 흙이 완전히 사라져서 풍화된 암석이 지표면에 드러난 곳도 있다. 식민지 시대에 유럽식으로 땅을 이용하면서 흙의 침식은 적어도 열 곱절이 빨라졌다.

식민지 시대에 흙이 침식된 증거는 동부 해안 지역 전체에서 뚜렷하게 드러난다. 피드먼트고원에서 식민지 시대에 산림이 개간된 뒤로 침식된 평균 깊이는 8~30센티미터 이상이다. 가장 위쪽의 A층이 사라진 고지대 흙의 절단면은 식민지 농부들이 내륙으로 이주하기 시작한 뒤로 겉흙이 10~20여 센티미터나 사라졌음을 드러낸다. 버지니아에서 앨라배마까지 피드먼트고원 남부의 흙은 평균 18센티미터가 사라졌다. 조지아 주 피드 먼트고원의 3분의 2 정도에서 사라진 흙은 8~20센티미터이다. 캐롤라 이나 주 피드먼트에서는 한 세기 반 동안의 농업으로 겉흙 15~30센티미 터를 벗겨 냈다. 식민지 시대에 들어서면서 침식 속도는 더욱 빨라지고 심해졌다. 문제는 오늘날까지도 변함이 없다는 점이다. 미국 동부 숲 지 대와 농경지에서 쓸려 나와 퇴적되는 흙을 비교해 보면 농경지가 숲보다 네 곱절이나 빠르게 흙을 잃고 있다.

식민지 시대 흙의 침식이 사회경제적으로 미친 영향은 담배를 재배하 기 위해 새 땅을 찾아 나선 농부들에게만 해당되는 것이 아니었다. 고대 그리스와 로마에서 그랬듯이 해안의 항구에 퇴적물이 쌓였다. 거의 모든 식민지 항구도시들은 담배의 육로 수송을 최소화하기 위해 되도록 내륙 깊은 곳에 자리 잡고 있었다. 그러나 이런 위치 탓에 가속화된 침식의 공 격을 받았고 산허리에서 벗겨진 흙은 강어귀에 쌓여 갔다. 상류 지역에서 농사를 지은 지 반세기 만에 물이 흐르던 많은 항구는 개펄로 변했다. 존 테일러는 고지대 농경 때문에 산허리에서 쓸려 내려온 침적토가 강변의 저지대에 쌓이고 해안 지역의 강물과 시냇물을 매립했으며 강어귀를 메 웠다고 했다. 강물이 나라의 고속도로였던 시절에 산허리에서 강과 항구 로 흘러든 퇴적물은 모든 이들의 골칫거리였다.

볼티모어 맞은편에 있는 메릴랜드의 식민지 항구 자파타운과 엘크리지 는 대양을 운항하는 선박이 들어올 수 없게 된 뒤로 버려졌다. 메릴랜드의회의 법령에 의해 1707년에 설립된 자파타운은 식민지에서 가장 중요한 바다 항구로 순식간에 성장했다. 대양을 오가는 가장 큰 상선들이 그 부두에 들어왔지만 고지에서 침식의 사이클이 비롯되어 만을 메우기 시작했다. 1768년 무렵 군청 소재지가 퇴적의 영향을 받지 않는 볼티모어로 옮겨갔다. 1940년대에 옛 부두가 남아 있는 곳 앞에는 30미터가 넘는 땅에 나무가 자라나 있다. 지난날 높이 솟은 배가 닻을 내리던 곳이 땅으로 변한 것이다.

체서피크 만의 곶은 1846년부터 1938년까지 주변 농지에서 침식된 흙이 퇴적된 탓에 깊이가 적어도 70여 센티미터나 얕아졌다. 포토맥 강에서 선박이 오갈 수 있는 최종 지점에도 퇴적물이 쌓였다. 1751년에 조지타운이 세워지고 열 해 뒤에 이 도시는 깊은 물을 향해 18미터가 넘게 뻗어나간 공공 부두를 만들었다. 1755년에는 영국의 육중한 군함들이 조지타운 주변 강에 정박했지만 1804년 무렵에는 퇴적물이 주요 항로를 메웠다.

포토맥 강의 퇴적 원인에 관한 해석이 분분하여 오랜 세월 동안 의회에서는 그 해결책을 둘러싼 논쟁이 끊이지 않았다. 1837년에 롱브리지 위쪽 강의 깊이는 90센티미터도 안 되었다. 다리 건설이 원인이라는 이들도 있었고 조지타운 둑길이 문제라는 이들도 있었다. 1857년에 엔지니어 알프레드 라이브스는 포토맥 강을 가로질러 놓인 다리들을 조사했다. 그는 급속한 침식의 진짜 원인이 주변 지역에서 산허리에 대규모로 짓는 농사라는 걸 깨달았다. 오늘날 링컨 기념관이 들어선 땅은 18세기에 배가 다니던 곳이었다. 인디언 선교사 앤드루 화이트 신부가 수정처럼 맑은 포토맥 강을 묘사한 1634년의 글을 읽으면 마치 지어낸 소설을 읽는 기분이다. "이 강은 내가 본 강 가운데 가장 아름답고 큰 강으로, 템스 강도 여기에 비하면 새끼손가락만하다. 늪지도 없고 습지도 없이 단단한 땅이 펼

그림 12 흙의 침식으로 형성된 노스캐롤라이나 협곡(글렌, 1911)

쳐져 있다. …… 흙은 …… 기름져서 …… 대개 까만 부식토가 위에 깔려 있고 땅속으로 30센티미터 정도에는 불그스름한 빛깔의 흙이 나온다. …… 우리가 가장 좋아하는 맛 좋은 샘물도 많이 난다."(White 1910, 40, 45쪽)

서스쿼해나 강어귀 바로 동쪽, 체서피크 만 퍼니스베이 지류의 퇴적 속도는 유럽 사람들이 정착한 뒤로 거의 스무 곱절로 빨라졌다. 메릴랜드 오터 포인트 크리크에서, 체서피크 만 위쪽에 조수가 드나드는 민물 삼각주의 퇴적 속도는 1730년 이후로 여섯 곱절이 빨라졌다가 1800년대 중반에 다시 여섯 곱절이 빨라졌다. 노스캐롤라이나 블루리지산맥의 플랫

로렐 갭에 있는 소택지에 퇴적물이 쌓이는 속도는 3천 년이 넘는 동안 비교적 일정했으나 1880년 무렵에 산꼭대기까지 개간되었을 때 너덧 곱절이 빨라졌다.

북부보다 남부에서 침식이 더 큰 문제였던 이유가 노예제도만은 아니었다. 남부는 강우강도가 시간당 4센티미터에 이르기 때문에 헐벗은 땅은 특히 침식되기 쉬웠다. 북부는 땅이 얼고 눈이 땅을 덮어서 겨울 눈보라 때도 거의 침식되지 않았다. 게다가 빙하가 빚어 낸 뉴잉글랜드의 등고선은 부드러운 데 비해 남부 지형은 비탈이 훨씬 더 가파르다.

남북전쟁 뒤에도 침식은 꾸준히 남부의 토질을 떨어뜨렸다. 1904년부터 1907년까지 미국 지질조사국의 계획에 따라 남부 애팔래치아산맥에서 침식 문제를 조사한 뒤 레오니다스 차머스 글렌은 영농 방식이 식민지 시대와 거의 달라진 바가 없다고 묘사했다.

처음 개간된 땅은 일반적으로 두세 해 동안 옥수수를 심었다가 다시 두세 해 동안 다른 곡물을 심고 …… 몇 해 동안 다시 옥수수를 기른다. 잘 관리하지 않은 그 무렵 땅은 부식토가 모두 사라져 생기를 잃은 상태이다. 흙 속의 작은 구멍들이 사라져서 빗물을 제대로 흡수하지 못하고 침식이 시작된다. 그렇게 되면 침식을 막거나 관리하기 위해 쓸 수 있는 방법이 거의 없다. 침식의 속도가 빨라져서 밭은 곧 버려지고 새 땅이 개간된다. …… 많은 밭이 고갈되어 버려지면 그 밭을 둘러싸고 있던 나무들이 모두 베어질 차례이다. 새 땅은 일반적으로 버려진 밭 옆에 생겨나고 파멸을 향한 똑같은 과정이 되풀이된다.

몇 백 년이 흐른 뒤에 농지는 마침내 남부의 고지 가장 꼭대기까지 이르렀다. 그리스, 이탈리아, 프랑스가 거쳐 온 과정과 흡사하다. "어떤 곳에서는 지표층 전체가 천천히 사라졌다. 폭우가 내릴 때마다 흙이 한 켜또는 한 층씩 쓸려 가서 기름진 겉흙층이 점점 얇아지고 양분을 잃었다. 땅이 힘을 완전히 잃으면 끝내 버려졌다. …… 빗물이 지표면을 뒤덮고 흐르면서 흙을 조금씩 쓸어 가는 침식은 몹시 느리고 눈에 띄지 않아서 농부들이 알아채기 힘들었다. 농부들은 토질이 고갈되고 있다고 생각하지 못한 채 자기도 모르는 새 천천히 흙을 소비해 밑흙이 드러나게 하고 말았다."(Glenn 1911, 11, 19쪽)

1900년대 초반 남부에서 과거에 경작지였던 500만 에이커가 넘는 땅이 침식의 악영향 탓에 놓고 있었다.

1930년대에 정부는 적극적인 흙 보존 정책을 지원하기 시작했다. 새로 창설된 토양보존국이 급진적이고 새로운 아이디어를 제시한 건 아니었다. "콩류나 풀 심기, 깊이갈이, 등고선 경작, 현대 계단식 경작의 원형인 산허리에 수로 파기 따위의, 오늘날 이용되는 침식 방지 방법의 대부분은 19세기 전반기에 버지니아 농부들이 만들어 내거나 그들이 도입한 것이었다."(Hall 1937, 1쪽) 사실 이런 기술이나 비슷한 방식은 거의 모두 오랜 세월 동안 유럽에서 해 왔거나 로마 시대부터 이루어졌던 것이다. 이런 방법들이 무척 좋고 오랜 세월 동안 농부들이 해 왔던 것이라면, 어째서 그렇게 오랜 시간이 지나서야 널리 받아들여진 것일까? 토머스 제퍼슨과 조지 워싱턴이 원인과 해법을 놓고 의견을 달리했을지도 모르는 동안, 구세계와 식민지 미국의 가르침은 여전히 주변부에 머문 채 비슷한 이야기가 아마존 유역에서 펼쳐진다. 브라질 정부는 토지개혁 요구를 잠재우기 위해 오랫동안 농부들이 열대우림을 개간하도록 부추겨 왔다.

아이러니하게도 아마존 자체는 해법의 실마리를 갖고 있다. 고고학자들은 최근에 카라자스고원에서 그다지 멀지 않은 곳에서 믿기 힘들 만큼 기름진 검은 흙으로 덮여 있는 지역을 발견했다. '테라 프레타'(terra preta)라고 불리는 이 기름진 흙은 아마존 강 유역을 10분의 1이나 덮고 있다. 분명히 열대의 흙이 아닌 이 흙이 큰 마을들을 몇 천 해 동안 뒷받침해 왔을 뿐 아니라 그 수많은 주민들이 이 흙을 만들어 낸 것이다. 양분이 모자란 땅에서 먹고 살아야 하는 문제에 부닥쳤을 때 아마존 사람들은 잔뜩 거름을 주고 흙을 관리하면서 토질을 개선했다.

강을 굽어보는 낮은 언덕에 덮여 있던 테라 프레타는 깨진 도기와 숯 함유량이 높은 유기물 부스러기도 많이 품고 있었다. 분뇨, 유기물 찌꺼기, 생선, 짐승 뼈를 재활용해서 양분으로 주었다는 증거들도 나왔다. 유골 단지가 많은 것은 사람들이 사체도 재순환시켰음을 알려 준다. 가장 오래된 흙은 2천 년도 더 된 것이었다. 테라 프레타 흙을 만드는 방법은 천 년에 걸쳐 상류까지 퍼졌다. 그리고 흙은 잘 만들어져서 예전에는 매우 소수의, 늘 이동하는 사람들만 부양했던 척박한 환경에서 정착민들이 번성해 갔다.

일반적으로 깊이가 30~60센티미터인 테라 프레타 층은 180센티미터가 넘는 경우도 있다. 열대지역의 전형적인 화전 농업과 달리 아마존 사람들은 숯을 흙에 섞고 경작지에 거름을 주었다. 이웃하고 있는 땅보다 유기물질이 거의 곱절이나 되는 테라 프레타는 양분이 풍부하고 미생물도 훨씬 많다. 일부 토양생태학자들은 빵을 만들 때 이스트를 넣듯이 아마존 사람들이 거름을 잘 썩게 하려고 미생물이 풍부한 흙을 더 넣었다고 믿는다.

아마존과 리우네그루 강이 만나는 곳 부근의 아추투바에서 테라 프레타의 방사성 탄소 연대를 측정해 보니 거의 2천 년 동안 사람들이 살았던 곳임이 밝혀졌다. 검은 흙 테라 프레타는 기원전 360년 무렵부터 생성되기 시작해서 적어도 기원후 1440년까지 만들어졌다. 1542년에 프란시스코 데 오레야나는 아마존 강을 거슬러 가다가 "석궁 화살이 날아가는 거리"만큼 서로 떨어져 있는 큰 부락들을 발견했다. 그의 콩키스타도르들은 타파조스 강어귀의 넓은 땅에 떼를 지어 모여 있는 사람들 무리를 피해 도망쳤다. 몇 평방마일을 테라 프레타가 덮고 있는 그 땅은 아마도 몇 십만 명이 지내던 삶의 터전이었을 것이다.

지리학자 윌리엄 데네번은 농부들이 두 해에서 네 해마다 경작지를 옮기는 화전 농업은 아마존에서 비교적 최근에 생겨난 것이라고 주장한다. 돌도끼로 거대한 활엽수를 베어 내기란 어려운 일이기 때문에 자주 새 땅을 개간할 수 없었다는 것이다. 대신 그는 아마존 사람들이 키 큰 나무 아래에서 작물을 함께 기르는 방식으로 집약적인 산림 농업을 했다고 믿는다. 이 방법으로 농사를 지으면 땅이 보호되어 침식되지 않고 시간이 흐르면서 기름진 검은 흙이 두터워진다.

한 마을 크기의 거름더미라고 할 수 있는 테라 프레타 흙은 재와 음식 찌꺼기 썩은 것을 섞어서 흙에 준 것으로 짐작된다. 이와 비슷하게 검고 기름진 흙이 태국 북동부 밀림의 마을들에서도 발견되었다. 원주민 마을은 늘 무언가를 태우고 있었고 테라 프레타 퇴적층은 불룩하게 솟아 있어서 마을 둘레가 아니라 마을 안에 축적해 왔음을 짐작할 수 있다. 테라 프레타에 인과 칼슘 함유량이 비교적 높은 걸로 보아 재, 생선이나 짐승 뼈, 소변이 이용되었을 것이다. 2.5센티미터 깊이가 만들어지는 데 스물다섯 해가 걸리므로 180센티미터 깊이의 테라 프레타 층은 몇 천 해 동안 사람들이 계속 거주해 왔음을 알려 준다. 오늘날 이 테라 프레타는 채토되어 톤 단위로 팔린 뒤 브라질에서 도시화되는 지역의 뜰을 덮는다.

무시무시하게 빠르든 몇 세기에 걸친 느린 속도든, 점점 빨라지는 흙의 침식은 그 흙에 기대어 살아가는 사람들의 삶도 거덜 낸다. 문화와 예술, 과학 같은 다른 모든 것의 밑바탕은 충분한 농업 생산물이다. 번영의 시기에는 이 관계가 잘 드러나지 않지만 농업이 비틀거릴 때는 적나라하게 드러난다. 오늘날 흙의 침식이 가져온 비극 때문에 삶의 터전을 잃은 환경난민 문제는 세계에서 가장 시급한 인도주의적 문제로서 정치난민 문제와 쌍벽을 이루기 시작했다. 흔히 자연재해로 보도되는 흉작과 기근은 자연의 재앙인 만큼이나 땅을 남용한 데서 비롯된 문제이기도 하다.

7

강철 쟁기와 트랙터, 흙 폭풍

한 사람이 흙 폭풍을 불러일으킬 수는 있지만 그 누구도 멈출 수는 없다.
– 미국 농업안정국 –

생전 처음으로 시애틀에서 북극을 지나 런던으로 가던 맑은 날 북부 캐나다는 나를 사로잡았다. 다른 승객들이 할리우드 대작에 빠져 있는 동안 나는 10킬로미터 아래에서 맨몸을 드러낸 암석과 얕은 호수가 느릿느릿 지나가는 드넓은 평원에 흠뻑 취했다. 빙하시대로 접어들기 전 몇 천만 년 동안 깊은 흙과 풍화된 암석이 북부 캐나다를 감싸고 있었다. 그때는 북극에서 미국삼나무가 자랐다. 지구의 기온이 떨어지면서 250만 년 전에 극심한 추위가 찾아왔다. 얼음의 강들이 단단한 바위가 드러나도록 북부 캐나다를 벗겨 내고 아이오와, 오하이오, 그리고 가장 남쪽으로는 미주리 주에 이르기까지 태고의 흙을 부려 놓았다. 거대한 빙원까지 몰고 다니는 강풍이 흙바람을 싣고 와서 캔자스, 네브래스카, 사우스다코타와 노스다코타의 지형을 빚어 냈다. 강력한 침식이 만들어 낸 이 지질학적

흙더미들은 오늘날 지구에서 가장 기름진 농토를 이룬다.

빙하도 북유럽과 아시아에서 흙을 벗겨 내어 지구 지표면 가운데 5분의 1이 넘는 면적을 곱디고운 흙(황토)으로 두터운 담요처럼 덮어 주었다. 침적토가 대부분이고 점토 약간에 모래가 조금 섞인 황토는 농업에 더할 나위 없이 좋은 흙이다. 빙하가 북극에서 긁어내고 강풍이 북반구 온대지역에 부려 놓은 곡창지대의 깊은 황토층은 신선한 무기질을 많이 품고 있어 믿을 수 없으리만치 비옥하다. 황토층은 돌이 없어서 비교적 갈기 쉽다. 하지만 타고난 응집력이 거의 없어서 식물군락이 사라지고 바람이나 빗물에 노출되면 금세 침식된다.

적어도 20만 년 동안 버펄로가 풀을 뜯은 대초원 지대는 질긴 풀이 무성하게 땅을 덮어서 침식되기 쉬운 황토를 보호했다. 수많은 버펄로 무리는 평원을 돌아다니면서 초지에 똥오줌을 보태 땅을 기름지게 했다. 대초원의 풀들을 떠받치고 있는 땅속의 복잡한 뿌리그물의 양도 어마어마했다. 전통적인 쟁기들은 평원을 얽어매고 있는 두터운 매트를 파고들지 못했다. 그래서 초기 정착민들은 꾸준히 서쪽으로 이주했다.

그러다가 1838년에 존 디어와 그의 동료가 대초원의 두터운 뗏장을 갈아엎을 수 있는 강철 쟁기를 발명했다. 단숨에 뿌리를 뽑아내는 쟁기를 팔기 시작했을 때 그는 인도주의적이고도 생태학적인 재앙의 발판을 마련한 것이었다. 반건조 기후의 평원에서 풀을 걷어 낸 황토는 건기에 바람에 흩날렸다. 디어는 1846년에 새 쟁기 천 개를 팔았고 몇 해 뒤에는 한 해에 만 개나 팔았다. 말이나 황소 한 마리에 디어의 쟁기를 연결하면 농부 한 사람이 대초원의 풀을 걷어낼 수 있을 뿐 아니라 더 많은 땅에서 농사를 지을 수 있었다. 자본이 노동력을 대신하여 농작물 생산에서 핵심적인 요소가 되기 시작했다.

노동력을 절감하는 또 다른 새 기계인 사이러스 매코믹의 기계화된 수확기는 농사에 혁명을 일으키고 미국의 땅과 노동력, 자본의 관계를 바꾸어 놓았다. 매코믹 수확기는 바퀴에 의해 앞뒤로 움직이는 날이 있어 장치가 앞으로 나아가면서 밀을 베고 낟가리를 쌓았다. 매코믹은 1831년에 시험 설계를 시작했다. 1860년대에 그의 기계는 시카고 공장에서 해마다 몇 천 벌씩 조립되었다. 농부들은 디어 쟁기와 매코믹 수확기 덕택에 조상들보다 훨씬 많은 땅에서 농사를 지을 수 있었다.

1800년대 초까지만 해도 미국 농장은 로마 농부들과 비슷한 방식으로 농사를 지었다. 손으로 씨를 뿌리고 말이나 노새가 끄는 쟁기를 뒤에서 잡고 걸었다. 전형적인 농촌 가정이 동원할 수 있는 노동력의 양이 농사 규모를 결정했다. 20세기 초에 트랙터가 말과 노새를 대신했다. 제1차 세계대전이 끝날 무렵 미국 농장에서 쓰이고 있는 트랙터는 8만5천 대에 가까웠다. 딱 두 해 뒤에 그 수는 세 곱절로 뛰어 거의 25만대에 이르렀다. 강철 쟁기와 수확기 덕택에 20세기 농부는 19세기를 살던 그들의 할아버지와 비교하면 열다섯 곱절이나 되는 땅에서 농사를 지을 수 있었다. 오늘날 농부들은 로마 농부는 둘째 치고 존 디어조차 상상하지 못했을 거대한 트랙터의 기사실에서 에어컨 바람을 쐬고 라디오를 들어 가며 하루에 80에이커의 땅을 갈 수 있다.

초기 정착민들이 서쪽으로 이주할 때 디어의 놀라운 쟁기는 예전에 볼 것 없었던 땅을 투기꾼의 낙원으로 바꾸어 놓았다. 오클라호마(촉토 말로 인디언의 땅)는 체로키, 치카소, 촉토, 크리크, 세미놀 족이 저마다 세운 부족국가들의 보호구역으로 1854년에 지정되었다. 오래지 않아서 땅에 굶주린 정착민들에게는 드넓은 대초원을 그대로 두는 인디언의 관습이 낭비처럼 보였다. 그래서 1878년부터 1889년까지 미 육군은 인디언 땅에 침입한 정착민들을 강제로 추방했다. 상업적 이익집단과 기름진 땅에서 농사를 짓고자 하는 정착민들은 동부 해안 지대에서 선조들이 갖고 있던 권리를 양도하는 대가로 오클라호마와 자치권을 얻은 이들과 맺은 협정을 위반하는 일이 잦아졌다. 1889년 봄에 정부는 끝내 대중의 압력에 밀려 인디언들의 땅을 정착민들에게 개방한다는 계획을 발표하였다.

3월 중순부터 4월까지 수많은 사람들이 오클라호마 국경선에 몰려들었다. 예비 정착민들은 거주지역이 개방되기 하루 전에 인디언 땅을 자세히 살펴보도록 허락되었다. 4월 22일(요새는 '지구의 날'인데) 정오에 토지 선점이 시작되었다. 기마병들은 군중들이 내달려서 자기가 차지할 땅에 말뚝을 박아 소유권을 표시하는 모습을 지켜보았다. 국경수비대 몰래 미리 숨어들었던 '선점 이주민'(sooner)들이 관공서와 농장 부지로 가장 좋은 땅에 대한 불하청구 서류를 제출하기 시작했다. 땅거미가 질 즈음 전체 지역에 말뚝이 세워졌다. 같은 땅에 소유권 청구가 중복된 경우가 많았다. 한 주 만에, 인디언의 땅에 새로 정착한 사람은 5만 명이 넘어서 전체 인구의 대다수를 차지했다.

이듬해에 정착민들의 첫 번째 작물이 시들었고 연방의회의 원조로 재앙을 막았다. 한 해 250밀리미터의 평균 강우량으로는 농작물은 고사하고 가뭄에 적응된 토착 식생도 자라기 힘들었다. 건기를 견디면서 기름진 황토를 얽어매고 있는 대초원의 풀과 달리, 시든 작물의 바다는 흐르는 빗물과 강풍에 흙을 실어 보냈다.

농업이 파국으로 치달을 가능성을 깨달은 그랜드캐니언 탐험가이자 미국 지질조사국 국장인 존 웨슬리 파월 소령은 반건조 기후의 서부에 정착하는 이들에게 2천500에이커의 땅을 소유하도록 허락하되 20에이커의 땅에 관개할 수 있는 물만 공급하기를 권했다. 그는 이렇게 해야 물을 마구 써 버리지 않고 침식되기 쉬운 지역의 흙을 보존할 수 있다고 보았다. 그러나 의회는 어디에 정착하든 정착민에게 160에이커씩 꾸준히 땅을 나눠 주었다. 그 정도의 땅이면 캘리포니아에서 부자가 될 수 있었다. 평원이라면 부지런한 가족이 그 곱절의 땅에서 농사지으면서 굶을 수도 있었다.

비관론자들의 반론에 아랑곳하지 않고 땅 투기꾼들은 "쟁기질만 하면 비가 온다"는 말을 퍼뜨리면서 평원의 무한한 농업 전망을 선전했다. 그 광고가 먹혀든 건 정착민들이 우기에 대초원 지대를 갈기 시작했기 때문이다. 1870년부터 1900년까지 미국 농부들은 이전 두 세기 동안 농사지었던 면적만큼의 처녀지를 경작지로 바꾸어 놓았다. 처음에는 대체로 작물이 잘 자랐다. 그러고는 가뭄이 들었다.

19세기 후반에 임대가 널리 퍼지면서 오클라호마에 새로 정착한 농부들은 원하는 만큼 땅을 빌리기가 더 쉬워졌다. 그들은 수출 시장을 위해 공격적으로 농사를 지으면서 흙을 침식한 돈으로 이자를 갚았다. 오클라호마 토지 선점 때부터 스무 해 동안 농부들은 대초원의 처녀지 4천만 에이커를 경작하여 제1차 세계대전 때 곡물 값이 치솟자 돈을 벌었다. 1900년대 초에 예년보다 많은 강우량이 이어지는 동안 몇 백만 에이커의 대초원은 황금빛 곡창지대였다. 다음에 피할 수 없는 가뭄이 들었을 때 강풍마저 몰아친다면 무슨 일이 벌어질 것인지 생각을 가다듬는 이는 거의 없었다.

1902년에 미국 지질조사국의 스물두 번째 연례 보고서는 네브래스카에서 텍사스에 이르는 반건조 기후 지역인 하이플레인스가 경작지로 바뀔 경우 급속히 침식될 위험이 크다고 결론지었다. "한 마디로 하이플레인스를 꼭 얽어매고 있는 것은 그 풀들이다." 강우량이 너무 적어서 작물을 제대로 길러 내지 못하므로 오랜 세월을 두고 땅을 쓸 수 있는 하나뿐인 방법은 방목이었다. 방목은 "농업 전망이 전혀 없는" 지역에 알맞았다.(Johnson 1902, 638, 653쪽) 풀을 갈아엎으면 황토는 드넓은 대초원에 몰아치는 강풍과 땅을 두드리는 빗방울을 견디지 못한다. 조사 결과에 따르면 땅 투기나 제1차 세계대전 때의 높은 농산물 값을 결코 기대할 수 없었다. 한 세기 뒤에 대초원을 버펄로 공유지로서 대규모로 방목하는 땅으로 되돌려 놓아야 한다는 논의는 먼 앞날을 내다본 지질조사국의 권고와 공명한다.

19세기 마지막에 미국에서는 잠재 농지의 절반이 경작되고 있었다. 보수적인 교과서조차, 눈에 띄는 기술 진보가 무색하게 수확량이 늘지 않는 것은 흙의 비옥도가 떨어지고 있음을 뜻한다고 설명했다. 흙의 침식은 미국이 마주하고 있는 가장 근본적이고도 중요한 자원보존 문제 가운데 하나로 여겨졌다. 하버드대학 지질학 교수 내서니얼 사우스게이트 셰일러도 흙이 빠른 속도로 사라지는 탓에 문명이 붕괴할 위험이 크다고 경고했다.

사회가 기본적으로 흙에 관심을 갖게 하는 것은 정부만의 책임이 아니며 사회의 기본 목표 가운데 하나라고 셰일러는 말했다. "흙은 살아 있는 것들이 땅에서 양분을 얻게 해 주는 태반 같은 것이다. 암석에 들어 있는 상태로는 결코 식물을 길러 낼 수 없는 물질들이 흙 속에서 녹는 물질로 변하여 생명체에 흡수된다. 이 모든 과정은 암석의 풍화 속도와 흙을 보충하는 …… 속도의 조절에 기대고 있다." 셰일러는 농업 탓에 흙이 만들어지는 속도보다 더 빨리 침식됨으로써 흙의 비옥도가 떨어지는 것임을 깨달았다. "신중한 농업의 …… 참된 목표는 …… 암석 풍화와 침식 과정 사이에 균형을 맞추고 유지하는 것이다. …… 거의 예외 없이 모든 나라의 경작지는 미래 세대의 이익은 조금도 생각하지 않고서 작물을 기르도록 만들어졌다."(Shaler 1905, 122-24, 128쪽) 셰일러는 땅을 남용한 이들은 범죄자 가운데에서도 가장 죄질이 나쁜 사람들이라고 여겼다.

셰일러는 경작이 흙의 생성과 침식 사이의 균형을 어떻게 바꾸어 놓았는지 이해하고 있었다. "원시 상태에서 흙은 해마다 양분이 든 그 일부를 잃지만 흙이 사라지는 속도는 일반적으로 흙이 퇴적되는 속도와 비슷하다. …… 하지만 경작이 시작되면 흙이 사라지는 속도가 빨라지는 것이 피할 수 없는 추세이다."(Shaler 1891, 330쪽) 균형이 깨지면 익히 예견된 결과가 뒤따랐다.

동시대의 증거가 자신의 주장을 뒷받침하는 데 힘입어 셰일러는 흙의 침식이 구세계 전역에서 고대사를 썼다고 결론지었다. 흙이 한번 사라지면 그 회복 또한 역사의 지평에서 사라졌다. "정말로 기름진 층뿐 아니라 밑흙마저 사라진 곳에서 경작지는 마치 바다 밑으로 가라앉기라도 한 것처럼 사람이 쓸 수 없는 것으로 여겨질 것이다. 거의 모든 경우에 겉흙이 원래 상태로 되돌아오려면 몇 천 해가 걸리기 때문이다."(Shaler 1891, 332쪽) 당시 버지니아, 테네시, 켄터키 주에서 침식으로 훼손된 경작지 6천 평방마일은 미국이 구세계의 잘못을 되풀이하고 있음을 증명했다.

셰일러는 풍화되는 기반암을 분해해서 흙의 생성을 돕도록 밑흙 아래까지 깊이 땅을 갈라고 충고했다. 하지만 기울기가 5도가 넘는 비탈면은 경작해서는 안 된다고 했다. 그는 비료가 암석의 풍화를 대체할 것이라고 예견했지만 기계화된 농업이 미국 농지에서 침식 속도를 더욱 부채질할 것이라고는 예측하지 못했다.

흙의 침식 문제는 나라의 걱정거리가 되어 갔다. 1909년에 미국 자연보호위원회(National Conservation Congress)는 미국 농지 가운데 거의 1천

100만 에이커가 못쓰게 되었다고 보고했다. 네 해 뒤, 미국 농무부는 전국 경작지에서 한 해에 사라지는 겉흙의 양이 파나마운하를 파면서 나온 흙 양의 곱절이 넘는다고 측정했다. 세 해 뒤에 농업실험연구소(Agricultural Experiment Station) 연구자들은 경작할 수 있는 위스콘신의 땅 절반이 침식되어 경제활동에 악영향을 끼치고 있다고 전했다.

제1차 세계대전이 일어났을 때 농무부 연감은 흙의 침식에서 비롯되는 경제적 낭비를 안타까워했다. 빗물은 "수백만 개 망치가 땅을 두들기듯이" 떨어지고는 헐벗은 땅에 개울을 이루며 흘러 나라의 앞날을 조금씩 도둑질해 갔다. "자연 그대로의 상태에서 흙은 대지에서 꾸준히 사라지지만 더 많은 흙이 생겨났다. 흙이 만들어지는 속도가 없어지는 속도보다 빨랐다. 산허리 흙층은 만들어지는 양과 없어지는 양의 차이를 보여 주었다. 개간된 뒤로 흙이 사라지는 속도는 꾸준히 빨라지지만 흙이 만들어지는 속도는 그대로다."(Davis 1914, 207, 213쪽) 300만 에이커가 넘는 농지가 이미 침식되어 황폐해졌다. 이 밖에도 800만 에이커가 토질이 심각하게 낮아져서 이익을 내지 못했다.

가장 심각하게 훼손된 농지 말고는 모든 땅을 되살릴 수 있고 더 나아가 이익을 낼 수도 있지만, 그러려면 새로운 영농 방식과 태도를 갖추어야 했다.

침식 문제를 대하는 농부들이 너도나도 관심을 드러내며 엄청난 흙이 사라지고 있다고 입을 모은다. 그들은 "정말 그렇지요. 우리 경작지 가운데에서도 흙이 많이 없어진 밭이 있지요. 하지만 어떻게 하려고 해 봤자 소용이 없어요"라고 말한다. 농부들은 할 수만 있다면 정부가 나서서 땅을 되살려 주기를 기대한다. 침식의 피해를 입지 않도록 노력해 보라고 농부들을 설득하기란 어렵기만 하다. 지난날에는 새 땅으로 옮겨가는 더 싼 방법이 있었으므로.(Davis 1914, 216-217쪽)

흙은 천천히 사라지기 때문에 농부들이 그 문제를 자신의 문제로 바라보기 어렵다. 게다가 기계화는 돈이 많이 들기 때문에 든 돈만큼 뽑아내야 한다. 군데군데에서, 아니 모든 곳이라고 해도 조금씩 사라지는 건 모른 체해도 될 만큼 흙은 값이 싸다.

드넓은 평원은 트랙터를 쓰기에 이상적인 곳이었다. 1900년 무렵 기관차 같은 트랙터가 처음 쓰였다. 1917년 무렵에는 몇 백 군데의 회사에서 더 작고 훨씬 실용적인 기종들을 만들어 내고 있었다. 인터내셔널하베스터와 존디어 같은 농기계 전문 회사에 시장을 넘기기 전에, 헨리 포드는 트랙터에 쟁기, 원반형 경운기, 스크레이퍼, 그 밖에 흙을 운반하는 도구를 연결해 주는 견인 장치를 발명했다. 이 놀라운 기계들로 무장한 농부는 소나 말 뒤를 따라 걸을 때와는 견줄 수 없을 만큼 넓은 땅에서 농사를 지을 수 있었다. 초지를 갈아엎고 더 많은 작물을 심을 수도 있었다.

새 기계에 드는 비용을 모두 합치면 어지간한 소농들이 감당할 수 있는 수준을 훨씬 뛰어넘었다. 1910년부터 1920년까지 캔자스 주의 전형적인 농장이 사용하던 농기계 값은 세 곱절로 뛰었다. 그 뒤 열 해 동안 기계에 들어가는 돈은 다시 세 곱절로 뛰었다. 트랙터, 트럭, 콤바인을 추가로 구입하는 농가가 더 많아진 것이다. 곡물 값이 비쌀 때는 기계를 쓰는 것이 이익이었다. 제1차 세계대전이 끝난 뒤에 그랬듯이 곡물 값이 떨어지면 감당할 수 없는 빚에 쪼들리는 농부들이 많아졌다. 그럭저럭 농사를 이어가는 농부들은 더 큰 기계를 구입하여 더 많은 땅에서 일하게 하는 것을 안전한 미래로 나아가는 길로 삼았다. 17세기와 18세기에 잉글랜드의 인클로저가 가난한 소작농들을 몰아냈듯이, 트랙터가 널리 쓰이면서 함께 파티에 참석할 자본이 부족한 이들은 땅에서 내몰렸다.

1928년에 휴 베넷과 채플린이 전국 토양침식 평가서를 처음으로 출간했을 때 한 해에 사라지는 겉흙은 50억 톤에 이르렀다. 이는 19세기에 흙이 사라졌던 속도보다 몇 곱절이 더 빠르고 흙이 만들어지는 속도의 열 곱절에 이르는 속도이다. 미국 전역에서 사실상 모든 겉흙이 이미 침식된 농지 규모는 사우스캐롤라이나 면적과 맞먹었다. 여섯 해 뒤 베넷과 채플린의 보고서는 그 규모를 줄여 말한 듯하다. 가뭄과 대공황 때에도 오클라호마 농장에서 일하는 트랙터의 수는 1929년에서 1936년 사이에 늘어났다. 신제품인 원반형 경운기는 우묵한 접시 모양 원반들이 빔에 달린 것으로 흙의 가장 위층을 완전히 파헤쳤다. 파헤쳐진 흙은 건조한 날이면 쉽게 흩날렸다.

1933년의 거대한 폭풍 가운데 첫 번째 강풍이 11월 11일에 사우스다코타를 휩쓸었다. 일부 농장에서는 하루만에 겉흙이 완전히 사라졌다. 이튿날 아침 하늘은 정오까지 어두웠다. 공기가 1이라면 흙이 3이었다. 이것이 예고편에 지나지 않는다는 건 아무도 몰랐다.

1934년 5월 9일, 강풍이 몬태나와 와이오밍을 벗겨 냈다. 바람이 사우스다코타와 노스다코타 전역을 훑어 가며 쉼 없이 흙을 걷어 냈다. 결국 3억3천만 톤이 넘는 겉흙이 동쪽을 향해 한 시간에 160킬로미터 넘게 떨어져 있는 곳까지 날아갔다. 시카고에서는 도시 주민 한 사람을 기준으로 하늘에서 떨어진 흙의 양이 1.8킬로그램이 넘었다. 이튿날 뉴욕 주 동북부 버펄로는 정오에 어두워졌다. 5월 2일 새벽에 뉴욕, 보스턴, 워싱턴에 흙이 내려앉기 시작했다. 먼 대서양에도 거대한 갈색 구름이 드리웠다.

토착 식생이 변함없이 자리 잡고 버펄로 떼가 풀을 뜯고 똥거름을 줄

그림 13 텍사스 주 스트랫퍼드를 덮쳐오는 흙 폭풍, 1935년 4월 18일(미국 해양대기청, 조지 마시 앨범 http:// www.photolib.noaa.gov).

때는 생기가 넘쳤지만 경작지가 들어서고 오랜 가뭄에 말라 버린 대초원은 부서졌다. 흙을 얽어맬 풀과 그 뿌리가 사라지자, 몇 십 년 전만 해도 아무런 피해를 입히지 않고 지나갔던 강풍이 모래를 가득 품은 허리케인처럼 땅을 할퀴어 댔다. 드넓은 지역이 흙바람에 뒤덮혔고, 강풍은 시든 작물의 바짝 마른 줄기 밑에 드러난 푸석푸석한 흙을 쓸어 냈다. 강풍이 몰고 다니는 흙먼지 때문에 사람들은 숨을 잘 쉬지 못했고 작물이 쓰러지고 가축들이 죽고, 멀리 뉴욕 시까지 오싹한 장막에 뒤덮였다.

국립자원위원회(National Resources Board)는 1934년 말에 흙 폭풍이 버지니아 주보다 더 넓은 면적을 초토화시켰다고 보고했다. 그뿐만 아니라 몇 억 에이커의 땅이 심각하게 침식되었다.

1935년 봄에 캔자스, 텍사스, 콜로라도, 오클라호마, 네브래스카의 말라붙은 경작지를 다시금 강풍이 휘저어 놓았다. 새로 갈아엎은 경작지에는 마른 황토를 붙들어 둘 작물이 하나도 없었다. 입자가 몹시 곱고 가장 기름진 흙이 검은 폭풍으로 변하여 3킬로미터나 솟아올라 한낮의 해를 가렸다. 알갱이가 굵은 모래는 땅 부근에서 휘몰아치며 울타리 기둥을 쏘아 댔다. 하루 종일 가로등을 밝혀야 했고, 세찬 바람은 사하라사막처럼 모래언덕들을 쌓아 놓고 기차를 멈추게 하고 초원을 망쳐 놓았다.

1935년 4월 2일, 휴 베넷은 연방 상원 공유지위원회에 나아가 국가 토양보존 계획의 필요성을 증언했다. 베넷은 초원에서 비롯된 어마어마한 흙 폭풍이 워싱턴으로 날아오고 있다는 걸 알았다. 흙 구름의 발생을 보고하기 위해 소집된 현장 전문가들의 도움을 받아서 그는 하늘이 어두워질 때 자신이 증언할 수 있도록 시간을 조정했다. 충분히 공감한 의원들은 베넷을 새로운 토양보존국 대표로 임명했다.

토양보존국 앞에는 엄청난 과제가 놓였다. 키 작은 풀이 가득했던 초원은 정착이 이루어지고 몇 십 년 만에 헐벗은 사막으로 변했다. 프랭클린 루스벨트 대통령은 남아 있는 공유지에 이주민 정착을 금지함으로써 1934년 11월 토지개척 시대에 마침표를 찍었다. 더스트볼을 떠난 농부들은 다른 누군가의 밭에서 일거리를 찾아야 했다.

1930년대에 초원을 떠난 이들은 300만 명이 넘었다. 그들 모두가 흙 폭풍을 피해 떠난 것은 아니었지만 75만 명 정도의 농부들이 서부로 향했다. 선점 이주민들의 손자들은 환경난민으로서 어딜 가도 환영받지 못하다가 대륙의 끝자락에 붙은, 노동력이 달리는 캘리포니아의 새 경작지에 이르렀다.

흙의 침식 문제는 더스트볼만의 문제가 아니었다. 1935년에 농무부는 불모지가 되어 버려진 농지가 5천만 에이커에 이른다고 추정했다. 그 두세 곱절의 면적에 이르는 땅은 네 해에서 스무 해마다 겉흙을 2.5센티미터 깊이씩 잃고 있었다. 버려진 아이오와 농지 20만 에이커는 되살릴 수 없을 만큼 침식되었다. 이듬해 새로운 토양보존국은 미주리 땅 4분의 3이 넘는 곳에서 원래의 겉흙 가운데 적어도 4분의 1을 잃었다고 보고했다. 미주리에서 처음 경작이 시작된 뒤로 200억 톤이 넘는 흙이 사라진 것이다. 일부 밭에는 원래 겉흙의 깊이 40센티미터 가운데 10센티미터만 남아 있었다. 미국 농업공학국은 남동부 농장들이 한 세대 안에 15센티미터가 넘는 깊이의 흙을 잃는 일이 흔하다고 보고했다. 더스트볼에 연방 구호기금이 10억 달러가 넘게 들어간 뒤부터 연방 정부는 흙의 보존을 나라의 생존 문제로 보기 시작했다.

주 위원회와 연방 위원회들이 1930년대 흙 폭풍의 심각성을 추적한 결과 경작 면적의 어마어마한 증가가 원인으로 밝혀졌고 그 상당 부분이 불모지였다. 한 예로 캔자스 주 농업위원회는 재앙의 원인이 바람직하지 못한 영농 방식에 있다고 꼬집었다. "날이 몹시 건조할 때 땅을 갈고는 대부분의 경우에 땅에 유기물질을 되돌려 주는 노력을 전혀 하지 않았다. …… 건조한 날씨에 땅을 갈면 그런 흙은 바람에 쉽게 흩날렸다. 흙을 관리하는 올바른 방법을 실천하는 농부들도 곳곳에 있다. 그들은 농장에서 흙바람이 불지 않게 할 수 있다는 걸 안다. 이웃한 농장에서 날려 온 흙이 밭에 쌓이는 경우만 빼고는."(Throckmorton and Compton 1938, 19~20쪽) 1936년에 하원이 소집한 대초원지대위원회의 보고서는 경제적 동인이 재앙의 주요 원인이라고 지목했다.

[제1차]세계대전과 뒤이은 인플레이션은 밀 값을 전례 없이 높은 수준으로 끌어올렸고 이에 따라 밀을 심는 면적이 눈에 띄게 늘어났다. 전쟁 뒤에 값이 폭락했을 때에도 대초원 지대 농부들은 대출금과 세금을 비롯

하여 꼭 써야 하는 비용을 지불할 돈을 벌려고 변함없이 드넓은 밀 경작지에 필사적으로 농사를 지었다. 어쩔 도리가 없었다. 돈을 못 벌면 경비를 지출하거나 농사를 지을 수가 없었다. 하지만 돈을 벌려면 집단적으로 파멸로 향해 가는 영농 방식을 확장해야 했다.(Great Plains Committee 1936, 4쪽)

그 즈음 토양보존국 부국장이던 월터 로더밀크는 훼손되지 않은 땅의 침식 속도를 침식의 지질학적 기준으로 삼아서 사람이 일으킨 침식을 비교 측정하자고 제안했다. 그의 제안은 합리적이라 여겨졌고 토양보존국은 카운티 단위로 흙의 침식 지도를 갈무리해서 전국 지도를 완성했다. 결과는 놀라웠다. 전체 조사 면적 가운데 10분의 1에 가까운, 거의 2억 에이커의 땅에서 원래의 겉흙 가운데 4분의 3이 넘게 사라진 것이다. 겉흙의 4분의 1에서 4분의 3을 잃은 땅은 6억7천만 에이커로 조사 면적의 3분의 1이 넘는다. 거의 10억 에이커의 땅에서 적어도 4분의 1의 흙이 사라지고 있었던 것이다. 미국은 그만큼 흙을 잃고 있었다.

1940년 7월 전미교육협회(National Education Association) 연례 회의에 앞서 발표한 연설에서 휴 베넷은 여섯 해 전 5월의 흙 폭풍이 대중 의식의 전환점이었다고 말했다. "미국 동부 해안 지역의 사람들이 3천200킬로미터가 넘게 떨어져 있는 초원에서 날아온 흙을 맛보면서 어디에선가 땅에 문제가 생겼을 것이라고 처음으로 깨달은 이들이 많은 것 같다." (Sampson 1981, 17쪽)

1935년 4월 27일, 연방의회는 흙의 침식이 국가적 문제이며 단일 기구 아래 연방 차원에서 대응할 수 있도록 토양보존국을 설립한다고 발표했다. 한 해 뒤 루스벨트 대통령의 지시로 소집한 회의 개회사에서, 새 국장으로 임명된 휴 베넷은 미국 농지에서 빠르게 흙이 사라지고 있는 것과 흙이 만들어지는 느린 속도를 비교했다.

연방 차원의 조사 결과를 인용하면서 베넷은 미국이 얼마나 빨리 사라지고 있는가를 보여 주었다. 텍사스 주 타일러에 있는 침식연구소는 텍사스 최고의 영농 방식이 흙이 보충되는 속도에 비해 거의 200배 가깝게 흙의 침식을 증가시켰음을 알아냈다. 잘못된 관리 방법은 800배나 침식을 증가시켰다. 미주리 주 베서니에 있는 연구소는 전형적인 옥수수 경작지에서 없어지는 흙의 양이 자주개자리를 심은 땅에서 없어지는 흙의 300배임을 밝혀냈다.

또 푸석푸석한 겉흙이 침식되면 땅속으로 스며들지 않고 땅 위를 흘러가는 빗물이 더 많아진다는 사실도 입증했다. 이에 따라 흐르는 빗물이 더 많아지고 그 결과 더 많은 흙이 빗물에 쓸려 가면 또 다시 땅 위를 흘러가는 빗물의 양이 더 많아지는 것이다. 이 과정이 한번 시작되기만 하면 겉흙이 사라지기까지 오래 걸리지 않았다.

베넷은 빗물이 오하이오의 토착 초지에서 겉흙 15센티미터를 없애는 데 5천 년이 넘게 걸렸다고 추정했다. 이는 합리적인 설명이었다. 흙이 천 년에 2.5센티미터 정도씩 만들어진다고 자신이 생각했던 속도에 가까웠다. 그에 비해 경작지에서는 쉼 없이 작물을 기른, 서른 해가 조금 넘는 동안 겉흙 15센티미터가 사라졌다. 오클라호마 주 거스리의 침식연구소는 초원을 덮고 있는 고운 모래참흙이 침식되는 속도가 토착 초지보다 목화밭에서 만 배가 더 빠르다고 보고했다. 목화 재배는 오클라호마의 일반적인 겉흙 층 18센티미터를 없애 버릴 수 있었다. 초원 방목지에서는 똑같은 겉흙이 25만 년이 넘게 그대로 이어져 왔다. 메시지는 분명했다. 베넷은 비탈과 침식되기 쉬운 땅에서는 농사를 짓지 말라고 충고했다.

1953년, 베넷의 경고에 화답하듯 베넷의 부국장인 로더밀크는 미국 농지 가운데 거의 4분의 3에서, 흙이 만들어지는 것보다 빠른 속도로 흙이 사라지고 있다고 설명했다. 특히 로더밀크는 파멸의 길로 나아갔던 고대 문명들을 미국이 뒤따르고 있다고 강조했다. 그는 7천 년의 역사가 비탈면의 경작을 경고한다고 주장했다.

간단히 말하자면 우리 문명의 밑바탕에는 위험 요소가 있다. 비탈의 땅(미국 땅 대부분은 어느 정도 비탈이 졌으므로)을 개간하여 농사를 지으면서 우리는 흙이 물이나 바람에 점점 빨리 침식되도록 한다. …… 그렇게 우리는 스스로 파멸시키는 농업 체제를 이어간다. …… 나라 전체에서 흙을 보존하는 방법이 시행되지 않는다면 인구가 늘면서 흙 자원이 고갈되어 농산물 생산도 줄어들 것이다.(Lowdermilk 1953, 26쪽)

로더밀크는 이를 몇 세기 뒤 머나먼 미래에 닥쳐 올 위협으로 보지 않았다. 그는 20세기에 치러야 할 전쟁은 땅의 관리를 위한 싸움이라고 보았다.

제2차 세계대전이 끝나고 군수품 조립 라인이 민간 용도로 전환되면서 트랙터 생산이 급증했다. 그 덕택에 미국 농장의 기계화가 완성되고 선진국에서 고수확 산업적 농업으로 가는 길이 열렸다. 1950년대에 미국 경작지에서는 트랙터 수백만 대가 이용되고 있었다. 이는 1920년대에 비하면 열 곱절로 많아진 것이었다. 농장 면적이 늘어나면서 미국 농부의 수는 눈에 띄게 줄었고 팽창하는 도시로 이주하는 이들이 많아졌다. 땅에 남은 소수의 농부들은 노동력을 절약해 주는 새 농기계를 사느라 진 빚을 상품작물을 길러서 갚아 나갔다. 기계화는 남부의 노예노동이 그랬듯이 땅에 맞는 방식으로 농사를 짓기보다 어디에서나 똑같은 방식으로 농사 짓도록 했다.

대초원 지대에서는 스무 해 정도마다 가뭄이 든다. 1940년대 우기 때는 경작되는 면적이 곱절로 늘어나면서 밀 생산이 네 곱절로 늘어났다. 그 덕분에 전쟁기간 동안 유럽으로 기록적인 수출을 할 수 있었다. 1956년에 또다시 찾아온 가뭄이 밀 수확을 망쳐 놓았다. 1950년대 가뭄은 1930년대 가뭄만큼이나 오래 이어졌고 1890년대 가뭄처럼 심각했다. (하지만 1950년대에는 토양보존 정책이 실행되고 있던 덕택에 또 다른 더스트볼을 예방했다고 널리 인정된다.) 소농들은 파산했고 주기적인 건기를 더 잘 견디는 대농장들은 더 큰 농기계를 더 많이 구입했다.

미국 정부는 1933년에 농업 보조금을 지원하기 시작했다. 한 해 안에 대초원 지대의 거의 모든 농부들이 토양 보존, 농작물 다각화, 농가 수입 안정화, 탄력적인 농가 대출 창출을 목표로 한 농업 보조금을 지원받았다. 이 가운데 마지막 요소는 농부들을 온갖 빚에 시달리게 하면서 다른 모든 것만큼이나 미국 농업을 바꾸어 놓았다. 열 해 안에 농가 부채는 곱절이 넘게 많아졌지만 농가 소득은 3분의 1밖에 늘지 않았다. 1933년부터 1968년까지 정부 보조금은 꾸준히 늘었는데도 미국 농장 열 군데 가운데 네 군데가 넘는 곳이 사라졌다. 나날이 비싸지는 농기계와 화학비료를 어렵지 않게 살 수 있는 기업농들이 1960년대 말에 미국 농업을 지배하기 시작했다.

로마에서부터 미국 남부까지 시시콜콜한 내용은 다르지만 대규모 기업농의 경제학이 흙의 침식에 관심이 없었던 점은 마찬가지이다.

기업농은 본질적으로 일시적인 지주들이다. …… 기업농의 땅에서 일하는 소작농은 그 농장에서 한 해 넘게 일할 수 있다는 보장이 전혀 없다. …… 기업농의 비율이 높아지면 토지 보유가 불안정해지고 침식이 일어나기 쉽다. 그러지 않기 위해서는 기업농 대다수가 그들의 땅에서 명확한 흙 보존 방법을 실천해야 한다. 지나친 담보대출은 땅에 남다른 경제적 압박을 더한다. 농부들은 대출금을 갚기 위해 무슨 짓을 해서라도 땅에서 생산물을 쥐어짜 내야 하기 때문이다.(Schickele, Himmel, and Hurd 1935, 231쪽)

기계화된 산업적 농업이 성장하면서 흙의 유실도 빨라졌다. 농부들이 기계류와 비료를 사느라 빌린 대출금의 이자를 내기 위해 천연자원을 소비했기 때문이다.

영국 왕립농업학회가 1876년에 세운 워번 실험농장은 런던에서 북쪽으로 40킬로미터 거리에 있다. 실험농장의 기록은 변화하는 농경 방식이 흙의 침식에 미친 영향을 우연하게도 기록해 놓았다. 수확량을 실험한 처음 반세기 동안에는 침식이 거의 일어나지 않았다. 제2차 세계대전이 끝나고 제초제와 중장비 농기계가 쓰이면서 달라지기 시작했다.

침식 문제가 처음 보고된 건 1950년 5월 21일 들이닥친 폭풍 뒤였다. 집중호우는 헐벗은 경작지에 깊이 10센티미터, 너비 90센티미터의 골짜기를 파놓았고, 사탕무 밭은 흙과 파헤쳐진 감자 더미에 묻혀 버렸다. 1960년대에 이어진 심각한 침식 탓에 실험농장의 유기질소 함유량이 눈에 띄게 줄어들었다. 1980년대에 실험농장은 흙의 침식 모델을 실증하기 위해 노력했다. 한 해에 침식이 열두 번도 더 일어났는데 특히 농장의 가장 가파른 비탈에서 심했다. 그러나 1882년부터 1947년까지 농장 직원이 기록한 일지는 재배, 경작 기법, 흙의 수소이온농도(pH), 짐승들로부터 입은 작물 피해에 관한 자세한 내용으로 채워져 있다. 침식 문제는 중장비 농기계와 화학비료가 사용된 뒤부터 등장한다. 20세기 농법을 받아들이면서 흙의 침식이 눈에 띄게 빨라진 것이다.

가장 끈질기게 퍼져 나가는 농업 신화 가운데 하나는 기계화된 대농장일수록 전통적인 소농보다 훨씬 효율적이고 큰 이익을 낸다는 말이다. 하지만 대농장일수록 비싼 장비들, 화학비료, 살충제를 사기 때문에 생산 단위당 지출하는 비용이 더 많다. 규모의 경제가 제조업을 규정하는 산업 분야와 달리 농장 규모가 작을수록 더 효율적일 수 있다. 굳이 건강, 환경, 사회적 비용을 이야기하지 않아도 그렇다. 국립연구평의회(National Research Council)의 1989년 한 연구는 규모가 더 클수록 더 효율적이라는 미국 농업의 신화를 단호하게 반박했다. "올바르게 운영되는 대안 농법은 생산 단위로 비교해 볼 때 전통 농가보다 화학적 살충제와 비료, 항생제를 적게 쓴다. 이런 합성 물질을 사용하지 않음으로써 생산 비용이 낮아지고 농업이 환경과 건강에 끼치는 악영향을 줄이면서도 에이커당 수확량이(어떤 경우에는 늘기도 하지만) 줄어들지 않는다."(National Research Council 1989, 9쪽)

작은 농장도 똑같은 면적의 땅에서 더 많이 수확할 수 있다. 1992년의 미국 농업통계조사 결과 작은 농장들이 큰 농장들에 비해 에이커당 곱절에서 열 곱절은 더 거두는 것으로 드러났다. 면적이 6천 에이커가 넘는 큰 농장들과 비교했을 때 27에이커가 안 되는 작은 농장들의 생산력이 열 곱절이 넘었다. 또 4에이커에도 못 미치는 일부 작은 농장들은 백 곱절이 넘었다. 오늘날 세계은행(World Bank)은 10에이커가 안 되는 땅을 소유한 지주들이 대부분인 개발도상국들에서 소농 운영 방식으로 농업 생산성을 높이도록 권장한다.

소농과 산업적 대농장 운영 방식이 결정적으로 다른 점은 대농장이 전형적으로 단일작물을 길러 낸다는 것이다. 물론 다른 경작지에서는 또 다른 단일작물을 기를 수도 있겠지만 단일작물 경작지는 중장비 농기계와 집약적인 화학물질 사용에 이상적이다. 단일경작이 일반적으로 하나의 작물에 대해서는 에이커당 최대의 수확량을 낸다고 해도, 여러 작물의 총 수확량을 따져 본다면 다각화된 복합 경작이 에이커당 더 많은 식량을 생산한다.

대개 작은 농장들이 더 효율적인데도 일반적인 추세는 더 크고 더 산업화된 농장을 향해 나아간다. 1930년대에는 미국인 700만 명이 농사를 지었다. 오늘날 농토에 남아 있는 이들은 200만 명이 안 된다. 더욱 최근인 1990년대에 미국에서는 한 해에 2만5천 군데가 넘는 가족 농장이 사라지고 있다. 지난 반세기 동안 날마다 200군데가 넘는 농장들이 사라져 왔다. 100헥타르가 안 되던 평균 농장 면적은 20세기 후반기에 거의 200헥타르로 곱절이 넘게 뛰었다. 오늘날 미국에서 길러 내는 식량의 거의 90퍼센트를 전체 미국 농장의 20퍼센트도 안 되는 곳에서 생산한다.

1950년에서 1990년대까지 수확량은 곱절에서 세 곱절까지 늘었지만, 농기계, 화학비료, 살충제 비용은 농가 소득의 절반에서 4분의 3이 넘게 차지할 만큼 증가했다. 살아남은 농장은 두 가지 유형이었다. 산업화를 포기한 농장과, 더 넓은 면적을 경작하면서 에이커당 순수익은 더 작은 농장. 1980년대에 농무부가 '슈퍼 농장'이라고 일컫은 가장 큰 농장들이 전체 농가 소득의 절반 가까이를 차지했다.

소규모 농업이 무척 효율적이라면 왜 미국의 소농들이 사라지고 있는 것일까? 자본 비용이 높은 기계화는 소규모 영농에는 경제적 재앙이 될 수 있다. 노동 집약적이기보다 기술 집약적인 방식으로 수익을 거두려면

그림 14 헛간이 있던 터에 파묻힌 농기계들, 사우스다코타 주 댈러스, 1936년 5월 13일(미국 농무부 홈페이지 http://www.nrcs.usda.gov).

농장의 규모가 커야 한다. 현대화란 기계화를 뜻한다는 생각에 빠진 작은 농장들이 지나치게 대출을 받은 뒤에는 빚 속에 허덕였다. 그러면 대기업이 그들의 땅을 사들인다. 이런 과정을 거치면서 작은 농장들은 가족 단위의 영농 방식에 머물 수 없었다. 농기계와 장비를 생산하는 기업으로 많은 돈이 흘러들었고, 농부들은 그 장비를 사용하는 방법을 익혀 갔다.

기계화로 나아가는 경제적·사회적 추세는 농업을 산업으로 탈바꿈시키고 흙을 빠르게 잃어 갔다. 새로운 농기계 덕택에 땅을 더욱 집약적으로 경작하기가 쉬워져서 땅을 더 깊이, 더 자주 갈았다. 고대 로마에서 그랬던 것처럼 밭은 한 해의 상당 기간 동안 헐벗고 황폐한 채로 버려졌다. 농장이 기계화되면서 계단식 밭, 경작지 둘레에 떨기나무 심기, 바람막이 숲 가꾸기 같은 흙 보존 방법들은 중장비 농기계 작동에 장애가 되었다. 비탈면 경작지에서 급회전을 하지 못하는 큰 농기계들을 쓰려면 등고선 경작을 포기해야 했다. 흙은 이제 농업이라는 '제조업'에 들어가는 많은 투입물 가운데 가장 값이 싼 하나의 상품일 뿐이었다.

상당히 진보한 대중의 의식과 정부의 각성이 흙이 사라지는 속도를 늦추기는 했지만 그것을 멈추지는 못했다. 어떤 곳은 다른 지역보다 유난히 더 심하게 침식되어 왔다. 미국 중서부 한가운데 토착 초원은 이웃한 경작지들보다 180센티미터나 높이 솟아올라 섬처럼 보인다. 이곳은 경작이 이루어진 뒤로 해마다 흙이 1.5센티미터에 가깝게 사라져 왔음을 증언하고 있다. 아이오와는 지난 한 세기 반 동안 겉흙의 반을 잃어버렸다. 워싱턴 주 동부 팔루스 지역은 지난 세기에 기름진 겉흙 가운데 3분의 1에서 절반가량을 잃었는데 다른 사례와 비교하면 다행스럽게 느껴질 정도다.

첫 번째 정착민들이 팔루스에 온 건 1869년 여름이었다. 그들은 골짜기 아래쪽에서 곡물을 길렀고 소와 돼지를 키워서 인근 아이다호의 광부들에게 팔았다. 팔루스의 깊은 황토는 작물을 점점 더 많이 길러 낼 수 있었지만 시장에 내다 팔 길이 없었다. 1880년대에 철도가 완공되면서 팔루스의 땅은 먼 시장과 새 농기계, 더 많은 농부들을 받아들였다. 1890년대에 팔루스에는 거의 모든 땅이 경작되고 있었다.

황토지대가 개간되어 경작되면서 흙의 침식이 하루아침에 큰 문제로 떠올랐다. 1900년대 초에 워싱턴주립농업대학의 윌리엄 스필먼은 여름마다 경작지를 흔히 맨땅으로 내버려 두는 관습에서 비롯되는 침식이 얼마나 큰 위험인지 강연하며 워싱턴 주를 돌아다녔다. 해마다 좀 성가시게 느껴질 뿐인 작은 물길들이 언젠가는 심각한 문제를 일으킨다는 젊은 교수의 경고에 귀를 기울이는 이는 거의 없었다.

1930년대에 팔루스뿐 아니라 모든 곳에서 트랙터가 말이 끄는 쟁기를 대신하기 시작하면서 트랙터 운전자 한 사람이 훨씬 큰 땅에서 농사를 지을 수 있었다. 노동 효율성을 더 높이고 싶었던 지주들은 빌린 땅에서 소작을 부치는 전통적인 방식에 변화를 주었다. 소출의 3분의 2를 가졌던 소작농들은 반이 조금 넘는 양만 갖게 되었다. 소작농들은 그만큼 더 열심히 농사를 지어야 했고 침식 예방 같은 사치스런 데 쓰는 돈을 줄였다. 농부들은 더 넓은 면적에서 일하면서도 꼭 돈을 더 버는 것은 아니었다.

1950년에 농무부의 연구 결과, 팔루스 농지의 10퍼센트에서 원래의 겉흙이 모두 사라지고 있었다. 팔루스 땅의 80퍼센트에서는 겉흙의 25퍼센트에서 75퍼센트가 사라지고 있었다. 팔루스 땅에서 원래의 흙 가운데 75퍼센트 넘게 남은 곳은 10퍼센트뿐이었다. 1939년부터 1960년까지 흙의 유실에 관한 연례 조사에 따르면 열 해에 평균 1.5센티미터가 조금 안 되는 깊이의 흙이 사라졌다. 기울기가 15도가 넘는 가파른 비탈에서는 다섯 해마다 평균 2.5센티미터씩 사라졌다.

1911년에 손턴 근처의 농장에 설치한 물탱크는 비탈면의 경작지에서 농사를 지은 결과를 극명하게 보여 준다. 이웃한 언덕 꼭대기보다 45센티미터 정도 더 높은 곳에 있던 물탱크는 1942년에 주변의 경작지보다 120센티미터 정도 더 솟아 있었다. 1959년에는 그 똑같은 물탱크가 경작지보다 180센티미터 위에 서 있었다. 쉰 해도 안 되는 시간 동안 140센티미터 깊이의 흙이 경작과 함께 사라진 것이다. 한 해에 2.5센티미터 정도씩 사라졌다는 말이다. 아이다호 동부 일부 지역은 20세기 초반에 흙의 깊이가 30센티미터가 넘었다. 하지만 1960년대에는 기반암 위로 흙이 15센티미터만 남아서 농사를 지을 만한 깊이가 못 되었다.

1939년부터 1979년까지 팔루스 농경지가 겪은 침식의 총량은 한 해에 에이커당 평균 9톤이 넘었다. 가파른 비탈에서는 한 해에 에이커당 100톤이 넘었다. 경작되지 않는 방목지와 삼림지의 침식 속도는 해마다 에이커당 평균 1톤이 안 되었다. 황토에 농사를 지으면서 침식 속도는 열 곱절에서 백 곱절로 빨라졌다. 사라진 흙 대부분은 새로 경작된 땅 위를 흐르는 빗물에 쓸려 갔다. 단순한 흙 보존 방법만으로도 침식을 반으로 줄이면서 농가 소득을 그대로 유지할 수 있다. 하지만 그렇게 하려면 영농 방식이 근본적으로 바뀌어야 한다.

1979년에 토양보존국은 서른 해 동안 경작한 결과 경작지가 초지 아래로 90센티미터나 낮아졌다고 보고했다. 경작지 내리막 끝에는 1.2미터에서 3미터 높이의 흙벽이 막아서고 있었다. 전형적인 40센티미터 보습을 단 쟁기로 등고선을 따라 땅을 가는 실험을 해 보았더니 아래쪽으로 30센티미터가 넘게 흙이 밀려 내려갔다. 청동기시대에 그리스 언덕을 벗겨 내던 과정이 팔루스에서 반복되고 있던 것이다.

땅을 가는 것만으로도 흙을 아래로 밀어내는 속도가 자연 그대로의 과정보다 훨씬 빨랐다. 그렇지만 쟁기가 지나갈 때마다 눈에 보이지 않게 일어나는 과정이어서 여간해서는 알아채기가 힘들다. 세대에서 세대에 걸쳐 꾸준히 되풀이되는 경운 농업은 고대 유럽과 서아시아에서 그랬듯이 땅에서 흙을 벗겨낼 것이다. 그런데도 우리는 현대 농업 기술로써 그 속도를 더 재촉할 수 있다.

바람에 의한 침식도 문제를 악화시킨다. 워싱턴 주 동부 포스오브줄라이 호수의 바닥에서 채취한 코어는 그 지역에 현대 농업이 들어오면서 호수에 가라앉은 흙이 네 곱절로 늘었음을 증언한다. 자연 상태에서 바람에 의한 침식을 정확하게 측정할 방법은 없지만 조건만 갖춰진다면 바람은 몹시 심각한 침식을 일으킬 수 있다. 흙 보존 방법이 시행되기 전에, 바람은 더스트볼 지역인 캔자스의 일부 경작지에서 한 해에 10센티미터가 넘는 깊이의 흙을 파헤쳐 없애 버렸다. 헐벗은 맨땅에서 불어닥치는 흙바람은 오늘날에도 워싱턴 주 동부의 골칫거리이다. 1999년 9월에 농경지에서 흙바람이 시작되자 오리건 주 펜들턴 근처 84번 고속도로에서는 운전자들이 앞을 볼 수 없어서 참혹한 교통사고가 일어났다.

식물군락이 미처 자라나지 못한 땅을 비바람이 유린할 때, 갈아엎은 탓에 헐벗고 교란된 흙은 무방비 상태로 심각하게 침식된다. 미국 중서부에서 옥수수를 심은 땅에서 일어난 침식의 절반 이상이 5월과 6월에 생겨났다. 이때는 옥수수가 크게 자라서 땅을 보호하기 전이다.

겉흙이 사라지면 수확량이 줄어들고, 농부들은 유기물질과 양분 함유량, 수분 보유량이 적은 밑흙까지 깊게 땅을 간다. 조지아와 테네시 서쪽에서 겉흙이 15센티미터 깊이쯤 사라지자 수확량은 거의 반으로 줄었다. 켄터키, 일리노이, 인디애나, 그리고 미시간에서 심각하게 침식된 지역은 이미 지난날에 비해 옥수수 수확량의 4분의 1이 줄었다. 30~60센티미터 깊이만 침식되어도 흙의 생산성은 바닥나서 때로는 농업 생산력이 완전히 사라진다. 미국 농경지의 절반에 못 미치는 땅은 경사도가 2퍼센트 정도로 완만해서 침식이 가속화될 위험은 거의 없다. 미국 농경지의 3분의 1가량 되는 가장 가파른 땅은 다음 세기에 작물을 기르지 못할 것으로 예상된다. 1985년부터 초원보호계획(Grassland Reserve Program)은 흙이 쉽게 침식될 수 있는 지역의 초원을 되살리고 보호하는 농부들에게 비용을 지원해 왔다.

흙의 침식은 자본주의 농업만의 문제가 아니다. 러시아 대초원의 기름진 검은 흙은 토착 식생이 개간된 뒤로 빠르게 침식되었다. 이미 16세기에 깊은 협곡들이 러시아 정착촌 둘레에 생겨났지만 이 흙이 본래 침식되기 쉽다고 해서 20세기 소비에트 농업을 산업화하려는 움직임을 늦추지는 못했다. 1928년에 시작된 제1차 5개년 계획에는 대초원을 공장식 농장으로 바꾸는 무지막지한 요구를 담고 있었다. "트랙터와 쟁기가 줄지어서 천 년 묵은 처녀지를 갈아엎을 때 우리 대초원은 비로소 우리 것이 될 것이다."(Ponting 1993, 261-62쪽) 계획과 달리, 쟁기가 초원을 갈아엎은 뒤에 찾아온 것은 흙 폭풍이었다.

1950년대와 1960년대 소비에트의 토지 계획으로 개간한 농지 1억 에이커에서 농작물을 거두었다. 이름난 과학자들이 미국 더스트볼의 사례를 들며 충고했지만, 이를 무시한 수상 니키타 흐루시초프는 1954년부터 1965년까지 처녀지 4천만 에이커를 경작하라고 국영 집단농장에 주문했다. 식량 생산이 전후 소비자의 수요를 따라잡지 못했기 때문이다.

맨땅 그대로 휴경기를 보내는 경작지가 심하게 침식되면서 새로 개간된 밭의 상당 부분에서 몇 해 안에 수확량이 줄어들었다. 5개년 계획의 절정기에 소비에트 농업은 한 해에 300만 에이커가 넘는 땅을 잃어버렸다. 이는 5개년 계획을 달성하는 바람직한 방법이 아니었다. 1960년대에는 새로 경작된 땅 가운데 거의 절반이 건기 동안 심하게 침식되었다. 이런 지역이 소비에트 더스트볼이라고 알려지면서 흐루시초프가 물러나는데 영향을 끼쳤다.

1986년 전에 소비에트 검열 기관들은 심각한 환경 문제를 숨겼다. 이 가운데 최악은 아랄 해의 재앙이었다. 1950년에 소비에트 정부는 '목화 자립'을 이루기 위한 주요 방법으로써 아랄 해 지역을 단일경작 플랜테이션으로 탈바꿈시켰다. 소비에트는 진보된 경작 기법, 화학비료와 살충제를 적극적으로 사용하고 관개와 기계화된 영농을 확대함으로써 수확량을 크게 늘렸다. 1960년부터 1990년까지 몇 천 킬로미터에 이르는 새 운하들과 600개가 넘는 댐을 건설하여 아랄 해로 흘러드는 강물의 흐름을 바꾸어 놓았다. 당연히 바다가 줄어들기 시작했다.

아랄 해가 말라 버리자 주변의 땅도 말랐다. 물길을 바꿔 놓은 세월 탓에 1993년에 수면은 거의 17미터 가까이 낮아졌고 드러난 바다 밑바닥은 새로운 사막으로 변했다. 1990년대에 큰 흙 폭풍이 몇 번 몰아치면서 아랄 해의 소금과 침적토 1억 톤을 1천600킬로미터나 떨어져 있는 러시아 농장까지 옮겨 놓았다. 아랄 해의 어업과 농업이 무너지자 집단 대탈출이 시작되었다.

글라스노스트 이후의 한 지역연구는 카자흐스탄, 우즈베키스탄, 투르크메니스탄의 건조지역 가운데 3분의 2에 사막화가 영향을 끼쳤다고 보고했다. 나날이 커지는 이 위험을 널리 알려야 한다는 제안은 소비에트연방이 해체되기 전까지 아무런 힘을 얻지 못했다. 목화 자립은 수출을 위한 상품작물을 재배하려는 욕망을 부채질했을 뿐이었다. 흙의 침식에 맞서려는 투쟁은 정치적 의제의 맨 아래로 내려갔다. 장기적인 위험 요소인 것이 분명하더라도 코앞에 닥친 다른 문제들을 먼저 해결해야 했다.

볼가 강과 카스피 해 사이에 끼어 있는 남부 러시아의 작은 칼미크공화국에서도 비슷한 상황이 펼쳐졌다. 제2차 세계대전부터 1990년대까지 방목지를 공격적으로 경작하면서 공화국의 거의 모든 땅이 사막처럼 변했다. 칼미크공화국의 거의 10분의 1이 불모지가 되었다.

본디 칼미키아의 토착 초원은 목축에 알맞은 땅이다. 이미 12세기에 칼미크 사람들은 말이 머리를 숙이지 않고도 풀을 뜯어먹을 수 있다는 그 지역에 소를 들여왔다. 그 땅은 전통적으로 말의 번식과 양이나 소의 방목에 이용되었다. 독일에 부역했다는 혐의로 1943년에 칼미크 사람들이 한꺼번에 시베리아로 추방되었다. 열다섯 해 뒤에 칼미크 사람들이 돌아왔을 때 소비에트는 유럽 최초의 사막을 만드느라 여념이 없었다.

냉전시대에 소비에트 정책은 곡물과 멜론 생산을 늘리기 위해 칼미크의 초원들을 갈아엎도록 했다. 남아 있는 초원에서 양의 수는 거의 곱절로 늘었다. 사료작물 수확량은 1960년대부터 1990년대까지 절반으로 줄었다. 해마다 사막은 헐벗은 경작지와 무제한 방목된 초지를 5만 헥타르씩 먹어치웠다. 1970년대에 공화국의 3분의 1이 넘는 땅이 부분적으로 사막이었다.

이 반건조지역의 토착 초지를 농경지로 바꾸자 더스트볼을 떠올리게 하는 문제들이 나타났다. 지난날 더 넓었던 카스피 해의 바닥에 모래가 쌓이면서 발달한 칼미키아의 기름진 흙은 푸르른 토착 풀의 뿌리가 단단히 그러쥐고 있었다. 경작이 시작되고 몇 십 년 안에 33만 헥타르가 넘는 초지가 움직이는 모래바다로 바뀌었다. 조방농업(粗放農業)이 이어진 뒤 1969년에 몰아친 거대한 흙 폭풍은 흙을 폴란드까지 싣고 갔다. 열다섯 해 뒤에 또 불어 닥친 흙 폭풍은 칼미크 흙을 프랑스까지 날려 보냈다. 공화국 대통령은 1993년 8월 1일 생태적 비상사태를 선포했다. 이 사건은 흙의 침식에 관해서 한 나라의 정부가 선포한 최초의 비상사태였다.

20세기 후반기에 자연의 속도보다 빠르게 흙을 잃고 있는 나라는 초강대국들만이 아니었다. 유럽에서 침식은 흙이 만들어지는 것보다 열 곱절이 빠르다. 1980년대 중반에 오스트레일리아의 농토 가운데 거의 절반이 침식 탓에 토질이 낮아졌다. 필리핀과 자메이카에서는 가파른 비탈에서 침식된 흙이 한 해에 헥타르당 400톤에 이르기도 했다. 한 해에 거의 4센티미터 깊이씩 사라진 양이다. 한번 이렇게 되면 그 손해는 세대에 세대를 걸쳐서 이어진다.

1970년대에 사하라사막 이남의 아프리카에서도 더스트볼이 되풀이되었다. 20세기까지 서아프리카 농부들은 경작지를 오랫동안 묵혀 두는 이동식 농사를 지었다. 한 해에 먼 거리를 이동했으므로 동물들이 뜯는 풀도 얼마 되지 않았다. 20세기에 인구가 늘고 농경지가 전통적인 초지를 잠식하면서 농부들과 목축민들이 땅을 더 많이 썼다. 드넓은 땅이 개간되고 토질이 낮아지면서 없어지는 흙이 늘어난 탓에 환경난민이 홍수를 이루었다.

아프리카 사헬은 적도의 숲과 사하라 사이의 반건조 기후 지역이다. 사헬의 연간 강우량은 평균 15에서 50센티미터이다. 하지만 해마다 강우량의 차이가 크다. 비가 많이 오는 해에는 세네갈 북부에서 비가 내리는 날이 100일이 넘는다. 비가 잘 오지 않는 해에는 50일에도 못 미친다. 고대 호수의 수위를 조사한 결과 지난 몇 천 해에 걸쳐서 오랜 가뭄이 여러 번 일어난 것으로 나타났다. 사헬 북쪽 아틀라스산맥의 나이테 연구는 기원 후 1100년에서 1850년 사이에 스무 해에서 쉰 해 동안 이어진 가뭄이 적어도 여섯 번 있었다는 걸 알려 준다. 거의 50만 평방마일에 이르는 서아프리카 숲이 개간된 건 한 세기도 안 된 일인데, 그 개간 뒤에 찾아온 건기는 참혹하기만 했다.

1973년 서아프리카 기근으로 10만 명이 넘는 사람들이 숨을 거두었고 700만 명은 구호 식량밖에 먹을 게 없었다. 가뭄으로 촉발된 위기의 뿌리는 사람과 땅의 관계가 변화한 데 있었다. 땅을 감싸던 식물군락을 거의 모두 뿌리 뽑자 흙이 심각하게 침식되었고 그 뒤로 찾아온 심한 건기는 여느 해보다 끔찍한 인도주의적 재난을 불러일으킨 것이다.

사헬의 유목민들과 정착 농민들은 전통적으로 공생관계로 살아왔다. 유목민들의 소 떼는 작물 그루터기를 먹고 농부들이 수확하고 난 밭에 똥거름을 주었다. 비가 오면 소들은 새로 풀이 자라나는 북쪽으로 갔다. 유목민들은 눈앞에서 신록의 풀이 더는 나타나지 않는 곳까지 갔다가 남쪽으로 되돌아왔다. 이들이 북쪽으로 떠난 뒤에 자라난 풀을 남쪽으로 돌아오면서 먹을 수 있었다. 유목민들이 남쪽으로 돌아오는 시기는 다시 자라난 풀을 뜯을 수 있고 농부들이 수확을 마친 경작지에 똥거름을 줄 때와 딱 맞았다. 또 사헬 농부들은 다양한 작물을 길렀고 사이사이에 몇 십 년 동안 땅을 묵혔다가 다시 경작했다. 사헬이 여러 나라로 나뉘면서 이 관계가 무너졌다.

19세기 말에 프랑스 식민 권력이 사헬 지역에서 빠른 속도로 팽창하면서 지나친 방목을 막고 경작지에 똥거름을 주던 사회 관습을 바꾸어 놓았다. 식민 당국은 물질적 욕구를 자극하기 위해 새 행정 요직에 상인들을 앉혔다. 인두세와 가축세를 부과하자 자급농과 유목민 모두 프랑스 시장에 공급할 상품을 생산하게 되었다. 유목민 종족들은 지난날 몇 세기 동안 소 떼와 함께 초원을 돌아다녔지만 이제 새로운 정치적 국경선을 넘을 수 없게 되었고 세금을 내기 위해 가축 밀도를 높여야 했다. 농부들은 북쪽의 불모지로 옮겨가서 작물을 길러 유럽에 수출했다. 목축민들은 남쪽으로 갔지만 그곳은 이전부터 믿고 마실 만한 물이 모자라고 불안해서 소와 양의 수를 제한했던 지역이었다. 새로운 샘 주변으로 가축들이 한꺼번에 몰려들자 초지가 망가졌다. 세찬 비바람이 몰아치는 여름 동안 흙은 땅 위를 흘러가는 빗물과 강풍에 맥없이 시달렸다.

사헬은 집약적인 방목과 농업에 더욱 꾸준히 이용되어 갔다. 1930년부터 1970년까지 방목하는 가축의 수가 곱절로 늘었다. 사람 수는 세 곱절로 뛰었다. 상품작물로서 목화와 땅콩을 기르는 새 프랑스 플랜테이션이 자급농을 더 좁은 불모지로 몰아냈다. 땅을 묵히는 기간도 짧아지거나 없어졌고 수확량이 줄어들기 시작했다. 바짝 마른 작물 아래 드러난 맨땅은 물기 하나 없어 바람에 흙이 날렸다.

그러다가 1972년에는 비가 한 방울도 오지 않았고 풀 한 포기 자라지 않았다. 지나친 방목이 쉼 없이 이어져서 새로 돋아난 풀이 거의 없는 곳에서 가축 사망률이 높았다. 살아남은 몇 그루 안 되는 과실나무는 열매를 맺지 못했다. 몇 백만 명의 난민들이 홍수를 이루어 거대한 판자촌으로 흘러들었다. 10만~25만 명의 사람들이 굶주려 죽었다. 가뭄이 이 재난을 불러온 직접적인 원인이었지만 사헬을 착취하고 건기 때 땅이 먹여 살릴 수 있는 수준을 훌쩍 넘어서 인구가 증가하게 한 장본인은 바로 식민지 시대 문화와 경제의 변화였다. 대농장에서 재배한 작물은 기근 때도 변함없이 수출되었다.

지나친 방목으로 땅을 덮고 있던 여러해살이 식물이 사라지자 맨땅이 하릴없이 바람과 빗물에 시달리면서 사막으로 변해 갔다. 토착 여러해살이 식물이 한번 사라진 반건조지역에서는 한 해에 1.5~2센티미터가 조금 안 되는 깊이의 침식 속도를 보인다고 한다. 대개 침식이 한번 시작되면 되돌릴 수가 없다. 식물들이 건기를 견디려면 물기를 머금은 겉흙이 있어야 한다. 흙이 사라지면 사람들을 먹이는 능력 또한 사라진다.

기근 동안 미국항공우주국(NASA) 위성이 찍은 사진은 위기를 빚어 낸 것이 바로 사람의 손이라는 걸 또렷하게 증명했다. 가뭄에 무너진 지역의 가운데에 알 수 없는 초록색 오각형이 있었다. 그것은 단순한 철조망으로 주변의 사막과 분리한 25만 에이커의 큰 목장이었다. 가뭄이 시작된 바로 그해에 들어선 그 목장은 다섯 구역으로 나뉘어져 있었다. 소들은 해마다 한 구역에서만 풀을 뜯을 수 있었다. 방목의 강도를 제한함으로써 주변 지역에 기아를 불러온 문제를 예방한 것이다.

1950년대와 1960년대에 사헬과 북아프리카 모두에서 사막화가 시작되었다. 하지만 이 동안 북아프리카의 강우량은 평균 이상을 기록했다. 1960년대에 국가 소유의 대목장들은 방목지의 장기적 수용 능력에 맞게 가축 수를 유지한 경우에 사막화가 이루어졌다는 증거가 나타나지 않았다. 가뭄 탓에 토질 저하가 끼치는 악영향이 더 큰 힘을 발휘하더라도 기후 변동은 근본 원인이 아니다. 가뭄은 반건조기후 지역에서 자연적으로 되풀이된다. 가뭄에 적응한 생태계와 사회는 지난날 가뭄을 견뎌 냈다. 가뭄 때는 먹을 것이 귀하고 강우량이 유지될 때에는 넉넉한 세월을 오래도록 거쳐 오면서, 전통적인 아프리카 목축민들은 그 세월 동안 발전해 온 사회 구조와 질서를 통해 사실상 인구를 조절했다.

서아프리카에서 흙의 침식 속도는 한 세기마다 2센티미터에 못 미치는 정도의 사바나 농경지에서부터, 이전에 숲이었지만 밭을 간 뒤 맨땅이 드러난 가파른 경작지에서 한 해에 25센티미터가 넘는 극단적인 경우까지 다양하다. 어떤 조사 결과는 사헬 농경지의 평균 침식 속도를 한 해에 2.5센티미터 정도로 본다. 서아프리카 많은 지역에서 겉흙은 15~20센티미터 깊이밖에 안 된다. 숲을 개간한 뒤 농사를 지으면서 순식간에 겉흙이 사라졌다. 나이지리아 남서부에서 옥수수와 광저기 수확량이 30~90퍼센트가 줄어든 이유는 겉흙이 12센티미터 정도 사라졌기 때문이다. 나이지리아 인구가 늘면서 자급농은 지속적인 경작을 버틸 수 없는 더욱 가파른 땅으로 옮겨갔다. 기울기가 8도가 넘는 가파른 비탈이 있는 카사바 플랜테이션에서는 기울기가 1도에 못 미치는 땅보다 70배 이상 빠르게 흙이 사라졌다. 카사바를 심은 나이지리아 산허리에서 흙의 침식 속도는 한 해에 2.5센티미터가 넘어서 흙이 보충되는 속도가 따라잡을 수 없다.

사회 관습도 흙의 보존을 가로막았다. 자급농들은 몇 해마다 한 번씩 경작지를 바꾸기 때문에 침식 예방에 투자하기를 꺼렸다. 땅이 공동 소유여서 개인이 흙을 보존하려고 노력하기 힘든 지역에서는 침식 문제가 매우 심각하다. 서아프리카 여러 나라들에서 농사를 지을 때 트랙터를 쓰면

보조금을 잔뜩 준다. 그래서 농부들은 땅의 기울기, 흙의 종류, 또는 작부 체계에 상관없이 땅을 갈았다. 사하라사막 이남의 아프리카에서 흙의 침식 속도는 지난 서른 해 동안 스무 곱절로 빨라졌다. 서아프리카 농업은 빠른 속도로 흙이 침식되는 것이 공통된 특징이다. 딱 몇 해만 농사를 지어도 흙이 못쓰게 된다는 얘기가 된다. 그 결과 더 많은 땅을 개간해야 할 필요성이 커진다.

1970년대 후반에 워싱턴대학 교수 톰 던과 대학원 제자 둘(한 사람은 내가 대학원에서 지도를 받았다)은 케냐 반건조지역의 방목지 완만한 비탈에서 최근의 침식 속도와 장기적인 침식 속도를 비교했다. 그들은 나이를 알 수 있는 (또는 논리적으로 추정할 수 있는) 식물군락이 헐벗은 비탈의 흙을 여전히 그러쥐고 있는 곳의 흙 받침대 높이, 그리고 지질학적 시대를 파악할 수 있는 지표면이 침식된 정도를 기준으로 삼았다. 15~30년 된 작은 떨기나무가 그러쥐고 있는 흙 받침대가 둘레의 땅보다 20센티미터 높다는 사실은 오늘날의 침식 속도가 한 해에 0.6~1.3센티미터의 범위에 이른다는 걸 증명했다.

던과 제자들은 공룡시대 이후로 평균 침식 속도가 3천 년에 2.5센티미터 정도라고 결론 내렸다. 지난 몇 백만 년 동안의 평균 침식 속도는 900년에 2.5센티미터 정도였다. 이는 그들이 2천500년에 2.5센티미터 정도로 흙이 만들어진다고 측정했던 속도보다 조금 빠르다. 하지만 오늘날의 침식 속도는 10년에 2.5센티미터 정도에서 1년에 2.5센티미터까지 이른다. 흙이 만들어지는 속도와 오늘날 나타나는 침식 속도의 불균형을 토대로 측정해 보니, 200년에서 1천 년만 지나면 케냐의 완만한 비탈의 흙이 사라져서 암석이 그대로 드러날 것이었다.

흙의 침식은 땅의 생명력을 파괴하지만 땅은 치유 될 수도 있다. 나이

지리아의 일부 자급농들은 단순하게 몇 가지를 바꾸어 경작지를 되살렸는데 돈은 한 푼도 들지 않았다. 그들은 양을 이리저리 돌아다니지 못하게 매어 놓고 작물 그루터기를 먹였다. 양들은 밭에 똥거름을 주었고 그것으로 다음 작물을 길렀다. 돌려짓기 작물로 광저기를 심어서 흙의 비옥도를 높였다. 흙과 돌을 개어 경작지 둘레에 낮게 담을 쌓아서 비가 퍼부어도 흙이 사라지지 않게 했다. 화학비료를 주지 않았는데도 수확량이 곱절에서 세 곱절까지 뛰었다. 필요한 건 노동력이었다. 노동력은 자급농들이 충분히 공급했다. 흙의 비옥도를 되살리는 노동 집약적 기술 덕택에 밀도가 높은 인구 부담이 자산으로 바뀐 것이다.

에티오피아는 인간 사회가 얼마나 자주 스스로 침식을 불러일으키는지를 보여 주는 또 다른 본보기이다. 중세에 에티오피아 왕국 북부의 산림을 개간함으로써 티그레와 에리트레아에 어마어마한 침식이 일어났다. 산허리에는 동물들이 뜯어먹을 풀조차 없었다. 기원후 1000년 무렵 토질 저하가 미친 경제적 영향 탓에 왕국은 남쪽의 더 좋은 땅으로 수도를 옮겼다. 새 수도에서도 똑같은 과정이 되풀이되었다. 드넓은 숲이 벌목되자 대규모로 흙이 침식되었다. 땅은 황폐해져서 날씨마저 도와주지 않을 때에는 거기 사는 사람들을 먹이지 못했다.

1980년대 중반 에티오피아에서는 가뭄이 들어 작물을 거두지 못하자 거의 1천만 명에 이르는 사람들이 굶어 죽었다. 전 세계에서 역사상 가장 큰 규모로 구호의 손길이 이어졌으나 끝내 몇 십만 명이 숨을 거두었다. 20세기가 되기 한참 전에 농사는 가장 기름진 농지에서 침식되기 쉬운 비탈로 확대되었다. 산림 개간 탓에 에티오피아는 1930년대부터 원시림 가운데 3퍼센트만이 남았고 블루나일 강에 퇴적되는 침적토는 다섯 곱절로 늘었다. 서부 고원지대의 농경지에서 평균 속도로 흙이 사라진다면 한 세기 안에 토착 겉흙은 침식될 것이다. 필사적으로 작물을 수확하려는 농부들이 쉼 없이 집약적으로 농사를 짓기 때문에 황토가 침식될 뿐 아니라 흙의 비옥도가 해마다 1퍼센트씩 떨어져 왔다.

에티오피아의 환경난민 사태는 오랜 세월에 걸쳐 흙을 보존하는 것이 바로 나라를 지키는 길임을 알려 준다. 왕가리 마타이는 에티오피아 시골에서 환경을 되살린 공로를 인정받아 2004년에 노벨평화상을 받았다. 그것은 오늘날 정치난민보다 많은 환경난민들이 날이 갈수록 지구적 문제가 되고 있음을 드러낸다. 사람들은 잠깐의 가뭄은 견딜 수 있지만 땅이 사막으로 변해서 방목도 경작도 할 수 없게 되면 대탈출을 피할 수 없다.

사막화는 비단 아프리카에서만 일어나는 것이 아니다. 지구 땅의 10분의 1이 넘는 곳이 사막으로 변하고 있다. 지구 건조지역의 3분의 1이나 되는 면적이다. 지난 쉰 해에 걸친 연구 결과 연간 강우량이 13~50센티미터인 지역에서 사막화 속도가 그대로 이어진다면 이번 세기 안에 전체 반건조 기후 지역의 대부분이 사막으로 변할 것이라고 한다. 1996년에 로마에서 열린 세계식량정상회담에서는 흙의 지구적 보호와 지속 가능한 관리가 미래 세대의 안전을 보장하는 열쇠로 강조되었다.

제2차 세계대전 전에 서유럽은 세계에서 하나뿐인 곡물 수입 지역이었다. 라틴아메리카의 곡물 수출량은 1930년대 후반에 북아메리카 곡물 수출량의 거의 곱절이었다. 소비에트연방 처녀지에서 수확한 곡물 수출량은 북아메리카 대초원지대에서 수확한 곡물 수출량과 맞먹었다. 제2차 세계대전 전에 자급자족하던 아시아, 라틴아메리카, 동유럽, 아프리카는 모두 오늘날 곡물을 수입한다. 1980년대 초에는 100여 개 국가가 북아메리카에서 생산되는 곡물에 의존했다. 오늘날 북아메리카, 오스트레일리아, 뉴질랜드 세 지역만이 전 세계로 곡물을 수출한다.

전후에 전례 없는 번영의 시기가 몇 십 년 이어진 뒤로 기근이 세계 무대로 다시 돌아왔다. 강우량이 들쭉날쭉한 데다가 날이 갈수록 토질이 몹시 낮아져서 곳곳에서 흉작이 이어졌기 때문이다. 1960년대 중반에 인도가 두 해 잇달아 흉작을 겪자 미국이 기근을 막으려고 밀 수확량의 20퍼센트를 실어 보냈다. 인도는 1972년에 다시 흉작을 겪었고 80만 명이 넘는 사람들이 굶어 죽었다. 이번에는 미국의 구제 조치도 없었다. 소비에트의 수입이 증가함에 따라 긴급하게 쓸 수 있는 밀 공급량이 모자랐기 때문이다. 게다가 1972년 러시아에서 곡물을 수입하자 미국 농부들은 불모지에서까지 농사를 짓기 시작하면서 몇 십 년 동안 이어오던 흙 보존 방식이 위태로워졌다. 오늘날 곳곳의 흉작이 전 세계 곡물 값에 미치는 영향을 들여다보면 식량 공급과 수요 사이의 균형이 아슬아슬하게 유지되고 있음을 알 수 있다. 북아메리카의 잉여 농산물을 긴급하게 이용할 수 있느냐의 문제는 지구적 안보와 관련된 문제이다.

1860년부터 세계적으로 20억 에이커가 넘는 처녀지가 개간되어 농지로 이용되어 왔다. 20세기 후반기까지는 못 쓰게 된 농지만큼 새 땅을 개간할 수 있었다. 1980년대에 들어서면서, 인류가 티그리스와 유프라테스 강 사이의 땅에서 농업을 시작한 뒤 처음으로, 경작되고 있는 땅의 전체 면적이 줄기 시작했다. 선진국에서 새 (그리고 일반적으로 불모의) 땅이 농경지로 바뀌는 속도가 토질이 고갈되는 속도 아래로 떨어졌다. 우리는 지구 표면의 10분의 1 정도에서만 농작물을 기르고 있고 4분의 1을 방목지로 쓰고 있지만 남아 있는 땅 가운데 농사나 목축에 알맞은 땅은 거의 없다. 남아 있는 땅 가운데 농사를 지을 수 있는 유일한 곳은 열대의 숲인데, 그곳의 흙은 깊이가 얕고 몹시 침식되기 쉬워서 오랫동안 농사를 지을 수 없다.

우리는 이미 지속 가능한 최고 한도로 지구에서 농사를 짓고 있기 때문에 지구온난화가 농업 시스템에 미칠 수 있는 영향을 생각하면 불안하기만 하다. 기온 상승이 곧바로 가져오는 결과는 몹시 걱정스럽다.《미국국립과학원회보》(Proceedings of the National Academy of Sciences)에 실린 최근의 연구는 작물 생장기 때 최저기온이 하루 평균 1도씩만 올라도 쌀 수확량이 10퍼센트 떨어진다고 보고한다. 밀과 보리도 마찬가지이다. 다음 세기에는 모든 곳에서 1~5도까지 기온이 상승할 거라는 지구온난화 시나리오는 수확량에 곧바로 미치는 영향을 넘어서 훨씬 큰 재앙을 예고한다.

황토로 이루어진 세계 3대 지역(미국 중서부, 북유럽, 중국 북부)은 전 세계 곡물의 대부분을 생산한다. 현대 농업의 놀라운 생산성은 작물을 기르기에 알맞고 농업에 이상적인 흙이 드넓게 펼쳐져 있는 이들 지역의 기후에 달려 있다. 캐나다와 미국 대초원은 이미 서부 지역의 농지만큼이나 불모지이다. 그러나 지구온난화는 더스트볼 시대의 가뭄이 비교적 가볍게 느껴질 만큼 북아메리카 중심부에서 그 심각성을 더해 갈 것으로 예측된다. 이번 세기에 인구가 곱절로 늘어날 것을 예상한다면 그 많은 사람들이 다 먹고 살 수 있을 것인지는 확실하지 않다.

지구온난화로 물순환이 더욱 활발해져서 어떤 지역은 비가 더 많이 올 것으로 예견된다. 뉴잉글랜드, 대서양 중부의 주들, 그리고 남동부에서는 집중호우가 더 자주 일어나서 빗물에 의한 침식이 심해질 것이다. 흙의 침식은 농부들이 변화하는 강우 패턴에 어떻게 대응하느냐에 따라서 20퍼센트에서 300퍼센트까지 늘 것이다.

농경지에 닥쳐온 문제가 지구온난화와 가속화되는 침식만이 아니다.

캘리포니아 주 샌타클래라 골짜기에서 자랄 때 나는 팰러앨토와 새너제이 사이의 과수원과 경작지가 실리콘밸리로 바뀌는 모습을 보았다. 첫 직업이었던 기초공사 감독관으로 일하면서 알게 된 더욱 흥미로운 사실 가운데 하나는 건축 부지를 닦는 일이 겉흙을 쓰레기 매립지로 실어 보내는 것을 뜻한다는 것이었다. 좋은 겉흙은 가끔 대량으로 팔려서 다른 건설 사업에 쓰였다. 완전히 포장된 실리콘밸리에서 예측할 수 있는 장래에 농작물을 길러 내는 일은 다시 없을 것이다.

1945년부터 1975년까지 서른 해 동안 네브래스카를 덮은 콘크리트 아래에 많은 미국 농장이 묻혔다. 1967년부터 1977년까지 도시화로 해마다 거의 100만 에이커의 미국 농지가 농업 이외의 용도로 탈바꿈했다. 1970년대와 1980년대에는 한 시간마다 100에이커가 넘는 미국 농경지가 농업 이외의 용도로 바뀌었다. 1960년대에 도시가 팽창하면서 가장 기름진 유럽 농토의 몇 십 퍼센트를 먹어 치웠다. 도시화 탓에 이미 영국 농경지의 15퍼센트가 넘는 땅이 포장되었다. 도시 지역은 도시를 먹이는 데 필요한 농경지를 꾸준히 소비하며 성장한다.

냉전 시대에 농무부는 서로 다른 종류의 흙이 장기간 농업 생산을 뒷받침할 수 있는 능력을 평가하기 위해서 흙의 유실 허용치를 개발했다. 이 수치는 1950년대에 경제적으로나 기술적으로 적정하다고 판단되는 수준에서 기술적·사회적 투입량을 고려하여 산정되었다. 이런 방식을 토대로 세워진 흙 보존 계획은 일반적으로 흙의 침식을 허용할 수 있는 속도를 한 해에 헥타르당 5톤에서 13톤(한 해에 에이커당 2~10톤)으로 보는데, 이는 25년에서 125년에 2.5센티미터 깊이의 흙이 사라지는 양(한 해에 0.2~1밀리미터)이다. 그러나 농업경제학자들은 흙의 생산성을 유지하려면 침식이 한 해에 헥타르당 1톤 미만(250년에 2.5센티미터 미만의 유실)

이어야 한다고 입을 모으는데, 이는 농무부 흙 유실 허용치의 5분의 1에서 10분의 1에 지나지 않는다.

최근 몇 십 년 전만 해도 흙이 만들어지는 속도에 관한 믿을 만한 자료가 거의 없었다. 그래서 이 문제 때문에 얼마나 심각한 상황이 벌어질지 알기 어려웠다. 농장에서는 예상보다 빨리 흙이 사라져 갔지만 농부들이 과잉생산에 복무하느라 여력이 없고 식품 값이 쌀 때는 큰 그림을 놓치기 쉬웠다. 그러나 다양한 방법론을 이용한 최근의 연구들은 흙이 만들어지는 속도가 미국 농무부의 흙 유실 허용치보다 훨씬 낮다고 입을 모은다. 세계 곳곳의 분수계에서 흙이 만들어지는 속도를 조사한 결과 해마다 헥타르당 0.1 미만에서 1.9톤의 속도를 나타냈다. 이는 2.5센티미터 깊이의 흙이 만들어지는 데 필요한 시간이 매우 편차가 큼을 드러내는데, 히스가 뒤덮고 있는 스코틀랜드에서는 160년이 걸리고 메릴랜드의 낙엽활엽수림에서는 4천 년이 넘게 걸린다. 또 일곱 가지 주요 지각판과 흙, 그리고 물의 예산을 기초로 한 지구화학적 질량 평형에 따르면 흙이 만들어지는 평균 속도는 전 세계적으로 240년에 2.5센티미터부터 820년에 2.5센티미터(해마다 헥타르당 0.37~1.29톤의 침식 속도에 맞먹는)로 추정된다. 대초원 지대의 황토에 관해서는, 농무부가 허용하는 흙 유실 속도보다는 500년마다 2.5센티미터의 속도로 흙이 보충된다고 보는 것이 훨씬 현실적이다. 따라서 현재 '허용되는' 흙의 유실 속도는 오래 지속될 수 없다. 그것은 흙이 만들어지는 속도보다 네 곱절에서 스물다섯 곱절 빠르게 흙이 침식되는 것을 허용하기 때문이다.

1958년에 농무부는 미국 농지의 거의 3분의 2가 흙의 유실 허용치를 넘어서 무시무시한 속도로 침식되고 있음을 알아냈다. 열 해 뒤에 비슷한 조사에서도 더 나아진 점이 전혀 없다고 밝혀졌다. 미국 농지의 3분의 2

는 허용되는 속도보다 훨씬 빠르게 여전히 흙을 잃고 있었다. 더스트볼 이후로 흙 보존 방법들이 장려되었지만 1970년대에 거의 200만 에이커에 이르는 미국 농지가 불모지가 되었거나 농작물을 길러 내지 못했다. 독립하고 나서 두 세기만에 침식은 미국 겉흙의 3분의 1을 걷어 냈다. 이 속도라면 미국은 콜럼버스가 신세계에 도착하고 나서 지금까지 흐른 시간보다 더 적은 시간 안에 겉흙을 모조리 잃어버릴 것이다.

1970년대에 와서 정부 정책이 더욱 공격적인 경작을 지원하는 쪽으로 바뀜에 따라 이전 몇 십 년 동안 실행해 왔던 여러 흙 보존 계획이 중단되었다. 농무부 장관 얼 버츠 아래서 미국 농업정책은 울타리 끝에서 울타리 끝까지 땅 한 뼘도 남기지 말고 작물을 길러서 러시아로 내다 파는 걸 목표로 삼았다. 더 큰 트랙터가 쓰이면서 등고선 경작과 계단식 밭 같은 흙 보존 방법은 나날이 성가신 방해물로 여겨지고, 상품작물이 풀과 콩류 같은 돌려짓기 작물을 대신했다.

1970년대 말에 연방 의원 가운데 일부는 마흔 해 동안의 노력이 무색하게도 흙의 침식이 미국 농업의 뿌리를 뒤흔들고 있다는 사실에 경각심을 갖고 지켜보았다. 1977년 흙과 물 자원보호법은 농무부가 미국의 흙을 철저하게 평가하도록 했다. 네 해에 걸친 평가 작업을 마치고 작성된 1981년의 보고서는 미국의 흙이 더스트볼 이후 마흔 해가 넘는 세월 동안 놀라운 속도로 침식되고 있다고 결론지었다. 1970년대에 미국은 해마다 40억 톤의 흙을 잃었다. 1930년대에 견주어 한 해에 10억 톤이 더 많은 양이었다. 그 흙을 가득 실은 화물차를 한 줄로 세우면 지구를 스물네 바퀴나 돌 수 있다. 그 속도라면 한 세기만 지나면 미국에 남아 있는 겉흙은 모두 사라질 것이다.

해외에 수출하기 위해 되도록 대규모로 공격적으로 작물을 재배하라고 정부가 격려하던 때였다. 따라서 흙을 보존하기 위해 돈을 쓰는 일을 정치적으로 지지하기란 현실적으로 양립하기 어려웠다. 인플레이션을 감안하면 농업보호 프로그램에 투입되는 정부 보조는 1970년대에 절반이 넘게 줄었다. 현실적인 문제가 과잉생산에서 비롯되는 낮은 가격이라고 보는 의회의 인식을 어떤 자료도 바꾸어 놓지 못했다. 곡물 창고가 터질 지경인데 왜 납세자의 돈을 흙을 보존하는 데 쓴단 말인가?

몇 십 년 동안 흙 보존 프로그램에 상당한 지출을 하고도 미국 농장에서 침식 감소 효과를 입증할 만한 확실한 정보가 거의 없다는 것도 문제였다. 그 손에 꼽을 만한 연구 가운데 하나가 1936년부터 1975년까지 위스콘신 주 쿤크리크에서 흙의 침식이 상당히 줄어들었다고 보고했다. 1933년에 미국 최초의 시범 관리지역으로 지정된 쿤크리크 유역은 침식이 심각했다. 피복작물이 없는 가파른 비탈에서도 평지와 같은 모양으로 이랑을 냈던 밭은 거름도 제대로 주지 않았고 돌려짓기도 하지 않았다. 지나친 방목이 이루어진 초지는 침식되었다. 몇 십 년 동안 토양보존국의 방침에 따라 농부들은 등고선 경작 방식을 받아들였고 돌려짓기를 하면서 피복작물을 심었으며 똥거름을 더 많이 주고 작물의 남은 부분은 갈아엎어서 흙에 되돌려 주었다. 개선된 영농 방식을 널리 받아들인 결과 1975년에는 강 유역의 산비탈에서 일어나던 침식이 1934년에 견주어 4분의 1로 줄었다.

최근에 농무부의 조사 결과 미국 농경지에서 흙의 침식은 1982년 30억 톤이던 것이 2001년에는 20억 톤 미만으로 크게 줄었다고 한다. 이런 성과는 큰 진보임이 분명하지만 흙이 만들어지는 속도보다는 여전히 훨씬 앞서 있다. 1990년대 후반에도 인디애나 농장들은 곡물 1톤을 수확하면서 흙 1톤을 없앴다. 고대 문명들이 흙을 보존하려는 노력을 거의 하지 않았고 어느 경우든 너무 늦게 대응했다는 걸 알고 있으면서도 우리는 여전히 그 뒤를 따르며 똑같은 이야기를 되풀이하고 있다. 우리가 지구적인 규모에서 그렇게 할 수 있는 것도 이번뿐이다.

지구 곳곳에서 보통이거나 심각한 수준의 침식은 1945년 이후로 농지 12억 헥타르의 토질을 떨어뜨렸다. 이는 중국과 인도를 합친 면적에 해당한다. 한 연구는 지난 쉰 해 동안 경작되고 버려진 농지 면적이 오늘날 농경지 면적과 같다고 한다. 유엔은 제2차 세계대전 이후로 전 세계 농경지의 38퍼센트에서 토질이 몹시 나빠졌다고 추산한다. 흙의 침식이 지구적으로 미친 영향에 관한 1995년의 한 보고서는 해마다 경작할 수 있는 땅 1천200만 헥타르가 침식과 토질 저하로 사라지고 있다고 한다. 해마다 사라지는 경작지가 전체 경작지의 1퍼센트에 가까운 것이다. 지속 가능한 상태가 아닌 것이 확실하다.

세계적으로 농경지는 한 해에 헥타르당 평균 10에서 100톤이 침식되는데, 흙이 만들어지는 속도보다 열에서 백 곱절은 빠르게 흙이 사라지는 셈이다. 농경시대로 접어든 뒤로 지금까지 전 세계 잠재 농경지의 거의 3분의 1이 침식되었는데, 그 대부분이 지난 마흔 해 동안 일어난 일이다. 1980년대 후반에 네덜란드가 주도한 전 세계 침식 조사 작업은 과거에 농경지였던 20억 헥타르나 되는 땅이 더 이상 작물을 기를 수 없음을 밝혀냈다. 그 면적이면 몇 십억 명을 먹일 수 있다. 우리는 결코 잃어버려서는 안 되는 흙을 써 버리고 있는 것이다.

1990년대 중반에 코넬대학 데이비드 피멘텔을 중심으로 한 연구 그룹은 흙의 침식에 소비되는 경제적 비용과 흙 보존 대책들이 지니는 잠재적인 경제적 이익을 측정했다. 연구 그룹은 침식 탓에 사라진 수분 함유량을 대신하기 위해, 그리고 화학비료를 사용해서 사라진 흙의 양분을 보충하기 위해 농지 자체에 들어갈 비용을 계산했다. 또 홍수 피해의 증가, 저수 능력의 상실에 따른 비용과, 정상적인 운항을 위해 강바닥에서 침적토를 준설하는 데 드는 농지 외적 비용도 계산했다. 그 결과 흙의 침식에서 비롯된 피해를 복구하려면 미국에서 한 해에 440억 달러의 비용이 들고, 세계적으로는 한 해에 4천억 달러가 들었다. 지구에 사는 한 사람당 70달러가 넘는 이 금액은 대부분의 사람들에게 연간 소득보다 높다.

피멘텔 연구 그룹은 미국 농경지의 침식 속도를 흙이 만들어지는 속도와 맞추려면 연간 60억 달러씩 투자해야 한다고 보았다. 이것 말고도 한 해에 따로 20억 달러가 미국 초지에 더 들어가야 한다. 흙의 보존에 1달러를 투자할 때마다 사회는 5달러가 넘게 절약하는 셈이다.

그러나 단기적으로 농부들로서는 흙의 보존을 무시하는 쪽이 돈이 덜들 수 있다. 흙의 침식을 줄이는 데 들어가는 비용은 그렇게 함으로써 당장 얻을 수 있는 경제적인 이익보다 몇 곱절은 더 비싸다. 온갖 빚에 시달리면서 쥐꼬리만 한 이익을 남기는 농부들은 흙을 보존하면서 파산할 것이냐 아니면 땅이 아무것도 길러 내지 못할 때까지 농사를 지을 것이냐 사이에서 하나를 고를 수밖에 없다. 경제적 인센티브와 정치적 인센티브는 장기간에 걸쳐서 흙의 생산성을 뿌리 뽑는 영농 방식을 장려한다. 그러나 문명의 농업적 기초를 보존하려면 가속화되는 침식으로부터 땅을 지켜 내고 땅이 다른 용도로 전환되지 못하도록 막아야 한다.

갖가지 흙 보존 대책들은 입증된 과학기술이다. 더스트볼 이후로 흙의 침식을 억누르기 위해 채택한 대책들은 새로운 발명품이 아니다. 등고선 경작과 사이짓기는 한 세기도 더 전부터 알려져 있던 것이다. 돌려짓기, 뿌리덮개, 피복작물은 고대부터 전해졌다. 침식을 90퍼센트나 줄일 수 있는 계단식 밭도 마찬가지이다. 이런 방식들은 흔히 농사를 지음으로써 비롯되는 침식을 충분히 상쇄해 준다.

텍사스, 미주리, 일리노이에서 흙 보존 대책들을 실천함으로써 침식 속도는 천분의 1에서 절반까지 줄었고, 목화, 옥수수, 콩, 밀 같은 작물의 수확량은 4분의 1이 늘었다. 흙을 보존하는 일은 급진적이고 새로운 분야가 아니다. 오랜 세월 동안 가장 효과적인 많은 보존 방법들이 인정되어 왔다.

흙의 침식이 고대사회들을 무너뜨렸고 오늘날의 사회도 심각하게 뒤흔들 수 있다는 무시 못 할 증거 앞에서도 지구적인 흙의 위기와 식량 부족이 코앞으로 다가왔다는 경고는 허공으로 흩어진다. 이미 1980년대 초반에 농업경제학자 레스터 브라운은 현대 문명이 석유보다 먼저 흙을 다 써버릴지도 모른다고 경고했다. 지난 몇 십 년 동안 이어진 그런 불안한 예측들을 한 귀로 흘려 버리면서 전통적인 자원경제학자들은 흙의 침식이 식량 안보를 위협할 가능성을 지나쳤다. 그러나 침식 탓에 농경지에서 흙이 만들어지는 속도보다 빠르게 흙이 사라지는 현실에서 그런 관점은 먼 앞날을 내다보지 못하는 것이다. 흙의 유실이 중대한 문제로 떠오르는 때가 2010년이냐 2100년이냐 하는 논쟁은 핵심을 벗어난 것이다.

분석가들은 가난을 몰아내려는 세계적인 투쟁이 제자리걸음을 하고 있는 이유를 여러 가지로 든다. 그러나 심각하게 가난한 거의 모든 지역은 한결같이 환경 파괴를 겪고 있다. 땅의 생산력이 사라지면 그 땅에 기대어 사는 사람들이 가장 큰 고통을 받는다. 토질 저하는 경제 · 사회 · 정치적 요인들의 결과물이면서도, 그런 요인들을 불러오는 일차적인 동인이기도 하다. 날이 갈수록 토질 저하는 개발도상국에서 가난의 으뜸가는 이유가 되고 있다. 현실적으로 가난을 몰아내려는 전쟁에서 땅을 더 악화시키는 방법으로는 이길 리가 없다.

하지만 흙의 유실은 필연적인 것이 아니다. 아마도 모든 나라에는 겉흙을 하나도 잃지 않으면서도 생산적이고 수익을 거두는 농장들이 있다. 지난 반세기 동안 흙의 보존에서 상당한 진보와 발전을 이루어 왔지만 사회는 아직도 땅을 장기적으로 보호하기보다 생산에 우선순위를 둔다. 수확량 감소처럼 침식이 농부들에게 직접적으로 전가하는 비용은 대개 단기적으로 무시할 수 있는 수준이다. 따라서 먼 앞날을 내다볼 때 경제적으로 이득이 된다고 해도 흙 보존 방법들이 결코 채택되지 않을 수도 있다. 그러므로 생산성이 매우 높은 많은 농장들이 스스로 미래의 생산성을 침식하는 모순된 상황에 여전히 놓여 있는 것이다.

더스트볼과 사헬의 가르침은 정부가 나서서 흙의 보존을 계획하고 우선순위를 매기고 투자하라고 강력하게 경고하는 것이다. 개인에게 흙에 대한 인류의 투자에 돈을 보탤 동기가 반드시 있는 건 아니다. 개인의 단기적 이익이 사회의 장기적 이익과 일치해야만 하는 건 아니기 때문이다. 그러므로 핵심적인 문제는 우리가 농업이라는 활동을 어떻게 볼 것이냐에 있다. 농업은 다른 모든 활동의 기초이지만 우리는 가면 갈수록 농업을 그저 하나의 산업 분야쯤으로 취급한다.

19세기에 개척 농부들이 미국 대초원 지대, 캐나다 대초원, 러시아 대초원, 그리고 남아메리카와 오스트레일리아의 드넓은 땅에서 농사를 지을 때 농경지 면적의 확대는 인구 증가를 따라잡는 수준을 넘어섰다. 20세기 초만 해도 지속적인 인구 성장은 더 많은 땅을 갈기보다 수확량의 증가에서 비롯되어야 하는 것임이 분명했다.

존 디어의 쟁기와 사이러스 매코믹의 수확기 덕택에 농부들은 한 농장의 가축들이 충분히 거름을 줄 수 있는 면적보다 훨씬 넓은 땅에서 농사를 지었다. 경작 범위를 넓히고 새 농기계를 제대로 활용하려면 새 땅을 계속 이용할 수 있는 방식을 이어 가거나, 사방 800미터의 땅에 충분히 거름을 주는 데 필요한 소 80마리를 대신할 수 있는 방도를 찾아야 했다. 노동력을 절약해 주는 새 농기계로 훨씬 넓은 면적에서 농사를 짓는다는 전망이 화학비료 시장을 열어 주었다. 흙에 양분을 재순환시키는 노력과 상관없이 시나브로 영농 규모는 점점 커져 갔다

8
화학비료와 석유의 딜레마

흙을 파괴하는 나라는 스스로 멸망한다.
— 프랭클린 루스벨트 —

아마존 하류에서 흙이 빠른 속도로 파괴되는 걸 보고나서 몇 해 뒤에 나는 탐사대를 이끌고 티베트 동부에 갔다가 완전히 반대의 경우를 보았다. 차를 타고 울퉁불퉁한 흙길을 달리면서, 창포 강 유역을 따라서 천 년을 이어오는 농경 방식을 본 것이다. 우리가 거기에 간 건 고대에 얼음 댐에 막혀 있던 호수가 있던 곳을 연구하기 위해서였다. 그 호수 물은 갑자기 홍수를 이루며 히말라야 골짜기를 쏜살같이 흘러 내려가서는 갠지스 강으로 흘러들었다. 고대 호수 바닥이 드러난 모습을 살펴보기 위해 우리는 닭, 야크, 돼지들이 우글거리는 마을들을 지나 차를 몰았다. 마을 어디든 침적토로 쌓은 낮은 담으로 보리와 콩, 노란 유채꽃들이 무성한 밭의 흙을 가두어 두었다.

담 안에 흙을 가두어 놓은 건, 호수 바닥에서 천 년에 걸쳐 농사를 지을 수 있었던 비결 가운데 일부분일 뿐임을 며칠 뒤에 확실히 알았다. 누가 간섭하지 않는 일상의 리듬에 따라서 티베트 가축들은 낮 동안에 들에 나가 알아서 먹이를 먹고는 저녁에 집으로 돌아왔다. 한나절 현장 조사를 마친 뒤 차를 타고 되돌아오면서 우리는 돼지와 소들이 참을성 있게 천천히 자기 집 울안으로 들어가는 모습을 보았다. 스스로 가동되는 이 '똥거름 제조기'들은 생산성이 높았다. 비가 잠깐만 내려도 들과 길이 질퍽한 갈색 진창으로 바뀔 만큼.

지난날 호수를 가두고 있던 얼음 댐의 잔재를 발견한 날 밤에 우리는 파이 마을의 막다른 길에 있는 값싼 호텔에 묵었다. 마감도 제대로 되지 않은 널빤지 벽으로 외양간처럼 대충 칸을 나누어 놓은 침실에 손수 만든 침상이 놓여 있는 호텔이었다. 호텔 주인은 우리가 들어갈 때 뒤뜰을 화장실로 쓰라고 했다. 돼지고기로 저녁을 먹는 동안 돼지들이 뒤뜰을 말끔히 청소하는 모습에 돼지고기를 먹기가 거북했다. 그러나 나는 돼지들이 쓰레기를 먹고 땅에 거름을 주며 사람들은 그 농작물과 돼지고기를 모두 먹게 되는 효율성을 인정해야 했다.

공중위생 문제를 뛰어넘어서 이 제도는 흙의 비옥함을 유지한다. 가끔 집 옆면에 위성방송 접시가 튀어나와 있는 집들이 있는 것만 빼고, 창포강 유역 마을들은 호수에서 물이 빠진 직후의 모습 그대로였다. 흙의 침식을 관리하고 가축이 땅에 똥거름을 주게 하면 똑같은 밭에서 세대에 세대를 이어 농사를 지을 수 있다.

그러나 티베트 농업은 바뀌고 있다. 라싸를 벗어나는 길에서는 중국 이주민 농부들과 진취적인 티베트 사람들이 관개시설을 놓은 경작지와 온실 복합단지를 건설하고 있었다. 최초의 농부들이 막대기로 흙을 파서 작물을 심기 시작한 뒤로, 역사를 통틀어 기술혁신은 주기적으로 농업 생산량을 증가시켰다. 가축에 줄을 매고 더 큰 막대를 끌게 하는 것에서부터 쟁기가 진화되었다. 농부들은 겉흙이 침식되어 사라지면 무거운 금속 쟁기로 밑흙을 갈았다. 이 때문에 토질이 낮아진 땅에서 작물을 기를 수 있을 뿐 아니라 더 많은 땅이 경작지로 바뀌었다.

땅을 간다는 건 작물을 심기 위해 땅을 파헤치는 일이다. 잡초는 뿌리 뽑히고 작물은 잘 자라날 수 있다. 기르려는 작물의 생장을 돕는다고는 해도 땅을 갈면 땅은 헐벗고, 빗방울의 충격을 흡수하고 침식을 막아 주던 식물군락의 보호를 받지 못하게 된다. 농부들은 땅을 갈아서 더 많은 식량을 길러 내고 더 많은 사람들을 먹일 수 있다. 기름진 흙을 천천히 써서 없앰으로써.

시행착오를 겪으면서 영농 방식이 개선되고 농업이 발전했다. 중요한 혁신은 똥거름 주기와 지역마다 특색 있는 돌려짓기였다. 기계화된 농업 이전에 농부들은 다양한 작물을 길렀고, 흙의 비옥함을 유지하기 위해 작은 밭에 작물 그루터기, 똥거름, 때로는 인분도 주면서 손으로만 농사를 짓곤 했다. 완두콩, 렌즈콩, 강낭콩을 주요 작물과 돌려 짓는 법을 익힌 농부들은 자연이 그때그때 새 흙을 실어다 주는 범람원을 벗어나서 농사를 지을 수 있었다.

아시아 열대지역에서 벼농사를 지은 처음 몇 천 년 동안은 건조지역 농법으로 농사를 지었고, 밀 농사 초기 역사도 이와 마찬가지였다. 그러다가 2천500년 전쯤 사람들은 인공 습지 또는 논에서 벼를 기르기 시작했다. 이 새로운 방법은 열대 농부들의 골칫거리였던 질소 고갈을 예방하는 데 도움을 주었다. 고인 물의 양분을 먹고 자라난 질소고정 조류가 살아 있는 거름 노릇을 했기 때문이다. 논은 인분과 가축 분뇨를 썩히고 재활용하는 이상적인 환경이기도 했다.

매우 성공적인 개선책이었던 습지 벼농사는 아시아 전체로 퍼져 나가서, 이전의 영농 방식과 맞지 않았던 지역에서 놀라우리만치 인구가 느는데 이바지했다. 그러나 새 농법이 더 많은 사람을 먹일 수 있다고 해도 대부분의 사람들은 여전히 아사의 문턱에 놓여 있었다. 식량을 더 많이 생산다고 해서 가난한 이들에게 먹을 몫이 늘었다는 뜻은 아니었다. 말하자면 전반적으로 사람 수가 더 늘었다는 뜻이었다.

지리학자 월터 멀로리가 보기에 1920년대 초에 중국의 기근을 해결하기 위한 아이디어들은 많았다. 토목공학자들은 작물에 손해를 끼치는 홍수를 줄이려면 강물을 조절해야 한다고 제안했다. 농업공학자들은 간척사업으로 경작지를 넓히고 관개시설을 해야 한다고 주장했다. 경제학자들은 새로운 자금 지원 방식으로 도시 자본의 시골 지역 투자를 활성화해야 한다고 밝혔다. 더욱 뚜렷한 정치적 의제를 지닌 이들은 인구밀도가 높은 지역의 사람들을 몽골의 드넓은 초원으로 이주시키고자 했다. 문제를 해결하는 방법에만 관심을 두다 보니 불모지에서 지나치게 공격적으로 농사를 짓는 근본 원인을 지적하는 이는 거의 없었다.

1920년대 중국은 한 해에 한 사람을 먹이는 데 거의 1에이커(0.4헥타르)의 땅을 썼다. 땅을 갖고 있는 모든 사람들 가운데 3분의 1은 반 에이커도 안 되는, 다시 말해 한 사람이 먹고살기에도 모자란 땅을 가지고 있었다. 개인이 가진 땅 가운데 반 이상이 1.5에이커에 못 미쳤다. 중국인들은 늘 굶어 죽을 위험 속에 살 수밖에 없는 현실이었던 것이다. 일모작의 실패로 발생한 흉년은 기근을 불러왔다. 중국은 자급 능력이 한계치에 와 있었다.

식량을 구하는 데 평균 가구소득의 70~80퍼센트가 들었다. 그런데도 밥과 빵, 소금에 절인 순무를 두 끼 먹는 것이 일반적인 식사였다. 사람들은 다음 수확 때까지 버티며 살아갔다.

멀로리는 이런 어려움 속에서도 소작농들이 4천 년이 넘게 집약적으로 농사를 지어 오면서 흙의 비옥함을 지켜 온 점에 감동했다. 그는 중국 농업의 긴 수명과 미국의 급속한 토질 고갈을 대비시켰다. 가장 중요한 차이는 도시와 마을에서 나오는 인분을 밭에 되돌려 줌으로써 유기물질을 풍부하게 하는 점에 있는 듯했다. 화학비료를 구할 수 없는 중국 소작농들은 그들 스스로 땅을 기름지게 한 것이다. 멀로이가 방문했을 때, 농부들과 밭이 마흔 세대가 넘게 이어지는 동안 흙의 양분이 재생되어 왔다.

1920년대에 기근구제 행정가였던 장(Y. S. Djang)은 수확량이 풍부한 지역의 주민들이 그렇지 않은 사람들보다 더 많이 먹는지를 조사했다. 일부 지역이 배불리 먹는데 그 이웃들이 굶어 죽는다는 건 나라의 중요한 문제로 여겨졌다.

장이 발견한 특별한 농법 하나가 작물 품질이 우수하고 수확량이 많은 저장 성 사오싱(紹興)에서 널리 이용되고 있었다. 그는 그곳 사람들이 늘 소화시킬 수 있는 양의 곱절이 넘게 쌀밥을 먹는다고 보고했다. 날마다 세 끼를 "꼭꼭 눌러 담은" 쌀밥으로 배를 채운다는 것이다. 그곳에서 인분은 아주 좋은 거름으로 쓰였고 그 양도 많았다. 넉넉하게 수확한 뒤에도 주민들은 농산물을 외부 구매자들에게 팔지 않았다. 대신 이 실용적인 농부들은 깔끔한 공중변소를 지어서 쌀을 회수하는 시설로 삼았다. 그들은 규칙적으로 잉여농산물로 배를 채우고 부분적으로 소화된 초과분을 땅에 돌려줌으로써 천연 자본이라는 '주식'에 재투자했다.

오늘날 중국 전체 경작지 1억3천만 헥타르 가운데 3분의 1 정도가 물이나 바람에 심각하게 침식되고 있다. 20세기에 황토 고원의 침식 속도는 곱절 가까이 빨라졌다. 이제 황토 고원은 한 해에 평균 15억 톤이 넘는 흙을 잃어버리고 있다. 문화혁명 기간 동안 노동 집약적인 계단식 농법 덕택에 황허 강이 실어 가는 퇴적물이 절반으로 줄었는데도 황토 고원 구릉지의 꼭 절반에서 그 겉흙이 사라졌다.

1950년대부터 1970년대까지 중국은 농경지 2천500만 에이커를 잃었다. 중국 남부 흙의 20~40퍼센트가 A층을 잃으면서 흙의 유기물질과 질소, 인이 90퍼센트까지 줄었다. 합성비료를 점점 더 많이 사용했지만 수확량은 1999년에서 2003년까지 10퍼센트가 넘게 줄었다. 중국에서 농지가 바닥나기 시작했으므로 앞으로 10억을 훨씬 웃도는 인구가 식량을 두고 이웃들과 다투기 시작할지도 모른다고 생각하면 불안하기만 하다. 농업이 세계 인구를 따라잡을 수 있을 것인가를 생각할 때 낙관할 수 있는 부분이라면, 우리는 20세기에 농업 생산성이 눈부시게 성장했다는 데에서 위안을 삼을 수 있다.

화학비료를 널리 사용하게 될 때까지 농업 생산성의 성장은 비교적 느렸다. 농기구, 돌려짓기, 농지에서 물 빼는 법의 발전 덕분에 13세기부터 19세기까지 유럽과 중국 모두 수확량이 곱절로 늘었다. 흙의 영양소를 이루는 물질들이 밝혀지면서 산업적 농화학 성장의 무대가 마련되자 전통적인 농법은 시대에 뒤떨어진 것으로 외면당했다.

토양화학에 바탕이 되는 주요 과학적 진보들이 18세기 후반에서 19세기 초반에 일어났다. 대니얼 러더퍼드와 앙투안 라부아지에는 미국 독립혁명보다 네 해 앞서서 각각 질소와 인을 발견했다. 험프리 데이비는 1808년에 칼륨과 칼슘을 발견했다. 스무 해 뒤에 프리드리히 뵐러는 암모니아와 시아누르산에서 요소를 합성해 냄으로써 유기화합물을 제조할 수 있음을 입증했다.

험프리 데이비는 똥거름을 주면 수확량을 유지할 수 있다는 대중적 이론을 뒷받침했다. 흙의 비옥함은 유기물질에서 비롯되는 것이기 때문이다. 그리고 1840년에 유스투스 폰 리비히는 유기화합물이 없어도 식물이 자랄 수 있음을 증명했다. 그렇지만 그는 흙에 똥거름을 주고 콩류와 풀을 심어서 유기물질을 보태라고 권했다. 그러면서도 똑같은 필수 구성 요소를 지닌 다른 물질들이 짐승의 똥오줌 대신 쓰일 수 있다고도 주장했다. "흙에서 사라진 물질들이 흙으로 완벽하게 되돌아와야 한다는 사실을 농업 원리로 받아들여야만 한다. 흙을 되살리는 데 분뇨, 재, 또는 뼈를 쓸 것이냐 말 것이냐는 크게 상관이 없다. 언젠가는 화학 공장에서 만들어진 …… 제품으로 밭에 거름을 줄 때가 올 것이다."(Liebig 1843, 63쪽) 마지막 아이디어는 혁명과도 같았다.

리비히의 실험과 이론은 오늘날 농화학의 주춧돌을 놓았다. 그는 식물의 요구에 비해 공급이 가장 모자란 요소가 식물의 성장을 제약한다는 걸 알아냈다. 그는 흙에 딱 맞는 양분을 보태기만 한다면 땅을 묵히지 않고도 작물을 꾸준히 기를 수 있다고 믿었다. 리비히의 발견으로 흙을 작물의 성장에 필요한 화학물질을 공급하는 화학적 저장소로 보는 문이 열렸다.

리비히에게 영감을 얻은 존 베넷 로스는 1843년에 런던 북쪽에 있는 집안의 사유지 로덤스테드 농장에서 비료를 준 밭과 비료를 주지 않은 밭을 나누어 수확량을 비교하기 시작했다. 소년 시절부터 아마추어 화학자였던 존 베넷 로스는 옥스퍼드대학에서 화학을 공부했지만 학업을 마치지는 않았다. 그렇지만 그는 농장을 운영하면서 농화학 실험을 했다. 작물의 생장에 똥거름과 식물 영양소가 미치는 영향을 조사한 뒤, 로스는 화학자 조지프 헨리 길버트를 고용하여 리비히의 무기질 양분을 준 밭이 그것을 주지 않은 밭보다 더 오래도록 비옥한지 실험하게 했다. 질소와 인을 준 밭이 똥거름을 넉넉히 준 밭에 견주어 비슷하거나 더 많은 수확량을 낼 수 있다는 결과가 열 해 안에 나왔다.

짐승의 재와 뼈가 뒤섞여 있는 산업폐기물을 상업적으로 이용한다는 사실을 알고 있느냐고 사업가 기질이 있는 한 친구가 로스에게 물었다. 그 질문은 로스의 호기심과 상업적 본능을 자극했다. 쓰레기를 황금으로 바꾼다는 건 좌절한 화학자가 할 수 있는 더할 나위 없는 도전이었다. 천연 광물인 인산염은 사실 물에 잘 녹지 않으므로 곧바로 비료로 쓸 수는 없다. 인이 풍화되어서 식물이 이용할 수 있게 되기까지는 너무 오랜 시간이 걸리기 때문이다. 하지만 인광석에 황산을 반응시키면 수용성 인이 생성되어 식물에 줄 수 있다. 로스는 질소와 칼륨을 강화한 과인산 비료를 만드는 기술로 특허를 내고 1843년에 템스 강변에 공장을 세웠다. 로스의 생산품 덕택에 수확량이 전과 비교가 안 될 만큼 늘자, 19세기 말 영국은 한 해에 과인산 비료 100만 톤을 생산했다.

큰돈을 벌어들인 로스는 시간을 쪼개 런던과 로덤스테드를 오갔다. 그의 사유지는 작물이 공기와 물, 흙에서 어떻게 양분을 빨아들이는지를 연구하는 훌륭한 실험실이었다. 로스는 서로 다른 비료와 영농 방식이 수확량에 미치는 영향을 알아보기 위해 체계적인 현장 실험을 감독했다. 식물 생장에 질소가 필요할 뿐 아니라 비유기 질소 기반의 비료를 듬뿍 주었더니 수확이 눈에 띄게 늘었다. 그는 자신의 연구가 과학적 농업의 기초를 이해하는 데에 꼭 필요하다고 여겼다. 같은 생각을 품은 동료들은 1854년에 그를 왕립학회 특별회원으로 선출하고 1867년에 로열 메달을 수여했다. 19세기 말에 로덤스테드는 새로운 화학비료의 복음을 전파하는, 정부 후원 연구기지의 본보기였다.

이제 농부라면 모름지기 흙에 적절한 화학비료를 주고 씨를 뿌린 뒤에 작물이 자라나는 걸 뒷짐 지고 지켜보면 될 일이다. 식물 생장을 촉진하는 화학비료의 능력에 대한 믿음이 세심한 손길을 밀어냈고, 돌려짓기나 땅에 맞는 농법을 실천한다는 생각은 별스러워 보였다. 오랜 세월에 걸쳐 발전되고 다듬어진 농법과 전통을 화학비료 혁명이 뒤집어 버리자 대량으로 비료를 살포하는 게 관습적인 농법으로 자리 잡고 오히려 전통적인 방식은 대안 농법이 되었다. 때마침 농화학의 과학적 기초가 전통적 농법의 근거를 뒷받침했지만.

19세기의 실험들은 초식동물들이 식물을 섭취하고는 거기에 들어 있는 질소 가운데 4분의 1에서 3분의 1만 처리한다는 사실을 밝혀냈다. 따라서 그 똥에는 질소가 가득 들어 있다. 그러나 똥거름이 모든 질소를 흙에 돌려주는 건 아니다. 비료가 없다면 주기적으로 콩류를 심어 기르는 것만이 흙에 질소를 보존하고 오랜 기간에 걸쳐서 작물을 거둘 수 있는 하나뿐인 길이다. 세계 곳곳의 토착 농법은 저마다 이 기본적인 농업의 진리를 이해하고 있었다.

1838년에 장 바티스트 부생고는 콩류가 질소를 흙에 되돌려 주고 밀과 귀리는 그렇지 못함을 증명했다. 결국 이것이 돌려짓기에 숨어 있던 비밀이었던 것이다. 그 구체적인 과정을 이해하기까지는 다시 쉰 해가 더 걸렸다. 1888년에 독일 농학자 헤르만 헬리겔과 헤르만 빌파르트 두 사람은 흙 속의 질소를 소모하는 곡물과 달리 콩류는 대기 질소를 유기물질에 혼합시키는 흙 속의 미생물과 공생한다는 연구 저작을 발표했다. 질소를 되돌려주는 콩, 완두콩, 토끼풀의 성질에 관한 미생물학적 토대를 두 헤르만이 알아냈을 즈음, 화학비료의 철학은 이미 뿌리를 내렸다. 페루 해안과 멀지 않은 곳에서 대규모 구아노 퇴적물이 발견됨으로써 그런 생각은 더욱 굳어졌다.

페루 사람들은 콩키스타도르가 오기 전부터 이미 오랫동안 구아노의 효과를 알고 있었다. 과학 탐험가 알렉산더 폰 훔볼트는 친차제도에서 채취한 구아노 한 조각을 갖고 1804년에 유럽으로 돌아갔다. 그 흥미로운 흰 돌은 농화학에 관심을 갖고 있는 과학자들의 관심을 끌었다. 페루의 건조한 해안과 멀지 않은 곳에 자리 잡은 친차제도는 수많은 바닷새들이 서식하면서 어마어마한 양의 구아노를 남기는 섬들이다. 이곳은 비가 내리지 않아서 구아노가 보존되기에 이상적인 환경이었다. 그리고 그 양도 많았다. 곳곳에서 친차 구아노의 퇴적물은 높이가 60미터가 넘어서 똥거름이라기보다 산더미라는 말이 더 어울렸다. 인산염이 풍부한 구아노에는 일반적인 똥거름에 견주어 질소도 서른 곱절이나 더 들어 있었다.

구아노가 훌륭한 비료임이 알려지자 거의 구아노로 이루어졌다고 할 수 있는 작은 섬들에 '19세기 골드러시'가 일어났다. 새로운 방식은 효과가 있었지만 그것은 구아노가 바닥나기 전까지였다. 그 즈음 화학비료가 이미 널리 사용됨으로써 농법은 흙에 양분을 공급하기 위한 방식이나 영양소 순환에서 멀어졌다.

미국에 처음으로 상업 비료가 수입됨으로써 미국 농업에 새 시대가 열렸다. 《아메리칸 파머》(American Farmer)의 논설위원 존 스키너가 1824년에 페루에서 채취한 구아노 두 통을 볼티모어에 들여왔을 때였다. 스무 해도 안 되어 구아노를 실은 배가 정기적으로 뉴욕 항에 닿았다. 구아노 산업이 활황을 맞았다. 1850년대에 영국과 미국은 합쳐서 한 해에만 100만 톤을 수입했다. 1870년 즈음에는 5억 달러어치가 넘는 하얀 금이 친차제도에서 실려 나갔다.

보수적인 농업 사회들은 새똥이 흙을 되살릴 수 있다는 발상에 코웃음을 쳤지만, 구아노를 거름으로 주어 본 농부들은 그 효력을 증언했다. 비

그림 15　친차 섬에 산처럼 쌓인 구아노 퇴적물(《아메리칸 애그리컬처리스트》 27, 1868).

용도 비싸고 구하기가 어려웠는데도 메릴랜드부터 버지니아, 캐롤라이나에 이르기까지 꾸준히 퍼져 나간 걸 보면 구아노가 수확량에 큰 영향을 끼쳤음을 알 수 있다. 구아노가 널리 쓰이면서 화학비료 시대의 문이 열리고, 흙의 비옥함을 유지하기 위해서 똥거름에 기댈 일이 사라졌다. 이로써 양분이 소비자에게 이르기까지 한 방향으로 재순환되었던 농업의 기초가 바뀌었다. 그때부터는 아무것도 농장으로 되돌아오지 않았다.

하지만 남아메리카 섬들에서 채취될 수 있는 구아노의 양은 한계가 있었다. 페루로부터의 수입은 1856년에 최고점에 이르렀다. 1870년에 친차의 품질 좋은 구아노는 모두 사라졌다. 1881년에 볼리비아(해군이 있지만 육지로 둘러싸인 유일한 나라)는 구아노 섬들로 가는 길을 확보하기 위해 싸운 전쟁에서 태평양 해안선을 칠레에 넘겨주었다. 몇 해 안에 구아노 세입이 칠레 정부의 돈줄이 되었다. 수확량을 크게 증가시킨다는 것이 입증된 구아노는 하루가 다르게 전략적 자원이 되었다.

페루 정부는 구아노 독점을 엄격하게 관리 감독했다. 친차 섬의 구아노 값이 쉼 없이 오르는 데 분통이 터진 미국 농부들은 페루의 구아노 독점을 중단하라고 부르짖었다. 1850년에 밀러드 필모어 대통령은 구아노가 합리적인 값으로 거래되도록 보장하는 것이 정부의 의무라고 의회에 권고했다. 기업가들은 소유자가 없어서 구아노를 자유롭게 채굴할 수 있는 구아노 섬을 새로 찾아내기 위해 포경 기록을 샅샅이 뒤졌다. 프랭클린 피어스 대통령은 1856년 구아노가 나는 섬 법안에 서명했는데, 그것은 어떤 미국 시민이든 주인 없는 구아노 섬을 사유재산으로 주장하는 것을 합법화하는 것이었다. 그 뒤 몇 십 군데의 작은 열대 섬들이 미국 최초의 해외 속령이 되었다. 그 뒤로 전 세계적인 개입의 발판을 닦으면서 이 작은 지역들은 현대 화학비료 산업 발전의 길로 나아가는 데 도움을 주었다.

인산염 퇴적물이 모자란 유럽 나라들이 구아노 섬들을 차지하기 위해 경쟁했다. 독일은 인산염이 풍부한 나우루를 1888년에 합병했지만 제1차 세계대전 뒤에 국제연맹이 나우루를 영국 통치 아래 둠으로써 섬을 잃게 되었다. 1901년에 영국은 10킬로미터 둘레의 인산염 퇴적물인 오션 섬을 합병했다. 영국 소유의 퍼시픽아일랜드컴퍼니는 인산염이 모자란 오스트레일리아와 뉴질랜드에 값싼 인산염을 팔고자 했다. 퍼시픽아일랜

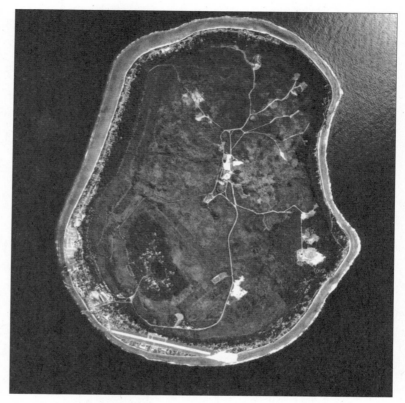

그림 16 남태평양의 작은 섬나라 나우루. 20세기 초 비료의 원료가 되는 인산염이 마구 채굴되었다.

드컴퍼니는 해마다 50파운드를 주기로 하고 지위가 불확실한 섬의 족장한테서 섬 전체의 채굴권을 샀다. 공식적인 절차 따위의 성가신 과정이 하나도 없이 거의 공짜로 얻은 오션 섬의 인산염 거래량은 1905년에 10만 톤에 이르렀다.

제1차 세계대전 이후 영국 인산염위원회가 퍼시픽아일랜드컴퍼니를 사들이고 나우루(세계에서 가장 작은 공화국)에서 인산염 채굴을 여섯 곱절이나 늘렸다. 섬 원주민들은 섬의 식물군락을 베어 내고 흙을 파헤침으로써 자신들의 땅이 파괴되고 있다며 저항했다. 영국 정부는 이에 맞서 채굴할 수 있는 남은 땅을 몰수했다. 곧이어 섬 구석구석에서 마구잡이 채굴이 시작되었다. 그리고 해마다 100만 톤의 인산염을 영국 농장으로 실어 갔다. 나우루는 1968년에 독립했지만 인산염 퇴적층은 거의 사라지고 정부는 사실상 알거지였다. 한때 푸르른 낙원이었던 이 섬나라는 껍데기가 완전히 벗겨진 것 같았다. 섬 내륙은 완전히 채굴되어 달 표면처럼 헐벗었고 남아 있는 소수의 원주민들은 그 내륙을 둘러싸고 있는 바닷가에 산다.

오션 섬도 더 나을 것이 없다. 1980년에 인산염 퇴적물은 거의 사라졌고, 원주민들은 외국 흙에 비옥함을 보태느라 사람이 살 수 없게 된 땅에서 겨우겨우 먹고 산다. 오션 섬은 오늘날 주로 조세 피난처로 이용된다.

남북전쟁 직전에 사우스캐롤라이나에서 큰 인산염 퇴적물이 발견되었다. 스무 해 동안 사우스캐롤라이나는 한 해에 33만 톤이 넘는 인산염을 생산했다. 남부 농부들은 독일 잿물에 인산과 암모니아를 섞어서 질소, 인, 칼륨을 만들어 내기 시작했다. 이들은 목화 생산 지대의 흙을 되살리는 비료의 주요 성분이었다.

노예가 해방되고 비료 사용이 눈에 띄게 늘었다. 플랜테이션 소유주들이 일꾼을 사서 토질이 고갈된 땅에서 농사를 지으려면 그 수밖에 없었다. 세금이 부과되는 큰 땅을 그냥 놀릴 여유는 없었다. 그래서 대부분의 플랜테이션 소유주들은 해방된 노예나 가난한 농부들에게 땅을 빌려주고 수확물의 일부를 받거나 정해진 소작료를 받았다. 남부의 새 소작농들은 온 힘을 다해 땅에서 쥐어짜 내야 하는 압박에 늘 시달렸다.

소작농들이 어떻게든 농사를 지어 보려고 하는 헐벗은 땅이 상인들에게는 새로운 상업적 비료를 받아들일 수밖에 없는 시장으로 보였다. 소작농들은 몹시 가난해서 가축도 기르지 못했는데 똥거름마저 없으니 소출이 제대로 날 리가 없었다. 상인들은 파종부터 수확까지 농사를 이어 가게 해주는 농기구를 소농들에게 대여하기 시작했다. 이자가 높은 단기 채무는 상업적 비료의 엄청난 사용을 부추겼다. 먼저 농기구를 대여한 상인들에게서 편리하게 비료를 대량으로 구입할 수 있었다.

남북전쟁 직전에 미시시피 주 정부 지질학자로 새로 임명된 유진 힐가드는 다섯 해 동안 미시시피 주를 여행하면서 천연자원의 목록을 정리했다. 1860년에 발표된 《미시시피 주의 지질학과 농업에 관한 보고서》(Report on the Geology and Agriculture of the State of Mississippi)는 현대 토양학을 탄생시켰다. 그는 이 책에서 흙은 부서진 암석이 남긴 찌꺼기가 아니라 암석의 기원과 역사, 그리고 그것과 환경의 관계가 만들어낸 어떤 것임을 분명히 했다.

원시의 흙을 찾아다니던 힐가드는 흙 종류마다 서로 다른 특징적인 깊이를 보이는데 그것은 식물이 뿌리 내리는 깊이와 같다는 것을 깨달았다. 그는 흙의 특성이 깊이에 따라서 어떻게 달라지는지 설명하면서 겉흙과 밑흙(오늘날 토양과학자들이 A층과 B층이라고 부르는 것)을 별개의 것으로 정의했다. 무엇보다 급진적인 것은 흙에 대한 힐가드의 인식이었다. 그는 흙이 화학적인 과정과 생물학적인 과정의 상호작용에 따라 변화하고 유지되는 역동적인 체계라고 보았다.

지질학과 화학을 모두 전공한 힐가드는 흙을 기름지게 하는 비결은 흙의 양분을 유지하는 데 있다고 주장했다. "우리가 기르는 작물이 빼앗은 무기질 성분을 우리가 규칙적으로 땅에 보충해 주지 않는 한 영원히 비옥함을 유지할 수 있는 땅은 하나도 없다."(Hilgard 1860, 361쪽) 힐가드는 인분을 땅에 되돌려주어서 양분을 재순환시킴으로써 흙의 비옥함을 유지하는 아시아 농법을 높이 평가했다. 그는 미국의 하수 시설이 흙의 양분을 큰 바다로 그냥 흘려보낸다고 생각했다. 그는 이 문제에 관여하지 않고서 혼자서 자신의 뒤뜰 텃밭에 거름을 주었다.

1872년 11월 미시시피 농업기계박람회 조직위원회에서 한 연설에서, 힐가드는 토질 고갈이 제국들의 운명을 어떻게 결정지었는지 설명했다. "한 농업 국가가 꾸준히 번영하기 위한 기본 요건은 …… 흙의 비옥함이 유지되어야 한다는 것이다. …… 토질이 고갈된 곳에서는 사람이 살 수 없다. 황폐해진 고향 땅이 사람들한테 자립과 평안의 수단을 마련해 줄 수 없기 때문에 사람들은 다른 곳으로 이주하거나 식민지 정복에 나서야 한다." 힐가드는 땅을 생각 없이 마구 쓰다 보면 미국도 로마와 똑같은 파국을 맞이할 것이라고 경고했다.

> 우리에게는 더 좋은 경운 도구가 있으므로 먼저 경작을 시작한 땅이 '지치기'까지는 얼마 걸리지 않는다. …… 우리는 그 유산을 더 이성적으로 써야 한다. 치카소와 촉토 사람들은 공원처럼 아름다운 사냥터를 법령에 따라 다른 인종인 우리에게 넘겨주었다. 조물주가 그들에게 쓰라고 주신 그 땅을 그들이 더는 쓸 수 없도록 법이 결정했다. 우리가 그 땅을 마구 쓴다면, 그들은 당연히 법령의 도덕적 정당성을 의심하게 된다. …… 그들의 체제에 그대로 있었다면 이 땅은 영구불변이었을 것이다. …… 우리 손으로 넘어와서 여태까지 온 대로라면, 한 세기가 지나기도 전에 미시시피 주는 로마 캄파냐처럼 버려질 것이다.(Jenny 1961, 9-10쪽)

힐가드는 확신에 차 호소력 있는 어조로 청중을 사로잡았지만, 산성화된 땅에 해마다 이회토를 주고 똥거름을 뿌려야 흙의 비옥함이 유지된다고 설명하는 대목에서 분위기는 바뀌었다. 얻는 이익도 별로 없을 텐데

괜한 고생을 하라는 말처럼 들렸기 때문이다.

힐가드는 흙의 비옥함이 흙의 유기화합물에서 비롯된다는 일반적인 상식을 정면으로 부인했다. 또 흙의 비옥함이 흙의 질감과 흡습성에 바탕을 두고 있다는 서유럽의 학설도 인정하지 않았다. 그는 점토가 식물 생장에 필요한 양분을 함유하고 있다고 믿었고, 화학비료에 기대는 것은 토질을 더욱 고갈시키는 위험한 중독이라고 생각했다.

힐가드는 특정 식물들이 땅속 흙의 본성을 드러낸다는 걸 알았다. 돌능금, 야생자두, 그리고 미루나무는 칼슘이 풍부한 흙에서 잘 자랐다. 소나무는 칼슘이 모자란 땅에서 잘 자랐다. 1880년 인구통계조사에서 정부에 고용되어 목화 생산량 조사를 맡은 그는 지역의 흙을 물리적 특성과 화학적 특성에 따라서 특징적인 범주로 분류한 책 두 권을 썼다. 힐가드는 흙의 물리적 특성과 함께 그 층의 깊이와 지하수까지의 깊이를 알아야 농업 생산력을 판단할 수 있다고 강조했다. 무기질에서는 인과 칼륨, 그리고 흙의 유기물질에서는 질소가 흙의 비옥함을 좌우하는 요소라고 생각했다. 힐가드의 조사 보고서는 적극적인 비료 사용으로 캐롤라이나에서 농업이 되살아나기 시작했다고 보고했다.

그는 또 목화 플랜테이션들이 검은 겉흙을 침식시킨 뒤로 미시시피의 구릉지 농부들이 고원의 흙이 퇴적된 골짜기 아래쪽에서 농사를 짓고 있다고 말했다. 버려진 고원의 경작지 한가운데에 텅 빈 대저택들을 둘러싸고 있는 건 거대한 협곡들이었다. 힐가드는 해마다 최대 이익을 남겨야 하는 대규모 상업적 플랜테이션이나 소작농보다는 작은 가족 농장이 농업이 지속시킬 수 있다고 생각했다.

가장 남쪽 지방에서 흙에 대한 관점을 다듬은 힐가드는 40대 초반의 나이에 버클리로 가서 새로 설립된 캘리포니아대학의 교수가 되었다. 그가 도착했을 때 캘리포니아 사람들은 골드러시 열병을 막 떨쳐 버리고 센트럴밸리의 알칼리성 흙, 그러니까 동부의 어떤 흙과도 다른, 소금기 있는 땅에서 농사지을 일을 고민하고 있었다. 신문마다 불모지에서 이유 없이 시들거나 생산된 작물들 기사가 넘쳤다.

캘리포니아 주 전역에 관개가 확산되면서 알칼리성 흙의 면적도 늘어났다. 새로 관개되는 땅마다 그곳의 지하수면을 조금 더 상승시켰다. 여름에는 물이 증발하면서 더 많은 소금을 흙으로 끌어올렸다. 힐가드는 점토질 흙이 등잔 심지처럼 소금을 지표면에 더 가까이 끌어올린다는 걸 알아냈다. 점토보다 물이 더 잘 빠지는 모래흙은 소금이 덜 축적되었다. 힐가드는 소금기만 없앨 수 있다면 알칼리성 흙이 우수한 농업용 흙이 된다는 것도 알게 되었다.

그 뒤로 그는 소금기 섞인 흙이 노아의 홍수 이후에 바닷물이 증발해서 생긴 것이라는 일반적인 통념에 맞섰다. 옛날 옛적에 일어난 홍수 탓이라는 건 이치에 맞지 않았다. 흙에는 다른 물질이 가득 들어 있었으니까. 캘리포니아 흙은 황산나트륨과 탄산나트륨이 풍부하지만 바닷물은 염화나트륨이 풍부하다. 흙 속의 소금은 풍화되는 암석에서 생겨나 흙의 수분에 녹아 있다가 물이 증발되는 곳에서 다시 응결된 것이다. 그는 더 건조한 곳일수록 흙에 소금기가 많을 거라고 추론했다. 빗물이 땅에 스몄다가 흙에서 증발되기 때문이다. 따라서 더 많은 빗물이 흙에서 알칼리를 걸러내듯이, 반복되는 홍수는 땅에서 소금이 쏟아져 나오게 할 수 있었다.

토질을 개선하고자 하는 농부들과 함께 일하면서, 힐가드는 뿌리덮개로 흙의 수분 증발을 줄이는 방식을 권했다. 그는 알칼리성 흙을 되살리기 위해 석고를 사용해서 실험했다. 1893년의 마지막 날, 《샌프란시스코 이그재미너》(San Francisco Examiner)는 힐가드가 "알칼리성 초원을 물결치는 곡식의 들판으로" 바꾸어 놓는 데 성공했다고 크게 보도했다. 1894년 8월 13일에, 《위클리 콜루사 선》(Weekly Colusa Sun)은 더 나아가 힐가드의 업적이 "대학 전체를 운영하는 것만큼" 가치가 있다고 주장했다.

힐가드의 미시시피 주 연구가 지질학과 지형학, 식생이 흙의 발달에 미치는 중요성을 입증한 데 비해, 그의 캘리포니아 연구는 기후의 중요성을 강조했다. 1892년에 힐가드는 흙이 어떻게 형성되는지를 설명하기 위해 전국에서 데이터를 취합한 획기적인 보고서를 펴냈다. 그는 서부에 일반적인, 탄산칼슘이 풍부한 흙이 동부에 드문 이유를 설명하고, 열대의 높은 기온과 습도가 어떻게 양분을 걸러 내어 완전히 분해된 흙을 만들어 내는지 설명했다. 힐가드 보고서는 흙의 물리적 특성과 화학적 특성이 한 지역의 기후와 식생의 상호작용을 반영하는 것이며, 기후와 식생의 상호작용이 기반암을 풍화시키는 것이라는 기본 생각을 정리했다. 흙은 역동적인 인터페이스, 말 그대로 지구의 살갗이었다.

힐가드의 보고서 이전에 토양과학을 지배한 것은 유럽과 미국 동부의 습한 기후를 바탕으로 한 인식들이었다. 흙의 종류가 서로 다른 건 그저 서로 다른 암석이 분해되고 남은 물질이 흙이기 때문이라고 여겨졌다. 기후가 지질학만큼 중요하다는 점을 입증한 힐가드는 흙이 그 자체만으로도 연구할 가치가 있음을 알려 주었다. 그는 탄소 대비 질소 비율의 다양한 측정치를 토대로, 질소가 흙에서 결정적인 주요 양분이라는 견해를 지지하기도 했다. 그리고 수확량은 일반적으로 질소비료 살포에 따라 크게 달라진다고 생각했다.

오늘날 힐가드는 토양과학의 창시자 가운데 한 사람으로 인정되지만, 동부의 농업 대학들은 흙의 생성과 질소의 필요성에 관한 그의 생각들을 무시했다. 특히 사우스캐롤라이나대학 교수 밀턴 휘트니는 흙의 수분과 질감만이 흙의 비옥함을 좌우한다는 견해를 지지했다. 흙이 작물에 필요한 양보다 더 많은 양분을 갖고 있기 때문에 흙의 화학적 성분이 정말 중요한 것은 아니라고 보았다. 중요한 것은 침적토, 모래, 점토의 혼합이었다. 전체 화학물질을 토대로 한 말이라면 휘트니가 옳다. 하지만 힐가드는 흙에 들어 있는 모든 것이 식물에 쓰이지는 않는다는 걸 알았다.

1901년에 휘트니는 미국 농무부 토양국 국장에 임명되었다. 새 토양국은 전국적인 규모에서 흙과 땅을 조사하기 시작했고 농부들이 쓸 수 있도록 자세한 흙 연구 지도를 펴냈다. 토양국은 모든 흙에는 어떤 작물이든 기를 수 있는 무기물 요소가 충분히 들어 있다며 흙에 대한 믿음을 전국에 퍼뜨렸다. "흙은 국가가 소유한 파괴할 수 없는 불변의 자산 가운데 하나이다. 그것은 고갈될 수 없고 다 써 버릴 수 없는 자원이다."(Whitney 1909, 66쪽) 분노한 노년의 힐가드는 새 토양국 연구 결과에 지질학과 화학 지식이 모자라다고 지적했다.

몇 해 앞서 1903년에 휘트니는 농무부 정기보고서를 펴냈다. 보고서는 비교적 불용성인 무기질이 풍부한, 놀라울 만큼 비슷한 영양액을 모든 흙이 함유하고 있다고 주장했다. 휘트니에 따르면, 흙의 비옥함은 식물 성장을 돕는 흙의 타고난 능력보다는 식량을 재배하는 경작 방식에 따라 달라지는 것이었다. 그는 흙의 비옥함에는 사실상 한계가 없다고 했다. 이에 화가 난 힐가드는 여생을 바쳐서 정치권과 관련을 갖고 나날이 커지는 휘트니의 영향력에 맞서 싸웠다. 논쟁거리였던 정기 보고서를 펴내기 한 해 전에, 휘트니는 프랭클린 킹을 고용하여 신설된 토양관리국을 이끌어 나가게 했다. 코넬대학을 졸업한 킹은 1888년 마흔 살의 나이에 위스콘신대학에서 미국 최초로 농업물리학 교수로 임명되었다. 미국 토양물리학의 아버지로 여겨지는 킹은 흙의 비옥도 또한 연구했다.

킹이 워싱턴에 머문 기간은 짧았다. 새로 맡은 일에서 킹은 흙 전체의 성분과 토양용액 속에 들어 있는 식물영양소의 수준, 그리고 수확량 사이의 관계를 연구했다. 그는 토양용액 속에 들어 있는 영양소의 양이 흙 샘플의 전체 화학물질 분석 결과의 양과 차이가 있지만 수확량과 서로 관계가 있다는 점을 알아냈다. 이는 그의 새로운 상사가 보고서로 펴냈던 내용과는 다른 결론이었다. 킹의 결론을 인정하기를 거부한 휘트니는 킹이 사임하고 학교로 돌아가게 함으로써 골칫거리를 없애 버렸다.

힐가드와 휘트니가 여러 학술지에서 대립하는 동안, 흙은 지질학, 화학, 기상학과 생물학에 영향을 받는 생태계라는 개념으로 새롭게 진화했다. 특히 질소고정의 생물학적 기초를 인식하게 됨으로써 흙이 지질학과 생물학 사이의 미개척 영역이라는 현대적 개념의 주춧돌이 마련되었다. 이러한 발견이 이루어지고 나서 한 세기 안에 질소, 인, 칼륨이 농부들에게 중요한 핵심 요소로 인식되었다. 문제는 그 요소들을 충분하게 얻는 방법이었다.

질소가 우리 대기의 대부분을 이루고 있더라도 식물들은 안정적인 N_2 기체로 결합된 질소를 이용할 수 없다. 유기체에 이용되려면 먼저 비활성 N_2 분자가 분해되어 각각 산소, 탄소, 또는 수소와 결합해야 한다. 이 일을 할 수 있는 유일한 생명체는 100가지 종류의 박테리아이고, 콩류 뿌리에 서식하는 박테리아가 가장 중요하다. 거의 모든 작물은 흙 속에서 공급되는 질소를 소비하는데, 대기 중의 질소로 유기화합물을 만드는 박테리아는 토끼풀, 자주개자리, 완두, 강낭콩의 뿌리혹에 서식한다. 질소고정은 식물에 꼭 필요한 만큼 사람에게도 필요하다. 우리는 스스로 합성할 수 없는 필수 아미노산 열 가지를 먹어야 하기 때문이다. 농토의 질소 수준을 높게 유지하려면 질소를 소비하는 작물과 질소를 공급하는 작물을 돌려짓기하거나 꾸준히 질소비료를 보태야 한다.

인 또한 질소만큼 풍부하지 않지만 식물 성장에 필요하다. 지각의 평균 2.5퍼센트를 차지하며 천연비료로 곧바로 쓸 수 있는 형태로 거의 모든 곳의 암석에 들어 있는 칼륨과 달리, 인은 암석을 이루고 있는 무기질 가운데 양이 매우 적은 성분이다. 흙에 인이 들어 있지 않기 때문에 식물의 성장을 제한하는 경우가 많다. 따라서 인을 주성분으로 한 비료는 작물의 생산성을 크게 높인다. 암석 풍화 말고 자연에서 유일한 인의 원천은 비교적 드문 구아노 퇴적물, 또는 그보다는 더 흔하지만 덜 응축된 인산칼슘 암석이다. 1908년에 미국은 세계에서 가장 크고도 유일한 인 생산국으로서, 사우스캐롤라이나와 플로리다, 테네시의 퇴적층에서 250만 톤이 넘게 채굴했다. 미국의 인 생산량 가운데 거의 절반이 수출되었는데 대부분이 유럽으로 갔다.

제1차 세계대전이 일어날 무렵 미국 흙은 인이 매우 고갈된 것이 분명했다.

> 남부와 동부의 드넓은 지역에서는 인이 몹시 부족해서 인 화합물을 비료로 쓰지 않고서는 작물을 기를 엄두도 내지 못한다. …… 오륙십 년 전만 해도 미국에서 가장 비옥한 땅으로 여겨졌던 뉴욕 서부와 오하이오는 인이 매우 심각하게 고갈되었다. 요즘은 인 비료가 꾸준히 수입되고 있다.(van Hise 1916, 321-22쪽)

20세기 초 일반적인 농업 환경에서 고갈되는 인의 양을 측정해 보니, 한 세기 동안 쉼 없이 농사를 지으면 중서부의 흙에 원래 들어 있던 인이 모두 사라진다는 결과가 나왔다. 인은 전략자원이 되었고, 인 퇴적층을 국유화하고 수출을 금지하라는 요구가 워싱턴에 떠돌기 시작했다.

1901년 3월 12일, 미국산업위원회는 토양국 국장 밀턴 휘트니를 초청하여 뉴잉글랜드와 남부의 버려진 농지에 관해 증언하게 했다. 휘트니는 뉴잉글랜드 농장들이 버려진 것은 미국에 새로 뚫린 철길을 타고 중서부의 농산물이 쏟아지면서 값이 떨어졌기 때문이라고 했다. 그가 생각하기에 뉴잉글랜드 농부들이 서부에서 출시되는 값싼 밀이나 소와 경쟁할 수 없었던 것이다.

휘트니는 지역의 흙이나 기후에 맞지 않는 작물을 기르면 결국 농장을 버리게 된다고 위원회에 증언했다. 그는 캔자스와 네브래스카, 콜로라도의 반건조지역에 스무 해 전에 들어선 농장들이 몇 해 동안은 호황을 누리다가 몇 해 동안 건기가 이어진 뒤 몰락했다고 설명했다. 그리고 예측할 수 없는 강우량 탓에 그런 일이 되풀이 될 것이라고 힘주어 말했다.

휘트니는 또한 사회적 조건들이 농업 생산성에 영향을 미친다고 생각했다. 메릴랜드 남부의 우수한 농지는 에이커당 10달러에 팔렸다. 펜실베이니아 랭커스터 카운티의 비슷한 땅은 그 열 곱절이 넘는 값에 팔렸다. 휘트니는 모든 흙이 비슷한 생산 능력이 있다고 믿었기 때문에 사회적 요인을 들어 땅값의 차이를 설명했다. 펜실베이니아 농부들은 농장을 소유하고 그들이 먹을 식량의 대부분을 비롯하여 다양한 종류의 작물을 심었다. 그런가 하면 고용된 감독관이나 소작농들은 메릴랜드의 땅을 갈고 먼 시장에 내다 팔 담배, 밀, 옥수수를 심었다. 휘트니는 메릴랜드, 버지니아, 그리고 남부 주 일반이 불모지가 된 것이 수출 중심의 상품작물 단일경작 탓이라고 생각했다.

휘트니는 비료가 수확량을 크게 증가시킬 수 있음을 알았다. 그는 자연 그대로의 비옥함은 흙을 만들어 내는 암석의 풍화에서 비롯된다고 생각했다. "우리는 분명히 자연의 제약을 훨씬 넘어서, 그리고 수확량의 일반적인 한계를 훨씬 뛰어넘어서 땅을 비옥하게 만들 수 있다. …… 이런 의미에서 비료를 준다는 건 작물이 곧바로 쓸 수 있는 형태로 식물이 먹는 식량을 흙에 보태는 일이다."(USDA 1901, 31쪽) 휘트니는 비료가 무기질의 분해를 촉진하여 흙이 더 빨리 만들어지게 한다고 생각했다. 비료로 힘을 얻으면 전체 시스템은 더 빨리 작동할 수 있다.

다시 말해 휘트니는 흙이 많은 수확량을 유자하기 위해서 돌려야 하는 기계라고 인식했다. 그는 미국 농부들이 자기 밭에 깔린 흙이 어떤 종류인지 무시함으로써 파국을 맞는 것은 그들이 한곳에 오랫동안 머물지 않는다는 사실과 맞닿아 있다고 생각했다. 1910년에 미국 농부의 반이 넘는 이들이 한곳에서 농사를 짓는 기간은 다섯 해도 안 되었는데, 이는 그 흙을 이해할 수 있을 만한 시간이 아니었다.

이 지점에서 토양과학자들이 도움을 줄 수 있었다. "토양과학자들은 화학자들이 강철이나 염료 생산자와 맺는 것과 같은 수준에서 …… 사람과 흙 사이의 협력 관계에 관여한다." 휘트니는 흙을 말 그대로 작물 공장으로 여겼다. "모든 흙의 유형은 특징이 뚜렷하고 유기적인 체계(공장과 기계)로서 그 부품들이 정확하게 조직되어야 능률적으로 작업할 수 있다." (Whitney 1925, 12, 39쪽) 그러나 그는 미국 농부들이 미국의 흙 공장을 운영하는 방식이 못마땅했다. 휘트니가 보기에 새로운 기술과 더욱 발전한 농화학이 미국의 앞날을 정의할 것이었다. 이 토양국장은 그것이 영국의 사고방식에 독일의 기술력을 갖춘 것이 되리라는 건 깨닫지 못했다.

1898년에 영국협회(British Association) 대표 윌리엄 크룩스 경은 연례 회의에서 그가 밀 문제라고 일컬은, 세계를 먹여 살리는 방법에 관심을 집중할 것이라고 발표했다. 크룩스는 사회가 구아노와 인 퇴적물을 언제까지나 채굴할 수는 없기 때문에 비료 생산을 근본적으로 재편성해야 한다고 예견했다. 그는 밀 수확량을 늘리려면 비료를 더 많이 주어야 하며 질소가 결정적인 주요 양분이라는 점을 인식했다. 장기적으로 확실한 해결책은 사실상 무한히 공급되는 대기 질소를 이용하는 것이었다. 새로운 세기에 점점 늘어나는 세계 인구를 먹이려면 대기 질소를 식물이 이용할 수 있는 형태로 효과적으로 바꾸는 길을 찾아야 했다. 크룩스는 과학이 콩류를 넘어서는 방법을 알아낼 것이라 믿었다. "영국과 모든 문명국은 먹을거리가 충분하지 않은 위태로운 지경에 놓여 있다. …… 밀을 길러 내야 하는 우리 흙은 거기서 길러 낼 작물에 전혀 알맞지 않다. …… 화학자가 나타나 해결해야 한다. …… 실험실에서는 기아를 끝내 풍요로 바꾸어 놓을 수 있다."(Crookes 1900, 6, 7쪽) 아이러니하게도 질소 문제를 해결하는 것으로 세계의 굶주림은 해결되지 않았다. 그 대신 인구는 그 어느 때보다도 폭증하여 더 많은 사람이 굶주린 채 살아갔다.

질산염은 천연비료이기도 하거니와 폭발물을 만드는 데에도 꼭 필요하다. 20세기 초에 선진 공업 국가들은 점점 더 질산염에 기대 국민들을 먹이고 무기를 만들었다. 특히 영국과 독일은 확실한 질산염 공급원을 적극적으로 찾았다. 두 나라는 새로 경작할 수 있는 땅이 거의 없었고 국내에서 수확량이 비교적 많았는데도 이미 대량으로 곡물을 수입하고 있었다.

해군이 질산염 공급을 차단, 봉쇄하면 어쩔 도리가 없는 독일은 대기 질소를 포획하는 새로운 방법을 개발하는 데 온 힘을 쏟았다. 몇 해 동안 암모니아 합성을 실험한 끝에 1909년 7월 2일, 프리츠 하버는 카를스루에 실험실에서 다섯 시간 동안 액화 암모니아를 지속적으로 생성시키는 데 성공했다. 열 해 남짓한 기간 동안 크룩스의 도전이 실험되었다. 한 세기가 채 지나지 않아서, 전 세계 사람들이 쓰는 질소의 절반은 하버가 개척한 공정에서 생겨났다.

화학 회사 바스프(BASF)의 화학자 카를 보슈는 하버의 실험 공정을 상업화했다. 암모니아 생성 속도가 무척 빠른 이 공정은 오늘날 '하버-보슈법'이라고 부른다. 견본 공장이 한 해 뒤에 가동되었고 첫 번째 상업적 공장은 1912년에 건설되었다. 상업적 암모니아가 처음 출시된 것은 이듬해 9월이었다. 제1차 세계대전이 일어났을 즈음 공장에서는 하루에 20톤의 대기 질소를 포획하고 있었다.

독일 수뇌부가 두려워한 대로 전쟁 초기에 영국 해군은 칠레 질산염이 독일로 공급되는 길을 봉쇄했다. 새로운 방식의 참호전에 전례 없이 많은 양의 폭약이 쓰였기 때문에 독일의 탄약은 한 해 안에 다 떨어질 게 분명했다. 영국 해군의 봉쇄로 바스프 또한 주요 시장과 수익 원천으로부터 단절되었다. 몇 달 안에 적대감이 폭발하면서 바스프의 새 암모니아 공장은 비료 생산에서 벗어나 독일 탄약 공장에 보낼 질산염 생산 공장으로 탈바꿈했다. 전쟁 끝 무렵, 바스프에서 생산되는 모든 질산염은 탄약에 쓰였고 바스프는 독일 전시내각과 협력하여 프랑스의 공습으로부터 안전한 내륙 깊은 곳에 대규모 공장을 짓고 있었다. 그러나 결국 독일 군대에 바닥이 난 것은 탄약이 아니라 식량이었다.

전쟁 뒤에 다른 나라들은 독일의 새롭고도 뛰어난 질산염 생산 방식을 받아들였다. 연합군은 하버-보슈법의 전략적 가치를 깨달았다. 베르사유 조약으로 바스프는 프랑스에 암모니아 공장을 허가해야 했다. 미국에서는 국가방위법에 따라서 테네시 강 머슬숄스에 댐을 건설하여 합성 암모니아 공장들에 값싸게 공급할 전기를 생산하게 되었다. 이 공장들은 수요에 따라서 비료 또는 탄약 가운데 어느 한쪽을 선택하여 생산할 수 있었다.

1920년대에 독일 화학자들은 하버-보슈법을 손질하여 암모니아를 생산하는 원료로 메탄을 썼다. 독일에는 천연가스 산지가 부족했기 때문에 더 효율적인 공정이 상업화된 것은 1929년에 이르러서였다. 그해 화학기업 쉘(Shell)이 캘리포니아 주 피츠버그에서 값싼 천연가스를 값싼 비료로 변환시키는 공장을 열었기 때문이다. 합성 암모니아를 대기 질소를 고정하는 주요 수단으로 삼는 기술이 개발되었을 때 마침 대공황이라는 산업 침체기가 다가왔다.

그 뒤 다시 본격적으로 암모니아 공장 건설이 시작되면서 제2차 세계대전으로 치달아 갔다. 테네시강유역개발공사(TVA)의 댐들은 폭약을 생산하는 암모니아 공장을 추가로 건설하기에 딱 알맞은 곳이었다. 공장이 한 곳 가동되고 있을 때 일본이 진주만을 폭격했다. 베를린이 함락되었을 때는 공장 열 곳이 가동되고 있었다.

전쟁 뒤에 각국 정부들은 갑자기 쓸모없어진 공장에서 생산된 암모니아 시장을 찾아내야 했다. 값싼 질산염이 풍부하게 공급된 덕분에 테네시강 지역에서 비료 사용이 치솟았다. 1950년대에 텍사스, 루이지애나, 오클라호마에서 천연가스를 원료로 쓰는 새 공장들이 파이프라인과 연결되어 액화 암모니아를 북쪽의 옥수수 생산 지대로 실어 나르면서 미국의 비료 생산이 폭증했다. 유럽에서 폭격에 쓰러진 공장들이 다시 세워져 비료를 생산해 냈다. 러시아에서 암모니아 생산이 확대된 것은 중앙아시아와 시베리아의 천연가스 산지 덕택이었다. 전 세계에서 암모니아 생산은 1960년대에 곱절이 넘게 늘었고, 1970년대에 다시 곱절로 늘었다. 1998년에 전 세계 화학 공장은 한 해에 1억 5천만 톤이 넘는 암모니아를 생산했다. 그 99퍼센트가 넘는 양을 하버-보슈법이 공급했다. 천연가스는 변함없이 전 세계 암모니아 생산량 가운데 80퍼센트 정도를 차지하는 주요 원료였다.

선진 공업 국가들의 농작물 수확량은 20세기 후반기에 거의 곱절로 불었다. 불어난 양의 대부분은 인공 비료를 나날이 더 많이 쓴 결과였다. 제2차 세계대전 발발 이후 1960년까지 질소비료 사용은 세 곱절로 불어났고, 1970년까지 다시 세 곱절로 늘었으며, 1980년까지 한 번 더 곱절로 불어났다. 값싼 질소를 손쉽게 쓸 수 있게 되자 농부들은 전통적인 돌려짓기를 하거나 주기적으로 밭을 묵히는 데에서 벗어나 쉼 없이 농작물을 길러 냈다. 1961년부터 2000년까지 전 세계 비료 사용량과 곡물 생산량은 거의 완벽하게 비례한다.

산업화된 농화학 덕택에 수확량이 치솟으면서 흙의 생산성은 더 이상 땅의 조건에 좌우되지 않았다. 대규모 단일경작과 비료 사용으로 나아가면서 목축과 작물 재배도 분리되었다. 비료가 넘치는 세상에서 흙의 비옥함을 유지하는 데 똥거름은 더 이상 필요가 없었다.

질소비료 수요는 나날이 늘었는데 그 많은 부분은 증가하는 세계 인구를 먹이기 위해 개발된 새로운 고수확 밀 품종과 쌀 품종 때문이었다. 녹색혁명의 고품종 쌀을 개발한 선구자인 노먼 볼로그는 1970년 노벨평화상 수락연설에서, 수확량이 놀라우리만치 늘어난 것이 합성비료 생산 덕택이라고 말했다. "고수확 난쟁이밀과 쌀 품종들이 녹색혁명의 불을 댕긴 촉매라면, 화학비료는 그 추진력을 공급하는 연료다."(Smil 2001, 139쪽) 1950년에 고소득 선진국들이 질소비료 소비량 가운데 90퍼센트가 넘는 양을 소비했다. 20세기 끝 무렵이 되면 저소득 개발도상국들이 질소비료를 66퍼센트나 사용하게 된다.

개발도상국에서는 가장 좋은 땅을 수출 작물이 독차지했는데, 이는 점점 늘어나는 인구를 먹이기 위해서는 불모지를 갈수록 집약적으로 경작해야 했다는 뜻이다. 새로운 고수확 작물 품종 덕택에 1960년대에 밀과 쌀의 수확량은 눈에 띄게 늘었지만, 더 많이 거두기 위해서는 비료와 살충제를 더욱 집중적으로 써야 했다. 1961년부터 1984년까지 비료 사용은 개발도상국에서 열 곱절이 넘게 늘었다. 부유한 농부들은 더 부자가 되었지만 많은 소작농들은 녹색혁명에 참여할 여력이 없었다.

녹색혁명은 이와 함께 큰돈이 벌리는 전 세계 화학약품 시장을 만들어냈다. 오늘날 농업은 화학약품 시장에 의존하고 있다. 녹색혁명 덕분에 이 예속의 길에 접어든 나라는 현실적으로 길을 바꿀 수 없었다. 개인들의 경우라면 심리학자들은 그런 습관을 중독이라 일컫는다.

그렇지만 녹색혁명 작물들은 오늘날 아시아에서 재배되는 쌀의 4분의 3이 넘는다. 제3세계 농부들의 거의 반이 녹색혁명 종자를 심는데, 질소비료 단위당 곱절의 수확량을 거둘 수 있는 종자이다. 경작지 면적의 확대와 녹색혁명이 결합되면서 1970년대 중반 무렵 제3세계 농업생산물은 3분의 1이 넘게 늘었다. 수확량은 늘었으나 인구 또한 그에 따라 증가했기 때문에 굶주림은 역시 끝장내지 못했다. 흙의 타고난 비옥함이 지탱할 수 있는 수준을 훨씬 뛰어넘을 만큼 인구가 증가한 탓이었다.

1950년부터 1970년대 초까지 전 세계 곡물 생산은 거의 곱절로 늘었지만 일인당 곡물 생산량은 3분의 1만 늘었을 뿐이다. 1970년대에 아프리카에서 일인당 곡물 생산량이 10퍼센트가 넘게 줄어들면서 증가세가 둔화되었다. 1980년 초에 인구가 늘면서, 증가한 농업생산량에서 생긴 잉여 곡물을 소비했다. 1980년 세계 곡물 비축량은 40일치로 떨어졌다. 한 해 비축량을 채우지 못한 채 세계는 여전히 한 해 거두어 한 해 먹고 사는 꼴이다. 오늘날 선진국에서 식량배급 파이프라인을 통해 한꺼번에 공급할 수 있는 양은 며칠분에 지나지 않는다.

1970년부터 1990년까지 굶주리는 사람들의 수는 16퍼센트가 줄었는데, 이는 대개 녹색혁명 덕분으로 여겨진다. 그러나 그 수가 가장 많이 줄어든 나라는 공산주의 중국이었다. 녹색혁명의 흐름이 닿지 않는 곳이다. 굶주리는 중국 사람들 수는 4억 명 이상에서 2억 명 미만으로 50퍼센트가 넘게 줄었다. 중국을 빼면 굶주리는 사람들 수는 10퍼센트가 넘게 늘었다. 중국혁명에서 토지 재분배가 굶주림을 줄이는 데 효과를 거두었다. 이는 굶주림을 없애는 데 경제적 · 문화적 요소들이 중요함을 알려 준다. 우리가 맬서스의 인구론을 어떻게 생각하든 인구 증가는 여전히 중요하다. 중국을 제외하고 녹색혁명 동안 인구 증가는 농업 생산의 눈부신 증가를 앞질렀다.

녹색혁명이 세계의 굶주림을 끝내지 못한 또 다른 중요한 이유는 수확량을 늘리려면 비료를 집중적으로 써야 했는데 가장 가난한 농부들은 그렇게 할 여유가 없었다는 것이다. 새로운 비법을 쓸 여유가 있는 농부들은 수확량이 많아지면 더 많은 이익을 남길 수 있지만, 비료와 살충제, 농기계에 점점 더 많이 들어가는 비용을 농산물 값에서 건질 수 있는 경우에만 그러하다. 제3세계 나라들에서 비료와 살충제에 들어가는 비용은 녹색혁명 작물 수확량보다 더 빨리 늘어 갔다. 가난한 이들이 식량을 살 돈이 없다면 늘어난 수확량도 그들을 먹이지 못한다.

더욱 불길하게도 녹색혁명의 새로운 종자들은 제3세계를 비료와 석유에 더 의존하게 했다. 인도에서 비료 1톤당 농산물 수확량은 3분의 2가 줄어들었는데 비료 사용은 여섯 곱절로 늘어났다. 1980년대에 인도네시아의 웨스트 자바에서는 비료와 살충제에 들어가는 비용이 3분의 2가 늘어나서, 4분의 1이 늘어난 수확량에서 거둔 이익을 삼켜 버렸다. 아시아 모든 곳에서 비료 사용 속도는 쌀 수확량보다 세 곱절에서 마흔 곱절이 빨라졌다. 1980년대부터 아시아의 수확량이 줄기 시작했다. 이는 관개와 비료 사용이 더욱 집중되면서 토질이 저하된 현실을 비추어 주는 것 같다.

값싼 비료(그리고 비료를 만드는 데 들어가는 값싼 석유)가 없다면 이 생산성은 유지될 수 없다. 이번 세기에 기름 값은 꾸준히 오를 것이므로 이 사이클은 참혹한 결과와 함께 멈출 수도 있다. 우리는 지난 스무 해 동안 1조 배럴이 넘는 석유를 연료로 태웠다. 하루에 8천만 배럴로, 한 줄로 쌓아 올리면 달까지 2천 번을 왕복하는 양이다. 석유가 만들어지기까지는 헤아릴 수도 없는 세월에 걸쳐서 특정한 지질학적 사건들이 이어져야 한다. 먼저 유기물이 풍부한 퇴적물이, 풍화되는 속도보다 빠르게 매장되어야 한다. 그리고 퇴적물은 지각 속으로 몇 킬로미터 깊이 들어가서 천천히 숙성되어야 한다. 지나치게 깊게 묻히거나 너무 빨리 숙성되거나 유기 분자들이 타서 없어지거나 너무 얕은 곳에 매장되거나 충분한 시간이 흐르지 않으면 퇴적물은 결코 석유로 바뀌지 않는다. 마지막으로 석유가 뚫고 나갈 수 없는 층이 석유를 가두면, 석유는 다공성 암석층에 머물다가 여기서 다시 채취되는 것이다. 그리고 누군가가 석유를 발견해서 땅속에서 꺼내야 한다. 석유 1배럴이 만들어지기까지는 몇 백만 년이 걸린다. 석유가 바닥날 거라는 데에는 의문의 여지가 없다. 그것이 언제인지가 문제일 뿐이다.

석유 생산은 2020년 이전부터 2040년 무렵이 되면 최고조에 이를 것으로 추정된다. 이 추정치는 정치적 갈등이나 환경적 제약은 전혀 고려한 것이 아니기 때문에 세계 석유 생산의 최고조가 이미 코앞에 다가왔다고 믿는 전문가들도 있다. 물론 처음으로 수요가 공급을 뛰어넘었다. 정확히 언제 석유가 바닥날 것이냐는 중동의 정치 정세에 달려 있지만 구체적인 변화와 상관없이 석유 생산은 세기말 즈음이면 현재 생산량의 10퍼센트에도 못 미치는 수준으로 급락할 것이다. 현재 농업은 우리가 소비하는 석유의 30퍼센트를 차지한다. 공급이 줄어들면 석유와 천연가스는 가격이 치솟아 비료 생산에 쓸 수 없을 것이다. 석유에 바탕을 둔 산업적 농업은 이번 세기 언젠가 끝장날 것이다.

놀랄 것도 없지만 기업농은 살충제와 비료가 집중되는 농업이 세계의 가난한 이들을 먹이는 데 꼭 필요한 것으로 그려 낸다. 날마다 거의 10억 명이나 되는 사람들이 굶고 있지만 산업적 농업은 해답이 될 수 없다. 지난 5천 년 동안 사람들을 먹여 살리는 능력을 따라잡을 만큼 인구가 늘어 왔다. 유엔 식량농업기구는 지구에 사는 모든 이들에게 하루에 3천500칼로리를 공급할 수 있을 만큼 충분한 양을 농부들이 이미 길러 내고 있다고 보고한다. 1960년대부터 일인당 식량 생산은 세계 인구보다 더 빠르게 증가해 왔다. 세계의 굶주림이 이어진 건 농업 생산성 탓이라기보다는 식량에 대한 불평등한 접근권, 사회적인 분배 문제, 그리고 경제 탓이었다.

세계에 굶주림이 퍼진 이유 가운데 하나는 산업화된 농업이 시골 농부들의 삶의 터전을 빼앗아, 그들을 제대로 먹고 살 수가 없는 도시 빈민으로 만들었기 때문이다. 여러 나라에서 전통적인 농지의 많은 부분이 자급 농장에서 고소득 수출 작물을 기르는 플랜테이션으로 바뀌었다. 자기가 먹을 농작물을 기를 땅이 없는 도시 빈민들은 한결같이 눈앞에 보이는 식량을 살 돈이 자주 모자랐다.

농무부는 미국에서 해마다 사용되는 비료의 절반쯤이 겉흙의 침식으로 사라진 흙의 양분을 대신한다고 측정한다. 이로써 우리는 흙(가장 싸고 가장 쉽게 구할 수 있는 것으로 생각할 수 있는 농업 투입물)의 대용물을 마련하기 위해서 화석연료(여태까지 발견된 자원 가운데 지질학적으로 가장 드물고 가장 쓸모 있는 자원)를 소비하는 이상한 처지에 놓이게 되었다.

　풀, 토끼풀, 자주개자리의 전통적인 돌려짓기는 쉼 없는 경작으로 사라진 흙의 유기물질을 보충하기 위해 이용되었다. 온대지방에서는 일반적으로 몇 십 년 경작이 이어진 뒤에 흙의 유기물질 절반이 사라진다. 열대지방에서는 열 해도 안 되어서 그렇게 된다. 이와 대조적으로 1843년부터 1975년까지 로덤스테드 농장의 실험들은 100년이 넘는 동안 두엄을 준 밭은 흙의 질소 함유량이 거의 세 곱절로 늘어났음을 증명했다. 하지만 화학비료로 보태 준 질소는 흙에서 거의 모두 사라졌다. 작물에 흡수되었거나 땅을 흐르는 물에 씻겨 사라진 것이다.

　더 최근에 와서 펜실베이니아 주 쿠츠타운의 로데일연구소에서는 열다섯 해 동안 옥수수와 콩의 농업 생산성을 연구했다. 그 연구 결과는 합성비료와 살충제 대신에 콩류나 똥거름을 이용해도 수확량에 큰 차이가 없음을 드러냈다. 똥거름을 준 밭과 콩류 돌려짓기를 한 흙의 탄소 함유량은 각각 전통적인 경작지의 탄소 함유량의 세 곱절에서 다섯 곱절까지 늘었다. 유기 농법과 전통 농법은 비슷한 수익을 내지만 산업적 농업은 흙의 비옥함을 고갈시켰다. 콩류를 돌려짓기 작물로 삼는 고대 농법은 흙의 비옥함을 유지하는 데 도움을 주었다. 똥거름 주기는 실제로 흙의 비옥함을 높였다.

　이는 사실 비밀스러운 내용이 아니다. 대부분의 농부들은 건강한 흙이 건강한 식물을 키우고, 건강한 식물이 다시금 흙의 건강을 유지해 준다는 걸 안다. 나는 우리 밭에서 이런 진리를 확인했다. 아내가 우리 집 차고에서 만든 액체 거름과 이웃 커피숍에서 나오는 다 쓴 커피 찌꺼기를 밭에 뿌린 결과였다. 우리가 열대 지방에서 수입된 유기물질을 이용하고 있다는 사실이 놀랍기만 하다. 무엇보다도 열대는 흙 속에 양분이 거의 없는 곳이 아니던가. 그 열대의 유기물질로 지난날 흙이 두텁게 덮힌 숲이었던 곳에서 흙을 되살리고 있다니. 다섯 해 동안 이 실험을 이어 온 끝에 우리 밭의 흙은 지표층에 유기물질이 풍부하고 비가 내린 뒤에도 한참 동안 습기를 머금으며 커피색 지렁이들이 우글거린다.

일꾼을 고용하여 여든두 해 동안 제멋대로 자란 우리 집의 잔디를 작은 불도저로 군데군데 밀어 내고 네 종류의 식물과 두 가지의 풀, 두 종류의 광엽초본(하나는 작고 흰 꽃이 피는 것, 다른 하나는 작고 빨간 꽃이 피는 것)의 씨를 다시 뿌린 뒤로 카페인을 섭취한 우리 지렁이들은 바삐 일했다. 오래된 잔디에서 꽃들은 더욱 아름답게 피고 따로 물을 줄 필요가 없다. 더 좋은 것은 네 종류의 식물이 자라나서 꽃 피우는 때가 서로 달라 잡초를 막아 주는 것이다.

우리 집 생태 잔디는 그다지 손이 많이 가지 않는 편이다. 우리는 풀을 베고 풀잎이 떨어진 그대로 썩게 내버려 둔다. 베어 낸 풀잎은 한 주 안에 모두 사라진다. 지렁이 창자로 들어가는 것이다. 잔디에 구멍을 파 보면 마른 흙만 있던 곳에 크고 굵은 지렁이들이 있다. 몇 해 뒤에 잔디밭 둘레의 땅은 우리가 생태 잔디의 씨를 뿌렸던 바로 그때 만들어진 안뜰 지표면보다 0.6센티미터 정도 더 높다. 지렁이들이 뜰을 높이고(밭을 갈고 뒤섞고 흙에 탄소를 밀어 넣음으로써) 찌꺼기를 흙으로 바꾸고 있다. 유기물질을 재순환시킨다는 건 우리 뜰에 말 그대로 생명을 되돌려 주는 것이다. 규모만 달리하면 똑같은 원리가 농장에도 들어맞는다.

기계화가 전통 농업을 변화시킨 바로 그 시기에 앨버트 하워드 경과 에드워드 포크너의 사상을 둘러싸고 현대 유기농업 운동이 힘을 모으기 시작했다. 전혀 다른 배경을 지닌 이 두 신사는 유기물질을 유지하는 흙이 고도의 농업을 유지하는 열쇠라는 똑같은 결론에 이르렀다. 하워드는 대규모 농업 플랜테이션 규모에서 두엄을 주는 방법을 개발했고, 포크너는 유기물질로 이루어진 겉흙 층을 보존하기 위해 땅을 갈지 않고 작물을 심는 방법을 만들어 냈다.

1930년대 말에 하워드는 농업 생산성을 유지하려면 흙이 유기물질을 지니고 있어야 한다고 설파하기 시작했다. 그는 나날이 무기질 비료에 기대면서 흙을 보존하지 않고 흙의 건강을 무너뜨리는 세태를 염려했다. 몇십 년 동안 인도의 플랜테이션에서 실험한 것을 바탕으로 하워드는 산업적 농업에 대량으로 거름을 주어 흙의 비옥함을 되살리고 유지하는 방안을 내놓았다.

하워드가 볼 때 농사는 최고의 농부인 자연을 모방해야 하는 것이다. 자연의 짜임은 모든 영속적인 농업 제도의 첫 번째 조건인 흙의 보존에 청사진을 제공한다. "어머니 대지가 농사를 지을 때는 늘 가축이 함께 한다. 어머니 대지는 다양한 작물을 기르며, 흙을 보존하고 침식을 예방하는 데 수고를 아끼지 않는다. 식물성 찌꺼기와 동물성 찌꺼기를 섞어서 부식토를 만든다. 세상에 쓰레기라는 것은 하나도 없다. 성장 과정과 부패 과정이 서로 균형을 이룬다."(Howard 1940, 4쪽) 흙 속에서 유기물질이 꾸준히 순환하고 밑흙이 풍화하면서 흙의 비옥도가 유지될 수 있다. 부식토를 보존하는 것이 지속 가능한 농업의 열쇠였다.

하워드는 미생물이 부식토와 식물들 사이에 살아 있는 다리 노릇을 하는 생태계가 흙이라고 느꼈다. 식물의 양분인 유기질과 무기질을 분해하려면 반드시 부식토가 있어야 했다. 유기물질을 분해시키는, 흙에 사는 미생물들은 엽록소가 모자라서 흙의 부식토에서 에너지를 얻기 때문이다. 흙의 유기물질은 생명이 다한 것이 분해되어 새 생명의 생장에 연료를 보급하는 생명주기의 뒷면에 꼭 필요했다.

1920년대에 인도 중부 인도르의 식물산업연구소에서 하워드는 플랜테이션 농업에 두엄을 주는 방법을 개발했다. 그의 방식은 식물과 동물 폐기물을 섞어서 미생물이 잘 성장하도록 하는 것이었다. 그는 미생물들을 작은 가축으로 여겼는데, 그 작은 가축들은 유기물질을 그 구성 요소로 분해함으로써 흙을 기름지게 하는 일을 했다. 열대지방에서 하워드 방식의 현장 실습은 매우 성공적이었다. 수확량이 늘었다는 소문과 흙을 되살리는 방법이 알려지면서 인도, 아프리카, 중앙아메리카의 플랜테이션들은 그의 방법을 받아들이기 시작했다.

하워드는 산업적 경작이 전 세계의 흙에 입힌 해로움을 되돌리는 방법이 철저한 유기 농법이라고 보았다. 그는 토착 흙의 복잡한 생물상을 교란시키는 인공 비료에 기대기 때문에 온갖 식물과 동물이 질병에 걸린다고 생각했다. 두엄을 잔뜩 주면 유기물이 풍부한 겉흙이 되살아나므로 살충제와 비료의 필요성이 비록 사라지지는 않아도 줄어들면서 작물이 건강해지고 되살아난다.

제1차 세계대전 뒤에 탄약 공장이 값싼 비료를 생산하기 시작했고 온갖 작물이 필요로 하는 모든 양분을 함유하고 있다고 광고했다. 하워드는 공장식 농장에서 비료를 일상적으로 쓰면서 흙의 건강을 희생하고 최대한 이익을 뽑는 데에만 관심을 두는 현실을 걱정했다. "흙의 비옥함을 되살리고 유지하는 것은 보편적인 문제가 되었다. …… 인공 거름으로 흙의 생명을 서서히 중독시키는 일은 농업과 인류에 닥쳐 온 가장 큰 재난 가운데 하나이다."(Howard 1940, 219-20쪽) 제2차 세계대전으로 하워드의 아이디어는 뿌리 내리지 못했다. 전쟁이 끝나고 군대에 탄약을 공급했던 기업들은 비료를 만들어 내기 시작했고, 토질 관리를 무색하게 할 만큼 그 값이 쌌다.

제2차 세계대전이 벌어지던 때 에드워드 포크너는 《농부의 어리석음》(Plowman's Folly)을 펴냈다. 이 책에서 그는 오랫동안 농사의 가장 기본 활동으로 여겨진 땅을 가는 일이 역효과를 낸다고 주장했다. 이보다 앞서서 켄터키대학에서 흙의 관리와 농기계 과목을 수강했던 에드워드 포크너는 식물이 자연스럽게 싹을 틔우는 지표면의 유기물 층에 작물을 자리 잡게 하는 게 아니라 흙을 파헤치고 파종하는 이유가 무엇이냐고 따지면서 교수들을 괴롭혔다. 밭을 가는 일반적인 이유들(모판을 마련하고, 작물 찌꺼기나 똥거름이나 비료를 흙에 섞어 주며, 봄철에 흙이 마르고 따뜻해지도록 하기 위해서)을 대면서도, 당황한 교수들은 농사의 그 첫 번째 단계가 사실 왜 필요한 것인지 명쾌하고도 과학적인 이유를 모르겠다고 시인했다. 스물다섯 해 뒤 켄터키와 오하이오 주 농사 고문으로 일하면서, 포크너는 땅을 가는 일이 문제를 해결하기보다 문제를 많이 만들어 낸다는 결론에 이르렀다.

　땅을 갈아야 하는 이유에 대해 다시 생각해 보라고 농업경제학자들에게 요구하면서, 그는 넉넉하게 수확하는 열쇠가 유기물질이 들어 있는 겉흙을 올바르게 관리해서 땅 위를 흐르는 물에 침식되지 않고 흙의 양분을 잃어버리지 않도록 하는 것이라고 주장했다. 이 주장은 이단과도 같았다. "우리 농부들은 다른 어떤 나라보다도 일인당 훨씬 많은 톤수의 농기계를 보유하고 있다. 그리고 역사상 다른 어떤 이들이 한 것보다 적은 시간 안에 흙을 파괴하는 파국에 이르기까지 농기계를 이용해 왔다."(Faulkner 1943, 5쪽) 포크너 또한 무기질 비료에 기대는 것이 불필요하고 지속 가능한 길이 아니라고 여겼다.

　이단아들 대부분이 그렇듯이 포크너의 혁신적인 믿음은 경험에 바탕을 두고 있었다. 그는 뒤뜰 텃밭에서 땅을 갈지 않고도 수확량을 크게 늘릴 수 있다는 걸 우연히 알게 되었다. 벽돌을 만드는 게 훨씬 낫겠다고 생각한 흙에서 옥수수를 기르기 시작하면서 얻은 결과였다. 1930년부터 1937년까지 그는 뒤뜰 밭에 유기물질을 꾸준히 주었다. 이전 해의 작물 그루터기를 함께 갈아엎는 일반적인 관습을 모방하여 삽으로 도랑을 파고 바닥에 낙엽을 섞어 넣었다. 땅을 갈 때와 마찬가지로 유기물질이 풍부한 겉흙을 15~20센티미터 깊이로 파묻는 방식이었다. 1937년 가을에 그는 방법을 달리 해 보았다. 낙엽을 흙 표면에서 뒤섞었다.

이듬해 흙이 바뀌었다. 예전에는 굳은 점토질 흙에서 서양방풍나물만 기를 수 있었는데 흙의 질감이 까슬까슬해진 것이다. 갈퀴질할 때의 느낌이 모래 같았다. 방풍나물 말고도 당근, 양상추, 완두가 싱싱하게 잘 자랐다. 비료도 주지 않았고 물만 조금 주었을 뿐인데. 그가 한 일이라곤 잡초를 없앤 것뿐이었다.

토양보존국 직원들이 그의 뒤뜰 실험에 별로 반응을 보이지 않자, 포크너는 똑똑히 보여 주리라 작정하고 밭을 임대했다. 땅을 갈아엎고 파종하는 대신 흙 표면에 모종을 심고 베어 낸 잡초를 땅에 내버려 두었다. 의심스런 눈빛을 보내던 이웃들은 세심하지 못한 아마추어가 거둘 것이 별로 없을 거라고 예견했다. 하지만 포크너의 수확량이 훨씬 많았기에 이웃들은 놀라면서도 감동했다. 그들은 땅을 갈아엎지도 않고 비료와 살충제를 쓰지 않고서 성공한 비결이 대체 무엇인지 짐작하지 못했다.

임대한 밭에서 여러 해에 걸쳐 성공을 거듭한 뒤 포크너는 유기물질로 지표층 되살리는 방법을 알리기 시작했다. 그는 흙이 자연 그대로 존재해 온 곳에서는 올바른 방법과 농기계로 농부들이 좋은 흙을 되살릴 수 있다고 믿었다. "사람들이 느끼게 된 것은 …… 생산적인 흙을 만들어 내는 데 오랜 세월이 필요하다는 것이다. 하지만 다행스런 사실은 가축이나 트랙터, 좋은 원반써레가 있는 사람은 몇 시간 안에 충분한 유기물질을 흙에 섞어 넣을 수 있고, 그로써 자연이 몇 십 년에 걸쳐 이루어 놓은 것과 똑같은 결과에 이를 수 있다는 것이다." 농부들이 해야 하는 일은 흙을 그만 갈아엎고 유기물질을 땅에 되돌려 주는 것이었다. "파헤쳐지지 않은 땅 표면이 오늘날 경작되고 있는 땅보다 작물을 더 건강하게 기른다는 건 어디에서나 증명된다. …… 그렇다면 땅을 기름지게 하는 일의 순 효과는 되도록 수확량을 늘리는 것이 아니라 땅을 파헤치는 일이 일으키는 파괴적인 영향을 줄이는 것이다."(Faulkner 1943, 84, 127-28쪽) 하워드처럼 포크너는 건강한 흙으로 되살리면 비록 작물의 해충과 질병을 뿌리 뽑지는 못하더라도 줄일 수 있다고 믿었다.

유기물질이 있어야 흙의 비옥함을 유지할 수 있다. 유기물질은 양분의 직접적인 원천이어서가 아니라, 양분의 배출과 흡수를 돕는 흙의 생태계를 살아나게 하는 데 중요하다. 유기물질은 수분 함유를 돕고 흙의 구조를 개선하며, 점토에서 양분이 배출되도록 돕고, 그 자체가 식물영양소의 원천이다. 흙에서 유기물질이 사라지면 흙의 생물군의 활동이 저하되어 수확량이 줄어들고 따라서 양분의 재순환이 둔화된다.

서로 다른 기후권의 서로 다른 종류의 흙은 비료를 보충하지 않고 농사를 이어갈 수 있는 기간이 저마다 다르다. 캐나다 대평원의 유기질이 풍부한 흙은 쉰 해 넘게 경작해야 흙이 지닌 탄소의 절반을 잃겠지만, 아마존 열대우림의 흙은 다섯 해가 안 되어서 농업 생산력 모두를 잃을 수 있다. 중국 북서부에서 스물네 해 동안 비료를 주면서 실험한 결과 두엄을 보태지 않고 화학비료만 주었을 때 흙의 비옥도는 낮아졌다.

테크놀로지의 올바른 적용을 둘러싼 논쟁이 가장 극단으로 나뉜 분야가 생명공학 분야일 것이다. 인구 조절과 토지개혁이란 개념을 무시하면서 친기업 쪽에서는 유전공학이 세계의 굶주림을 해결할 거라는 인식을 퍼뜨린다. 이타적인 꾸밈말의 뒷면에서 유전공학 기업들은 불모의 작물을 설계하여 농부들(대규모 기업농과 자작농 할 것 없이)이 기업이 독점하고 있는 씨앗을 꾸준히 사게끔 한다. 지난날 알뜰한 농부들은 이듬해 농사에 쓸 가장 좋은 씨앗을 따로 골라 놓았다. 오늘날에는 그렇게 하면 고소당하기까지 한다.

기업은 수확량이 크게 늘 거라고 약속하지만, 미국 국립과학아카데미(National Academy of science) 농업위원회 전임 위원장의 연구에 따르면 유전적으로 변형된 콩 종자는 천연 종자보다 수확량이 적었다. 이는 8천 번이 넘는 현장 실습을 거쳐서 얻은 결론이다. 농무부의 한 연구는 살충제 사용이 전반적으로 줄어든 것은 유전적으로 변형된 작물과 관련이 없다고 결론지었다. 그러나 유전공학 덕택에 해충에 저항력이 높아진다고 광고되곤 한다. 유전공학 덕택에 수확량이 크게 늘어날 거라는 전망은 믿을 수 없는 것임이 입증된 반면에, 유전적으로 변형되어 불모성을 유전시키는 유전자가 비독점 작물과 교배되어 재난에 가까운 결과를 일으킬지도 모른다고 염려하는 이들이 있다.

생명공학과 농화학의 실제적이고도 잠재적인 중요한 문제점들을 생각할 때 대안적인 방법론을 자세히 살펴 볼 필요가 있다. 먼 앞날을 내다본다면 인구 증가와 농지의 꾸준한 감소 앞에서 식량 생산을 유지하는 가장 큰 희망은 철저한 유기농업을 비롯한 혁신적인 방법들에 걸 수 있다. 원칙적으로 말하자면, 철저하게 유기적인 농법은 값싼 화석연료가 역사 속으로 사라졌을 때 비료를 대량으로 살포하는 농업을 대신할 수 있다.

땅을 가는 것이 생태학적 재앙이라는 웨스 잭슨의 주장을 들어 보자. 유전학 교수였다가 사임하고 캔자스 주 설라이나의 토지연구소 소장이

된 잭슨은 활과 화살 시대로 돌아가자는 게 아니라고 말한다. 그는 땅을 가는 것이 반박의 여지가 없이 온전한 것이라는 관점에 의문을 던질 뿐이다. 그는 땅을 갈면 미래 세대가 선택할 수 있는 여지가 사라지며 그것은 전쟁이 입히는 피해보다 더 크다고 한다. 그리고 거의 예외 없이 경운을 바탕으로 한 농업은 지속 가능하다는 점이 입증되지 않았다고 지적한다. 그는 앞으로 스무 해 동안 흙이 심각하게 침식됨으로써 비료나 관개시설 없이 작물을 길러 내는 우리 지구의 타고난 농업 생산성이 20퍼센트나 사라질 거라고 예견한다.

그러나 잭슨은 종말론자나 기계화 반대론자가 아니다. 개인으로 볼 때 그는 극단적인 환경주의자가 아니라 농부에 더 가깝다. 그는 비관에 사로잡히지 않고, 자연 상태를 통제하거나 대체하기보다 그것을 모방한 농업 방식을 요구한다. 자연스러운 농법을 발전시키려는 잭슨은 땅을 농업에 적응시키는 게 아니라 농업을 땅에 적응시킨다는 크세노폰 철학의 현대적 대변자이다.

미국 농업 벨트에서 쌓은 경험을 바탕으로 잭슨은 대초원의 타고난 생태계를 모방한 농업 시스템을 개발하려 한다. 헐벗고 파헤쳐진 땅에서 해마다 거두는 작물과 달리, 토착 여러해살이 식물의 뿌리는 거센 비바람 속에서도 흙을 단단히 붙잡고 있다. 토착 대초원에는 따뜻한 계절 풀과 추운 계절 풀, 그리고 콩류와 국화과 식물이 모두 자란다. 어떤 식물은 우기에 더 무성하고 어떤 식물은 건기에 더욱 잘 퍼진다. 이 다채로운 조합 덕분에 잡초와 외래종이 자랄 수 없다. 우리 집 생태 잔디처럼 한 해 내내 식물들이 땅을 덮고 있기 때문이다.

생태학자들이 알고 있는 것처럼 다양성이 복원력의 바탕이고 복원력은 농업을 지속할 수 있게 해 준다고 잭슨은 말한다. 따라서 그는 한 해 내내 여러 작물을 꾸준히 길러서 땅이 빗물의 충격에 침식되지 않도록 보호해야 한다고 충고한다. 단일경작은 아무것도 심지 않고 일반적으로 봄철을 맨땅으로 보낸다. 파괴되기 쉬운 흙이 침식에 무방비 상태로 몇 달을 보낸 뒤에야 작물이 자라나서 떨어지는 빗방울을 막아 주는 것이다. 작물의 잎이 나오기 전에 비바람을 맞으면 나중에 작물이 자라나 땅을 보호하는 상태에서 비바람을 견뎌야 할 때보다 곱절에서 열 곱절이 심하게 침식된다. 단일경작이 이루어지는 땅은 불리한 때에 닥쳐온 거센 비바람 한 번에 앞으로 몇 십 년이 걸려야 만들어질 수 있는 흙을 잃을 수 있다.

잭슨 농법의 장점들은 토지연구소에서 분명히 드러났다. 연구소는 여러해살이 식물의 복합경작이 해충을 막고 질소를 공급하며 단일경작보다 에이커당 훨씬 많은 소출을 낼 수 있음을 증명해 왔다. 잭슨의 구체적 방법론들은 대초원에 알맞은 것이었지만 지역 환경에 맞게 식물 종류를 선택하면 다른 지역에도 적용할 수 있다. 살충제, 비료, 생명공학 기업들은 당연하게도 잭슨의 저기술 방법론을 달가워하지 않는다. 하지만 잭슨은 황야에 울려 퍼지는 외로운 목소리가 아니다. 지난 몇 십 년 동안 포크너와 하워드와 같은 방법을 받아들인 농부는 많다.

우리가 뭐라고 일컫든 오늘날 유기 농법은 환경보호를 중시하는 방법과 기술력을 결합하지만 합성 살충제와 비료를 사용하지는 않는다. 유기 농사는 다양한 작물을 기르고 가축의 분뇨와 식물 두엄을 주며 천연의 해충 방지법과 돌려짓기로써 흙의 비옥함을 높이고 관리한다. 그러면서도 시장경제에서 살아남아야 하는 농장에 수익을 안겨 주어야 한다.

오랜 연구 결과 유기농사는 에너지 효율성과 경제적 보상을 모두 높이는 걸로 밝혀졌다. 날이 갈수록 문제는 우리가 유기 농사를 지을 여력이 있느냐 하는 문제가 아닌 듯하다. 기업농 관계자들이 뭐라고 주장하든 먼 앞날을 내다볼 때 우리는 유기농업을 하지 않을 수가 없다. 이상하게도 미국 정부는 전통적인 영농 방식에 보조금을 지급하지만 시장은 유기농산물에 비싼 값을 매긴다. 오늘날의 수많은 연구는 유기 농법이 오랜 세월 동안 흙의 비옥함을 유지할 뿐 아니라 단기간에도 비용 효율이 높다고 입증한다.

1974년에 세인트루이스의 워싱턴대학 자연환경시스템 생물학센터의 생태학자 배리 커머너는 중서부에서 유기 농법과 전통 농법의 결과를 비교하기 시작했다. 유기농장 열네 군데를 비슷한 규모에 비슷한 흙에서 비슷하게 작물과 가축을 이용해서 농사를 짓는 전통 농장과 짝을 지어 두 해 동안 관찰했다. 그 결과 유기농장은 전통 농장과 에이커당 똑같은 소득을 거둔 것으로 나타났다. 연구의 결론은 회의적인 농업 전문가들을 놀라게 했지만 그 뒤 이어진 많은 연구들은 유기농산물의 수확량이 조금 적기는 하더라도 매우 낮은 생산 비용이 그 단점을 상쇄하고도 남는다고 뒷받침했다. 기업농은 사회적 관습이지 경제적 필연이 아니다.

이어지는 연구들은 유기 농법의 수확량이 크게 낮지 않다는 사실도 증명했다. 현대 농업이 흙을 고갈시킬 필요가 없음을 보여 준 것도 무척 중요한 일이다. 존 베넷 로스가 화학비료의 효과를 입증했던 로덤스테드 농장은 유기 농법과 전통 농법을 가장 오랫동안(한 세기 반) 지속적으로 비교하고 있다. 두엄을 주는 유기 농법과 화학비료를 주는 농법을 함께 관찰하는 것이다. 비료를 준 밭과 유기농 밭에서 거둔 밀의 수확량은 그 차이가 2퍼센트에 못 미치는데, 탄소와 질소 수준을 기준으로 측정한 흙의 품질은 시간이 흐를수록 유기농 밭이 더 나아졌다.

로데일연구소는 펜실베이니아의 농장에서 스물두 해 동안 전통 농법과 유기 농법의 투입물과 생산물을 비교했다. 비가 정상적으로 내리는 환경에서 평균 수확량은 비슷했지만 가장 건조했던 다섯 해 동안 평균 옥수수 수확량은 유기농 밭에서 3분의 1 정도가 더 많았다. 유기농 밭이 에너지 투입량은 3분의 1 정도 낮았고 인건비는 3분의 1 정도 높았다. 전체적으로 유기농 밭이 전통적 밭보다 수익이 더 높았는데, 총비용이 15퍼센트 정도 더 적게 들고 유기농산물이 비싸게 팔렸기 때문이다. 스무 해라는 긴 실험 기간 동안 유기농 밭에서는 흙의 탄소와 질소 함유량이 증가했다.

1980년대 중반에 워싱턴주립대학의 존 레거놀드가 이끄는 연구자들은 워싱턴 동부 스포캔 근처의 농장 두 군데에서 흙의 상태와 침식 속도, 밀 수확량을 비교했다. 한 농장은 1909년에 처음 땅을 간 뒤에 상업적 비료를 사용하지 않고 농사를 지어 왔다. 그 옆의 농장은 1908년에 처음 땅을 갈고 1948년부터 정기적으로 상업적 비료를 주었다.

놀랍게도 두 농장의 순 수확량은 거의 차이가 없었다. 1982년부터 1986년까지 유기농장의 밀 수확량은 이웃한 두 군데 전통 농장의 평균 수확량과 비슷했다. 유기농장의 순 수확량이 전통 농장의 수확량보다 적은 것은 오로지 농부가 세 해마다 한 번씩 땅을 묵히면서 풋거름(흔히 자주개자리)을 길렀기 때문이다. 비료와 살충제에 들어가는 비용이 적었기 때문에 순 수확량이 더 적은 것을 상쇄했다. 더 중요한 건 유기농장의 생산성이 시간이 갈수록 줄어들지 않은 것이다.

레거놀드 연구팀은 유기농장의 겉흙이 전통 농장의 흙보다 15센티미터 정도 더 깊다는 걸 알아냈다. 유기농장의 흙은 수분 함유 능력이 더 크고 생물학적으로 쓸모 있는 질소와 칼륨이 더 많이 들어 있었다. 유기농장의 흙에는 전통 농장의 흙보다 미생물도 더 많았다. 유기농장의 겉흙에는 전통 농장의 겉흙보다 유기물질이 절반이 더 많았다.

유기농장은 토양보존국이 측정한 흙 교체 속도보다 훨씬 느리게 침식되었을 뿐 아니라 흙을 새로 만들어 내고 있었다. 이와 대조적으로 전통 방식으로 경작되는 농장은 1948년부터 1985년까지 겉흙이 15센티미터가 넘게 줄어들었다. 퇴적물 양을 직접 측정해 보니 두 농장에서 흙이 사라진 양이 네 곱절이나 차이가 났다.

결론은 단순하다. 유기 농법은 집약적 농업을 하더라도 흙의 비옥함을 잃지 않았다. 전통 농장뿐 아니라 이웃 농장들까지도 대부분 흙은 깊이가 줄어들면서 점점 생산력을 잃었다. 쉰 해 넘게 전통적인 경작이 이어지면 지역의 겉흙은 사라질 것이다. 겉흙이 침식되어 전통적인 방식으로 농사를 짓는 농부들이 점토질 밑흙까지 파헤치게 되면 지역의 수확량은 절반으로 떨어질 것이다. 수확량을 일정 수준으로 유지하려면 기술력에 기댄 수확량 증가분이 곱절이 되어야 한다.

유럽 연구자들은 흙의 비옥함을 유지하는 데에도 유기농장이 더 효율적이고 덜 불리하다고 보고한다. 스물한 해 동안 수확량과 흙의 비옥함을 비교 연구한 결과, 유기농 밭이 살충제와 비료를 대량으로 살포하여 경작한 밭보다 20퍼센트 정도 수확량이 적었다. 그러나 유기농 밭은 비료와 에너지 투입량이 3분의 1에서 절반 정도였고 살충제는 사실상 전혀 쓰지 않았다. 게다가 유기농 밭에는 해충을 먹어 치우는 유기체가 훨씬 많이 서식했고 전반적으로 생물학적인 활동이 더욱 활발했다. 유기농 밭에 사는 지렁이들은 세 곱절까지 많았고 이로운 균근(菌根)이 서식하는 식물 뿌리의 전체 길이는 40퍼센트가 더 길었다. 유기 농법은 흙의 비옥함을 높일 뿐 아니라 거두는 수익도 전통 농법의 수익과 비슷했다. 상업적으로도 전망 있는 유기농사는 대안의 철학으로만 머물 필요가 없다.

최근의 다른 연구들도 이러한 견해를 뒷받침한다. 뉴질랜드에서 한곳에 이웃하고 있는 유기농장과 전통 농장을 비교한 결과 유기농장의 흙이 품질이 더 뛰어나고 유기물질이 더 많고 지렁이가 더 많이 살았다. 그리고 헥타르당 수익도 적지 않았다. 워싱턴 주의 사과 과수원들을 비교해보니 전통 농법과 유기 농법의 수확량이 비슷했다. 다섯 해에 걸친 연구결과 유기 농법은 전통 농법보다 에너지를 덜 쓰고 흙의 우수한 품질을 유지했으며 사과의 맛이 더 달았을 뿐 아니라 이익이 많이 남았다. 전통 농법으로 열다섯 해 정도 재배한 과수원에서 거둔 수익이 유기 농법으로 열 해 안에 거둔 수익과 비슷하다.

미국 식품 시장에서 유기농은 가장 빠르게 성장하는 분야이지만, 현재 수익을 거두고 있는 많은 전통 농법은 그 진정한 대가가 시장가격에 포함된다면 경제성이 없을 것이다. 직접적인 재정 보조금과, 그리고 흙을 고갈시키고 오염 물질을 배출하는 비용을 포함시키지 않는 계산법은 토질을 떨어뜨리는 농법을 꾸준히 부채질한다. 특히 대규모 농업경제와 그 실행으로 겉흙을 잃어버리고는 비료와 흙의 개량재를 사용하는 경우가 많다. 유기농은 화학물질을 거의 사용하지 않고 (바로 그 이유 때문에) 생산 면적당 연구비가 더 적게 든다. 이 점에서 더 건강한 식품을 찾는 개인들은 장기간의 농업 생산력을 유지해야 할 책임이 있는 정부보다 농업개혁에 더 크게 이바지하는 것이다.

지난 열 해에 걸쳐서 미국의 농업 보조금은 평균 연간 100억 달러가 넘었다. 보조금 제도의 목적은 원래 어려운 가족 농장을 지원하여 안정적으로 식량을 공급하는 것이었다. 그러나 1960년대에 농업 보조금은 대농장을 적극적으로 지원했고 단일작물을 재배하는 집약적 방식의 작물 생산을 더욱 권장했다. 밀, 옥수수, 목화에 유리한 미국 필수식품 프로그램은 더 많은 땅을 사서 오로지 이들 작물만을 기르는 농부들에게 장려금을 준다. 오늘날 농업 생산자들 가운데 10분의 1(우연하게도 대농장들)이 전체 보조금 가운데 3분의 2를 받는다. 네브래스카의 공화당 상원의원 척 헤이글을 비롯하여 보조금 제도를 비판하는 이들은 그 제도가 대규모 기업농에 유리하며 가족농장에는 거의 도움이 안 된다고 지적한다. 훌륭한 공공 정책은 공적 자금으로 흙(그리고 그들이 주장하듯이 가족 농장)을 지키는 일을 권장해야 하며 대규모 단일경작을 뒷받침해서는 안 된다는 것이다.

많은 수확량을 유지하려면 반드시 흙의 건강을 지켜야 한다는 걸 농부들이 다시금 깨달으면서 유기농업은 주변부 운동에서 벗어나기 시작하고 있다. 날이 갈수록 농화학적 수단에서 멀어짐과 동시에 토질을 개선하는 방법들이 다시금 널리 퍼지고 있다. 오늘날에는 타협적인 방안이 진화하고 있다. 줄지어 심은 작물들 사이에 질소고정 작물을 심어 휴경 때 피복 작물로 삼고, 질산 비료와 살충제를 전통 농장보다 훨씬 적게 사용하는 것이다.

현대 농업이 풀어야 하는 과제는 전통 농업 지식과 흙의 생태학을 둘러싼 오늘날의 관점을 결합하는 것이다. 그래서 세계를 먹이는 데 필요한 집약적 농업을 발전시키고 이어 가는 것이다. 그것은 산업적 농업 없이 산업사회를 지탱하는 방법을 발전시키고 이어가는 것을 뜻한다. 합성비료의 사용이 가까운 미래에 사라질 것 같지는 않지만, 지난 반세기 동안 이룬 수확량 증가를 이어 가려면 흙의 유기물질과 생물학적 활동을, 그리고 흙 자체를 더는 다치게 하지 않는 영농 방법이 널리 퍼져야 한다.

흙의 보존 방법은 토질 저하를 막고 수확량을 늘리는 데 도움을 줄 수 있다. 짚을 뿌리덮개로 이용하는 것은 흙의 생산성을 유지하는 간단한 방법이다. 그러면 흙의 생물량이 세 곱절까지 늘어난다. 두엄을 주면 지렁이와 흙의 미생물이 다섯 곱절로 늘어난다. 흙의 보존에 1달러를 투자했다면 특정 작물과 환경에 따라서 수확량이 3달러어치가 더 늘 수 있다. 게다가 흙과 물의 보존에 투자된 1달러는 강을 준설하고 둑을 쌓고 하류 지역에서 홍수를 조절하는 데 들어가는, 그 다섯 곱절에서 열 곱절의 비용을 절약할 수 있다. 흙 보기를 황금같이 하기 위한 정치적 지지를 이끌어 내기는 어렵지만 미국 농부들은 하루가 다르게 흙의 보존에 앞장서서 세계를 이끌어 가고 있다. 한번 사라진 흙을 땅에 되돌려 놓기란 불가능할 만큼 비용이 많이 들기 때문에 가장 비용 효율이 높은 전략은 무엇보다도 흙을 그 자리에 그대로 있게 하는 것이다.

몇 세기 동안 쟁기는 농업의 보편적인 상징이었다. 하지만 농부들은 날이 갈수록 쟁기를 버리고 오랫동안 등 돌려 왔던 무경운 방식과 덜 공격적인 흙 보존 경운 방법을 선택하고 있다. 흙 보존 경운이란 작물 찌꺼기로 덮인 흙 표면을 적어도 30퍼센트 남겨 놓는 방식을 포괄적으로 일컫는 말이다. 지난 몇 십 년 동안 영농 방식이 변화하면서 현대 농업에 혁명이 일어나고 있다. 한 세기 전에 농업혁명이 기계화를 가리켰다면 이번에는 새로운 방식으로 흙을 보존하는 걸 뜻한다.

무경운 농법의 아이디어는 맨땅을 드러내 흙이 침식되도록 내버려 두는 일 없이 땅을 갈 때의 이로움을 누리려는 것이다. 쟁기로 땅을 부수어 흙을 파헤치는 대신, 오늘날의 무경운 농부들은 원반써레로 유기물 찌꺼기를 흙 표면에 섞어 넣고 끌쟁기로 씨앗을 흙 속에 밀어 넣는다. 흙에는 이전 작물의 유기물 찌꺼기가 들어 있기에 흙의 교란을 최소한으로 하는 것이 중요하다. 땅 표면에 남아 있는 작물 찌꺼기가 뿌리덮개 노릇을 하면서 수분을 함유하고 침식을 지연시키는 데 도움을 준다. 이 방법은 무엇보다도 생산적인 흙이 만들어지는 자연 조건을 흉내 낸 것이다.

1960년대에 거의 모든 미국 농경지에서는 쟁기질을 했지만, 지난 서른 해 동안 무경운 방식이 북아메리카 농부들 사이에서 빠른 속도로 자리 잡았다. 흙 보존 경운과 무경운 기법은 1991년에 캐나다 농장의 33퍼센트에서, 2001년에는 캐나다 농경지의 60퍼센트에서 이용되었다. 같은 기간에 흙 보존 경운은 미국 농경지의 25퍼센트에서 33퍼센트 이상으로 늘었고, 무경운 기법을 이용한 곳은 18퍼센트였다. 2004년에 흙 보존 경운은 미국 농지의 41퍼센트 정도에서 이용되었고, 무경운 방식은 23퍼센트에서 시행되었다. 이런 속도가 이어지면, 무경운 방식은 열 해 정도가 지나 미국 농장의 대다수에 자리 잡게 된다. 그러나 오늘날 무경운 방식으로 농사를 짓는 곳은 전 세계 농지의 5퍼센트 정도뿐이다. 나머지 땅에서 이루어지는 일이 문명의 길을 결정하리라는 건 당연하다.

무경운 농법은 흙의 침식을 줄이는 데 매우 효과적이다. 유기물 찌꺼기가 땅을 덮은 채로 내버려 두면 흙의 침식 속도는 흙이 만들어지는 속도에 가깝게 줄어들고 수확량은 거의 또는 전혀 줄지 않는다. 1970년대 말에 인디애나에서 무경운 방식의 효과를 처음으로 실험해 본 결과, 옥수수밭에서 흙의 침식이 75퍼센트 넘게 줄어들었다. 더 최근에 와서 테네시 대학 연구자들은 무경운 농법이 전통적인 담배 농장에서 흙의 침식을 90퍼센트 넘게 감소시켰음을 알아냈다. 앨라배마 북부 목화밭에서 흙의 유실을 비교해 보니, 무경운 농법으로 농사를 지은 밭은 전통적인 방식으로 땅을 간 밭보다 평균 9분의 1에서 절반까지 흙이 덜 사라졌다. 켄터키의 한 연구는 무경운 방식으로 98퍼센트까지 흙의 침식이 줄었다고 보고했다. 침식 속도에 미치는 영향은 흙과 작물의 종류를 비롯하여 수많은 지역적 요인에 따라 달라지는데, 일반적으로 땅 표면을 덮고 있는 작물이 10퍼센트 많아지면 침식은 20퍼센트가 줄어든다. 따라서 땅의 30퍼센트가 작물에 덮여 있다면 침식은 50퍼센트가 넘게 줄어드는 셈이다.

침식 속도가 낮아졌다는 것만으로 무경운 농법이 빠른 속도로 퍼져 나가고 있다고 설명할 수는 없다. 무경운 농법이 받아들여진 건 무엇보다도 농부들에게 경제적으로 이로웠기 때문이다. 1985년과 1990년의 식량안보법의 시행으로 농부들은 흙 보존 계획을 받아들여야 했다. 몹시 침식되기 쉬운 땅에서는 흙 보존 경운 방법을 쓰는 것이 대중적인 농무부 프로그램(농업 보조금 따위)에 참여하는 조건이었다. 흙 보존 경운은 비용 효율이 매우 높다는 것이 입증되면서 침식이 덜 일어나는 땅에서도 널리 받아들여졌다. 무경운 농법은 연료 사용을 절반으로 떨어뜨려서 줄어든 수확량에서 생기는 낮은 소득을 벌충하고도 남았기 때문에 결국 수익은 더 높아졌다. 또 흙의 품질이 높아지고 유기물질과 생물량이 증가한다. 무경운 농법의 밭에는 지렁이도 훨씬 많다. 무경운 농법을 받아들이면 처음에 제초제와 살충제 사용이 늘어날 수도 있지만 흙의 생물군이 되살아나면서 그럴 필요가 없어진다. 무경운 방식과 피복작물, 풋거름, 생물학적 해충방지가 결합된 농법이 자리 잡는다는 건, 이른바 이들 대안적 농법이 무경운 농법을 실질적으로 보완하고 있음을 짐작케 하는 것이다. 농부들이 무경운 농법을 받아들이고 있는 것은 돈이 절약되는 것은 물론 그것이 미래를 위한 투자이기 때문이다. 흙의 유기물질이 늘어난다는 건 기름진 땅이 더 많아진다는 뜻이고 결국 비료에 들어가는 비용이 줄어드는 것이다. 저경운(低耕耘) 농법의 낮은 비용 덕분에 대농장들 사이에서도 관심이 높아지고 있다.

무경운 농법에는 또 다른 장점이 있다. 무경운 농법은 지금 당장 지구온난화를 막는 데 도움이 되는 얼마 안 되는 방법 가운데 하나라는 것이다. 흙을 파헤쳐서 공기에 노출시키면 유기물질이 산화하여 이산화탄소를 배출한다. 무경운 농법은 흙의 가장 위쪽 몇 센티미터에 들어 있는 유기물질 함유량을 열 해에 1퍼센트씩 증가시킬 수 있다. 별 것 아닌 것 같아 보이겠지만 스무 해에서 서른 해 지나면 에이커당 탄소가 10톤에 이를 수 있는 수치이다. 지난 한 세기 반 동안 농업이 기계화되면서 미국 흙의 탄소 40억 톤이 대기 속으로 사라졌을 것으로 추정된다. 세계적으로 흙의 유기물질로서 들어 있던 탄소 780억 톤 정도가 대기 속으로 사라져 왔다. 산업혁명 이후 대기에 축적된 전체 이산화탄소의 3분의 1은 화석연료에서 비롯된 게 아니라 흙의 유기물질이 감소하면서 생겨난 것이다.

농토의 질이 높아지면 이산화탄소를 대량으로 흡수함으로써 지구온난화의 속도를 늦출 수 있고 늘어나는 인구를 먹이는 데에도 도움이 된다. 미국의 모든 농부가 무경운 농법을 받아들이고 피복작물을 심는다면 미국 농업은 해마다 흙 속에 탄소를 3억 톤씩 저장할 수 있다. 농장이 온실가스의 배출구가 아니라 탄소의 순 흡수원이 되는 것이다. 이것이 지구온난화 문제를 해결하지는 못하지만(흙이 저장할 수 있는 탄소의 양은 한정되어 있기 때문에) 흙의 탄소가 늘어남으로써 문제의 뿌리를 건드릴 수 있는 시간을 벌 수는 있다. 전 세계의 농지 15억 헥타르에서 몇 십 년 동안 무경운 농법으로 농사를 지으면 흙의 유기물질이 되살아나면서 지구의 탄소 배출량 가운데 90퍼센트를 흡수할 수 있는 것으로 측정되었다. 더욱 현실적인 시나리오에 따르면 전 세계 농지가 탄소를 흡수할 수 있는 총량은 현재 탄소 배출량의 25퍼센트 정도라고 한다. 더 나아가 흙에 탄소가 많을수록 비료 수요가 줄어들고 침식이 덜 일어나게 되며, 따라서 탄소 배출이 더욱 둔화되면서 흙은 점점 비옥해진다.

무경운 방식의 장점은 매우 크지만 그것이 뿌리 내리기까지는 장애물이 남아 있다. 또 무경운 농법이 어디에서나 큰 효과가 있는 것도 아니다. 무경운 방식이 가장 큰 효과를 보이는 곳은 물이 잘 빠지는 모래흙과 침

적토이다. 물이 잘 빠지지 않는 단단한 점토 흙은 땅을 갈지 않으면 압축
되기 때문에 무경운 농법이 효과가 없다. 변화를 싫어하는 농부들의 태도
와 인식이 미국에서 무경운 농법이 널리 퍼지지 못하는 첫 번째 요인이
다. 아프리카와 아시아에서 무경운 농법이 더디게 받아들여지는 이유는
재정 자원과 정부 지원이 모자라기 때문이다. 특히 소농들은 작물 잔여물
을 뚫고 씨앗을 심는 특수 파종기를 이용할 여력이 없다. 많은 자급농들
은 이전 해 작물의 잔여물을 땔감이나 가축의 먹이로 쓴다. 이 관습을 바
꾼다는 것은 만만한 일이 아니지만 해볼 만한 가치는 충분히 있다. 유기
질이 풍부한 흙을 되살림으로써 자연 자본에 재투자하는 것이 인류의 미
래를 결정하는 열쇠라고 해도 지나치지 않기 때문이다.

　농업이 지속 가능하지 않다면 다른 어떤 것도 마찬가지일 수밖에 없다.
그런데도 여전히 흙을 더러운 것으로 취급하는 이들이 있다. 때로는 그보
다 더 나쁜 것으로 여기기도 한다. 워싱턴 동부 퀸시타운은 미국의 가장
추악한 비밀 가운데 하나를 드러내는 믿기 힘든 본보기이다. 1990년대
초에 퀸시 타운 읍장은 《시애틀 타임스》 기자 더프 윌슨에게 유독성 폐기
물이 어떻게 비료로 재활용되어 농경지에 분사되는지 알려 주었다. 패티
마틴은 비리 고발자이자 보수적인 가정주부이자 전직 프로농구 선수로서
사실상 경쟁자가 없는 그 작은 농촌의 읍장 선거에서 당선되었다. 마틴의
선거권자들은 이유 없이 작물이 시들어 가고 있으며, 농약 살포기들이 뚜
렷한 이유 없이 드넓은 대초원에 비료를 살포한다고 불만을 터뜨렸다. 패
티는 랜드올레익스(이름난 버터 회사)의 비료 계열사인 세넥스가 퀸시 타
운에 유독성 폐기물을 싣고 온다는 걸 알고 있었다. 그들은 그 폐기물을
기차역 근처의 커다란 콘크리트 연못에서 다른 화학약품과 섞은 뒤 값싼
저질 비료로 팔았다.

그것은 크나큰 음모였다. 유독성 폐기물을 처분해야 하는 기업 오염원들은 비용이 많이 들어가는 합법적인 폐기를 회피했다(공인된 유독성 폐기물 하치장에 무언가를 반입하는 이는 그 폐기물을 영원히 책임지게 되어 있다). 하지만 똑같은 유독성 물질을 값싼 비료로 둔갑시켜 빈 땅에 뿌리거나 농부들에게 팔면 골칫거리와 책임이 사라지는 것이다. 그래서 기차는 한밤중에 퀸시를 들락거렸고 연못은 무엇이 채워지고 비워졌는지 아무런 기록도 없이 수위가 높아졌다 낮아지곤 했다. 세넥스는 아무런 의심을 하지 않는 농부들에게 최신 비료를 팔았다. 때로는 폐기물을 없애기 위해 비료를 쓰는 농부들에게 돈을 쥐어 주었다.

마틴은 중금속이 많이 든 폐기물을 재활용하여 비료로 만들도록 주 공무원들이 허가했다는 걸 알았다. 농부들에게는 어떤 특별한 '양분'이 더 들어 있는지 설명하지 않은 채로. 어떤 것이 유해 물질이라는 판단은 그 물질이 무엇이냐가 아니라 그것으로 무엇을 하려고 하느냐에 따라 달라졌다. 유독성 폐기물을 비료로 되파는 문제에 관해 질문을 받은 주 농무부 직원은 그것을 재활용과 같은, 좋은 아이디어라고 생각했다고 시인했다.

이상하게도 유독성 비료는 농작물을 죽이기 시작했다. 부식되지 않는다면 중금속은 몇 천 해 동안 흙에 머문다. 그리고 흙 속에 자리 잡은 중금속은 농작물을 비롯한 식물에 흡수된다.

세넥스 같은 기업은 왜 독성 물질을 혼합하여 저등급 비료로 판매했겠는가? 가장 뻔한 이유는 돈 때문이다. 기업의 메모에 적힌 글을 보면 그들이 화학 폐수를 상품으로 둔갑시켜 농부들의 밭에 뿌리게 함으로써 한 해에 17만 달러를 절약했음을 알 수 있다. 소송은 1995년에 끝났고 기업은 허가받지 않은 목적으로 살충제를 사용한 죄를 인정하고 고작 벌금 1만 달러를 냈다. 나는 도박을 그다지 좋아하지 않지만 17대 1의 승률만 보장된다면 언제든 내가 모은 돈을 몽땅 갖고 라스베가스로 갈 것이다.

세넥스 소송 이후 그 지역의 농부들은 저질 비료가 흉작의 원인이었다고 의심하기 시작했다. 한 사람은 마틴의 친구인 데니스 디영에게 세넥스가 몇 해 전에 자신의 농장에 비료 탱크를 갖다 놓고 들여다보지 않는다는 말을 했다. 데니스는 버려진 탱크에 들어 있던 마른 찌꺼기 일부를 떼어 내 아이다호의 흙 실험실에 보냈다. 실험실에서 조사한 결과, 비소, 납, 티타늄, 크롬이 다량 검출되었다. 이들은 물론 농작물에 좋은 영양소가 아니었다. 세넥스의 비료를 주어 기른 작물 가운데 디영이 실험실에 보낸 완두, 콩, 감자도 납과 비소의 함유량이 매우 높았다. 디영의 또 다른 친구가 보낸 감자 샘플들도 허용치의 열 곱절에 이르는 납을 함유하고 있었다.

독성 폐기물을 비료로 재분류하는 곳은 워싱턴만이 아니었다. 1984년부터 1992년까지 알루미늄 회사인 앨코아(ALCOA: Aluminum Company of America)의 오리건 지사는 20만 톤이 넘는 제련 폐기물을 비료로 재활용했다. 앨코아는 폐기물을 겨울철 도로 제설제이자 여름철 비료로 둔갑시켜서 시장에 팔며 한 해에 200만 달러를 절약했다. 미국 전역에서 기업들은 산업폐기물을 돈을 들여 유독성 폐기물 하치장으로 보내지 않고 시장에서 판매함으로써 연간 몇 백만 달러를 절약했다. 1990년대 후반에 미국의 주요 8개 기업은 해마다 1억 2천 파운드의 유해 폐기물을 비료로 재생산했다.

이상한 것은 관련된 어느 누구도 독성 폐기물의 비료 전환 사업에 관해 이야기하는 데 거리낌이 없었다는 것이다. 그들은 걱정할 필요가 없었다. 유해 폐기물을 혼합하여 비료를 생산하고 그 비료를 땅에 뿌리는 걸 금지하는 법은 없었기 때문이다. 건강한 흙의 중요성을 그토록 노골적으로 무시하는 일을 크게 걱정하는 이는 아무도 없는 듯했다. 농장은 우리가 중금속 하치장으로 결코 쓰지 말아야 할 곳이라는 사실에 아랑곳하지 않는 것 같다.

우리가 농지를 대하는 방식, 다시 말해 흙이 지역적으로 특색 있는 생태계인지, 화학물질의 저장고인지, 또는 유해 물질 하치장인지, 그 어느 쪽으로 흙을 대하느냐에 따라서 다음 세기 인류의 선택권이 달라질 것이다. 유럽은 전 세계 자원 가운데 많은 몫을 통제하게 됨으로써, 늘어나는 인구를 먹일 만큼 충분한 식량을 공급하려는 오랜 투쟁에서 벗어났다. 미국은 서쪽으로 진출하면서 똑같은 사이클에서 벗어났다. 오늘날 경작할 수 있는 땅이 점점 줄어들고 값싼 석유도 종말을 맞이하면서, 세계는 모든 사람을 먹일 수 있는 방법의 새로운 본보기를 요청하고 있다.

섬 사회들은 살펴볼 만한 사례이다. 어떤 섬 사회는 그들의 미래를 소모해 버리고는 경작할 수 있는 땅을 차지하기 위해 야만적으로 다투었다. 하지만 평화로운 공동체를 일구어 간 사회도 있었다. 새 땅을 구할 수 없을 때 농업 생산성의 유지라는 현실에 사회제도가 어떻게 적응했느냐, 다시 말해 사람들이 그들의 흙을 어떻게 다루었느냐가 둘의 결정적인 차이로 보인다.

9

서로 다른 길을 간 섬들의 운명

흙이 사라지면 우리 또한 사라진다.
암석을 그대로 먹고 사는 방법을 찾아낸다면 모를까.

– 토머스 체임벌린 –

1722년 부활절 일요일에 어느 네덜란드 제독이 인도네시아와 스파이스제도로 가다가 태평양 먼 바다에서 작은 화산섬을 발견했다. 원주민들에게서 식인 풍습이 뚜렷이 드러나는 데 겁을 먹은 야코브 로헤벤과 선원들은 잠시도 머물지 않고 서둘러 태평양을 건너갔다. 빈약한 자원 기반 탓에 식민 이주나 무역에 매력이 전혀 없었던 이스터 섬은 반세기 뒤에 에스파냐에 합병되기까지 외로운 섬으로 남아 있었다. 이스터 섬에서 가장 흥미로운 것은 섬 곳곳에 흩어져 있는 수 백 개의 거대한 석상들이다.

이스터 섬은 유럽 사람들에게 가장 풀기 힘든 수수께끼였다. 오갈 데 없는 소수 식인종들이 그 거대한 석상들을 어떻게 세울 수 있었는지 도무지 알 수 없었다. 그곳을 다녀간 사람들은 의문을 풀 수 없었으나 고고학자들이 섬 환경의 역사를 짜 맞추게 되면서, 발달한 사회가 어떻게 야만의 상태로 후퇴했는지 알려졌다. 오늘날 이스터 섬의 이야기는 환경 악화가 어떻게 한 사회를 멸망시킬 수 있는지 보여 주는 놀라운 역사적 우화이다.

그것은 참혹한 붕괴의 이야기가 아니라 여러 세대에 걸쳐 사람들이 자원 기반을 고갈시키면서 일어난 쇠퇴의 이야기이다. 이스터 섬의 토착 문명은 하룻밤 사이에 사라진 게 아니었다. 환경이 나빠지면서 섬이 먹여 살릴 수 있는 능력은 이미 거기서 살고 있던 이들을 감당하지 못할 만큼 줄었고 섬은 침식되어 갔다. 한순간에 대격변이 일어나지는 않았지만 그래도 그 결과는 파괴적이었다.

호수 퇴적물에 보존된 꽃가루는 몇 십 명밖에 안 되는 사람들이 이스터 섬에 정착할 당시 드넓은 숲이 펼쳐져 있었음을 증언한다. 폴리네시아 사람들이 5세기에 섬에 왔고 그 뒤 몇 천 해에 걸쳐서 숲을 개간하여 농사를 짓고 땔감을 얻고 카누를 만들었다는 게 일반적으로 알려진 이야기다. 인구는 점점 늘어서 15세기에 거의 만 명에 이르렀다. 인구가 최고조에 이르렀던 한 세기 안에 목재가 부족해져서 사람들이 동굴에 살기 시작했다. 최근에 다시금 방사성 탄소 연대 측정을 해 보니 사람들이 정착한 시기가 몇 세기 더 나중일 수도 있지만, 퇴적물 코어에서 발견된 꽃가루와 숯은 17세기까지도 숲이 일부 남아 있었음을 알려 준다. 유럽 사람들이 처음 도착했을 때 섬에는 사실상 나무가 없었다. 그때 마지막으로 남아 있던 나무들은 사람이 닿을 수 없는 곳, 섬의 가장 깊은 사화산 바닥에서 자라난 것이었다.

숲이 베어져서 맨땅이 드러나게 되자 흙의 침식이 가속화되고 수확량은 줄어들었다. 토종 야자나무 섬유질로 그물을 만들어 썼기 때문에 야자나무가 사라지면서 고기잡이도 훨씬 힘들어졌다. 식량을 구하기가 어려워지자 섬사람들은 돌담을 둘러서 닭을 길렀다. 닭은 섬에서 나무와 겉흙이 사라지더라도 직접 영향을 받지 않는 마지막 식량 공급원이었다. 카누를 만들지 못하게 되자 사람들은 섬에 갇혔고 점점 줄어드는 자원 기반을 둘러싸고 끊임없이 전쟁을 벌였다. 그들의 사회가 이런 길을 가는 동안 줄어드는 자원에는 결국 그들 자신도 포함되었다.

라파누이(원주민들이 이스터 섬을 일컫는 이름)는 중부 플로리다와 위도가 같지만 남반구에 있다. 따뜻한 태평양의 바람이 쉼 없이 지나가는 이 섬에는 고대 화산 세 군데가 50평방마일 조금 안 되는 면적을 차지하고 있다. 사람이 살고 있는 가장 가까운 섬으로부터도 1,600킬로미터가 넘게 떨어져 있는 열대의 낙원이다. 그렇게 고립되어 있다는 건 고집스러운 폴리네시아 사람들이 태평양에서 노를 저어 섬에 닿았을 때 그곳에는 토착 식물과 동물이 거의 없었음을 뜻한다. 토착 식물군과 동물군에서 먹을거리를 거의 찾지 못한 새 정착민들의 식단은 그들이 갖고 온 닭과 고구마를 기본으로 했다. 섬의 덥고 습한 환경에서 고구마 농사는 손이 거의 가지 않았기 때문에 섬사람들은 여유롭게 남는 시간 동안 거대한 석상을 조각하고 세우는 데 집중하는 복합사회를 일구어 갔다.

기형적인 석상은 채석장에서 조각되어 섬을 가로질러 운반되었고 또 다른 채석장의 붉은 돌로 만든 거대한 모자를 씌웠다. 석상을 만든 목적은 아직도 명확히 밝혀지지 않았다. 섬사람들이 어떻게 석상을 만들어 세웠는지가 오랜 세월 동안 수수께끼였다. 그 거대한 석상을 기계적 장치 없이 사람의 힘만으로 운반했다는 사실 또한 나무 한 그루 없는 섬 풍경을 바라보는 유럽 사람들에게는 큰 의문이었다.

큰 돌덩이를 어떻게 날랐느냐는 질문을 받아도 섬에 남은 소수의 원주민들은 그 조상들이 어떻게 했는지 모르는 채로 조각들이 섬을 걸어서 지나갔다고 대답할 뿐이었다. 몇 세기 동안 헐벗은 섬의 풍경은 석상들을 둘러싼 미스터리를 부채질했다. 조각가의 후손들을 비롯해서 그 누구도 마치 석상들이 스스로 섬을 걸어서 지난 것처럼 통나무 위로 거대한 석상을 굴렸다는 걸 상상하지 못했다.

수많은 석상은 미완성이거나 버려진 상태로 채석장 부근에 남아 있었다. 그것은 그 조각가들이 코앞에 닥친 목재의 고갈을 대단치 않게 여기다가 파국을 맞았음을 암시한다. 목재가 바닥나기 시작하면서 지위와 특권을 둘러싼 경쟁은 석상을 세우려는 동기를 꾸준히 자극했다. 이스터 섬 사람들은 기껏해야 하루 이틀이면 걸어서 다 둘러볼 수 있는 세상에 자신들이 고립되어 있다는 걸 알았지만 문화적 필요성은 나무가 바닥나고 있다는 걱정조차 외면하게 한 것이 분명하다.

섬에 온 유럽 사람들은 토착 문화의 잔재에 마침표를 찍었다. 왕과 왕의 아들을 비롯해서 섬에 남아 있던 건강한 남자들 대부분이 1850년대에 노예가 되어 페루 구아노 광산으로 끌려갔다. 몇 해 뒤 생존자 열다섯 명이 섬으로 송환되었는데 그들이 옮겨온 천연두가 면역력이 없는 원주민들에게 퍼졌다. 그 뒤로 곧 섬사람들의 수는 110명으로 줄었고 남아 있던 모든 문화적 영속성이 단절되었다.

이스터 섬사람들의 생태학적 자살 이야기는 섬의 흙에 기록되어 있다. 풍화된 화산 암반에서 생겨난 매우 얇은 흙층이 섬 대부분을 덮고 있는데, 그 깊이라고 해야 군데군데에서 몇 센티미터가 고작이다. 다른 아열대지방처럼 쓸모 있는 양분 대부분은 얇은 겉흙에 들어 있었다. 숲이 사라진 뒤 빠른 속도로 토질이 낮아지자 빗물이 겉흙을 쓸어 갔다. 그 뒤로 섬에서 경작할 수 있는 땅은 아주 조금만 남았다.

겉흙이 거의 사라지고 밑흙이 지표면에 드러난 것은 섬에서 가장 생산적인 흙이 침식되었음을 말해 준다. 산비탈 아래 흙을 살펴보면, 높은 비탈에서 쓸려 내려온 흙층이 그보다 오래된 원시 흙의 잔여물을 뒤덮었음을 알 수 있다. 이 토양단면들에는 오늘날 멸종한 이스터 섬 야자수 뿌리 조각들이 많이 들어 있어 지난날을 증언해 주는 듯하다.

고고학적 유적지의 흙층을 살펴보면, 섬에서 농업의 시작과 관련이 있는 돌 제단(아우)이 건설된 뒤에 침식의 대부분이 일어났음이 드러난다. 이 제단들은 원시 흙 위에 놓였던 것인데, 비탈에서 쓸려 내려온 더 새로운 흙 퇴적층이 오늘날에는 아우 제단을 덮고 있다. 따라서 비탈에서 겉흙을 벗겨 낸 침식은 아우가 놓인 뒤의 일이다.

비탈에서 쓸려 내려온 퇴적물의 방사성 탄소 연대 측정과, 절개된 도로에서 볼 수 있거나 손으로 구덩이를 팠을 때 드러나는 토양단면은 섬의 원시 겉흙이 기원후 1200년에서 1650년 사이에 침식되었음을 알려 준다. 농사를 짓기 위해 식물군락을 베어 냄으로써 흙의 비옥도를 좌우하는 A층이 전반적으로 침식된 것이 분명하다. 겉흙이 사라지자마자 이스터 섬 사회는 쇠락해 갔고, 한 세기도 지나지 않아서 로헤벤 제독이 불쑥 섬에 나타난 것이다.

포이케 반도의 흙을 자세히 살펴본 결과 이스터 섬에서 영농 방식의 변화와 흙의 침식 사이에 직접적인 연관이 있음이 드러났다. 몇몇 작은 언덕의 평평한 꼭대기에는 지표면에 원시 흙이 남아 있는데, 이 또한 토착 겉흙이 대부분 침식되었음을 증언한다. 이 언덕 아래쪽으로 얇은 흙이 몇백 켜로 쌓여 있다. 한 켜 두께가 1센티미터 남짓한 이 흙들은 토착 야자수의 뿌리가 많이 발견되는 농토 위에 퇴적되었다. 매몰된 흙 바로 위로 1센티미터 남짓하게 덮여 있는 숯 층은 야자나무 숲 군데군데에서 오래도록 경작이 이어진 뒤에 숲이 대규모로 개간되었음을 알려 준다.

최초의 농경지는 나무들 사이에 작물을 심을 구덩이를 판 것이었는데,

이는 강한 바람과 세찬 빗방울로부터 땅을 보호했고 열대의 햇볕을 차단하여 작물을 보호했다. 숯 층과 퇴적물에 덧씌워진 층들에서 채취한 물질들의 방사성 탄소 연대를 측정한 결과, 흙은 기원후 1280년부터 1400년까지 가장 높은 비탈에서부터 침식되어 가장 낮은 비탈을 매몰시킨 것으로 나타났다. 낮은 비탈면에 쌓인 수많은 퇴적층은 비바람이 불 때마다 한 번에 몇 밀리미터씩 흙이 침식되었음을 알려 준다. 관찰 결과들이 들려주는 이야기는, 몇 세기에 걸쳐서 숲의 우듬지 밑에 있는 밭에서 조금씩 침식이 일어났고, 포이케반도의 숲은 더 집약적인 경작을 위해 불태워져 개간되었으며, 농업 탓에 흙은 점점 빨라지는 침식에 노출되었다는 것이다. 비바람이 불 때마다 땅 위를 흐르는 물이 흙을 조금씩 더 쓸어 가면서 흙은 천천히 사라졌고, 이렇게 한두 세기가 지나고 나자 기원후 1500년 이전에 농업은 중단되었다.

섬에서 새들도 사라졌다. 폴리네시아 사람들이 정착했을 때 이스터 섬에는 스무 종이 넘는 바닷새들이 서식했다. 역사시대까지 살아남은 건 딱 두 종이었다. 섬에 울창하게 드리운 토착 숲에 둥지를 트는 이 새들은 구아노(배설물)로 흙에 거름을 줌으로써 바다의 양분을 섬에 옮겨 놓아 본디 척박한 화산흙을 기름지게 했다. 섬에서 토착 새들이 사라진 것은 비옥한 흙의 주요 원천이 사라진 것이었다. 이에 따라 토질이 나빠지고 아마도 더 나아가 숲이 되살아나지 못했을 것이다. 나는 모든 새를 잡아먹으면 고구마를 잘 기를 수 없다는 걸 이스터 섬사람들이 알았을 거라고 생각하지 않는다.

이스터 섬 이야기는 결코 특별한 이야기가 아니다. 전부라고는 할 수 없지만 다른 여러 태평양 섬들에서 폴리네시아 농부들이 숲을 개간한 탓에 파멸적인 침식이 일어났다. 지구에서 가장 늦게 식민 이주가 일어난 곳 가운데 남태평양 섬들은 사람들이 정착하면서 닭, 돼지, 개, 쥐 같은 동물들을 들여오기 전까지는 육상 척추동물이 살지 않았기 때문에 인간 사회의 진화를 연구할 수 있는 비교적 단순한 환경이다.

망가이아 섬과 티코피아 섬은 한정된 자원 기반이란 현실에 사람이 어떻게 적응하는가를 뚜렷하게 대조하여 보여 준다. 사람들이 정착하고 한참이 지나도록 공통된 특성과 비슷한 환경을 많이 공유하고 있던 이 두 사회는 점점 줄어드는 자원을 놓고 매우 다른 길을 갔다. UC 버클리의 인류학자 패트릭 커치가 이해했듯이, 그들의 이야기는 세대에서 세대로 이어지는 추세가 전체 사회의 운명을 어떻게 만들어 가는지 보여 준다.

망가이아의 면적은 20평방마일에 지나지 않는다. 적도 남쪽으로 21.5도에 위치한 남태평양의 작은 점 같은 땅이다. 1777년 제임스 쿡 선장이 찾았을 때 망가이아는 성벽을 두른 중세의 요새가 바다에 솟은 것처럼 보였다. 섬 내륙의 몹시 풍화된 현무암 언덕들은 해발 150미터가 넘게 솟아 있었고, 바다 위로 솟은 회색 산호초가 섬을 둘러싸고 있었다. 10만 년 전에 근처의 화산섬 라로통가가 생겨나면서 지각이 뒤틀려 망가이아가 솟아오르고 그 둘레의 산호초도 바다 위로 튀어나왔다. 섬의 중심부에서 흘러나오는 냇물들은 섬 높이의 반까지 솟아오른 몹시 날카로운 800미터 너비의 산호 성벽까지 흘러온다. 냇물들은 거기에 퇴적물을 내려놓고 동굴 속으로 흘러들어 좁은 해안으로 흘러갔다. 섬의 내륙 절벽 아래쪽에서 채취한 퇴적물 코어의 방사성 탄소 연대 측정 결과는 망가이아의 지난 7천 년 이야기를 들려준다.

기원전 500년 무렵 폴리네시아 사람들이 오기 전에 5천 년 동안 숲으로 덮여 있던 망가이아는 섬의 화산 중심부에 두터운 흙을 만들어 놓을 만큼 천천히 침식되었다. 커치가 조사한 퇴적물 코어는 기원전 400년부터 기원후 400년까지 전면적인 변화가 일어났음을 알려 준다. 이 시기에 매우 작은 숯 입자가 급증했는데 그것은 화전 농업의 확대를 뜻한다. 2천 400년도 더 된 퇴적물에는 사실상 숯이 없었다. 2천 년도 안 된 시기에 퇴적된 흙에는 흙 세제곱인치당 작은 탄소 입자 몇 백만 개가 들어 있다. 퇴적물 코어에서 철과 알루미늄 산화물 양이 급증하면서 인 함유량이 줄어든 것은 양분이 풍부한 얇은 겉흙이 침식되어 양분이 없는 밑흙이 드러났다는 걸 말해 준다. 토착 숲은 풍화된 기반암이 쉽사리 다시 공급할 수 없는 양분의 재순환에 의지했다. 따라서 겉흙이 사라지면 흙이 되살아나는 시간도 오래 걸렸다. 양분이 모자란 밑흙에서 자랄 수 있게끔 잘 적응한 양치류와 떨기나무들은 사람의 자급자족에는 필요가 없는 것이지만 오늘날 섬의 4분의 1이 넘는 면적을 뒤덮고 있다.

기원후 1200년 무렵 이동하는 화전 농업 방식의 경작이 이루어지는 비탈면에서 겉흙을 크게 벗겨 내자 망가이아 농업은 골짜기 아래쪽 충적토의 타로토란 밭에 노동 집약적으로 물을 대는 방식으로 바뀌었다. 섬의 표면 가운데 몇 퍼센트밖에 되지 않는 이 기름진 강 유역은 종족 간에 끝없는 전쟁에서 전략적 목표가 되었다. 마지막 남은 기름진 흙을 손에 넣는 것이 곧 섬의 정치와 군사 권력을 잡는 것이었다. 이 생산력 높은 오아시스를 둘러싸고 인구가 점점 늘었기 때문이다.

폴리네시아 식민 이주는 섬의 생태학적 구성을 바꾸어 놓았는데, 그것은 흙에만 해당되는 얘기가 아니다. 기원후 1000년부터 1650년까지 섬사람들이 토착 조류를 절반 넘게 죽여 없애자 구아노를 만들어 내던 큰 박쥐들이 사라졌다. 선사시대 퇴적물에는 뼈가 많고 종류도 다양했으나 그것이 달라졌다는 것은 쿡이 도착했을 즈음 망가이아 사람들이 기르던 돼지와 개, 그리고 아마 닭까지도 모두 먹어 치운 뒤였을 것임을

짐작케 한다. 망가이아 사람들의 식단은 완전히 달라졌는데 더 나아진
건 없었다.

　단백질 공급원이 거의 모두 사라진 뒤, 까맣게 탄 쥐 뼈들이 선사시대
바위 거주지에서 파낸 퇴적물에 주로 나타났다. 19세기 초에 선교사 존
윌리엄스는 망가이아에서 쥐가 가장 인기 있는 식품이라고 기록했다. "원
주민들은 쥐 고기가 무척 '달고 맛있다'고 한다." 또 어떤 음식이 맛있다
고 말할 때 원주민들은 한결같이 "쥐 고기처럼 맛있다"(Williams 1837,
244-45쪽)고 표현했다. 갉아먹은 흔적이 남은 채 까맣게 부스러진 사람
뼈도 기원후 1500년 무렵의 바위 거주지에서 채취한 퇴적물에 들어 있
다. 이는 유럽 사람들을 만나기 몇 백 해 전에 자원 쟁탈전이 치열했음을
증명하는 것이다. 만성적인 전쟁, 무력 통치, 그리고 공포 분위기는 유럽
사람들이 오기 전 망가이아 사회의 막다른 상태였다.

　망가이아 인구의 변화 과정은 비록 규모는 더 작지만 이스터 섬의 경우
와 비슷하다. 기원전 500년 무렵에 아마도 몇 십 명이 처음 정착했을 망
가이아의 인구는 꾸준히 늘어서 기원후 1500년에는 5천 명에 이르렀다.
그 뒤 두 세기에 걸쳐 인구는 급격하게 줄어들었고 유럽 사람들을 만난
직후에 최저점을 기록했다가 다시 늘기 시작하여 오늘날 7천 명에 이르
렀다.

　솔로몬제도에 속한 영국령 티코피아의 환경과 문화의 역사는 망가이아
와 놀랄 만큼 대조적인데, 더 놀라운 것은 두 섬이 본디 몹시 비슷한 배경
을 지녔다는 점이다. 전체 면적이 2평방마일에 못 미치는 티코피아는 망
가이아보다 작은 섬이다. 그런데도 유럽 사람들을 만났을 때 두 섬의 인
구는 비슷했다. 인구밀도로 따지면 다섯 곱절에 이르는 티코피아는 천 년
이 훨씬 넘도록 비교적 안정되고 평화로운 사회를 일구어 왔다. 이 작은

섬은 지속 가능한 농업의 본보기이자 제한된 자원에 문화적으로 적응한 훌륭한 사례이다.

처음에 티코피아는 망가이아가 그랬던 것처럼 많은 땅을 사용했다. 기원전 900년 무렵 사람들이 정착한 뒤, 이동하면서 숲을 베고 불태우고 농사를 짓는 방식 때문에 침식 속도가 빨라지고 섬의 토착 동물군이 사라지기 시작했다. 일곱 세기가 지나자 섬사람들은 돼지를 집중적으로 길렀는데, 이는 새와 연체동물, 물고기가 사라진 것을 벌충하려던 것이 분명하다. 그 뒤 티코피아 사람들은 망가이아 사람들과 이스터 섬사람들이 간 길을 따르지 않고 완전히 다른 방식을 받아들였다.

섬에서 천 년이 흐르고 다시 천 년이 흐르는 동안에 티코피아 사람들은 농업 전략을 다듬기 시작했다. 섬의 퇴적물에서 발견되는 식물 증거는 나무 농사가 시작되었음을 말해 준다. 몹시 작은 숯 입자들의 수가 줄어드는 것은 화전(火田)이 자취를 감추었다는 뜻이다. 여러 세대에 걸쳐서 티코피아 사람들은 섬을 드넓은 정원으로 바꾸어 놓았다. 그 정원에서는 코코넛과 빵나무가 윗작물로 자라고 참마와 커다란 습지 타로토란이 아랫작물로 자랐다. 16세기 말 무렵 섬의 족장들은 그 중요한 정원을 망쳐 놓는 돼지들을 섬에서 기르지 않기로 결정했다.

키가 다른 작물을 심은 과수원과 밭이 섬 어디에나 있었을 뿐 아니라 사회적 강제 또한 티코피아 경제를 뒷받침했다. 가장 중요하게는 섬사람들의 종교 이데올로기가 인구의 제로성장을 설교했다. 족장 회의에서 인구와 천연자원의 균형을 감시하면서, 티코피아 사람들은 금욕, 피임, 낙태, 영아 살해, 그리고 (거의 자살이 필연적인) 강제 추방에 바탕을 둔 엄격한 인구 조절법을 시행했다.

서유럽 선교사들이 온 뒤로 티코피아의 인구와 식량 공급 사이에 균형이 흔들렸다. 선교사들이 전통적인 인구 조절 방법을 금지한 뒤 딱 스무 해만에 섬 인구는 40퍼센트나 치솟았다. 사이클론이 두 해 잇달아 섬 농작물의 절반을 쓰러뜨렸을 때 대규모 구호 노력으로 굶주림을 막을 수 있었다. 그 뒤로 섬사람들은 인구 제로성장 정책을 되살렸는데, 이번에는 정착민들을 다른 섬으로 이주시키는, 더욱 서구적인 방법에 기댔다.

티코피아 사람들은 왜 망가이아나 이스터 섬사람들과 무척 다른 길을 간 것일까? 환경과 천연자원이 비슷한데도 세 섬에 정착한 이들은 완전히 다른 운명을 만났다. 티코피아는 소박하고 평화로운 낙원으로 발전했고 망가이아와 이스터 섬은 끊임없는 전쟁 속으로 휘말려 들었다. 티코피아의 유토피아 같은 환경이 인구 조절이라는 이름으로 금지되거나 사라진 생명들을 희생하여 얻어진 것임을 생각할 때, 우리는 당연하게도 어느 쪽이 대가가 더 큰 것인지 의문을 품을 수 있다. 그러나 티코피아 사회는 작고 고립된 변두리에서 몇 천 해 동안 번영을 누려 왔다.

이 섬들의 중요한 차이점은 흙에 있다. 망가이아의 비탈진 화산 중심부에서 몹시 풍화된 흙은 양분이 거의 없다. 바다 위로 날카롭게 솟은 산호의 비탈면에는 흙이 전혀 없다. 반대로 티코피아의 흙은 인이 풍부한 새 화산흙이다. 티코피아 흙의 타고난 복원력이 훨씬 크기 때문에(양분 함량이 높은 암석들이 빠른 속도로 풍화되므로) 티코피아 사람들은 흙의 중요한 양분을 유지할 수 있었고, 철저하게 키가 다른 작물들을 심는 농법으로 겉흙을 보호함으로써 기반암에서 흙이 보충되는 속도와 비슷하게 흙을 소비했다.

티코피아와 망가이아의 환경사를 해독한 뒤 고고학자 패트릭 커치는 지리적 규모 또한 이들 섬 사회를 형성한 사회적 조건들에 영향을 끼쳤다고 추측한다. 티코피아는 작아서 서로가 서로를 다 알았다. 커치는 섬에

이방인이 전혀 없었기 때문에 집단적 결정이 가능했을 거라고 말한다. 이에 비해 망가이아는 큰 사회였기 때문에 이쪽 저쪽 사이에 힘겨루기가 충분히 조장되었을 수 있다는 것이다. 그래서 이웃한 골짜기에 사는 이들끼리 서로 경쟁하고 전쟁을 벌였다. 이스터 섬의 사회는 더 크고 결속력이 덜했기 때문에 결과가 훨씬 더 비극적이었다. 커치가 옳다면, 그리고 더 큰 사회제도가 집단적인 타협보다 폭력적인 경쟁을 자극하는 것이라면, 우리는 '우주에 존재하는 섬' 우리 지구를 관리하기 위해 냉정하게 지구적 전망을 가져야 한다.

섬에 사람이 정착한 뒤로 심각하게 흙이 사라진 건 남태평양만의 이야기가 아니다. 기원후 874년 아이슬란드에 바이킹이 정착함으로써 아이슬란드를 꾸준히 소모한 파괴적인 침식의 에피소드가 촉발되었다. 처음에 새 식민지는 소를 키우고 밀을 기르면서 번창했다. 인구는 1100년에 거의 8천 명까지 늘어났다. 그러나 18세기 후반에 섬의 인구는 중세 때 인구의 절반까지 줄어들었다. 1500년에서 1900년 무렵의 소빙기 때 기온의 저하가 아이슬란드 식민지의 운명에 영향을 준 게 분명했다. 흙의 침식 또한 영향을 끼쳤다.

처음 식민지가 되었을 때 아이슬란드는 드넓은 숲이 펼쳐진 곳이었다. 12세기 말에 《아이슬란드인의 서》(Íslendingabók)를 편찬할 때 현자(賢者) 아리 토르길손은 아이슬란드를 "산부터 바닷가까지 숲으로 우거져 있다"(Buckland and Dugmore 1991, 116쪽)고 묘사했다. 사람이 정착한 뒤로 아이슬란드를 덮고 있던 식물군락은 반이 넘게 베어졌다. 몇 천 평방마일에 펼쳐져 있던 토착 자작나무 숲은 오늘날 그 원래 면적의 3퍼센트도 남지 않았다.

세월이 흐르면서 날이 갈수록 양 떼가 환경을 어지럽혔다. 18세기 초에는 25만 마리가 넘는 양들이 아이슬란드의 시골을 돌아다녔다. 19세기에는 그 수가 곱절이 더 넘었다. 아이슬란드를 찾아온 이들이 아이슬란드를 나무가 없는 헐벗은 땅으로 묘사하기 시작했다. 나빠지는 기후와 지나친 대규모 방목 탓에 침식이 심각해지고 농장이 버려졌다. 오늘날 아이슬란드 4만 평방마일 면적 가운데 4분의 3이 침식의 악영향을 받고 있다. 7천 평방마일이 넘는 면적은 몹시 침식되어 더는 쓸모없는 땅이 되었다.

아이슬란드 언덕에서 숲이 베어지자 세찬 바람이 중심부의 만년설을 휩쓸어 가면서 흙이 더 쉽게 사라졌다. 지난날 숲이었던 곳 가운데 절반 정도가 그랬다. 수많은 양들이 땅을 파헤쳤고 빙하가 녹으면서 노출된 지 얼마 안 된 기반암까지 바람과 빗물이 파고들었다. 몇 천 년에 걸쳐 쌓여 온 흙이 몇 백 년 만에 사라졌다. 오늘날 섬의 중심부는 흙이 완전히 없어진 불모의 사막이 되어 아무것도 자라지 않고 아무도 살지 않는다.

어떤 지역은 바이킹 족이 오자마자 침식되었다. 소빙기 전 11세기와 12세기에 비교적 따뜻한 기후가 이어지는 동안 주로 내륙과 일부 바닷가의 농지가 심각한 침식 탓에 버려졌다. 더 나중에 침식된 저지대는 주로 불모지의 농장들이었다.

아이슬란드 농장들이 버려진 까닭을 설명하기 위해 여러 가지 이론이 제시되어 왔다. 내륙 지역은 몇 세기 동안 버려져 왔고 일부 골짜기는 말 그대로 사막으로 변했다. 오랫동안 그 이유는 주로 기후 악화와 전염병 탓이라고 설명되었다. 그러나 최근의 연구들은 농장과 방목지가 황무지로 바뀌는 데 흙의 심각한 침식이 큰 역할을 했다고 지적하고 있다. 아이슬란드 흙의 역사는 화산재 층을 판독함에 따라 드러난다. 잦은 화산 폭발은 아이슬란드의 흙에 지질학적 바코드를 새겼다. 화산이 폭발할 때마다 그 재는 땅의 흙을 덮었다. 바람이 그 위에 흙을 더 덮으면서 화산재의

켜들은 점점 흙 속으로 들어갔다.

1638년에 기슬리 오드손 주교는 아이슬란드의 흙이 화산재 층들이라고 묘사했다. 관찰력이 뛰어난 주교는 두터운 화산재 층들이 매몰된 흙층과 구별되고, 흙층 일부에는 아득한 옛날 나무들의 뿌리 부분이 남아 있다고 썼다. 마지막 빙하기 이후로 몇 백 번이나 일어난 화산 폭발이 결이 고운 흙을 만들어 냈다는 사실은 오드손의 시대부터 익히 알려졌다. 그 흙은 섬을 초토화시키는 강풍에 쉬사리 침식되었다. 바람에 날려간 흙은 식물군락이 지표를 감싸고 있는 곳에 떨어져서 화산재 층들과 함께 아이슬란드의 흙을 만들어 냈다. 토양단면에 보이는 서로 다른 화산재 층의 시대를 기준으로 생각할 때, 아이슬란드의 흙은 천 년마다 15센티미터 정도씩, 그러니까 백 년에 1.5센티미터 정도씩 축적되었다. 식생이 사라지면 침식 속도가 더 빨라질 뿐 아니라, 바람에 실려 오는 침적토와 화산재를 잡아둘 것이 지표면에서 사라진 뒤로는 흙이 땅에 쌓이지 않는다.

선사시대에 흙은 비교적 푸석푸석했지만 결합력이 있는 용암과 빙력토(빙하가 퇴적시킨 점토, 모래, 표석이 층이 나뉘지 않고 섞여 있는 것) 위에 천천히 자라난 조밀한 토착 식생이 단단히 옭아매고 있었다. 흙이 빙력토 위에 직접 자리 잡은 지역에서 흙은 1만 년 동안 꾸준히 쌓였다. 일부 지역에 보이는 노출된 흙과 재 층들은 바이킹이 오기 전의 침식 증거를 지니고 있다. 기후 악화가 아이슬란드의 토착 식생을 위협하던 시기였다. 소빙기 동안 지나친 방목이 이루어진 데다 기후가 나빠지면서 아이슬란드 후빙기 역사에서 가장 규모가 큰 침식이 벌어졌다.

빛으로 가득한 아이슬란드 여름 동안 양들은 하루 스물네 시간을 히스가 무성한 벌판이나 습지를 돌아다니며 풀을 뜯는다. 양들이 짓밟고 지나가면 지름 1미터 안팎으로 맨흙이 드러난다. 촘촘한 뿌리 매트가 사라지자 아이슬란드의 화산흙은 바람과 비와 녹는 눈에 속수무책이 되었다. 군데군데 맨흙이 드러난 곳은 빠르게 침식되어 암석이나 빙력토가 드러나고, 곳곳에 흙의 깊이에 따라서 높이 30센티미터에서 거의 3미터에 이르는 작은 절벽이 생겨났다. 이들 미니어처 절벽들이 섬에 점점 퍼져 가면서 남아 있는 흙기둥들을 침식했다. 방목지는 이제 화산재와 암석 조각이 깔린 바람 부는 벌판으로 바뀌었다. 스칸디나비아 사람들이 정착한 뒤로 침식은 섬의 절반가량에서 원시 흙을 벗겨 냈다. 여러 가지 요인이 영향을 미쳤지만 일반적으로 지나친 양 방목이 으뜸가는 원인으로 꼽힌다. 지렁이들이 빙하가 사라진 뒤에 다윈이 살았던 잉글랜드를 만들었듯이 양들은 아이슬란드를 만들었다.

로바바르드(Rofabard, 흙 절벽을 일컫는 아이슬란드 말)는 한 해에 1.5센티미터에서 45센티미터까지 더 침식되었다. 평균적으로 현재 로바바르드가 진행 중인 지역에서 땅을 덮고 있는 흙 가운데 0.2~0.5퍼센트가 해마다 사라지고 있다. 이 속도로 몇 백 년만 더 지나면 섬에는 사라질 흙마저 남지 않을 것이다. 바이킹이 정착한 뒤로 로바바르드 침식은 해마다 5평방마일 정도의 흙을 벗겨냈다. 아이슬란드 과학자들은 국토의 많은 지역이 침식의 심화를 되돌릴 수 없는 문턱을 이미 넘어섰다고 걱정하고 있다. 흙이 사라지면 아이슬란드는 아주 쓸모없는 땅이 된다는 것도 그들은 알고 있다.

아이슬란드는 그 식물군락의 60퍼센트와 나무들의 96퍼센트를 잃어버렸는데도, 천 년이 넘도록 사람이 살아온 지금 아이슬란드 사람 대부분은 오늘날 아이슬란드의 사막이 한때 숲이 우거진 곳이었다고 생각하지 못한다. 그들의 땅이 얼마나 심각하게 침식되었는지 알고 있는 이는 거의 없다. 이스터 섬처럼, 무엇이 정상인가에 대한 사람들의 인식은 땅과 함께 달라지는 것이다. 그 변화를 알아채지 못할 만큼 느리기 때문에.

카리브 해의 아이티와 쿠바는 섬나라들이 그 흙을 대하는 태도를 대조적으로 보여 주는 또 다른 사례이다. 토착 언어(아라와크)로 '초록 섬'을 뜻하는 아이티는 토질 저하에 한 나라가 어떻게 무릎을 꿇는지 보여 주는 오늘날의 본보기이다. 쿠바는 전통적 농업제도에서 탈석유 세계를 먹여 살리는 모델로 진화할 수밖에 없었던 사례이다.

히스파니올라 섬 서쪽 3분의 1을 차지하고 있는 아이티의 역사는, 작은 산허리의 농장들이 무시무시한 허리케인 없이도 참혹하게 흙을 잃어버릴 수 있음을 보여 준다. 콜럼버스가 1492년에 히스파니올라를 발견하고 스물다섯 해 안에 에스파냐 정착민들이 섬의 원주민들을 말살했다. 두 세기 뒤인 1697년에 에스파냐 사람들은 섬의 서쪽 3분의 1을 프랑스 사람들에게 양도했다. 프랑스 사람들은 아프리카 노예를 수입하여 유럽 시장에 수출할 목재와 사탕수수 농장에서 일하게 했다. 18세기 말에 식민지의 50만 노예들이 반란을 일으켰고, 1804년에 아이티는 유럽 최초의 공화국인 프랑스로부터 독립을 선언하기에 이른다. 노예에서 해방된 시민들로 이루어진 세계 첫 번째 공화국이 탄생한 것이다.

뒤이어 가파른 비탈에서 경작이 이루어지면서 나라의 3분의 1이 헐벗은 바위 비탈로 변해 작물을 기를 수 없었다. 식민지 시대에 고원에서 이루어진 커피와 인디고 플랜테이션 탓에 대규모로 침식이 일어났다. 플랜테이션 소유주들은 고원의 농경지에서 딱 세 해 동안만 풍작을 거둘 수 있었다. 20세기 중반에 자급농들이 다시 고원으로 퍼져 나가면서 가파른 비탈에서 농사가 다시 시작되었다. 1990년까지 아이티의 원시 열대림 가운데 98퍼센트가 사라졌다. 흙을 둑처럼 쌓거나 작은 계단식 밭을 만들기 위해 등고선을 따라서 흙을 돋우고 말뚝으로 둘러막는 따위의 일반적

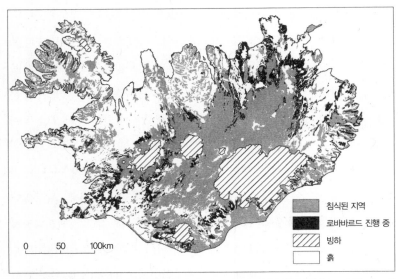

침식된 지역
로바바르드 진행 중
빙하
흙

그림 17 아이슬란드 지도. 심하게 침식된 지역, 빙하로 덮인 지역, 침식되지 않은 지역의 규모가 한눈에 드러난다(에이나르 그레타르손이 제공한 자료로 제작).

인 침식 예방법들은 가파른 비탈에서 침식을 방지하는 데 그다지 효과가 없었다.

우기에는 고지대에서 흙이 어마어마하게 쏟아져 내려오기 때문에 불도저들이 마치 열대지방의 제설기라도 된 듯 수도 포르토프랭스의 거리를 청소하고 다닌다. 유엔은 적어도 아이티의 절반이 넘는 곳에서 겉흙이 심각하게 사라져 농사를 지을 수 없다고 추정한다. 미국 국제개발기구(USAID)는 1986년에 아이티 면적의 3분의 1 정도가 몹시 침식되어 사실상 흙이 사라진 불모의 땅이라고 보고했다. 농부들은 농사에 적정한 면적보다 여섯 곱절이나 넓은 면적을 경작했다. 유엔 식량농업기구는 1980년대에 흙의 침식으로 한 해에 경작지 6천 헥타르가 유실되었다고 측정했다. 지난 몇 십 년 동안 '좋은' 농지 가운데 남아 있는 면적을 조사해 보니 한 해에 몇 퍼센트씩 꾸준히 줄어 왔다. 섬의 잠재 농지 가운데 여전히 경작할 수 있는 땅이 절반밖에 안 되기 때문에 점점 늘어나는 섬의 인구는 스스로 먹고살 수 없다.

번영은 아이티의 겉흙과 함께 사라졌다. 자급할 수 있는 농지가 말 그대로 자취를 감추자 많은 시골 가정에서는 마지막으로 남은 나무들을 베어 숯을 만들어 팔고 먹을거리를 샀다. 궁지에 몰린 소작농들은 도시로 몰려들어 거대한 빈민촌을 이루었고, 2004년 정부를 무너뜨린 폭동의 기반이 되었다.

아이티를 불구로 만든 흙의 유실이 식민지 유산인 것만은 아니다. 아이티의 토지 재분배는 라틴아메리카 다른 어떤 곳보다도 훨씬 더 평등하다. 독립된 뒤 아이티 정부는 식민 재산을 몰수했고 해방된 노예는 소유주가 없는 땅에서 농사를 짓기 시작했다. 19세기 초에 아이티 대통령은 1만 명 정도의 수혜자들에게 저마다 15헥타르가 조금 넘는 토지를 나누어 주었다. 그 뒤로 토지는 대개 상속에 따라 나뉘어졌고, 몇 세기에 걸쳐서 인구가 늘어나자 평균 소작 농지의 크기는 점점 줄어들어서 1971년 무렵 평균 농지 크기가 1.5헥타르에 못 미쳤다. 한 집에 식구가 평균 대여섯 명이므로 한 사람당 0.25~0.3헥타르에 지나지 않는 면적이다. 시골 가구의 4분의 3이 넘는 수가 빈곤선 아래에서 생활을 하고 있으며, 아이티 전체 가구의 3분의 2가 유엔 식량농업기구의 최소 영양 기준에 못 미친다. 여기서는 아일랜드의 이야기가 한 번 더 되풀이된 것인데, 이번에는 지주가 등장하지 않을 뿐이다.

인구가 늘면서 세대에서 세대로 상속된 땅은 더 작게 쪼개진 결과 묵히는 기간을 둘 수 없을 만큼 작아졌다. 농가 소득이 줄어들면서 흙 보존 방법에 투자할 여력도 사라졌다. 먹고살 길이 막혀 버린 최하층 농민들은 더 가파른 산허리(아직 경작이 이루어지지 않은, 유일하게 남아 있는 땅)를 개간하고, 몇 해만 이어 갈 수 있는 침식의 사이클을 되풀이한다. 농경지가 부족해지고 시골이 점점 가난해지자 소작농들은 끝내 산허리의 자급 농지를 버리고 일자리를 구하러 포르토프랭스로 간다. 살길이 막막해진 이들이 포르토프랭스의 빈민가에 몰려들어서 내전이라는 비극적 역사를 만들어 낸다.

아이티에서 소작농의 대다수는 작은 농지를 소유하고 있다. 너무 작은 농지여서 근본적으로 침식을 멈추는 데 해답이 되지 못한다. 농지 규모가 너무 작아져서 거기서 먹고살기가 어려워지면 흙의 보존 방법도 실천하기 어렵다. 아이티에서 윈드워드해협을 사이에 두고 80킬로미터 떨어진 곳에 있는 쿠바에서는 소비에트연방의 붕괴로 독특한 농업 실험이 시작되었다. 1959년 쿠바혁명 이전에는 토지의 5분의 4를 지배했던 소수가 주로 사탕수수를 기르는, 수출 중심의 대규모 플랜테이션을 운영했다. 나머지 5분의 1에서는 주로 소규모 자급 농장이 운영되었지만 생산되는 식량은 전체 인구가 먹을 양의 반도 안 되었다.

사회주의의 진보라는 전망과 발맞춘 혁명 이후, 새 정부는 수출 작물에 집중하는 대규모 산업적 단일경작을 변함없이 지원했다. 이 수출 작물인 사탕수수는 쿠바 수출 소득의 4분의 3을 차지했다. 쿠바의 사탕수수 플랜테이션들은 라틴아메리카에서 가장 기계화된 방식으로 경작했는데, 아이티의 산허리보다는 캘리포니아 센트럴밸리의 영농 방식에 더 가까웠다. 농기계와 농기계를 작동시키는 석유, 비료, 살충제, 그리고 쿠바 식량의 반 이상이 쿠바의 사회주의 무역 상대국들로부터 수입되었다. 소비에트의 지원이 끊기고 미국의 무역 봉쇄가 이어지자 쿠바는 식량 위기를 겪게 된다. 식량이나 비료를 수입할 수 없었던 쿠바는 1989년부터 1994년까지 평균 식단에서 칼로리와 단백질 섭취가 거의 3분의 1이 줄어들어 하루에 3,000칼로리였던 것이 1,900칼로리로 떨어졌다.

소비에트연방 붕괴로 쿠바의 해외무역은 거의 90퍼센트가 하락했다. 비료와 살충제 수입도 80퍼센트가 줄어들었고 석유 수입도 50퍼센트가 줄어들었다. 농기계를 수리할 부품도 구할 수 없었다. 《뉴욕타임스》 사설은 카스트로 체제가 곧 무너질 거라고 예견했다. 지난날 라틴아메리카에서 가장 잘 먹는 나라 가운데 하나였던 쿠바는 이제 아이티 수준까지는 아니었지만 그보다 훨씬 나을 것도 없었다. 고립된 채 섬나라의 모든 이가 하루에 한 끼를 못 먹게 될 위기를 맞은 쿠바의 농업은 전통 농업에 필요한 투입물의 절반만 써서 식량 생산을 곱절로 늘려야 했다.

딜레마에 맞닥뜨린 쿠바는 특별한 농업 실험을 시작했다. 이것은 국가 규모로는 최초의 대안적 농업 실험이었다. 1980년대 중반에 쿠바 정부는 환경에 따른 충격을 줄이고 흙의 비옥도를 높이며 수확량을 늘릴 수 있는 대안적 방법을 연구하라고 국립 연구소들에 지침을 내렸다. 소비에트연방이 붕괴하고 반년 안에 쿠바는 산업적 국영 농장을 민영화하기 시작했다. 지난날 피고용인이었던 이들에게 국영 농장이 분할되어 소규모 농장의 네트워크를 형성했다. 정부가 후원하는 농민 직거래 시장은 중간 유통을 생략함으로써 소작농들에게 더 높은 수익을 가져다주었다. 비어 있는 도시의 땅에서 유기농업과 소규모 농사를 짓도록 주요 정부 계획들이 뒷받침했다. 비료와 살충제를 구할 수 없었기 때문에, 새 소규모 민영 농장들과 수없이 많은 도시의 작은 상업적 텃밭에서 길러 낸 먹을거리가 유기농이 된 것은 선택이 아니라 필연이었다.

전통 농업에 들어가던 투입물의 반입이 봉쇄되자 쿠바의 농업은 지식 집약적 농업으로 바뀌었다. 그 연구 기반은 대안 농업의 실험을 바탕으로

마련되었다. 대안 농업은 소비에트 제도에서 무시되었지만, 새로운 현실에서 널리 그리고 곧바로 실행하기에 알맞았다.

더욱 노동 집약적인 방식으로 중장비와 화학물질을 대신했지만, 쿠바의 농업혁명은 그저 전통 농업으로 되돌아간 것이 아니었다. 유기농업은 그렇게 단순하지 않다. 누군가에게 괭이 한 자루를 건네주고서 프롤레타리아를 먹여 살리라고 명령하면 끝나는 게 아니다. 소비에트 시대에 투입량이 많은 기계화 농업이 과학에 기댔던 만큼이나 쿠바 농업의 변화 또한 과학에 바탕을 두었다. 차이점이라면 전통 방식은 응용화학에 기초한 반면, 새로운 방식은 응용생물학 또는 농업생태학을 토대로 했다는 것이다.

일반적으로 녹색혁명은 관개, 석유, 화학비료, 살충제 사용의 증가를 토대로 지구적 농업을 일구었다. 쿠바 정부는 그 녹색혁명과 거의 반대의 방향으로 농업을 지역 조건에 맞게 변화시키고 비옥화와 해충 방지를 위해 생물학적인 방법을 개발했다. 쿠바 전역에서 200군데가 넘는 지역 농업 공개강좌 네트워크가 마련되어 농부들에게 저투입 무경운 농법과 생물학적 해충 방지법을 퍼뜨렸다.

쿠바는 사탕수수 수출을 멈추고 자급할 식량을 다시 기르기 시작했다. 10년도 안 되어 쿠바 식단은 식량 수입이나 화학비료에 기대지 않고서 이전 수준으로 되돌아갔다. 쿠바의 경험은 농업생태학이 산업적 방식이나 생명공학 없이도 농업의 실제 토대가 될 수 있음을 보여 준다. 의도한 건 아니었지만 미국의 무역 봉쇄 덕분에 쿠바는 나라 차원에서 대안 농업을 실험할 수 있었다.

어떤 이들은 쿠바의 사례를 보면서 표준화된 기계화와 농화학 대신 지역에 알맞은 생태학적 통찰력과 지식을 활용하여 세계를 먹여 살릴 본보기로 여긴다. 단순히 값싼 식량을 생산하는 것이 아니라 작은 농장과 농부들이 늘 땅에, 그리고 도시에도 굳건히 자리 잡는 것을 해결책으로 보는 것이다. 상업적 도시 텃밭이 쿠바 전역에 셀 수도 없이 많이 생겨났다. 아바나에 있는 것만 몇 백 군데나 된다. 개발이 예정되었던 땅이 드넓은 채소밭으로 바뀌어 시장에 농산물을 공급하고, 지역 주민들은 시장에서 토마토, 양상추, 감자, 그리고 갖가지 채소를 산다. 2004년 무렵 아바나에서는 과거에 빈 땅이었던 텃밭에서 거의 도시 전체에 필요한 채소 공급량을 생산했다.

쿠바가 전통 농업에서 대규모 준유기농업으로 이행한 것은, 그런 변화가 가능하다는, 세계시장과 차단된 독재국가에서도 가능하다는 것을 알려 주는 것이다. 그렇다고 그 결과들이 모두 부러워할 만한 것은 아니다. 결코 의도한 것이 아니었던 이 실험이 이루어진 지 거의 스무 해가 지나도록 육류와 우유는 여전히 공급이 달린다.

쿠바의 노동 집약적인 농업은 미국의 기업농처럼 기초 작물을 싸게 생산하지 못하지만 평범한 쿠바 사람들의 식단에서 굶어야 했던 한 끼를 되살려 냈다. 그러나 이 고립된 섬나라가 사회주의 의제에서 후퇴하면서, 오늘날 유행하고 있는, 생물학에 토대를 둔 유기적인 농업을 받아들인 최초의 현대 국가가 되었다는 건 아이러니하다. 쿠바가 농업적 자급자족으로 나아간 건 필연적일 수밖에 없었다. 이는 오늘날의 농업을 지탱하고 있는 값싼 석유를 우리가 다 태우고 났을 때 더 큰 규모에서 어떤 일이 일어날지 내다보게 해 준다. 적어도 한 섬에서나마 사회가 무너지지 않고 실험이 이어져 왔다고 생각하면 어느 정도 위안이 된다. 일당독재 경찰국가 말고 다른 사회에서도 과연 비슷한 실험이 이루어질 수 있느냐를 생각하면 별로 위로가 되지 못한다.

다윈이 갈라파고스에 머물렀던 것은 잘 알려진 사실이다. 그 뒤 갈라파고스제도의 고립성이 생물학 이론에 큰 영향을 끼쳤다. 그러나 그런 사고방식이 인류학 분야에 도입된 건 지난 몇 십 년 동안에 일어난 일일 뿐이다. 언젠가 우주로 날아가서 다른 행성을 식민지로 삼을 수도 있겠지만 우리 대다수는 행성에 갇힌 채 눈에 뻔히 보이는 앞날을 기다려야 한다. 아이티, 망가이아, 또는 이스터 섬의 이야기가 반드시 되풀이되는 것은 아니더라도, 세계 곳곳의 섬 사회가 겪은 일들은 지구가 결국 우주의 섬이자 오아시스일 뿐임을 되새기게 해 준다. 흙이라는 얇은 살갗에 덮여 있을 때는 쾌적하지만 그 흙이 한번 사라진 뒤 되살아나려면 지질학적 시간이 지나야 한다.

10

지속 가능한 미래의 기초

땅에게 말하라, 네게 가르쳐 주리라.

— 욥 12:8 —

200년이 흐른 지금도 토머스 맬서스의 염세주의 대 윌리엄 고드윈의 낙관주의라는 전망은 테크놀로지의 혁신이 앞으로도 점점 늘어나는 농업 수요를 감당할 것이냐를 둘러싼 논쟁의 틀을 이룬다. 화석연료가 고갈되면 식량 생산의 급격한 감소를 막기 위해 근본적으로 농업을 재편성해서 흙의 비옥함을 유지하거나, 또는 화학비료에 계속 의지고자 한다면 값싼 에너지의 새로운 원천을 대규모로 개발해야 한다. 그러나 우리가 흙 자체를 꾸준히 침식한다면 앞날은 뻔하다.

지구가 얼마나 많은 이들을 먹여 살릴 수 있는지 측정하려면 인구 규모와 삶의 질, 생물 다양성 같은 환경의 질 사이의 관계에서 여러 가지를 먼저 가정해 보아야 한다. 거의 모든 인구 통계치는 이번 세기 말에 지구에 사는 인구가 100억 명을 넘을 것으로 예상한다. 미국가톨릭주교회의는 세계가 400억 명을 아무 문제없이 먹일 수 있다고 믿고 있다. 시엔엔(CNN) 창립자 테드 터너는 4억 명을 먹여 살리기도 힘에 부칠 거라고 예상한다. 우리가 그 어느 쪽 의견을 믿든 두 쪽 측정치의 중간 범위를 먹이는 일도 불가능한 도전이다. 오늘날 지구 광합성 생산의 40퍼센트가 식량 생산에 이용되고 있는데, 우리가 그 똑같은 효율로 지구 광합성 생산을 어떻게든 이용할 수 있다고 해도 우리가 먹일 수 있는 인구는 150억 명이다. 인류만 지구를 독차지한다고 가정해도.

믿을 만한 과학자들 또한 지구의 수용 능력에 관해 저마다 의견이 다르다. 녹색혁명의 선구자로 노벨평화상을 수상한 노먼 볼로그는 지구가 100억 명을 먹일 수 있지만 그것은 농업 기술에 근본적인 진보가 일어나야만 가능한 것임을 인정한다. 그는 노벨상 수락 연설에서 녹색혁명을 통해 인류는 몇 십 년 안에 인구과밀 문제를 해결해야 할 것이라고 경고했다. 이제 서른 해도 더 지나서 그는 과학자들이 놀라운 해결책을 꺼내 놓을 거라고 믿고 있다. 스펙트럼의 다른 끝에는 스탠퍼드대학의 생물학자인 폴과 앤 에를리히 부부가 있다. 두 사람은 우리가 이미 지구의 수용 능력을 넘어섰다고 주장한다. 그들이 생각하는 지구의 수용 능력은 30억 명 정도이다. 이 견해에 따르면 우리는 이미 재앙을 예약해 놓았다.

누가 옳든, 모든 장기적인 시나리오에서 중요한 문제는 선진국과 개발도상국 모두에서 농업을 개혁하는 일이다. 전통적인 산업 농부들은 임대료와 농기계 할부 이자를 지불하고 살충제와 비료를 사기 위해 흙을 희생하여 단기 수익을 최대화한다. 소작농들이 흙을 침식하는 이유는 땅이 몹시 작아서 식구를 먹여 살리지 못하는 덫에 걸려 있기 때문이다. 근본적인 경제적·사회적 문제들은 복잡하지만 선진국과 개발도상국에서 농업 생산성을 유지하는 것은 기름진 흙을 가꾸는 일에 달려 있다.

인류의 시간 동안에는 되살릴 수 없는 흙은 다루기 힘든 잡종이자 재생되는 시간이 더디고 더딘 필수 자원이다. 오랫동안 무시될수록 해결하기가 더 어려워지는 여러 환경 문제들과 마찬가지로 흙의 침식은 사회제도가 지속되는 것보다 오랜 시간의 범위 동안 문명의 기초를 뒤흔든다. 그러나 흙이 만들어지는 속도보다 빠르게 흙이 꾸준히 침식된다면 농업이 점점 늘어나는 인구를 먹일 수 없게 되는 건 시간문제일 뿐이다.

전성기 때 로마제국은 노예노동을 바탕으로 대농장(라티푼디움)을 일구었고, 대농장은 공화정 초기 자유농민들의 보수적인 영농 방식을 밀어냈다. 남북전쟁 전에 미국 남부는 비옥한 흙을 거덜 내는 비슷한 방법에 중독되었다. 두 경우 모두, 돈이 벌리는 상품작물이 대토지 소유주들과 지주들을 유혹하면서 흙을 파괴하는 영농법이 자리 잡은 것이었다. 흙이 사라지는 속도는 너무도 느려서 사회의 관심을 끌지 못했다.

더 작고 더 효율적인 정부를 찬성하는 이유는 많다. 시장 효율성이 대부분의 사회제도를 이끌어 가는 실제 동인일 수도 있다. 그러나 농업은 그 가운데 하나가 아니다. 우리의 집합적인 복지를 뒷받침하려면 사회의 장기적인 관심을 무엇보다도 흙을 보존하는 일에 먼저 두어야 한다. 흙의 보존은 우리 문명에 가장 중요한 과제이다. 우리는 농업을 그저 또 하나의 산업 분야로 생각할 여유가 없다. 흙의 보존으로 얻는 경제적 이익은 몇 십 년 동안 꾸준히 흙을 보존한 뒤에야 거둘 수 있는 것이며, 흙을 남용한 비용은 누구 할 것 없이 모두가 치러야 하기 때문이다.

노동, 토지, 자본의 자유시장이라는 개념은 논란이 많은 맬서스의 이론과 함께 발전했다. 근대 경제학 이론의 아버지인 애덤 스미스는 1776년에 《국부론》을 썼다. 이 책에서 그는 구매자로서든 판매자로서든 자기 이익에 따라 행동하는 개인들의 경쟁이 가장 큰 사회적 이익을 생산하게 된다고 주장했다. 분명히 지난 몇 세기는 스스로 제어하는 자유시장이 효율적으로 가격을 결정할 수 있고 수요에 맞춰 생산할 수 있음을 입증했다. 그러나 스미스조차도 시장을 바람직한 방향으로 이끌어 가려면 정부 규제가 필요하다고 인정했다.

스미스의 견해로부터 발전된 고전파 경제학과 케인스 경제학 같은 여러 변종들은 서구 사회에서 거의 아무런 의심 없이 받아들여진다. 그러나 이들은 자원 고갈이라는 중요한 문제를 무시하고 있다. 그리고 자원을 이용하고 채취하거나 다른 자원으로 대체하는 비용이 그 한정된 자원의 가치라는 그릇된 전제를 공유한다. 과연 이런 관점에서 토질 고갈과 침식을 바라볼 수 있을까. 흙을 되살리는 데 오랜 시간이 걸려야 하고, 건강한 흙을 실제로 대체할 수 있는 것이 없다는 사실을 생각한다면.

마르크스주의 경제학 또한 이런 중요한 맹점을 지니고 있다. 마르크스와 엥겔스는 상품의 가치가 그것을 생산하는 데 투입된 노동에서 비롯된다고 보았다. 그들에게 자원을 발견하고 채취하고 이용하는 데 얼마 만큼의 노력이 드느냐는 자원의 희소성에서 파생되는 문제일 뿐이었다. 자연을 이용하여 프롤레타리아의 삶을 진보시키는 것을 중시한 그들은 사회에서 말 그대로 핵심 자원이 바닥날 수 있다고는 결코 생각하지 않았다. 오히려 엥겔스는 토질 저하 문제를 냉정하게 무시해 버렸다. "토지 생산성은 자본과 노동, 과학의 투입에 따라 무한히 높아질 수 있다."(Engels 1844, 58쪽) 얼굴 생김새는 밝지 않지만 엥겔스는 분명 낙관주의자였다.

따라서 경제학 이론(자본주의자든 마르크스주의자든)들은 암묵적으로 자원이 고갈될 수 없는 것이거나 언제든 다른 것으로 대체할 수 있는 것이라고 가정하고 있다. 어느 쪽 시나리오든, 자기 이익을 추구하는 개인들의 가장 합리적인 행동 경로는 후손들의 이익을 모르는 체하는 것이다.

모든 종류의 경제 체제는 한정된 자원을 다 써 버리고 미래 세대에게 청구서를 넘겨주기 마련이다.

흙 문제를 연구한 이들은 거의 모두 흙의 장기적 생산성을 염려하고 있다. 예상대로 (어쩌면 당연하게도) 흙을 지키는 것보다 더 절박한 문제들이 관심을 독차지한다. 당장 코앞에 닥친 위기들이 정책 입안자들의 관심을 붙들어 둘 때 장기적인 문제들이 나설 자리는 거의 없다. 땅은 많은데 흙을 보존해야 할 동기는 거의 없다. 흙이 사라지고 나서야 사람들은 문제에 관심을 갖는다. 마지막 단계까지 검출되지 않는 질병처럼, 발견되었을 때는 이미 위기 상황이다.

인간의 수명이라는 한도 안에서 라이프스타일이 한 사람의 평균수명에 영향을 끼치듯이, 사회가 그 흙을 다루는 방식은 사회의 수명에 영향을 준다. 흙의 침식 속도가 흙의 생성보다 빠를 것인가, 그리고 빠르다면 얼마나 빠를 것인가는 기술과 영농 방식, 기후와 인구밀도에 따라 달라진다. 가장 넓은 의미에서, 한 문명의 수명은 농업 생산이 쓸모 있는 경작지에 자리 잡고 겉흙을 침식시키는 데 걸리는 시간에 따라 결정된다. 특정 기후와 지질학적 환경에서 흙이 다시 만들어지는 데 걸리는 시간이 바로 한 농업 문명을 다시 일으켜 세우는 데 필요한 시간이다. 물론 흙이 다시 만들어질 수 있기만 하다면.

이 관점은 문명의 평균수명이 처음 흙의 깊이 대비 흙이 사라지는 순속도의 비율에 달려 있음을 암시한다. 최근의 침식 속도와 장기적인 지질학적 속도를 비교한 연구 결과 적어도 곱절에서 많게는 백 곱절 넘게까지 속도가 빨라진 것으로 드러났다. 인간의 행위는 침식의 가속화가 뚜렷하게 드러나지 않는 지역에서조차 침식 속도를 일곱 곱절까지 증가시켰다. 침식 문제가 파악된 지역에서는 지질학적 정상 속도보다 백 곱절에서 천 곱절까지도 빠르게 침식되고 있다. 평균으로 따지면 사람들은 지구 전역에서 침식 속도를 적어도 열 곱절은 증가시킨 것으로 보인다.

몇 해 전 미시간대학 지질학자 브루스 윌킨슨은 퇴적암의 분포와 규모를 잣대로 지질학적 시대의 침식 속도를 측정했다. 그는 지난 5억 년 동안 평균 침식 속도가 천 년에 2.5센티미터 정도였다고 측정했다. 하지만 오늘날에는 농지에서 흙 2.5센티미터가 사라지는 데 평균 40년이 걸리지 않는다. 이는 지질학적 속도의 스무 곱절이 넘는다. 속도가 그토록 빨라진 탓에 흙의 침식은 지구적인 생태 위기로 떠올랐다. 빙하기나 혜성 충돌보다는 덜 극적이지만 그만큼 파괴적이라는 것도 곧 입증될 수 있다.

몇 센티미터의 흙이 만들어지는 데 천 년이 걸린다. 그리고 전통적인 경운 중심의 농경 방식에서 흙이 침식되는 속도는 10~100년에 몇 센티미터에 이른다. 따라서 온대와 열대 위도 지역에서 교란되지 않은 흙에 일반적인, 30~90센티미터 두께의 토양단면이 사라지는 데에는 몇 백 년에서 2천 년이나 걸릴 것이다. 문명의 수명을 이렇게 단순하게 측정해 보면 전 세계 주요 문명들의 역사적 패턴을 예견할 수 있다.

농업이 시작된 기름진 강 유역을 제외하면, 문명들은 일반적으로 800년에서 2천 년 동안 서른 세대에서 여든 세대를 이어 내려갔다. 경작할 새 땅이 있거나 흙이 생산적인 한, 역사를 통해 여러 사회는 성장하고 번영했다. 땅이 사라지거나 흙이 생산적이지 못하면 결국 사회는 무너졌다. 더 오랫동안 번영한 사회는 흙을 보존하는 방법을 알았거나 자연적으로 흙이 되살아나는 축복받은 환경이었던 것이다.

역사를 언뜻 훑어보기만 해도 상황만 갖춰지면 정치적 혼란, 기상 이변, 또는 자원 남용 가운데 어느 하나만으로도, 또는 이런 요인들이 결합되어 사회가 무너질 수 있음을 알 수 있다. 불안하게도 우리에게는 다가오는 세기에 세 가지 모두가 결합될 가능성이 있다. 기후 변동, 석유 고갈과 함께 흙의 침식과 농지 감소가 더욱 빨라질 것이기 때문이다. 전 세계적으로 비료나 식량 생산이 주춤한다면 정치적 안정은 거의 보장할 수 없다.

농업 사회의 특징인 번영과 쇠퇴의 사이클을 둘러싸고 있는 유일한 방식은 한 사람을 먹이는 데 필요한 땅을 꾸준히 줄여 가거나, 아니면 흙의 생산과 침식 사이의 균형을 유지할 수 있도록 인구를 제한하고 농업을 재편하는 것이다. 이로써 가까운 장래의 대안을 몇 가지로 생각해 볼 수 있다. 먼저 사람 수가 꾸준히 늘고 흙의 비옥도가 떨어지면서 농지 쟁탈전이 벌어질 수 있다. 또 수확량을 계속 늘려 갈 수 있다고 우리 능력을 맹신할 수 있다. 아니면 흙의 생성과 침식 사이에 균형을 찾는 길이 있다.

우리가 어떻게 하든 우리 후손들은 균형에 가까운 방식을 따라야만 할 것이다. 그들이 그것을 원하든 원하지 않든. 그러면서 후손들은 화석연료와 비료에 기댄 농업이 만들어 내는 현실을 마주하게 될 것이다. 그것은 고대 농경 방식이 반건조지역에서 흙에 소금기를 축적시키고 범람원에서 비탈면으로 농업이 확대되면서 흙이 사라져 간 바로 그 현실이다. 테크놀로지는 새로운 쟁기의 형태든 유전자 조작 농산물의 형태든 당분간은 농업 시스템을 발전시키겠지만 테크놀로지에 기대는 시간이 길어질수록 농업을 지속하기는 더 어려워질 것이다. 특히 흙의 침식이 흙이 만들어지는 속도보다 변함없이 빠르다면.

문제는 문명과 개인이 자극에 반응하는 속도의 차이에도 있다. 농부들에게 가장 이로운 행위가 반드시 그 사회의 이익에 부합하는 건 아니다. 경제의 생태학은 개인 관찰자들의 눈에 띄지 않을 만큼 천천히 진화하며 문명의 수명을 결정하는 데 한몫 거든다. 되살릴 수 있는 주요 자원(이를테면 흙)의 본래 양을 다 써 버리는 사회는 천연자원 공급의 토대와 경제를 분리함으로써 스스로 파괴의 씨앗을 뿌리는 셈이다.

작은 사회는 교역 관계 같은 주요 보급로의 차단, 또는 전쟁과 자연재해 같은 대변동에 특히 크게 휘청거린다. 다양한 자원을 더 많이 갖고 있는 더 큰 사회는 서둘러 재앙의 희생자들을 원조할 수 있다. 그러나 사회의 복잡성 탓에 늘 하던 방식으로 되돌아간다. 적응과 변화를 지연시키고 집합적으로 파괴적 행동을 고치지 않는 사회적 관성으로 이어지는 것이다. 따라서 규모가 큰 사회는 느린 변화에 적응하기 어렵고, 흙의 침식처럼 그들의 기초를 갉아먹는 문제에 변함없이 취약하다. 이와 반대로 작은 체제는 변화하는 기준에 적응할 수 있지만 대변동에 크게 흔들린다. 그러나 흙이 고갈되면 다른 곳으로 옮겨갈 수 있었던 최초의 농부나 사냥꾼이나 채집자들과 달리 이제 세계의 문명은 그럴 수 없다.

우리 미래에 가능한 시나리오를 생각할 때 우리가 염두에 둬야 할 첫 번째 문제는 얼마나 많은 농경지가 남아 있느냐, 그리고 새 땅이 언제 고갈될 것이냐이다. 오늘날 지구에서는 15억 헥타르 정도가 농업 생산에 이용된다. 수확량이 더 늘지 않는다면 곱절로 불어나는 인구를 먹여 살리기 위해 오늘날 경작지 면적의 곱절이 필요할 것이다. 그러나 우리는 이미 장기적인 생산에 쓸 수 있는 처녀지가 바닥났다. 그렇게 거대한 면적을 자랑하는 땅은 오로지 열대림과 아열대 초지, 그러니까 아마존이나 사헬 같은 곳에만 있다. 그런 불모지를 경작하면 처음에는 거두는 것이 있지만 토질이 곧 저하되고 버려진다. 물론 그곳을 버리려면 다른 갈 곳이 있어야 한다. 뉴올리언스에서 시카고로, 아니면 덴버에서 신시내티로 비행기를 타고 가면서 창밖을 내다보라. 눈에 보이는 풍경은 이미 모두 농경지이다. 비옥함을 타고난 이 거대한 땅이 말 그대로 세상을 먹여 살린다. 도시 둘레로 커져 가는 교외는 인구가 점점 늘고 있는데도 우리에게서 농지가 사라지고 있음을 알려 준다. 농사에 가장 알맞은 땅이 이미 농경지로 이용되고 있기 때문에 농업이 불모지로 확산되는 것은 적절한 장기 전략이 아니라 지연전술에 가깝다.

둘째, 우리는 한 사람을 먹이는 데 얼마나 많은 흙이 필요하고, 우리가 그 양을 얼마나 줄일 수 있는지 알아야 한다. 여러 시대 다양한 문명마다 경작지 면적은 모두 달랐지만, 한 사람을 먹이는 데 필요한 토지의 양은 기록된 역사시대 내내 점점 줄어들었다. 사냥과 채집 사회는 한 사람을 먹이는 데 20~100헥타르가 필요했다. 화전 농업의 특징인 이동식 농경 양식은 한 사람을 먹이는 데 2~10헥타르가 들었다. 더 나중에 정착 농업 사회는 그 면적의 10분의 1 정도를 썼다. 0.5~1.5헥타르의 충적평야가 메소포타미아 사람 한 명을 먹인 것이다.

세월이 흐르면서 사람의 능력은 가장 집약적으로 경작되고 가장 생산적인 땅에서 식량 생산을 증가시켰다. 그 결과 오늘날 인구는 60억 명 정도이고 농경지는 15억 헥타르 정도로서 0.25헥타르로 한 사람을 먹이고 있다. 세계에서 가장 집약적으로 경작되는 지역에서는 0.2헥타르 정도로 한 사람을 먹인다. 전 세계 농업 생산성의 평균이 이 수준까지 증가하면 75억 명을 먹이게 될 것이다. 그러나 2050년 즈음 농경지로 쓸 수 있는 땅은 한 사람당 0.1헥타르 아래로 떨어질 것으로 예상된다. 식량 생산을 일정 수준으로 유지하려고만 해도 헥타르당 수확량이 크게 늘어야 한다. 인간의 능력이 아무리 뛰어나다고 해도 이룰 수 없는 정도까지.

1950년 이전에 세계 식량 생산 증가분의 대부분은 늘어난 농경지 면적과 농법의 발달에서 비롯되었다. 1950년 이후로 증가분의 대부분은 기계화와 화학비료를 대량으로 투입한 덕분이었다. 녹색혁명 동안 영농 방식의 놀라운 발전으로 지난 서른 해 동안 식량 위기에서 벗어날 수 있었다.

늘어난 수확량은 고수확 '기적'의 밀과 쌀 종자가 개발된 덕택이었다. 이 종자들은 개발도상국에서 한 해에 곱절에서 세 곱절의 수확량을 냈고 화학비료 사용을 증가시켰으며 관개 기반시설에 대규모 투자가 이루어지게 했다. 화학비료를 주면 생산량이 증가하는 쌀과 밀이 도입되어 1950년대부터 1970년대까지 수확량이 한 해에 2퍼센트가 넘게 늘었다.

그러나 그 뒤로 수확량이 늘어나는 속도는 점점 느려져서 사실상 제자리걸음이었다. 제2차 세계대전 이후 이어진 생산량의 큰 증가는 끝난 것같아 보인다. 미국과 멕시코의 밀 수확량은 더 이상 늘지 않는다. 아시아의 쌀 수확량은 줄어들고 있다. 수확량은 기술적인 면에서 최고조에 이른 것 같다. 필리핀에 있는 국제쌀연구소에서 질소비료에 대한 반응을 서른 해 동안 실험한 결과 질소 투입량을 늘려 봤자 겨우 수확량이 같은 수준을 유지할 뿐이었다. "작물 재배를 개선하기 위해 품종 개량과 작물 재배 연구에 상당한 투자를 했지만 우리는 기껏해야 쌀 생산량이 더 줄지 않도록 유지했을 뿐이다."(Cassman 외 1995, 218쪽) 다가오는 미래에는 한 해 생산량이 1퍼센트 넘게 늘어야만 밀, 쌀, 옥수수의 예상 수요를 감당할 수 있다. 그런데 우리는 아직까지도 식량 생산을 늘릴 수 있는 새로운 기술혁신을 기다리고 있을 뿐이다. 전통적인 방식으로 그만큼의 증가량을 이룩하고 유지하려면 농업 생산성이 생물학적 한계를 뛰어 넘어야 한다. 수확량을 늘리는 건 고사하고 같은 수준을 유지하는 것조차 점점 어려워지고 있다.

20세기 후반기에 식량 생산이 곱절이 된 건 대부분 질소비료 사용이 일곱 곱절, 인 비료 사용이 세 곱절 반으로 늘어난 덕분이다. 이런 과정이 단순하게 되풀이되는 건 불가능하다. 비료를 준다 해도 농작물은 이미 필요한 모든 것을 갖고 있을지도 모르기 때문이다. 생물학적으로 쓸모 있는 질소와 인이 흙에 이미 과잉 공급되어 있다면 비료를 세 곱절로 더 준다 해도 크게 도움이 안 된다. 농작물은 오늘날 농부들이 주는 비료에 들어 있는 질소의 절반가량은 흡수하지 않기 때문에 우리가 비료를 더 줄 능력이 되어서 더 준다 해도 크게 이롭지 않다.

식량을 수경재배(실험실에서 흙 속에 물과 양분을 주입하는 방식)하면 천연의 흙에서 기르는 것보다 단위면적당 수확량이 훨씬 많아진다. 그러나 수경재배 방식은 양분과 에너지가 외부에서 대량으로 투입되어야 한다. 이는 소규모 노동 집약적인 농장에서는 효과가 있을 수도 있지만 대규모 시설에서는 화석연료와 다른 어딘가에서 채취한 양분이 지속적으로 어마어마하게 투입되어야 하기 때문에 세계를 먹여 살릴 수 있는 방법이 아니다.

마지막으로, 아마도 가장 쉽고 가장 큰 수확량 증가는 식물 교배로부터 이미 달성되었을 것이다. 오랜 세월에 걸친 철저한 자연선택에 종속되어 있는 고정된 유전자 풀을 생각할 때, 수확량을 더 눈에 띄게 늘리려면 진화가 부과한 형태학적이고 생리학적인 한계를 건드려야 한다. 수확량 증가는 이미 둔화되었지만 작물 생산에서 조금씩이나마 증가를 이루어 내기 위한 연구 비용은 가파르게 치솟았다. 유전공학은 여전히 수확량을 상당히 늘릴 수 있을 것이지만, 초우량 종자가 농업과 자연환경에 도입될 때 어떤 알 수 없는 결과가 일어날지 모를 위험을 떠안아야 한다.

그동안 전 세계 곡물 비축량(필요할 때 곧바로 쓸 수 있도록 비축해 둔 곡물의 양)은 2000년에 한 해치 정도에서 2002년에는 연간 소비량의 4분의 1에 못 미치는 수준으로 떨어졌다. 오늘날 세계는 1920년대 중국 농부들처럼 한 해 거두어 한 해 먹고 사는 셈이다. 오늘날에는 이 정도가 최고다.

같은 방식을 되풀이하는 건 분명 효과가 없다. 지난 영농 방식을 미래에 투사하는 건 실패가 뻔한 처방전이다. 우리에게는 새로운 농업 모델, 새로운 농업 철학이 필요하다. 다시 한 번 농업혁명이 일어나야 한다.

경제는 산업적 이상이나 농업적 이상을 기초로 할 수 있고, 한 농업 사회는 기술적 발달이 뒤처지고 물질적 풍요가 뒤떨어지는 자급자족 사회일 필요가 없다고 농업철학자 웬델 베리는 말한다. 그는 산업사회가 상품의 생산과 이용에 토대를 두고 있다고 본다. 그 상품은 생존에 중요한 것(식량)일 수도 있고 욕구에 맞춰 생산된 것(팝 타르트 과자)일 수도 있다. 이에 비해 농업경제의 토대는 경제 활동을, 그것을 뒷받침하는 땅의 능력에 맞게 다듬는 것이다. 놀라울 것도 없지만 베리는 좋은 농업과 돈이 잘 벌리는 농업의 차이점을 즐겨 이야기한다. 그러나 그는 농업 사회에서 모두가 농부일 필요는 없으며 산업적 생산을 최소한의 생필품으로 제한할 필요도 없다고 말한다. 베리의 탁월성은 농업 사회에서 농업과 제조업이 지역적 환경에 맞게 변화되는 것으로 보는 것이다. 현재의 추세는 이런 농업경제 전망과 어울리지 않지만 방향이 다시 설정된 자본주의를 상상할 수 없는 것은 아니다. 어찌 보면 오늘날의 군주 격인 글로벌 기업들은 바로 몇 세기 전만 해도 상상조차 못한 것이었으니.

농업은 역사시대에 여러 차례 혁명을 겪어 왔다. 자유농민의 혁명은 로마의 흙 보존법을 다시 배우는 데 바탕을 두었고, 농화학과 녹색혁명은 비료와 농업 기술에 바탕을 둔 것이었다. 오늘날 무경운 농법과 유기농이 차차 자리 잡으면서 흙의 보존에 바탕을 둔 현대 농업혁명이 일어나고 있다. 지난날 농업혁명이 수확량 증대에 초점을 맞추었다면, 지금 일어나고 있는 농업혁명은 우리 현대 세계 문명의 영속성을 지키기 위해 수확량을 유지해야 한다.

새 농업의 철학적 기초는 흙을 화학적 체계가 아니라 지역마다 다양한 생물학적 체계로 다루는 데 있다. 그러나 농업생태학은 그저 노동 집약적인 영농 방식으로 돌아가자는 것이 아니다. 그것은 최신 유전자 조작 기술만큼이나 과학적이지만, 화학과 유전학이 아닌 생물학과 생태학을 기초로 한 것이다. 흙, 물, 식물, 동물, 그리고 미생물 사이의 복잡한 상호작용에 뿌리를 두고 있는 농업생태학은 표준화된 상품이나 기술을 이용하기보다 지역 조건과 환경을 이해하는 데 더 기대고 있다. 그것은 지역에 어울리는 지식이 이끌어 가는 농업, 습관이나 편리함이 아니라 두뇌로 이끌어 가는 농업을 요구한다.

농업생태학은 단순히 유기농만을 의미하지 않는다. 캘리포니아에서 산업적으로 새로 들어선 공장형 유기농장은 살충제를 쓰지 않지만 꼭 흙을 보존하고 있다고 할 수도 없다. 1990년대에 유기농산물에 대한 수요가 치솟기 시작하자 산업형 농장은 양상추를 단일 작물로 심으면서 전통적인 농업의 단점을 본받았다. 살충제만 쓰지 않았을 뿐.

농업생태학은 대농장 말고 꼭 소농장만을 뜻하는 것도 아니다. 아이티의 영세 소작농들은 미국 남부 대규모 노예노동 플랜테이션만큼이나 어마어마하게 가파른 비탈의 흙을 파괴했다. 또한 그저 기계화가 문제인 것이 아니다. 로마의 황소들은 디젤엔진이 달린, 존 디어 쟁기의 후손들처럼 돌이킬 수 없이 흙을 천천히 벗겨 냈다. 근본적인 문제는 당황스러울 만큼 단순하다. 흙이 보충되기보다 빨리 흙을 잃는 농법은 사회를 무너뜨린다는 것이다. 다행히도 생산력이 무척 높은 농장들이 돈을 쏟아 붓지 않고도 농사를 지을 방법들이 있다. 간단히 말해서 우리는 우리가 하는 일을 우리가 그 일을 하는 곳에 맞게 바꾸어야 하는 것이다.

그렇게 하는 방법의 실마리는 노동 집약적이고 기술 집약적인 농업 사회의 경험에서 찾을 수 있다. 노동 집약적인 체제에서 사람들은 땅에 적응하려 한다. 기술 집약적인 체제에서 사람들은 일반적으로 땅을 기술에 맞추려 한다. 흙의 유기물질을 늘리고, 산비탈에 계단식 밭을 만들고, 중요한 양분을 재순환시키는 방법으로 흙에 투자하는 노동 집약적인 경작은 중국 저지대, 티코피아, 안데스산맥, 아마존 강에서 오랜 세월을 두고 이어져 왔다. 흙을 소비할 수 있는 투입물로 여기는 기술 집약적인 사회들이 발전시킨 제도에서, 소작농과 부재지주들은 흙의 비옥함과 단기 이익을 맞바꿈으로써 되도록 빨리, 되도록 많은 것을 흙에서 뽑아냈다.

이 중요한 차이점은 흙이 사실상 보잘것없는 것이면서도 매우 귀중한 것이라는 점을 드러낸다. 농업에 가장 값싼 투입물인 흙이 앞으로도 변함없이 평가절하되면 언젠가 때는 너무 늦어진다. 따라서 우리는 의식적으로 농업을 현실에 맞게 개조해야 하는 것이지 그 거꾸로가 될 수 없다. 땅에 맞춘 사람의 방법과 전통은 지속될 수 있지만 그 반대는 그럴 수 없다.

방법이나 관습을 바꾸려면 무경운 농법처럼 새로운 사고방식이 필요하다. 무경운 농법은 흙의 침식을 지연시키는 데 효과적이고 전통 농법과 유기 농법 모두에 적용할 수 있는 것이다. 무경운 농법을 가로막는 것은 진실로 아무것도 없으며 경험이 쌓이면서 많은 미국 농부들이 받아들이고 있다. 그 밖에 대안적 사고방식들, 이를테면 유기 농법과 생물학적 해충방지에 대해서도, 글로벌 '사회'는 존재하지 않는 오늘날의 글로벌 경제에서 변화 과정을 이끌고 있는 것은 정부가 아니라 소비자들이다.

그러나 정부 또한 여전히 중요한 역할을 맡고 있다. 선진국에서 정부는 정책과 보조금을 통해서 인센티브를 줄 수 있다. 이와 같은 제도로 소규모 유기농과, 대규모 기계화된 농장의 무경운 농법을 함께 촉진할 수 있다. 개발도상국 정부는 농부들에게 쟁기를 대체할 새로운 도구를 제공하고 소규모 노동 집약적인 농장에 무경운 농법과 유기 농법을 권장할 수 있다. 정부는 또한 도시 농업을 지원하고, 지속 가능한 농업과 새로운 기술에 관한 꼭 필요한 연구를 뒷받침할 수 있다. 특히 질소와 인의 정확한 투입량과, 흙의 유기물질과 비옥함을 유지하는 방식에 관한 연구가 필요하다. 정부가 권장할 필요가 없는 것은 유전공학과 더욱 집중적인 비료 살포(그리고 관개)에 기반을 둔 농업이다. 기업이 강요하는 이 농법은 기업 상품에 대한 의존을 키우는 열쇠이다.

농업의 토지 윤리를 뒷받침하는 데 높아지는 관심은 슬로푸드와 지역 농산물 먹기 운동으로 나타난다. 농산물 생산과 소비 사이의 거리를 줄이려는 운동이다. 하지만 식품이 식탁에 도착하기까지 드는 에너지 효율에 관한 고민은 급진적이고 새로운 것이 아니다. 로마 사람들이 지중해 부근에서 곡물을 선적한 이유는 식량을 멀리 실어 나르는 데 필요한 에너지를 바람이 공급했기 때문이다. 이것이 북아프리카, 이집트, 시리아가 로마를 먹여 살린 이유이다. 산맥을 넘어서 이탈리아 중부까지 서유럽 생산물을 끌고 온다는 것은 매우 비효율적이었기(그리고 어려웠기) 때문이다.

마찬가지로 석유가 점점 비싸짐에 따라 지구 반 바퀴를 돌아 식량을 운반하는 것은 덜 합리적이다. 비용 면에서 효율적인 농업의 탈세계화가 날이 갈수록 관심을 끌 것이다. 미국 슈퍼마켓에서 팔리는 평범한 유기농산물 상품은 그것이 재배된 곳에서 소비되는 곳까지 2,400킬로미터가 넘게 운반된다. 먼 앞날을 내다볼 때, 우리가 흙과 탈석유 세계에 미치는 영향을 생각한다면 식품 시장은 더 작고 글로벌 경제에 덜 포섭되어야 하며 반드시 더 싸지는 않겠지만 지역 시장에서 지역 생산물을 팔아야 더 잘 운영될 수 있다. 다른 어딘가에서 생산된 식품을 사람들에게 공급하는 일이 날이 갈수록 비용이 더 많이 들기 때문에 식량 생산이 사람들에게 가까워지는, 다시 말해 도시 안으로 들어오는 것이 훨씬 이로울 것이다.

논리적으로 어긋나는 표현처럼 보이지만 도시 농업은 모순어법이 아니다. 산업화 이전 시대 상당 기간 동안 도시 쓰레기는 무엇보다 유기질이었고 도시와 준도시 농장에 되돌려져서 흙을 기름지게 했다. 19세기 중반에 파리 면적의 6분의 1은 샐러드 채소, 과일, 푸성귀를 넉넉하게 길러 내어 도시에 공급하는 데 사용되었다. 파리의 수송 체계가 생산해 낸 말똥 몇 백만 톤이 그 밭의 거름이었다. 오늘날의 산업적 농장보다 훨씬 생산적인 이 노동 집약적인 방식이 매우 유명해져서, 거름을 잔뜩 주는 방식은 오늘날에도 프랑스 농법이라 불린다.

도시 농업은 빠른 속도로 성장해 왔다. 전 세계에서 8억 명이 넘는 사람들이 이러저러하게 도시 농업에 종사한다. 세계은행과 유엔 식량농업기구는 개발도상국에서 도시 빈민을 먹이기 위한 방법으로 도시 농업을 권장한다. 그러나 도시 농업은 개발도상국에만 국한되지 않는다. 1990년대 말에 일부 미국 도시에서 열 집 가운데 한 집은 도시 농업을 하고 있었는데, 모스크바에서는 전체 가정의 3분의 2가 도시 농업에 관여했다. 도시 농장은 신선한 농산물을 거둔 바로 그날 도시 소비자들에게 배달할 뿐 아니라, 운송 비용이 더 낮고 물과 비료를 훨씬 덜 쓰기 때문에 고형폐기물과 액상폐기물의 상당량을 흡수함으로써 도시 쓰레기 처리 문제와 그 비용을 줄인다. 따라서 현대 하수 체계는 한쪽 방향으로만 흘러 폐기됨으로써 가축과 사람에서부터 흙으로 쓰레기를 되돌려 주어 양분을 재순환시키는 고리를 차단하는데, 마땅히 이 구조를 재조정할 필요가 있다. 구태의연하게 들릴 수도 있겠지만 앞으로 우리의 집합적인 복지는 이런 노력에 따라 달라질 가능성이 높다.

이와 함께 우리에게는 조금이라도 더 농지를 잃을 만한 여유가 없다. 지금부터 쉰 해가 지나면 농지 1헥타르가 아쉬운 처지가 될 것이다. 오늘날 농지가 포장되고 있다는 건 앞으로 세계가 먹일 수 있는 사람의 수가 적어진다는 뜻이다. 우리가 생각하기에 농지가 신성하게 여겨질 것 같은 인도에서 도시 부근의 농부들은 호황을 누리고 있는 주택 건설 시장에 필요한 벽돌 재료로 겉흙을 팔고 있다. 지속 가능성으로 가는 길을 선진국이 열어 주는 게 아니므로 나라를 발전시키려면 이런 식으로 미래를 팔아치워서는 안 된다. 농지는 내일의 농부들을 위해 오늘의 농부들이 맡아 놓은 재산으로 여겨져야 하고 그렇게 다루어져야 한다.

농지는 거기서 일하는 이들이 소유해야 한다. 그들이 땅을 알고 있고 그들에게는 땅을 개선해야 할 이유가 있다. 소작 농지는 사회에 큰 이익을 주지 않는다. 부재지주는 미래를 지키겠다는 생각을 거의 하지 않는다.

지구적으로 보면, 인류는 멸종 위기에 처한 종을 먹을 것이냐 구제할 것이냐를 분명히 선택해야 할 처지가 아니다. 생물 다양성을 보호한다고 해서 반드시 생산적인 농지를 희생해야 하는 것은 아니다. 농업 생산성이 높은 흙은 생물 다양성이 낮은 경향이 있기 때문이다. 거꾸로 생물 다양성이 높은 지역은 농업 생산성이 낮은 지역인 경우가 많다. 일반적으로 다양한 종이 사는 열대 위도 지역의 흙은 양분이 모자라는 경향이 있고, 세계에서 가장 기름진 흙은 생물종이 다양하지 않은 온대 위도의 황토지대이다.

최근에 생물 다양성이 사라진 이유 가운데 중요한 부분은 정부가 보조금과 세금 혜택으로 땅(열대우림 같은)을 개간하고 경작하도록 조장해 왔기 때문이다. 그런 땅은 아주 짧은 기간 동안만 이익을 남길 수 있고 보조금이 끊기면 (또는 흙이 침식되면) 버려지곤 한다. 불행히도 거의 모든 개발도상국은 열대 위도에 자리 잡고 있는데, 그곳의 흙은 양분이 모자라고 침식되기도 쉽다. 이 이상한 지정학적 불균형과 상관없이, 침식되는 흙 위에 이룩한 개발이 미래 식량 부족의 지름길이라는 현실을 무시하는 건 눈앞의 이익만 좇는 태도이다.

집약적인 기계화 농업을 이어갈 수 있는 드넓은 지역은 세 곳이 있다. 세계적인 황토지대인 미국 대초원, 유럽, 그리고 중국 북부이다. 이들 지역에는 농사짓기 쉬운 침적토가 두텁게 덮여 있어 원시 흙이 사라진다 해도 집약적인 농업을 이어갈 수 있다. 암석 위에 얇은 흙이 덮여 있을 뿐인 나머지 세계 대부분에서, 결론은 우리가 흙의 생산성에 적응해야 한다는 것이고 그 거꾸로는 성립하지 않는다. 우리는 산업 체계가 아니라 생태학적 체계로서 흙을 다루어야 한다. 흙은 공장이 아니라 살아 있는 체계인 것이다. 인류의 미래는 농업 기술과 유전공학의 기술적 진보에 달려 있는 만큼이나 이 철학적 재검토에 달려 있다.

자본 집약적인 영농 방식은 하루에 2달러 미만으로 살아가는 인류의 3분의 1에게 굶주림과 가난에서 벗어나는 길을 결코 보여 주지 못한다. 그러나 노동 집약적인 농업은 그럴 수 있다. 단 사람들에게 기름진 땅이 있기만 하다면. 다행히 노동 집약적인 방법은 지구의 흙을 다시 만들어 내는 데 도움을 줄 수도 있다. 우리는 개발도상국의 소규모 자급농에게 보조금을 주어야 한다. 그래서 땅을 더욱 생산적으로 쓰는 방법을 가르쳐 주는 것이 인류의 미래에 투자하는 일이다. 그러나 현대의 농업 보조금은 대규모 기업농에게 유리한 경우가 너무 많고, 인류의 장기 전망을 갉아먹는 방식으로 농사를 짓는 농부들에게 보상하곤 한다.

전 세계에서 농업 보조금으로 쓰이는 3천억 달러가 넘는 돈은 연간 개발원조 예산의 여섯 곱절이 훨씬 넘는다. 이상하게도 우리는 빈민들이 스스로 자급할 능력(지구적 굶주림을 해결할 수 있는 유일한 해결책)을 빼앗는 지속 가능하지 않은 기업농에 보조금을 주고 있다. 늘 특정한 위기에 집중하는 정치제도는 흙의 침식 같은 만성적인 문제를 거의 제기하지 않는다. 그러나 우리 사회가 오랫동안 살아남으려면 정치제도는 흙의 관리를 중심 과제로 다루어야 한다.

역사를 거쳐 오면서 경제적 이유와 부재지주의 땅 소유가 토질 저하를 부추겨 왔다. 고대 로마의 대농장에서, 19세기 미국 남부 플랜테이션에서 그리고 20세기 기업 농장에서. 이 모든 경우에 정치와 경제는 흙의 비옥함과 흙 자체를 침식하기 쉬운 토지 사용 양식을 만들어 냈다. 되살릴 수 있는 자원과 되살릴 수 없는 자원 모두를 지나치게 개발하는 현실은 매우 잘 알려진 사실이면서도, 당장의 보상 수준을 최대화하려는 개인에게 보조금을 지원하는 제도에서는 다루어지기가 거의 어렵다. 그것이 먼 앞날에 중요한 자원을 고갈시킨다 해도. 숲과 어업 자원의 세계적인 학살이 그 뚜렷한 본보기이다. 그러나 우리 식량을 95퍼센트 넘게 공급하는 흙이 꾸준히 사라지는 것이 훨씬 더 중요한 문제이다. 탈산업 농업으로 산업 사회를 지탱하려는 노력에 박수를 보내는 건 다른 비시장(문화·종교·법률) 분야들이다. 상식과 다르겠지만 황토지대를 넘어선 세계에서 이런 노력을 하려면 더 많은 이들이 땅에서 일해야 하고 더 작은 농장에서 집약적인 유기농업을 하며 테크놀로지를 이용하되 부담스러운 투자가 아니어야 한다.

이런 노력들은 또한 전 세계의 굶주림 문제를 해결하는 데에도 도움이 될 것이다. 개발도상국을 먹이려면 값싼 식량을 생산해야 굶주림이 사라질 거라는, 상식적이고도 순진한 생각을 버려야 한다. 우리는 이미 값싼 식량을 생산해 왔고 지구에는 아직도 굶주리는 사람이 셀 수도 없이 많다. 효과가 있을 법한 또 다른 방법은 개발도상국에서 소규모 농장을 육성하는 것이다. 소작농들이 자급해야 하고 가난에서 벗어날 만한 소득을 올려야 한다. 그 과정에서 그들은 지식과 올바른 도구를 써서, 그리고 자급자족하면서도 판매 수익을 남길 수 있을 만큼 넉넉한 땅을 갖고서 흙을 관리해야 한다.

식량 수요는 다가오는 시대에 기후 변화만큼이나 지구 환경 변화에 주요한 동인이 될 것이다. 새 땅에서 경작을 시작하고, 비료와 살충제, 농작물 개량종을 개발하여 낮아지는 흙의 생산성을 보충하는 방식 탓에 지난 세기 동안 흙의 장기적인 침식의 영향은 드러나지 않았다. 그러나 그런 기술 진보는 깊고 유기질이 풍부한 겉흙에 보태어질 때 가장 이로운 결과를 낳는다. 흙이 사라지면서 수확량이 곤두박질치기 때문에 농업 기술 해법들은 얇은 겉흙을 지탱하기조차 날이 갈수록 어려워진다. 화석연료가 생산해 내는 화학비료는 반드시 종말을 맞게 될 것이고 이와 함께 농지와 흙도 꾸준히 사라질 것이다. 따라서 점점 줄어드는 토지 기반에서 나날이 늘어 가는 인구를 먹이는 문제가 떠오른다. 흙 침식의 영향은 비료로, 때로는 관개시설로 잠깐 동안 상쇄될 수 있지만, 여태까지 산업적 농업을 특징 지웠던 것처럼 흙의 유기물질이 줄어들고 생물군이 사라지고 흙이 점점 사라지는 상태에서 흙의 장기적인 생산성이 유지될 수는 없다.

여러 가지 요인들이 한 문명을 끝장내는 데 이바지하지만, 한 문명을 뒷받침하려면 반드시 기름진 흙을 제대로 유지해야 한다. 흙을 고갈시키고 새 땅으로 옮겨가는 건 미래 세대한테는 허락될 수 없는 방식일 것이다. 오늘날 흙을 보존하려는 노력들은 고대사회가 그랬듯이 너무 미약하거나 너무 늦은 것일까? 또 우리는 농지의 흙을 보존하면서도 더욱 더 집약적으로 이용하는 방법을 다시 배우게 될 것인가? 우리 문명의 수명을 연장하려면 흙을 산업 공정의 투입물로 보지 말고 물질적 부를 만들어 내는 살아 있는 토대로서 존중하도록 농업을 재편성해야 한다. 이상하게 들릴 수도 있겠지만 문명의 생존은 흙을 투자 대상으로, 상품이 아니라 소중한 유산으로, 하찮고 더럽지 않은 어떤 것으로 대하는 데 달려 있다.

　　오늘날 우리나라의 도시 인구는 전체 인구 가운데 80퍼센트가 넘는다. 아무리 둘러보아도 콘크리트 건물과 아스팔트 도로로 뒤덮인 도시에서는 생태계가 살아 숨 쉬는 흙이란 직접 경험하기 힘든 세계이자 눈에 보이지 않는 실체이다. 흙장난을 하고 논밭과 뒷동산을 오가며 자라난 이들도 도시의 삶에 익숙해지는 동안 점점 흙에서 멀어졌다.

　　이제 흙은 도시에 사는 이들에게 어떤 의미로 다가오는가? 흙먼지, 흙바람, 햇빛을 가리고 전염병을 옮기는 지독한 황사, 비 오는 날 자가용과 신발을 더럽히는 흙탕물, 기생충 알이나 중금속이 들어 있을까 의심스러운 놀이터의 모래흙, 아니면 피부를 매끈하게 만들어 주는 값비싼 황토팩은 아닐지.

　　도시민들은 폐타이어 알갱이들로 포장한 공원의 산책길에서 운동화에 흙 묻을 걱정 없이 걷거나 뛰며 건강한 삶을 추구한다. 도시 근교의 시골이 꾸준히 콘크리트로 덮이며 도시가 점점 몸집을 불릴 때 그것은 발전이라고 정의된다. 도시화와 발전을 이룩하는 동안 현대인들은 흙과 함께 숨

쉬고 흙을 만지는 시간이 사라지면서 흙의 존재 자체를 나날이 잊어 간다.

하지만 우리가 깊은 지혜와 가르침을 기대고 있는 종교 경전에서는 흙을 어떻게 말하고 있는가?

창세기 2장 7절은 이렇게 설명한다. "여호와 하느님이 땅의 흙으로 사람을 지으시고 생기를 그 코에 불어넣으시니 사람이 생령이 된지라."

법구경 3장 41절에서는 "몸은 오래도록 유지될 수 없어 언젠가 흙으로 돌아가게 되느니 몸이 허물어지고 정신이 한번 떠나면 해골만이 땅 위에 뒹굴 것이다"라고 했다.

찬도기야 우파니샤드 6장 1편 4절은 다음과 같다. "아들아, 한줌의 흙덩어리를 알면 그 흙으로 만든 모든 것을 알게 된단다. 흙의 변형으로 만들어진 모든 것들은 그것을 소리로 부르기 위하여 다른 이름들을 붙인 것에 지나지 않는다. 그중에 오직 흙만이 바로 참 존재인 것이다."

코란은 5장 6절에서 "믿는 사람들이여, 그대들이 예배를 드리려고 할 때는…… 깨끗한 흙으로 얼굴과 손을 닦아라" 하고 말한다.

인류의 종교인 기독교, 불교, 힌두교, 이슬람교는 한결같이 흙을 근원적이고 신성한 것이라고 가르치고 있다. 흙은 사람을 이루고 있는 근본 요소이고 죽은 몸뚱이가 되돌아가는 곳이며, 흙으로 만들어진 다른 모든 것들의 원형이고 몸과 마음을 경건하게 해주는 신성한 물질인 것이다.

"모든 것은 흙에서부터 와서 흙으로 돌아간다"는, 모든 종교의 가르침과 공명하는 표현으로도 우리가 흙을 존중하는 태도를 갖지 못할 때, 지은이 데이비드 몽고메리는 흙이 우리 삶의 바탕이자 문명의 뿌리임을 뚜렷하게 드러내기 위해 역사와 문명, 세계를 넘나들며 흥미롭고도 통찰력이 넘치는 이야기를 펼쳐 보인다.

이 책이 중심적으로 다루고 있는 문제는 경작에서 비롯된 겉흙의 침식이다. 지은이에 따르면, 모든 문명은 그 뿌리인 흙을 가꾸며 지키지 못하고 소모하고 침식했기 때문에 멸망해 왔다. 문명이 붕괴한 원인을 오로지 흙이 침식된 탓으로만 돌릴 수는 없지만, 흙의 침식이야말로 모든 문명의 붕괴를 촉발한 공통된 원인임을 설득력 있게 드러낸다. 수많은 문명이 나타났다 사라지기를 거듭한 오랜 역사 속에서 지구의 살갗인 흙은 돌이킬 수 없는 침식의 길로만 내달려 점점 얇아져 왔다. 그는 오늘날 침식의 속도는 걷잡을 수 없이 빨라져서 미래 세대에게는 문명을 지탱할 선택권이 거의 남지 않았다고 경고한다.

지은이는 이 책의 원서 제목을 굳이 'Dirt'로 골랐다. 이 낱말은 흙이라는 뜻과 함께 더러운 것, 하찮은 것, 또는 쓰레기를 표현할 때도 쓰이는 말이다. 오랜 역사 속에서 인류가 흙을 그렇게 여기고 다루어 왔고, 오늘날의 우리 또한 그렇지 않은가를 반문하는 듯하다. 하지만 《흙》의 첫 장을 연 뒤 책의 마지막 장을 넘길 무렵, 독자들은 '흙'이라는 사물과 그 의미를 명확하게 이해하고 흙을 소중하게 느끼고 있는 자신을 발견하게 될 것이다. 지은이는 생물학, 지질학, 지형학, 고대부터 현대의 역사, 문명사, 생태학, 자연사, 농학, 화학 분야를 종횡으로 거침없이 오가며 독자들에게 '흙'을 파노라마처럼 생생하게 보여 주기 때문이다.

이 책은 평소에 무심하게 바라보았던 '흙'에 새로이 눈뜨는 과정에서 여러 분야의 과학 지식을 얻고 그것을 일관된 통찰력으로 다듬어 가는 즐거움을 누리게 해 준다. 그런데 지은이가 이 지적이고 흥미로운 책을 통해서 가장 힘주어 말하려고 한 것은, 바로 '흙 보기를 황금같이 하라'는 가르침일 것이다. 그래서 "이상하게 들릴 수도 있겠지만 …… 흙을 …… 하찮고 더럽지 않은 어떤 것"으로 대해야 한다고 하며 글을 맺는다. 다시 말해 우리는 흙을 그저 'dirt'로 여겨서는 안 된다.

20세기에 들어서 이전 시대와는 비교가 안 될 만큼 환경에 과부하가 걸리고 생태 위기가 닥쳐왔다. 사람들이 이런 사정을 인식하면서 '지속 가능한 개발(또는 발전, sustainable development)'이라는 말이 등장했다. 이 용어는 1987년 세계환경개발위원회에서 처음 사용한 것으로, "미래 세대의 욕구를 충족시킬 능력을 손상시키지 않으면서 우리 세대의 욕구를 충족시키는 개발"이라고 정의된다. 한마디로 개발을 지속하되 미래 세대의 존속을 위협하지 않는 '환경 친화적인 개발'을 지향하는 것이다.

이는 환경보호와 함께 경제 발전과 사회 발전의 지속 가능성을 추구하는 개념이다. 환경 의식이 높아지면서 국가와 기업 수준에서 환경 기준이 마련되고 환경보호를 위한 실천이 뒤따르고 있기는 하지만, 과연 우리가 '지속 가능한' 경제와 사회를 일구어 가고 있는가는 더 깊이 고민해 보아야 한다.

'지속 가능하다'는 것은 거칠게 표현하자면 적어도 자연자원의 총량이 유지되는 상태를 말한다. 말 그대로 지속 가능한 개발이 되려면 자연자원이 자연스레 보충되는 속도 안에서 개발이 이루어져야 하는 것이다. 개발되는 속도가 훨씬 빨라서 자연자원이 점점 줄어든다면 인류의 삶은 영원히 지탱될 수 없고 이것은 결코 지속 가능한 상태가 아니다. 따라서 상식적으로 생각하더라도, 어떤 개발 주체가 어떤 수치를 근거로 제시하든 우리 현실에서 모든 개발은 근본적으로 '지속 가능하지 않은' 개발일 가능성이 높다.

데이비드 몽고메리의 역사 연구와 풍부한 현장 조사는 이 진실을 정확히 드러낸다. 한두 세대 안에 이루어지는 개발과 발전이 장기적으로 끼치는 영향을 그 세대의 사람들은 알 수가 없다는 것을. 그래서 어느 시대 어느 문명이든 성장하는 듯하다가 스스로 쇠락해 왔다는 것을.

　오랜 역사 동안 이루어진 숲의 개간, 농경지의 확대, 도시의 발전, 대농장 경영 방식, 기계화, 화학비료의 사용, 그리고 식량 증산이나 효율성, 상업적 이익을 목적으로 한 수많은 농업적 발전은 흙의 침식을 결코 되돌리지 못했을 뿐 아니라 오히려 흙의 침식을 가속화했다. 비율로 따졌을 때 우리 몸을 감싸고 있는 살갗에 비교도 안 될 만큼 얇은 지구의 살갗! 흙은 역사 이래 단 한 번도 재생되지 못하고 점점 벗겨져 왔으며 그 결과 우리 문명의 수명은 멀리 내다볼 수 없을 만큼 한계에 가까워졌다.

　다행히도 지은이의 이야기 속에는 인류가 문명의 수명을 연장시킬 수 있는 길이 뚜렷이 드러나 있다. 국지적이기는 하지만 그 방법은 분명 곳곳에서 성공을 거두었다. 흙을 더는 잃지 않으려면 무엇보다 숲을 보존해야 하고, 농지에서는 지역에 맞는 작부체계와 흙 보존 방법으로써 흙이 비바람에 노출되지 않도록 해야 한다. 자본이나 기계에 덜 의존하고 사람이 흙에 꾸준히 유기물질을 보태면 땅 속에서는 부지런한 지렁이들이 쉬지 않고 흙을 갈아 주어서 지구의 살갗이 두터워지고 비옥해진다. 기계화된 대규모 영농 방식은 그 어떤 농법보다도 흙의 양분을 빼앗고 침식했지만, 유기 농법은 시간이 흐를수록 흙을 더욱 깊게 하고 양분을 보탬으로써 흙을 되살린다는 뚜렷한 증거를 볼 수 있다.

　지은이는 흙을 지키는 일 가운데 정부가 해야 할 일도 정확하게 제시한다. 흙을 지키는 영농 방식을 지원하는 정책을 펼치고 거기에 보조금을 지급해야 한다는 것이다. 소농의 육성, 도시 농업과 유기농업의 권장과 지원이 모두 정부가 할 수 있는 일들이다. 우리가 낭비하고 후손에게 청구서를 내밀지 않으려면, 얼마 남지 않은 흙과 우리 문명을 지키려면, 정부와 기업, 개인이 모두 책임을 나누어야 한다.

고대 중국의 우왕은 "강을 지키려거든 산을 지켜라"라고 했다. 숲을 보존하고 땅과 흙을 지킬 때에만 강에도 맑은 물이 흐른다는 진실을, 데이비드 몽고메리는 《흙》에서 분명하게 드러낸다. '지속 가능한 개발'이라는 미사여구에서 방점이 찍혀야 할 곳은 개발이 아니다. 지속 가능해야 하고, 또 우리가 지속해야 하는 것은 그 표현에 드러나 있지 않은, 인류의 삶이자 인류의 문명이고, 무엇보다도 바로 흙이라고, 지은이는 호소하고 있는 것이다.

2010년 10월
이수영

| 참고문헌 |

1장 | 흙이란 무엇인가

Hooke, R. LeB. 1994. On the efficacy of humans as geomorphic agents. *GSA Today* 4: pp.217, 224-25.

____. 2000. On the history of humans as geomorphic agents. *Geology* 28: pp.843-46.

2장 | 벗겨지는 지구의 살갗

Darwin, C. 1881. *The Formation of Vegetable Mould, Through the Action of Worms, With Observations on Their Habits.* London: John Murray.

Davidson, D. A. 2002. Bioturbation in old arable soils: Quantitative evidence from soil micromorphology. *Journal of Archaeological Science* 29: pp.1247-53.

Gilbert, G. K. 1877. *Geology of the Henry Mountains.* U.S. Geographical and Geological Survey of the Rocky Mountain Region. Washington, DC: Government Printing Office.

Jenny, H. 1941. *Factors of Soil Formation: A System of Quantitative Pedology.* New York: McGraw-Hill.

Mitchell, J. K. and G. D. Bubenzer. 1980. Soil loss estimation. *Soil Erosion*, M. J. Kirkby and R. P. C. Morgan 엮음, pp.17-62에서. Chichester: John Wiley and Sons.

Retallack, G. J. 1986. The fossil record of soils. *Paleosols: Their Recognition and Interpretation*, V. P. Wright 엮음, pp.1-57에서. Oxford: Blackwell Scientific Publications.

Schwartzman, D. W. and T. Volk. 1989. Biotic enhancement of weathering and the habitability of Earth. *Nature* 340: pp.457-60.

Torn, M. S., S. E. Trumbore, O. A. Chadwick, P. M. Viktousek and D. M. Hendricks. 1997. Mineral control of soil organic carbon storage and turnover. *Nature* 389: pp.170-73.

Wolfe, B. E. and J. N. Kilronomos. 2005. Breaking new ground: Soil communities and exotic plant invasion. *BioScience* 55: pp.477-87.

3장 | 고대 문명과 생명의 강

Butzer, K. W. 1976. *Early Hydraulic Civilization in Egypt: A Study in Cultural Ecology*. Chicago: University of Chicago Press.

Haub, C. 1995. How many people have ever lived on Earth? *Population Today*, February.

Helms, D. 1984. Walter Lowdermilk's journey: Forester to land conservationist. *Environmental Review* 8: pp.132-45.

Henry, D. O. 1989. From Foraging to Agriculture: *The Levant at the End of the Ice Age*. Philadelphia: University of Pennsylvania Press.

Hillel, D. 1991. *Out of the Earth: Civilization and the Life of the Soil*. Berkeley: University of California Press.

Hillman, G., R. Hedges, A. Moore, S. Colledge, and P. Pettit. 2001. New evidence of Lateglacial cereal cultivation at Abu Hureyra on the Euphrates. *Holocene* 11: pp.383-93.

Köhler-Rollefson, I. and G. O. Rollefson. 1990. The impact of Neolithic subsistence strategies on the environment: The case of Ain Ghazal, Jordan. *Man's Role in the Shaping of the Eastern Mediterranean Landscape*에서, S. Bottema, G. Entjes-Nieborg and W. Van Zeist 엮음, pp.3-14. Rotterdam: Balkema.

Lowdermilk, W. C. 1926. Forest destruction and slope denudation in the province of Shansi. *China Journal of Science & Arts* 4: pp.127-35.

Mallory, W. H. 1926. *China: Land of Famine*. Special Publication 6. New York: American Geographical Society.

Mellars, P. 2004. Neanderthals and the modern human colonization of Europe. *Nature* 432: pp.461-65.

Milliman, J. D., Q. Yun-Shan, R. Mei-E and Y. Saito. 1987. Mans influence on the erosion and transport of sediment by Asian rivers: The Yellow River (Huanghe) example. *Journal of Geology* 95: pp.751-62.

Moor, A. M. T. and G. C. Hillman. 1992. The Pleistocene to Holocene transition and human economy in Southwest Asia: The impact of the Younger Dryas.

American Antiquity 57: pp.482–94.

Ponting, C. 1993. *A Green History of the World: The Environment and the Collapse of Great Civilizations*. New York: Penguin Books.

Pringle, H. 1998. Neolithic agriculture: The slow birth of agriculture. *Science* 282: p.1446.

Roberts, N. 1991. Late Quaternary geomorphological change and the origins of agriculture in south central Turkey. *Geoarchaeology* 6: pp.1–26.

Said, R. 1993. *The River Nile: Geology, Hydrology and Utilization*. Oxford: Pergamon Press.

Sarnthein, M. 1978. Sand deserts during glacial maximum and climatic optimum. *Nature* 272: pp.43–46.

Stanley, D. J. and A. G. Warne. 1993. Sea level and initiation of Predynastic culture in the Nile delta. *Nature* 363: pp.435–38.

Wallace, M. 1883. *Egypt and the Egyptian Question*. London: Macmillan.

Westing, A. H. 1981. A note on how many humans that have ever lived. *BioScience* 31: pp.523–24.

Wright, H. E., Jr. 1961. Late Pleistocene climate of Europe: A review. *Geological Society of America Bulletin* 72: pp.933–84.

_____. 1976. The environmental setting for plant domestication in the Near East. *Science* 194: pp.385–89.

Zeder, M. A. and B. Hesse. 2000. The initial domestication of goats (*Capra hircus*) in the Zagros Mountains 10,000 years ago. *Science* 287: pp.2254–57.

4장 | 찬란한 제국들의 무덤

Abrams, E. M. and D. J. Rue. 1988. The causes and consequences of deforestation among the prehistoric Maya. *Human Ecology* 16: pp.377–95.

Agriculture in all ages, no.2. 1855. *DeBow's Review* 19: pp.713–17.

Barker, G. 1981. *Landscape and Society: Prehistoric Central Italy*. London: Academic Press.

_____. 1985. Agricultural organisation in classical Cyrenaica: the potential of subsistence and survey data. *Cyrenaica in Antiquity*에서, G. Barker, J. Lloyd, and J. Reynolds 엮음, pp.121–34. Society for Libyan Studies Occasional Papers 1, BAR International Series 236. Oxford.

Beach, T. 1998. Soil catenas, tropical deforestation, and ancient and contemporary soil erosion in the Pet?n, Guatemala. *Physical Geography* 19: pp.378–404.

Beach, T., N. Dunning, S. Luzzadder-Beach and V. Scarborough. 2003.

Depression soils in the lowland tropics of Northwestern Belize: Anthropogenic and natural origins. *The Lowland Maya Area: Three Millennia at the Human-Wildland Interface*에서, A. Gómez-Pompa, M. F. Allen, S. L. Fedick, and J. J. Jiménez-Osornio 엮음. pp.139-74. Binghamton,NY: Food Products Press.

Beach, T., S. Luzzadder-Beach, N. Dunning, J. Hageman, and J. Lohse. 2002. Upland agriculture in the Maya Lowlands: Ancient Maya soil conservation in northwestern Belize. *Geographical Review* 92: pp.372-97.

Betancourt, J., and T. R. Van Devender. 1981. Holocene vegetation in Chaco Canyon. *Science* 214: pp.656-58.

Borowski, O. 1987. *Agriculture in Iron Age Israel*. Winona Lake, IN: Eisenbrauns.

Braund, D. 1985. The social and economic context of the Roman annexation of Cyrenaica. *Cyrenaica in Antiquity*에서, pp.319-25.

Brown, A. G. and K. E. Barber. 1985. Late Holocene Paleoecology and sedimentary history of a small lowland catchment in Central England. *Quaternary Research* 24: pp.87-102.

Cascio, E. L. 1999. The population of Roman Italy in town and country. *Reconstructing Past Population Trends in Mediterranean Europe* (3000 BC— AD 1800)에서, J. Binfliff and K. Sbonias, pp.161-71. Oxford: Oxbow Books.

Cook, S. F. 1949. Soil erosion and population in Central Mexico. *Ibero-Americana* 34: pp.1-86.

Cordell, L. 2000. Aftermath of chaos in the Pueblo Southwest. *Environmental Disaster and the Archaeology of Human Response*에서, G. Bawden and R. M. Reycraft 엮음. pp.179-93. Maxwell Museum of Anthropology, *Anthroplogical Papers* 7. Albuquerque: University of New Mexico.

Dale, T., and V. G. Carter. 1955. *Topsoil and Civilization*. Norman: University of Oklahoma Press.

Deevy, E. S., D. S. Rice, P. M. Rice, H. H. Vaughan, M. Brenner, and M. S. Flannery. 1979. Mayan urbanism: Impact on a tropical karst environment. *Science* 206: pp.298-306.

Dunning, N. P., and T. Beach. 1994. Soil Erosion, slope management, and ancient terracing in the Maya Lowlands. *Latin American Antiquity* 5: pp.51-69.

Fuchs, M., A. Lang, and G. A. Wagner. 2004. The history of Holocene soil erosion in the Philous Basin, NE Peloponnese, Greece, based on optical dating. *Holocene* 14: pp.334-45.

Hall, S. A. 1977. Late Quaternary sedimentation and paleoecologic history of

Chaco Canyon, New Mexico. *Geological Society of America Bulletin* 88: pp.1593–1618.

Halstead, P. 1992. Agriculture in the Bronze Age Agean: Towards a model of Palatial economy. *Agriculture in Ancient Greece*에서, B. Wells 엮음, pp.105–16. Proceedings of the Seventh International Symposium at the Swedish Institute at Athens, May 16–17, 1990, Svenska institutet i Athen, Stockholm.

Harris, D. R., and C. Vita–Finzi. 1968. Kokkinopilos—A Greek badland, *The Geographical Journal* 134: pp.537–46.

Heine, K. 2003. Paleopedological evidence of human–induced environmental change in the Puebla–Tlaxcala area (Mexico) during the last 3,500 years. *Revista Mexicana de Ciencias Geológicas* 20: pp.235–44.

Hughes, J. D. 1975. *Ecology in Ancient Civilizations.* Albuquerque: University of New Mexico Press.

Isager, S., and J. E. Skydsgaard. 1992. *Ancient Greek Agriculture: An Introduction.* London: Routledge.

Judson, S. 1963. Erosion and deposition of Italian stream valleys during historic time. *Science* 140: pp.898–99.

_____. 1968. Erosion rates near Rome, Italy. *Science* 160: pp.1444–46.

Lespez, L. 2003. Geomorphic responses to long–term landuse changes in Eastern Macedonia (Greece). *Catena* 51: pp.181–208.

Lowdermilk, W. C. 1953. *Conquest of the Land Through 7,000 Years.* U.S. department of Agriculture, Soil Conservation Service, Agriculture Information Bulletin 99. Washington, DC: GPO.

Marsh, G. P. 1864. *Man and Nature; or, Physical Geography as Modified by Human Action.* New York: Charles Scribner.

McAuliffe, J. R., P. C. Sundt, A. Valiente–Banuet, A. Casas and J. L. Viveros. 2001. Pre–columbian soil erosion, persistent ecological changes, and collapse of a subsistence agricultural economy in the semi–arid Tehuacán Valley, Mexico's 'Cradle of Maise.' *Journal of Arid Environments* 47: pp.47–75.

McNeill, J. R. and V. Winiwarter. 2004. Breaking the sod: Humankind, history, and soil. *Science* 304: pp.1627–29.

Meijer, F. 1993. Cicero and the costs of the Republican grain laws. De *Agricultura: In Memoriam Pieter Willem De Neeve* (1945–1990) 에서, H. Sancisi–Weerdenburg, R. J. van der Spek, H. C. Teitler, and H. T. Wallinga 엮음, pp.153–63. Dutch Monographs on Ancient History and Archaeology 10. Amsterdam: J. C. Gieben.

Metcalfe, S. E., F. A. Street–Perrott, R. A. Perrott, and D. D. Harkness. 1991.

Palaeolimnology of the Upper Lerma Basin, Central Mexico: a record of climatic change and anthropogenic disturbance since 11600 yr BP. *Journal of Paleolimnology* 5: pp.197–218.

O'Hara, S. L., F. A. Street–Perrott, and T. P. Burt. 1993. Accelerated soil erosion around a Mexican highland lake caused by prehispanic agriculture. *Nature* 362: pp.48–51.

Piperno, D. R., M. B. Bush, and P. A. Colinvaux. 1991. Paleoecological perspectives on human adaptation in Central Panama. II The Holocene. *Geoarchaeology* 6: pp.227–50.

Ponting, C. 1993. *A Green History of the World: The Environment and the Collapse of Great Civilazations.* New York: Penguin Books.

Pope, K. O., and T. H. van Andel. 1984. Late Quaternary alluviation and soil formation in the Southern Argolid: its history, causes and archeaological implications. *Journal of Archaeological Science* 11: pp.281–306.

Runnels, C. 2000. Anthropogenic soil erosion in prehistoric Greece: The contribution of regional surveys to the archaeology of environmental disruptions and human response. *Environmental Disaster and the Archaeology of Human Response*에서, R. M. Reycraft and G. Bawden 엮음, pp.11–20. Maxwell Museum of Anthropology, Anthropological Papers 7. Albuquerque: University of New Mexico.

Runnels, C. N. 1995. Environmental degradation in Ancient Greece. Scientific American 272: pp.96–99.

Sandor, J. A., and N. S. Eash. 1991. Significance of ancient agricultural soils for long–term agronomic studies and sustainable agriculture research. *Agronomy Journal* 83: pp.29–37.

Simkhovitch, V. G. 1916. Rome's fall reconsidered. Political Science Quarterly 31: pp.201–43.

Spurr, M. S. 1986. Arable Cultivation in Roman Italy c.200 B.C.–c.A.D.100. *Journal of Roman Studies Monographs* 3. London: Society for the Promotion of Roman Studies.

Stephens, J. L. 1843. Incidents of Travel in Yucatán. Norman: University of Oklahoma Press, 1962.

Thompson, R., G. M. Turner, M. Stiller, and A. Kaufman. 1985. Near East paleomagnetic secular variation recorded in sediments from the Sea of Galillee (Lake Kinneret). *Quaternary Research* 23: pp.175–88.

Turner, B. L., II, P. Klepeis, and L. C. Schneider. 2003. Three millennia in the Southern Yucatán Peninsula: Implications for occupancy, use, and carrying capacity. *The Lowland Maya Area*에서, pp.361-87.

Van Andel, T. H., E. Zangger, and A. Demitrack. 1990. Land use and soil erosion in prehistoric and historical Greece. *Journal of Field Archaeology* 17: pp.379-96.

Vita-Finzi, C. 1969. *The Mediterranean Valley: Geological Changes in Historical Times*. Cambridge: Cambridge University Press.

White, K. D. 1970. *Roman Farming*. Ithaca: Cornell University Press.

_____. 1973. Roman agricultural writers I: Varro and his predecessors. *Von Den Anfängen Roms bis zum Ausgang Der Republik*에서, 3: pp.439-97. Aufsteig und Niedergang der Römanischen Welt 1.4. Berlin: Walter de Gruyter.

Williams, M. 2003. *Deforesting the Earth: From Prehistory to Global Crisis*. Chicago: University of Chicago Press.

Zangger, E. 1992. Neolithic to present soil erosion in Greece. *Past and Present Soil Erosion: Archaeological and Geographical Perspectives*에서, M. Bell and J. Boardman 엮음, pp.133-47. Oxbow Monograph 22. Oxford: Oxbow Books.

_____. 1992. Prehistoric and historic soils in Greece: Assessing the natural resources for agriculture. *Agriculture in Ancient Greece*에서, pp.13-18.

5장 | 식민지를 찾아서

Bork, H.-R. 1989. Soil erosion during the past millennium in Central Europe and its significance within the geomorphodynamics of the Holocene. *Landforms and Landform Evolution in West Germany*에서, F. Ahnert 엮음, pp.121-31. Catena Suppl. no. 15.

Brown, J. C. 1876. *Reboisement in France: Or, Records of the Replanting of the Alps, the Cevennes, and the Pyrenees with Trees, Herbage, and Brush, with a View to Arresting and Preventing the Destructive Effects of Torrents*. London: Henry S. King.

Clark, G. 1991. Yields per acre in English agriculture, 1250-1860: evidence from labour inputs. *Economic History Review* 44: pp.445-60.

_____. 1992. The economics of exhaustion, the Postan Thesis, and the Agricultural Revolution. *Journal of Economic History* 52: pp.61-84.

Cohen, J. E. 1995. *How many People Can the Earth Support?* New York: W. W. Norton.

De Castro, J. 1952. *The Geography of Hunger*. Boston: Little, Brown.

Dearing, J. A., K. Alström, A. Bergman, J. Regnell, and P. Sandgren. 1990. Recent and long-term records of soil erosion from southern Sweden. *Soil*

*Erosion on Agricultural Land*에서, J. Boardman, I. D. L. Foster, and J. A. Dearing, pp.173–91. New York: John Wiley and Sons.

Dearing, J. A., H. Håkansson, B. Liedberg-Jönsson, A. Persson, S. Skansj?, D. Widholm, and F. El-Daoushy. 1987. Lake sediments used to quantify the erosional response to land use change in southern Sweden. *Oikos* 50: pp.60–78.

Dennell, R. 1978. *Early farming in South Bulgaria from the VI to the III Millennia B.C.* BAR International Series (Supplementary) 45. Oxford.

Edwards, K. J., and K. M. Rowntree. 1980. Radiocarbon and palaeoenvironmental evidence for changing rates of erosion at a Flandrian stage site in Scotland. *Timescales in Geomorphology*에서, R. A. Cullingford, D. A. Davidson, and J. Lewin 엮음, pp.207–23. Chichester: John Wiley and Sons.

Evans, R. 1990. Soil erosion: Its impact on the English and Welsh landscape since woodland clearance. *Soil Erosion on Agricultural Land*에서, pp.231–54.

Evelyn, J. 1679. *Terra, a Philosophical Essay of Earth*. London: Printed for John Martyn, Printer to the Royal Society.

Godwin, W. 1793. *An Enquiry concerning Political Justice and Its Influence on General Virtue and Happiness*. Vol. 2. London: Robinson.

Hutton, J. 1795. *Theory of the Earth, with Proofs and Illustrations*. Vol. 2. Edinburgh: William Creech.

Hyams, E. 1952. *Soil and Civilization*. London: Thames and Hudson.

Judson, S. 1968. Erosion of the land, or what's happening to our continents? *American Scientist* 56: pp.356–74.

Kalis, A. J., J. Merkt, and J. Wunderlich. 2003. Environmental changes during the Holocene climatic optimum in central Europe—human impact and natural causes. *Quaternary Science Reviews* 22: pp.33–79.

Lane, C. 1980. The development of pastures and meadows during the sixteenth and seventeenth centuries. *Agricultural Review* 28: pp.18–30.

Lang, A. 2003. Phases of soil erosion–derived colluviation in the loess hills of South Germany. *Catena* 51: pp.209–21.

Lang, A., H.-P. Niller, and M. M. Rind. 2003. Land degradation in Bronze Age Germany: Archaeological, pedological, and chronometrical evidence from a hilltop settlement on the Frauenberg, Niederbayern. *Georchaeology* 18: pp.757–78.

Lowdermilk, W. C. 1953. *Conquest of the Land Through 7,000 Years*. U.S. Department of Agriculture, Soil Conservation Service, Agriculture Information Bulletin 99. Washington, DC: GPO.

Lowry, S. T. 2003. The agricultural foundation of the seventeenth–century

English oeconomy. *History of Political Economy* 35, Suppl. 1: pp.74–100.

Mäckel, R., R. Schneider, and J. Seidel. 2003. Anthropogenic impact on the land-scape of Southern Badenia (Germany) during the Holocene—documented by colluvial and alluvial sediments. *Archaeometry* 45: pp.487–501.

Malthus, T. 1798. *An Essay on the Principle of Population, as It Affects the Future Improvement of Society: with Remarks on the Speculations of Mr. Godwin, M. Condorcet, and Other Writers*. London: J. Johnson.

Markham, G. 1631. *Markhams Farewell to Husbandry; Or, The Enriching of All Sorts of Barren and Sterile Grounds in Our Kingdome, to be as Fruiteful in All Manner of Graine, Pulse, and Grasse, as the Best Grounds Whatsoever*. Printed by Nicholas Okes for John Harison, at the figure of the golden Unicorne in Paternester-row.

Marsh, G. P. 1864. *Man and Nature; or, Physical Geography as Modified by Human Action*. New York: Charles Scribner.

Marx, K. 1867. *Capital: A Critique of Political Economy*. Vol. 1. New York: Vintage Books, 1977.

Melvin, J. 1887. Huttons views of the vegetable soil or mould, and vegetable and animal life. *Transactions of the Edinburgh Geological Society* 5: pp.468–83.

Morhange, C., F. Blanc, S. Schmitt-Mercury, M. Bourcier, P. Carbonel, C. Oberlin, A. Prone, D. Vivent, and A. Hesnard. 2003. Stratigraphy of late-Holocene deposits of the ancient harbour of Marseilles, southern France. *Holocene* 13: pp.593–604.

Mortimer, J. 1708. *The Whole Art of Husbandry; Or, The Way of Managing and Improving of Land*. London: Printed by F. H. for H. Mortlock at the *Phoenix*, and J. Robinson at the *Golden Lion* in St. Paul's Church-Yard.

Playfair, J. 1802. *Illustrations of the Huttonian Theory of the Earth*. London: Cadell and Davies / Edinburgh: William Creech.

Reclus, E. 1871. *The Earth*. New York: G. P. Putnam and Sons.

Ross, E. B. 1998. *The Malthus Factor: Poverty, Politics and Population in Capitalist Development*. London: Zed Books.

Simkhovitch, V. G. 1913. Hay and history. *Political Science Quarterly* 28: pp.385–403.

Smith, C. D. 1972. Late Neolithic settlement, land-use and Garigue in the Montpellier Region, France. *Man* 7: pp.397–407.

Surell, A. 1870. *A Study of the Torrents in the Department of the Upper Alps*. A. Gibney 옮김. Paris: Dunod.

Van de Westeringh, W. 1988. Man-made soils in the Netherlands, especially in

sandy areas ("Plaggen soils"). *Man-Made Soils*에서, W. Groenman-van
Waateringe and M. Robinson 엮음, pp.5-19. Symposia of the Association for
Environmental Archaeology 6, BAR International Series 410. Oxford.

Van Hooff, P. P. M. and P. D. Jungerius. 1984. Sediment source and storage in
small watersheds of the Keuper marls in Luxembourg, as indicated by soil
profile truncation and the deposition of colluvium. *Catena* 11: pp.133-44.

Van Vliet-Lanoë, B., M. Helluin, J. Pellerin, and B. Valadas. 1992. Soil erosion
in Western Europe: From the last interglacial to the present. *Past and Present
Soil Erosion: Archaeological and Geographical Perspectives*에서, M. Bell and
J. Boardman 엮음, p.101-14. Oxbow Monograph 22. Oxford: Oxbow Books.

Whitney, M. 1925. *Soil and Civilization: A Modern Concept of the Soil and the
Historical Development of Agriculture*. New York: D. Van Nostrand.

Zangger, E. 1992. Prehistoric and historic soils in Greece: Assessing the natural
resources for agriculture. *Agriculture in Ancient Greece*에서, B. Wells 엮음,
13-19. Proceedings of the Seventh International Symposium at the Swedish
Institute at Athens, p.16-17 May, 1990. Acta Instituti Atheniensis Regni
Sueciae, Series In 4, 42. Stockholm.

Zolitschka, B., K.-E. Behre, and J. Schneider. 2003. Human and climatic
impact on the environment as derived from colluvial, fluvial and lacustrine
archives—examples from the Bronze Age to the Migration period, Germany.
Quarternary Science Reviews 22: p.81-100.

6장 | 신대륙의 플랜테이션

Bagley, W. C., Jr. 1942. *Soil Exhaustion and the Civil War*. Washington, DC:
American Council on Public Affairs.

de Beaujour, L. A. F. 1814. *Sketch of the United States of North America*. W.
Walton 엮음. London; J. Booth.

Beer, G. L. 1908. *Origins of the British Colonial System, 1578-1660*. New York:
Macmillan.

Brissot de Warville, J.-P. 1794. *New Travels in the United States of America,
Performed in 1788*. London: J. S. Jordan.

Costa, J. E. 1975. Effects of agriculture on erosion and sedimentation in the
Piedmont Province, Maryland. *Geological Society of America Bulletin* 86:
pp.1281-86.

Craven, A. O. 1925. *Soil Exhaustion as a Factor in the Agricultural History of
Virginia and Maryland, 1606-1860*. University of Illinois Studies in the

362 흙

Social Sciences 13, no. 1. Urbana: University of Illinois.

Crave, J. H. 1833. Letter of John H. Craven. *Farmer's Register* 1: p.150.

Cronon, W. 1983. *Changes in the Land: Indians, Colonists, and the Ecology of New England*. New York: Hill and Wang.

Eliot, J. 1934. *Essays Upon Field Husbandry in New England and Other Papers, 1748-1762*. H. J. Carman, R. G. Tugwell, and R. H. True 엮음. New York: Columbia University Press.

Glenn, L. C. 1911. *Denudation and Erosion in the Southern Appalachian Region and the Monongahela Basin*. U.S. Geological Survey Professional Paper 72. Washington, DC: GPO.

Gottschalk, L. C. 1945. Effects of soil erosion on navigation in Upper Chesapeake Bay. *Geographical Review* 35: pp.219–38.

Hall, A. R. 1937. *Early Erosion-Control Practices in Virginia*. U.S. Department of Agriculture Miscellaneous Publication 256. Washington, DC: GPO.

Happ, S. C. 1945. Sedimentation in South Carolina Piedmont valleys. *American Journal of Science* 243: pp.113–26.

Harmann, W. A. and H. H. Wooten. 1935. *Georgia Land Use Problems*. Bulletin 191. Georgia Agricultural Experiment Station.

Hartwell, H., J. Blair, and E. Chilton. 1727. *The Present State of Virginia, and the College*. London: John Wyat.

Hewatt, A. 1779. *An Historical Account of the Rise and Progress of the Colonies of South Carolina and Georgia*. London: A. Donaldson.

Jefferson, T. 1813. Letter to C. W. Peale, April 17, 1813. *Thomas Jefferson's Garden Book*, annot. E. M. Betts, 509. Philadelphia: American Philosophical Society, 1944.

———. 1894. *The Writings of Thomas Jefferson*. P. L. Ford 엮음. Vol. 3. New York: G. P. Putnam and Sons.

Letter from Alabama. 1833. *Farmer's Register* 1: p.349.

Lorain, J. 1825. *Nature and Reason Harmonized in the Practice of Husbandry*. Philadelphia: H. C. Carey and L. Lea.

Lyell, C. 1849. *A Second Visit to The United States of North America*. Vol. 2. London: John Murray.

M. N. 1834. On improvement of lands in the central regions of Virginia. *Farmer's Register* 1: pp.585–89.

Mann, C. C. 2002. The real dirt on rainforest fertility. Science 297: pp.920–23.

McDonald, A. 1941. *Early American Soil Conservationists*. U.S. Department of Agriculture Miscellaneous Publication 449. Washington, DC: GPO.

Meade, R. H. 1982. Sources, sinks, and storage of river sediment in the Atlantic drainage of the United States. *Journal of Geology* 90: pp.235-52.

Overstreet, W. C., A. M. White, J. W. Whitlow, P. K. Theobald, D. W. Caldwell, and N. P. Cuppels. 1968. *Fluvial monazite deposits in the southeastern United States*. U.S. Geological Survey Professional Paper 568. Washington, DC: GPO.

Pasternack, G. B., G. S. Brush, and W. B. Hilgartner. 2001. Impact of historic land-use change on sediment delivery to a Chesapeake Bay subestuarine delta. *Earth Surface Processes and Landforms* 26: pp.409-27.

Phillips, U. B. 1909. *Plantation and Frontier Documents: 1649-1863*. Vol. 1. Cleveland: Arthur H. Clark.

Ruffin, E. 1832. *An Essay on Calcareous Manures*. J. C. Sitterson 엮음. Cambridge, MA: Harvard University Press, Belknap Press, 1961.

Schoepf, J. D. 1911. *Travels in the Confederation: 1783-1784*. A. J. Morrison and William J. Campbell 옮김. Philadelphia: W. J. Campbell.

Shafer, D. S. 1988. Late Quarternary landscape evolution at Flat Laurel Gap, Blue Ridge Mountains, North Carolina. *Quaternary Research* 30: pp.7-11.

Smith, N. J. H. 1980. Anthrosols and human carrying capacity in Amazonia. *Annals of the Association of American Geographers* 70: pp.553-66.

Stoll, S. 2002. *Larding the Lean Earth: Soil and Society in Nineteenth-Century America*. New York: Hill and Wang.

Taylor, J. 1814. *Arator, Being a Series of Agricultural Essays, Practical and Political*. Columbia: J. M. Carter.

Toulmin, H. 1948. *The Western country in 1793: Reports on Kentucky and Virginia*. M. Tinling and G. Davies 엮음. San Marino, CA: Henry E. Huntington Library and Art Gallery.

U.S. Congress. Senate. 1850. *Report of the commissioner of Patents for the Year 1849, part 2, Agriculture*. 31st Congress, 1st sess. Ex. Doc. 15. Washington, DC: GPO.

Washington, G. 1803. *Letters from His Excellency George Washington to Arthur Young, Esq., F.R.S., and Sir John Sinclair, Bart., M. P.: Containing an Account of His Husbandry with His Opinions on Various Questions in Agriculture*. Alexandria, VA: Cottom and Stewart.

    . 1892. *The Writings of George Washington*, W. C. Ford 엮음. Vol. 13. New York: G. P. Putnam and Sons.

White, A. 1910. A brief relation of the voyage unto Maryland, 1634. *Narratives of Early Maryland, 1633-1684*에서, C. C. Hall 엮음, pp.22-45. New York:

Charles Scribner.

Wolman, M. G. 1967. A cycle of sedimentation and erosion in urban river chan-
nels. *Geografiska Annaler* 49A: pp.385–95.

7장 | 강철 쟁기와 트랙터, 흙 폭풍

Alexander, E. B. 1988. Rates of soil formation: Implications for soil-loss toler-
ance. *Soil Science* 145: pp.37–45.

Bennett, H. H. 1936. *Soil Conservation and Flood Control*. U.S. Department of
Agriculture, Soil Conservation Service, Miscellaneous Publication II.
Washington, DC: GPO.

Bennett, H. H., and W. R. Chapline. 1928. Soil Erosion, *A National Menace*.
U.S. Department of Agriculture, Bureau of Chemistry and Soils and Forest
Service, Circular 3. Washington, DC: GPO.

Borchert, J. R. 1971. The Dust Bowl in the 1970s. *Annals of the Association of
American Geographers* 61: pp.1–22.

Brown, L. R. 1981. World population growth, soil erosion, and food security.
Science 214: pp.995–1002.

Busacca, A., L. Wagoner, P. Mehringer, and M. Bacon. 1998. Effect of human
activity on dustfall: A 1,300-year lake-core record of dust deposition on the
Columbia Plateau, Pacific Northwest U.S.A. *Dust Aerosols, Loess Soils & Global
Change*에서, A. Busacca 엮음, pp.8–11. Publication MISC0190. Pullman:
Washington State University.

Catt, J. A. 1988. Loess — its formation, transportation and economic significance.
Physical and Chemical Weathering in Geochemical Cycles, A. Lerman and
M. Meybeck 엮음, 251: pp.113–42. NATO Advanced Science Institutes Series
C: Mathematical and Physical Science. Dordrecht: Kluwer Academic.

Clay, J. 2004. *World Agriculture and the Environment*. Washington, DC: Island
Press.

Craven, A. O. 1925. *Soil Exhaustion as a Factor in the Agricultural History of
Virginia and Maryland, 1606-1860*. University of Illinois Studies in the
Social Sciences 13, no. 1. Urbana: University of Illinois.

Davis, R. O. E. 1914. Economic waste from soil erosion. [1913] *Yearbook of the
United States Department of Agriculture*, 207–20에서. Washington, DC: GPO.

Dazhong, W. 1993. Soil erosion and conservation in China. *World Soil Erosion
and Conservation*에서, D. Pimentel 엮음, pp.63–85. Cambridge: Cambridge
University Press.

Dunne, T., W. E. Dietrich, and M. J. Brunengo. 1978. Recent and past erosion rates in semi-arid Kenya. *Zeitschrift für Geomorphologie*, N. F., Suppl. 29: pp.130–40.

Hunsberger, B., J. Senior, and S. Carter. 1999. Winds spawn deadly pileups. *Sunday Oregonian*, September 26, A1.

Hurni, H. 1993. Land degradation, famine, and land resource scenarios in Ethiopia. *World Soil Erosion and conservation*에서, pp.27–61.

Hyams, E. 1952. *Soil and Civilization*, London: Thames and Hudson.

Jacobberger, P. A. 1988. Drought-related changes to geomorphologic processes in central Mali. *Geological Society of America Bulletin* 100: pp.351–61.

Johnson, W. D. 1902. The High Plains and their utilization. *Twenty-Second Annual Report of the United States Geological Survey*에서, pp.637–69. Washington, DC: GPO.

Kaiser, J. 2004. Wounding Earths fragile skin. *Science* 304: pp.1616–18.

Kaiser, V. G. 1961. Historical land use and erosion in the Palouse—A reappraisal. *Northwest Science* 35: pp.139–53.

Lal, R. 1993. Soil erosion and conservation in West Africa. *World Soil Erosion and Conservation*에서, pp.7–25.

Larson, W. E., F. J. Pierce, and R. H. Dowdy. 1983. The threat of soil erosion to long-term crop production. *Science* 219: pp.458–65.

Le Houérou, H. N. 1996. Climate change, drought and desertification. *Journal of Arid Environments* 34: pp.133–85.

Lowdermilk, W. C. 1935. *Soil Erosion and Its Control in the United States*. U.S. Department of Agriculture, Soil Conservation Service, Miscellaneous Publication 3. Washington, DC: GPO.

_____. 1936. *Man-made deserts*. U.S. Department of Agriculture, Soil Conservation Service, Miscellaneous Publication 4.

_____. 1941. Conquest of the Land. *Papers on Soil Conservation, 1936-1941*에서. U.S. Soil Conservation Service.

Mäckel, R. and D. Walther. 1984. Change of vegetation cover and morphody-namics—a study in applied geomorphology in the semi-arid lands of Northern Kenya, *Zeitschrift für Geomorphologie*, N. F., Suppl. 51: pp.77–93.

McCool, D. K., J. A. Montgomery, A. J. Busacca, and B. E. Frazier. 1998. Soil degradation by tillage movement. *Advances in GeoEcology* 31: pp.327–32.

Nasrallah, H. A., and R. C. Balling, Jr. 1995. Impact of desertification on temperature trends in the Middle East, *Environmental Monitoring and Assessment* 37: pp.265–71.

National Research Council. Committee on the role of alternative farming methods in modern production agriculture. 1989. *Alternative Agriculture.* Washington, DC: National Academy Press.

Nearing, M. A., F. F. Pruski, and M. R. O'Neal. 2004. Expected climate change impacts on soil erosion rates: A review. *Journal of Soil and Water Conservation* 59: pp.43-50.

Pearce, F. 2001. Desert harvest. *New Scientist* 172: p.44.

Peng, S., J. Huang, J. E. Sheehy, R. C. Laza, R. M. Visperas, X. Zhong, G. S. Centeno, G. S. Khush, and K. G. Cassman. 2004. Rice yields decline with higher night temperature from global warming. *Proceedings of the National Academy of Sciences of the United States of America* 101: pp.9971-75.

Pimentel, D. 1993. Overview. *World Soil Erosion and Conservation*에서, pp.1-5.

Pimentel, D., J. Allen, A. Beers, L. Guinand, A. Hawkins, R. Linder, P. McLaughlin, B. Meer, D. Musonda, D. Perdue, S. Poisson, R. Salazar, S. Siebert, and K. Stoner. 1993. Soil erosion and agricultural productivity. *World Soil Erosion and Conservation*에서, pp.277-92.

Pimentel, D., C. Harvey, P. Resosudarmo, K. Sinclair, D. Kurz, M. McNair, S. Crist, L. Shpritz, L. Fitton, R. Saffouri, and R. Blair. 1995. Environmental and economic costs of soil erosion and conservation benefits. *Science* 267: pp.1117-23.

Ponting, C. 1993. *A Green History of the World: The Environment and the Collapse of Great Civilizations.* New York: Penguin Books.

Saiko, T. A. 1995. Implications of the disintegration of the former Soviet Union for desertification control. *Environmental Monitoring and Assessment* 37: pp.289-302.

Sampson, R. N. 1981. *Farmland or Wasteland: A Time to Choose.* Emmaus, PA: Rodale Press.

Schickele, R., J. P. Himmel, and R. M. Hurd. 1935. *Economic Phases of Erosion Control in Southern Iowa and Northern Missouri.* Iowa Agricultural Experiment Station Bulletin 333. Ames: Iowa State College of Agriculture and Mechanic Arts.

Schindler, D. W., and W. F. Donahue. 2006. An impending water crisis in Canada's western prairie provinces. *Proceedings of the National Academy of Sciences* 103: pp.7210-16.

Shaler, N. S. 1891. The origin and nature of soils. *Papers Accompanying the Annual Report of the Director of the U.S. Geological Survey for the Fiscal Year Ending June 30, 1891*에서, pp.211-345. U.S. Geological Survey. Washington,

DC: GPO.

_____. 1905. *Man and the Earth*. New York: Fox, Duffield.

Swift, J. 1977. Sahelian pastoralists: Underdevelopment, desertification, and famine. *Annual Review of Anthropology* 6: pp.457–78.

Syvitski, J. P. M., C. J. V?r?smarty, A. J. Kettner, and P. Green. 2005. Impact of humans on the flux of terrestrial sediment to the global coastal ocean. *Science* 308: pp.376–80.

Throckmorton, R. I., and L. L. Compton. 1938. Soil erosion by wind. *Report of the Kansas State Board of Agriculture* 56, no. 224–A.

Trimble, S. W. and S. W. Lund. 1982. *Soil Conservation and the Reduction of Erosion and Sedimentation in the Coon Creek Basin, Wisconsin*. U.S. Geological Survey Professional Paper 1234. Washington, DC: GPO.

U.S. Congress. House of Representatives. Great Plains Committee. 1936. *The Future of the Great Plains*, 75th Congress, 1st sess. HD 144. Washington, DC: GPO.

U.S. Department of Agriculture (USDA). 1979. *Erosion in the Palouse: A Summary of the Palouse River Basin Study*. U.S. Department of Agriculture, Soil Conservation Service, Forest Service, and Economics, Statistics, and Cooperative Service.

Wade, N. 1974. Sahelian drought: No victory for Western aid. *Science* 185: pp.234–37.

Wakatsuki, T. and A. Rasyidin. 1992. Rates of weathering and soil formation. *Geoderma* 52: pp.251–63.

Worster, D. 1979. *Dust Bowl: The Southern Plains in the 1930s*. New York: Oxford University Press.

Zonn, I. S. 1995. Desertification in Russia: Problems and solutions (An example in the Republic of Kalmykia-Khalmg Tangch). *Environmental Monitoring and Assessment* 37: pp.347–63.

8장 | 화학비료와 석유의 딜레마

Appenzeller, T. 2004. The end of cheap oil. *National Geographic* 205 (6): pp.80–109.

Bennet, H. H. 1947. Soil conservation in the world ahead. *Journal of Soil and Water Conservation* 2: pp.43–50.

Blevins, R. L., R. Lal, J. W. Doran, G. W. Langdale, and W. W. Frey. 1998. Conservation tillage for erosion control and soil quality. *Advances in Soil* *and Water Conservation*에서, F. J. Pierce and W. W. Fry 엮음, pp.51-68. Chelsea, MI: Ann Arbor Press.

Buman, R. A., B. A. Alesii, J. L., Hatfield, and D. L. Karlen. 2004. Profit, yield, and soil quality effects of tillage systems in corn—soybeans. *Journal of Soil and Water Conservation* 59: pp.260-270.

Catt, J. A. 1992. Soil erosion on the Lower Greensand at Woburn Experimental Farm, Bedfordshire—Evidence, history, and causes. *Past and Present Soil Erosion: Archaeological and Geographical Perspectives*에서, M. Bell and J. Boardman 엮음, pp.67-76. Oxbow Monograph 22. Oxford: Oxbow Books.

Craswell, E. T. 1993. The management of world soil resources for sustainable agricultural production. *World Soil Erosion and Conservation*에서, D. Pimentel 엮음, pp.257-76. Cambridge Studies in Applied Ecology and Resource Management. Cambridge: Cambridge University Press.

Crookes, William. 1900. *The Wheat Problem: Based on Remarks Made in the Presidential Address to the British Association at Bristol in 1898*. New York: G. P. Putnam and Sons.

Drinkwater, L. E., P. Wagoner, and M. Sarrantonio. 1998. Legume-based cropping systems have reduced carbon and nitrogen losses. *Nature* 396: pp.262-65.

Egan, T. 2004. Big farms reap two harvests with subsidies a bumper crop. *New York Times*, December 26, 2004. 1. 28.

Fan, T., B. A. Stewart, W. A. Payne, W. Yong, J. Luo, and Y. Gao. 2005. Long-term fertilizer and water availability effects on cereal yield and soil chemical properties in Northwest China. *Soil Science Society of America Journal* 69: pp.842-55.

Faulkner, E. H. 1943. *Plowman's Folly*. New York: Grosset and Dunlap.

Hall, A. D. 1917. *The Book of the Rothamsted Experiments*. 2nd ed. Rev. E. J. Russell. New York: E. P. Dutton.

Hilgard, E. W. 1860. *Report on the Geology and Agriculture of the State of Mississippi*. Jackson: E. Barksdale.

Hooke, R. L. 1999. Spatial distribution of human geomorphic activity in the United States: Comparison with rivers. *Earth Surface Processes and Landforms* 24: pp.687-92.

Howard, A. 1940. *An Agricultural Testament*. London: Oxford University Press.

Jackson, W. 2002. Farming in nature's image: Natural systems agriculture. *The Fatal Harvest Reader: The Tradegy of Industrial Agriculture*, A. Kimbrell 엮음, pp.65-75. Washington, DC: Island Press.

_____. 2002. Natural systems agriculture: a truly radical alternative. *Agriculture,*

Ecosystems and Environment 88: pp.111–17.

Jenny, H. 1961. "E. W. Hilgard and the Birth of Modern Soil Science." *Agrochimica*, ser. 3 (Pisa).

Johnston, A. E., and G. E. G. Mattingly. 1976. Experiments on the continuous growth of arable crops at Rothamsted and Woburn Experimental Stations: Effects of treatments on crop yields and soil analyses and recent modifications in purpose and design. *Annals of Agronomy* 27: pp.927–56.

Johnson, C. B. and W. C. Moldenhauer. 1979. Effect of chisel versus moldboard plowing on soil erosion by water. *Soil Science Society of America Journal* 43: pp.177–79.

Judson, S. 1968. Erosion of the land, or what's happening to our continents? *American Scientist* 56: pp.356–74.

Lal, R. 2004. Soil carbon sequestration impacts on global climate change and food security. *Science* 304: pp.1623–27.

Lal, R. M. Griffin, J. Apt, L. Lave, and M. G. Morgan. 2004. Managing soil carbon. *Science* 304: p.39.

Liebig, J. 1843. *Chemistry in Its Application to Agriculture and Physiology*. Ed. from the manuscript of the author by L. Playfair. Philadelphia: James M. Campbell / New York: Saxton and Miles.

Lockeretz, W., G. Shearer, R. Klepper, and S. Sweeney. 1978. Field crop production on organic farms in the Midwest. *Journal of Soil and Water Conservation* 33: pp.130–34.

Mäder, P., A. Flieβbach, D. Dubois, L. Gunst, P. Fried, and U. Niggli. 2002. Soil fertility and biodiversity in organic farming. *Science* 296: pp.1694–97.

Mallory, W. H. 1926. *China: Land of Famine*. Special Publication 6. New York: American Geographical Society.

Matson, P. A., W. J. Parton, A. G. Power, and M. J. Swift. 1997. Agricultural intensification and ecosystem properties. *Science* 277: pp.504–9.

McNeill, J. R. and V. Winiwarter. 2004. Breaking the sod: Humankind, history, and soil. *Science* 304: pp.1627–29.

Morgan, R. P. C. 1985. Soil degradation and erosion as a result of agricultural practice. *Geomorphology and Soils*에서, K. S. Richards, R. R. Arnett, and S. Ellis, pp.379–95. London: George Allen and Unwin.

Mosier, A. R., K. Syers, and J. R. Freney. 2004. *Agriculture and the Nitrogen Cycle*. Washington, DC: Island Press.

Musgrave, G. W. 1954. Estimating land erosion–sheet erosion. *Association internationale d'Hydrologie scientifique, Assemblée génerale de Rome*, 1:

pp.207-15.

Pimentel, D., P. Hepperly, J. Hanson, D. Douds, and R. Seidel. 2005. Environmental, energetic, and economic comparisons of organic and conventional farming systems. *BioScience* 55: pp.573-82.

Regnold, J. 1989. Farming's organic future. *New Scientist* 122: pp.49-52.

Regnold, J. P., L. F. Elliott, and Y. L. Unger. 1987. Long-term effects of organic and conventional farming on soil erosion. *Nature* 330: pp.370-72.

Regnold, J. P., J. D. Glover, P. K. Andrews, and H. R. Hinman. 2001. Sustainability of three apple production systems. Nature 410: pp.926-30.

Regnold, J. P., A. S. Palmer, J. C. Lockhart, and A. N. Macgregor. 1993. Soil quality and financial performance of biodynamic and conventional farms in New Zealand. *Science* 260: pp.344-49.

Rosset, P., J. Collins, and F. M. Lappe. 2000. Lessons from the Green Revolution. *Tikkun Magazine* 15 (2): pp.52-56.

Ruffin, E. 1832. *An Essay on Calcareous Manures*. Ed. J. C. Sitterson. Cambridge, MA: Harvard University Press, Belknap Press, 1961.

Smil, V. 2001. *Enriching the Earth: Fritz Haber, Carl Bosch, and the Transformation of World Food Production*. Cambridge, MA: MIT Press.

Stuiver, M. 1978. Atmospheric carbon dioxide and carbon reservoir changes: Reduction in terrestrial carbon reservoirs since 1850 has resulted in atmospheric carbon dioxide increases. *Science* 199: pp.253-58.

Tanner, C. B., and R. W. Simonson. 1993. Franklin Hiram King—pioneer scientist. *Soil Science Society of America Journal* 57: pp.286-92.

Taylor, R. H. 1930. Commercial fertilizers in South Carolina. *South Atlantic Quarterly* 29: pp.179-89.

Tiessen, H., E. Cuevas, and P. Chacon. 1994. The role of soil organic matter in sustaining soil fertility. *Nature* 371: pp.783-85.

Truman, C. C., D. W. Reeves, J. N. Shaw, A. C. Motta, C. H. Burmester, R. L. Raper, and E. B. Schwab. 2003. Tillage impacts on soil property, runoff, and soil loss variations from a Rhodic Paleudult under simulated rainfall. *Journal of Soil and Water Conservation* 58: pp.258-67.

Ursic, S. J., and F. E. Dendy. 1965. Sediment yields from small watersheds under various land uses and forest covers. *Proceedings of the Federal Inter-Agency Sedimentation Conference*, 1963, pp.47-52. U.S. Department of Agriculture, Miscellaneous Publication 970. Washington, DC: GPO.

U.S. Department of Agriculture (USDA). 1901. *Exhaustion and Abandonment of Soils: Testimony of Milton Whitney, Chief of Division of Soils, Before The*

Industrial Commission. U.S. Department of Agriculture, Report 70. Washington, DC: GPO.

Van Hise, C. R. 1916. *The Conservation of Natural Resources in the United States*. New York: Macmillan.

Whitney, M. 1909. *Soils of the United States*. U.S. Department of Agriculture, Bureau of Soils Bulletin 55. Washington, DC: GPO.

_____. 1925. *Soil and Civilization: A Modern Concept of the Soil and the Historical Development of Agriculture*. New York: D. Van Nostrand.

Wilson, D. 2001. *Fateful Harvest: The True Story of a Small Town, a Global Industry, and a Toxic Secret*. New York: HarperCollins.

Wines, R. A. 1985. *Fertilizer in America: From Waste Recycling to Resource Exploitation*. Philadelphia: Temple University Press.

Yoder, D. C., T. L. Cope, J. B. Wills, and H. P. Denton. 2005. No-till transplanting of vegetable and tobacco to reduce erosion and nutrient surface runoff. *Journal of Soil and Water Conservation* 60: pp.68-72.

9장 | 서로 다른 길을 간 섬들의 운명

Arnalds, A. 1998. Strategies for soil conservation in Iceland. *Advances in GeoEcology* 31: pp.919-25.

Arnalds, O. 2000. The Icelandic 'Rofabard' soil erosion features. *Earth Surface Processes and Landforms* 25: pp.17-28.

Buckland, P. and A. Dugmore. 1991. "If this is a refugium, why are my feet so bloody cold?" The origins of the Icelandic biota in the light of recent research. *Environmental Change in Iceland: Past and Present*에서, J. K. Maizels, and C. Caseldine, pp.107-25. Dordrecht: Kluwer Academic.

Dugmore, A. and P. Buckland. 1991. Tephrochronology and late Holocene soil erosion in South Iceland. *Environmental Change in Iceland*에서, pp.147-59.

Gerrard, A. J. 1985. Soil erosion and landscape stability in southern Iceland: a tephrochronological approach. *Geomorphology and Soils*에서, K. S. Richards, R. R. Arnett, and S. Ellis, pp.78-95. London: George Allen and Unwin.

Gerrad, J. 1991. An assessment of some of the factors involved in recent landscape change in Iceland. *Environmental Change in Iceland*에서, pp.237-53.

Gósladíttir, G. 2001. Ecological disturbance and soil erosion on grazing land in Southwest Iceland. *Land Degradation*에서, A. J. Conacher 엮음, pp.109-26. Dordrecht: Kluwer Academic.

Hunt, T. L., and C. P. Lipo. 2006. Late colonization of Easter Island. *Science*

311: pp.1603-6.

Kirch, P. V. 1996. Late Holocene human-induced modifications to a central Polynesian island ecosystem. *Proceedings of the National Academy of Sciences of the United States of America* 93: pp.5296-5300.

_____. 1997. Microcosmic histories: Island perspectives on "global" change. *American Anthropologist 99* (1): pp.30-42.

Luke, H. 1952. A visit to Easter Island. *Geographical Magazine* 25: pp.298-306.

Mann, D., J. Chase, J. Edwards, W. Beck, R. Reanier, and M. Mass. 2003. Prehistoric destruction of the primeval soils and vegetation of Rapa Nui (Isla de Pascua, Easter Island). *Easter Island: Scientific Exploration into the World's Environmental Problems in Microcosm*에서, J. Loret and J. T. Tancredi 엮음, pp.133-53. Dordrecht: Kluwer Academic / New York: Plenum.

Mieth, A., and H.-R. Bork. 2005. History, origin and extent of soil erosion on Easter Island (Rapa Nui). *Catena* 63: pp.244-60.

Ólafsdóttir, R. and H. J. Guðmundsson. 2002. Holocene land degradation and climatic change in northeastern Iceland. Holocene 12: pp.159-67.

Ponting, C. 1993. *A Green History of the World: The Environment and the Collapse of Great Civilizations*. New York: Penguin Books.

Sveinbjarnardóttir, G. 1991. A study of farm abandonment in two regions of Iceland. *Environmental Change in Iceland*, pp.161-77.

Williams, J. 1837. *A Narrative of Missionary Enterprises in the South Sea Islands*. London: J. Snow.

Williams, M. 2003. *Deforesting the Earth: From Prehistory to Global Crisis*. Chicago: University of Chicago Press.

10장 | 지속 가능한 미래의 기초

Berry, W. 2002. The whole horse. *The Fatal Harvest Reader: The Tragedy of Industrial Agriculture*에서, A. Kimbrell 엮음, pp.39-48. Washington, DC: Island Press.

Cassman, K. G. 1999. Ecological intensification of cereal production systems: Yield potential, soil quality, and precision agriculture. *Proceedings of the National Academy of Sciences of the United States of America* 96: pp.5952-59.

Cassman, K. G., S. K. De Datta, D. C. Olk, J. Alcantara, M. Samson, J. Descalsota, and M. Dizon. 1995. Yield decline and the nitrogen economy of long-term experiments on continuous, irrigated rice systems in the tropics. *Soil Management: Experimental basis for Sustainability and Environmental Quality*

에서, R. Lal and B. A. Stweart 엮음, pp.181-222. Boca Ration: Lewis Publishers.

Ehrlich, P. R., A. H. Ehrlich, and G. C. Daily. 1993. Food security, population and environment. *Population and Development Review* 19: pp.1-32.

Engels, F. 1844. The myth of overpopulation. *Marx and Engels on Malthus*에서, R. L. Meek 엮음, D. L. Meek and R. L. Meek 옮김, pp.57-63. London: Lawrence and Wishart, 1953.

Huston, M. 1993. Biological diversity, soils, and economics. *Science* 262: pp.1676-80.

Kaiser, J. 2004. Wounding Earth's fragile skin. *Science* 304: pp.1616-18.

Larson, W. E., F. J. Pierce, and R. H. Dowdy. 1983. The threat of soil erosion to long-term crop production. *Science* 219: pp.458-65.

Pimentel, D., J. Allen, A. Beers, L. Guinand, R. Linder, P. McLaughlin, B. Meer, D. Musonda, D. Perdue, S. Poisson, S. Siebert, K. Stoner, R. Salazar, and A. Hawkins. 1987. World agriculture and soil erosion. *BioScience* 37: pp.277-83.

Pimentel, D., C. harvey, P. Resosudarmo, K. Sinclair, D. Kurz, M. McNair, S. Crist, L. Shrpitz, L. Fitton, R. Saffouri, and R. Blair. 1995. Environmental and economic costs of soil erosion and conservation benefits. *Science* 267: pp.1117-23.

Saunders, I., and A. Young. 1983. Rates of surface processes on slopes, slope retreat and denudation. *Earth Surface Processes and Landforms* 8: pp.473-501.

Smith, A. 1776. *Inquiry into the Nature and Causes of the Wealth of Nations*. London: W. Strahan and T. Cadell.

Tilman, D. 1999. Global environmental impacts of agricultural expansion: The need for sustainable and efficient practices. *Proceedings of the National Academy of Science of the United States of America* 96: pp.5995-6000.

Tilman, D., J. Fargione, B. Wolff, C. D'Antonio, A. Dobson, R. Howarth, D. Schindler, W. H. Schlesinger, D. Simberloff, and D. Swackhamer. 2001. Forecasting agriculturally driven global environmental change. *Science* 292: pp.281-284.

United Nations Development Programme. 1996. *Urban Agriculture: Food, Jobs and Sustainable Cities*. New York.

Vitousek, P. M., H. A. Mooney, J. Lubchenco, and J. M. Melillo. 1997. Human domination of Earths ecosystems. *Science* 277: pp.494-99.

Wilkinson, B. H. 2005. Humans as geologic agents: A deep-time perspective. *Geology* 33: pp.161-64.